beck 'sche
reihe

W0109277

b'sr

Charakteristische Persönlichkeitsstrukturen und Einstellungen gegenüber Lernen und Wissen bilden sich schon im Kindergartenalter heraus. Ihr harmonisches Zusammenspiel ist die Voraussetzung dafür,
daß später der Erwachsene selbstbewußt, sinnerfüllt, verantwortungs-
fähig und sozial akzeptiert sein Leben meistern kann.
Das vorliegende Buch von Barbara Senckel vermittelt ein umfassendes,
differenziertes, auch dem Laien verständliches Gesamtbild der kindlichen Persönlichkeitsentfaltung und Bildung. Die Autorin macht deutlich, daß die kindliche Persönlichkeitsentwicklung in Familie und Kindergarten durch eine angemessene Umwelt- und Beziehungsgestaltung
günstig zu beeinflussen ist und daß darin die wichtigste Aufgabe für
Eltern und Erzieherinnen liegt.

Barbara Senckel ist seit 1986 Dozentin an der Fachschule für Heil-
erziehungspflege/Heilpädagogik der Diakonie Stetten in Waiblingen.
Von ihr sind im Verlag C. H. Beck erschienen: *Mit geistig Behinderten
leben und arbeiten* (⁶2002) und *Du bist ein weiter Baum* (²2002).

Barbara Senckel

Wie Kinder sich die Welt erschließen

**Persönlichkeitsentwicklung
und Bildung
im Kindergartenalter**

Verlag C. H. Beck

Originalausgabe

© Verlag C.H. Beck oHG, München 2004
Satz, Druck und Bindung: Druckerei C.H. Beck, Nördlingen
Umschlagabbildung: © Phil Boorman/Getty Images
Umschlagentwurf: + malsy, Bremen
Printed in Germany
ISBN 3 406 51080 9

www.beck.de

Für Mila und Justin

> *Geist ist nicht eine späte Blüte am Baume*
> *Mensch, sondern er ist das, was den Menschen als*
> *solchen konstituiert. ... Ist das ein Denken, dann*
> *ein Denken mit dem ganzen Leibe – der geisthafte*
> *Mensch denkt mit den Fingerspitzen auch.*

Martin Buber

Inhaltsverzeichnis

Einleitung

Seit der Pisastudie mit ihren deprimierenden Ergebnissen beschäftigt sich die Öffentlichkeit zunehmend mit Bildungsfragen. In diesem Zusammenhang richtet sie ihr Augenmerk verstärkt auf Kinder im Kindergartenalter und auf die Kindergärten. Sie diskutiert, wie diese – als erste Institution, die die meisten Kinder besuchen – ihren Bildungsauftrag erfüllen sollte. Dabei herrscht weitgehende Uneinigkeit darüber, was zur wünschenswerten Bildung von Vorschulkindern gehört.

Was benötigen Kinder für Startbedingungen? Wie soll sich der Anfang ihres Bildungsprozesses gestalten? Wohin soll er fortschreiten? Ich vertrete in dem vorliegenden Buch ein ganzheitliches Bildungskonzept, das die Persönlichkeitsbildung des Menschen in den Vordergrund stellt und konkretes «Bildungswissen» als integrierten Faktor versteht. Damit befinde ich mich in Übereinstimmung mit dem Ergebnis der Pisa-Studie, die gerade den Schulen ein besonders hohes Bildungsniveau in allen kognitiven Lernbereichen bescheinigt, die ihren Schwerpunkt auf die Bereiche Persönlichkeitsbildung und soziale Kompetenz legen. Das heißt, die wichtigste Aufgabe von Bildungseinrichtungen für Kinder besteht darin, ihre Persönlichkeitsentfaltung und Beziehungsfähigkeit zu fördern.

Der zentrale Gedankengang des Buches, den ich in den einzelnen Kapiteln darlege, läßt sich wie folgt zusammenfassen: Eine angemessene Unterstützung des kindlichen Bildungsprozesses setzt fundierte Kenntnisse der Persönlichkeitsentwicklung voraus. Bildungsrelevantes Lernen geschieht, indem das Kind sich aufmerksam und aufnahmebereit mit seiner Lebenswelt auseinandersetzt. Das ist ihm am leichtesten möglich, wenn es sich frei von Angst, emotional ausgeglichen und mit sich selbst im Einklang fühlt. Als Unterstützung, um zu gelöster, wacher Aufmerksamkeit zu finden, benötigt das Kind im Kindergartenalter

– eine überschaubare, lebendig geordnete äußere Umgebung, die einerseits optische und akustische Reizüberflutung vermeidet, andererseits doch genügend Anreize zu explorativem Spiel bietet und seinem Bewegungsdrang Raum gewährt;

– eine Halt vermittelnde, klare, rhythmische Lebensordnung, der sich das Kind vertrauensvoll anheimgeben kann;

– emotionale Sicherheit durch die Erfahrung einer verläßlichen, dialogisch gestalteten Beziehung zu Eltern und Erzieherinnen, die in psy-

9

chisch schwierigen Situationen emotional verfügbar sind und Rückhalt sowie Orientierung bieten;
- die Bestätigung seiner Autonomie durch verantwortbare Spielräume zur Selbstbestimmung;
- Angebote, die sich an der Lebenswelt und den Interessen des Kindes ausrichten und seinen körperlichen, sinnlich-ästhetischen sowie seelisch-geistigen Erfahrungswunsch befriedigen.

Die Bildungsinhalte verfolgen das Ziel, dem Kind die Welt als einen sinnvoll strukturierten Gesamtzusammenhang erlebbar zu machen. An diesem Erfahrungsprozeß beteiligt das Kind alle Kräfte seiner Persönlichkeit (die körperlichen, kognitiven, emotionalen, sozialen, moralischen und kreativen), die deshalb alle durch die Angebote angemessen anzusprechen sind. Die Bildungsinhalte sind im Kindergartenalter nicht medial, sondern im personalen Bezug zu vermitteln, weil sich das kleine Kind primär am Menschen orientiert und nur durch dessen liebevolle und wertschätzende Zuwendung die Welt menschlich, vertrauenswürdig und wertvoll wird bzw. bleibt. Als Ergebnis eines so verstandenen und begleiteten Bildungsprozesses wird der heranwachsende Mensch nicht nur Fachwissen erwerben, sondern auch ethisch verantwortlich handeln und sein Leben befriedigend und sinnerfüllt gestalten. Er empfindet sich als Teil eines umfassenden Ganzen, dem er mit Achtung begegnet, weil er mit ihm so verwoben ist, daß dieses Ganze zugleich als Teil seines eigenen Selbst erscheint.

Die Entstehung eines Buches ist immer ein spannendes Ereignis. Denn ein werdendes Buch besitzt durchaus eine eigene Dynamik, die zwar der grundlegenden Intention folgt, aber doch manch unerwartete Akzentverschiebung verlangt. Diese Eigengesetzlichkeit enthüllte sich schrittweise – frei nach Kleists «Über die allmähliche Verfertigung der Gedanken beim Reden» – in dem Maße, in dem ich in die einzelnen Fragestellungen tiefer eindrang und sie mit anderen Menschen diskutierte. Dafür, daß meine Freunde mich mit anhaltendem Interesse und geduldig bei diesem Prozeß begleiteten, bin ich sehr dankbar. Besonders danke ich: Ulrike Luxen, Ulrike Bartling, Esther Gosebruch-Seelig, Heide Schörnig-Linder, Bernhard Hanuschik und Felix Hecht. Sie trugen durch zahlreiche Gespräche mit wichtigen gedanklichen Anregungen und illustrierenden Beispielen zur inhaltlichen Differenzierung bei, prüften das Manuskript mit kritischer Sorgfalt und entlasteten mich von der Schreibarbeit am PC. Kurz: sie opferten sehr viel Zeit und Energie.

I. Der Begriff der Bildung

Die Frage nach der Bildung, nach Bildungsqualität und Bildungsstandards beschäftigt seit einigen Jahren nicht mehr nur einige Fachleute in Bildungsinstitutionen, sondern seit den niederschmetternden Ergebnissen der PISA-Studie auch die Politiker. Ihr Vertrauen in das deutsche Bildungssystem, das mehr als hundert Jahre als vorbildlich galt und das Bildungsniveau der deutschen Dichter, Denker und Naturwissenschaftler sicherte, ist erschüttert. Deshalb gewähren sie nun dem Thema Bildung einen zentralen Platz in ihrem Aufgabenkatalog, versprechen, mehr in die Bildung des Nachwuchses zu investieren, wollen das Schulwesen reformieren, um bessere Bildungserfolge zu erzielen, fordern verstärktes Engagement und mehr Bewußtsein für die Notwendigkeit von Bildung bei der gesamten Bevölkerung. Inzwischen hat die Sorge um die Bildung ihrer Kinder auch die Eltern erfaßt. Verunsichert, wie sie sind, verlangen auch sie bessere Bildungseinrichtungen für ihre Kinder.

Doch worauf richtet sich der Ruf nach Bildung eigentlich? Was meinen Politiker und Gesellschaft, wenn sie die mangelnde Bildung der heranwachsenden Generation beklagen? Im großen und ganzen orientieren sie sich bei ihrem Urteil an den Untersuchungsergebnissen. Sie erschrecken über das niedrige Niveau, das fünfzehnjährige Schüler in verschiedenen Wissensgebieten aufweisen, über mangelnden Fähigkeiten im Umgang mit geschriebener Sprache oder bei der Lösung mathematischer Aufgaben, über unzulängliche naturwissenschaftliche Kenntnisse und geringes Zusammenhangswissen. Neben dem fehlenden Wissen bemängeln sie auch die unzureichende Sozialkompetenz der jugendlichen Schüler. Sie fordern Selbständigkeit in Wissenserwerb und -anwendung, sozial angemessene Selbstbehauptungsstrategien, damit verbunden: bessere Fähigkeiten, Konflikte sozial verträglich zu lösen sowie ein höheres Maß an Selbstkontrolle, mehr Teamfähigkeit, Bereitschaft zur Übernahme sozialer Verantwortung und darüber hinaus noch etliche Persönlichkeitseigenschaften wie Wißbegier, Kreativität oder Initiative. Solche Kompetenzen lassen sich unter dem Begriff der «Schlüsselqualifikationen» zusammenfassen. Diese gelten als grundlegend dafür, daß das erworbene Wissen sinnvoll koordiniert und in der jeweils gegebenen Situation zum rechten Zeitpunkt auf angemessene Art und Weise eingesetzt werden kann.

Mehr Wissen und ausgeprägtere Schlüsselqualifikationen scheinen also die Hauptbestandteile der erstrebten Bildung zu sein, die durch umfassendere pädagogische Konzepte und bessere äußere Rahmenbedingungen erreicht werden soll. Als Lösungsweg bietet sich anscheinend an, daß die Zeit verlängert wird, die Kinder in Bildungseinrichtungen, besonders in den Schulen, aber auch schon in den Kindergärten zubringen. Der Kindergartenplatz für jedes Kind und Ganztagsschulen gelten als wichtige politische Ziele, um die Bildungsqualität anzuheben. Die Kinder sollen bei ihrem Wissenserwerb individueller betreut werden, mehr und differenziertere Angebote zur Entfaltung ihrer Interessen erhalten, in freier Gruppenarbeit ihre Sozialkompetenz erhöhen. Somit wird Bildung noch stärker als bisher als Aufgabe und Produkt öffentlicher Erziehung verstanden.

1. Die Entwicklung des Bildungsbegriffs

Mir erscheint es hilfreich, diese – hier sehr verkürzt dargestellte – gängige sozialpolitische Sicht der Bildung durch eine kurze Betrachtung der historischen Entwicklung des Bildungsbegriffs zu ergänzen, um das breite Bedeutungsspektrum das in dem deutschen Wort «Bildung» enthalten ist, zu beleuchten und so ein komplexeres Verständnis zu vermitteln.

Der Begriff der Bildung bezeichnet sowohl die gedanklichen, sittlichen und ästhetischen Inhalte, die ein Mensch aufnimmt und mit denen er sich (auch in seinem praktischen Tun) auseinandersetzt, als auch den Prozeß der sich dadurch ereignenden Persönlichkeitsformung, und schließlich das Ergebnis, den geistig-seelisch-sittlich geformten Menschen. Bildung umfaßt somit die Art des Verstehens, Wissens, Könnens, Gestaltens, Benehmens, Glaubens, des sittlichen und sozialen Verhaltens.

Die Vorstellung von Bildung wurzelt in der Philosophie der Antike ebenso wie im christlichen Menschenbild und taucht im Deutschen seit dem Mittelalter auf. Beide Traditionen verstehen Bildung primär als Formung des Menschen entsprechend seines «eigentlich gemeinten Wesens», als eine Art «Selbstverwirklichung». Diese Selbstverwirklichung orientiert sich jedoch nicht an eigenen Vorstellungen, sondern an einem absoluten Seienden oder dem christlichen Gott und will dem angelegten inneren Wesen zur Entfaltung verhelfen.

Den Prozeß der Bildung leitet in der Philosophie *Platons* das Streben, durch die Betrachtung der kosmischen Ordnung die reinen Ideen zu erkennen. Diese sind die Ideen des Wahren, des Schönen und des Guten. Sie wirken überall im Kosmos, und alles Seiende hat in geringerem oder größerem Maße Anteil an ihnen. Diese ideale Ordnung stellt zugleich die wahre Ordnung der Welt und des Menschen dar. Sie im eigenen Wesen zu verwirklichen und sich so zum «eigentlichen» Menschen heranzubilden, ist das Ziel. Dies geschieht, indem ein Mensch alle Gemütskräfte harmonisch entfaltet und ausbalanciert, besonders den Geist in seinem Streben nach Erkenntnis (des Wahren), die Seele in ihrer ästhetischen Empfindungsfähigkeit (für das Schöne) sowie die moralische Urteilskraft und Handlungsfähigkeit (das Gute zu tun). Dabei hat selbst bei *Platon* die Bildung schon eine politische Dimension, insofern er die am besten gebildeten Leute, nämlich die Philosophen, auch für die fähigsten hält, die Geschicke eines Staates zu lenken.

Im christlichen Mittelalter erwächst der Bildungsbegriff aus dem grundlegenden Gedanken der Schöpfungsgeschichte, daß Gott sich den Menschen nach seinem Bilde schuf – der Mensch aber diese Ebenbildlichkeit durch den Sündenfall trübte. Nun erscheint die Bildung als Wiederherstellung dieser göttlichen Ursprungsabsicht, und zwar durch die «Ein-Bildung» (im Sinne von «Hineinbilden») Gottes in den Menschen und andererseits als die «Ein-Bildung» (im Sinne von «Angleichung») des Menschen in das Bild Christi.

Seit der Renaissance und vor allem seit der Aufklärung löst sich die Bildungsvorstellung aus ihrer religiösen Bindung. Sie umschreibt nicht länger die Teilhabe an einem Absoluten oder die Angleichung an ein göttliches Wesen, sondern gewinnt mehr und mehr eine rein weltliche Bedeutung. Als pädagogischer Begriff meint Bildung nun entweder die Tätigkeit der Erziehung durch die Erzieher oder die Selbstbildung, die Fähigkeit des Menschen, seine Menschlichkeit durch eigene Anstrengung zu entwickeln und zu vervollkommnen. Dabei erheben sich nun auch die zwei bis heute strittigen Fragenkomplexe:

Erstens: Ist Bildung primär die Vermittlung von Kenntnissen, Fähigkeiten und Verhaltensweisen, die den Menschen befähigen, sich möglichst vielseitig und wirkungsvoll mit seiner Lebenswelt auseinanderzusetzen? Oder ist Bildung primär die Formung der Persönlichkeit und ihrer psychischen Anlagen durch die Beschäftigung mit den verschiedensten Bildungsinhalten?

Und zweitens: Wozu soll die Bildung dienen? Soll sie die Entfaltung des Menschen um seiner selbst willen beabsichtigen oder ihn zu einem nützlichen Glied für die menschliche Gesellschaft erziehen? Im letzteren Fall sind die Bildungsinhalte von den jeweils herrschenden gesellschaftlichen Bedürfnissen (mit)zubestimmen, im ersteren müssen sie sich am «Wesen» des Menschen orientieren. Besonders die Vertreter dieser ersten Richtung benutzen den Begriff der Bildung auch, um sie betont von der Erziehung abzugrenzen, die sie als eine von äußeren Zielen vorgegebene Einflußnahme und Ausbildung verstehen. Beiden Richtungen gemeinsam bleibt jedoch die Sichtweise, daß sich der Mensch in Analogie zu anderen organischen Wachstumsprozessen entwickele, eingebettet in eine (wieder)herstellbare Harmonie des Ganzen der Natur. In diesem Rahmen gelte es, durch «Aufklärung» die vernünftig angelegten Seelen verständig zu machen, die Verstandeskräfte zu schulen und durch die Kunst den Geschmack zu fördern.

Mit der Wende zur deutschen Klassik und zum deutschen Idealismus greifen um das Jahr 1800 die deutschen Dichter und Philosophen den Bildungsbegriff auf und stellen ihn ins Zentrum ihrer Reflexionen. *Johann Gottfried Herder* betont, daß Bildung nicht allein durch Erziehung erreichbar sei, sondern nur gemeinsam durch das lebendige Wirken des Lehrenden und die Aktivität des Sich-Bildenden. Dabei begreift er Bildung, stärker als seine Vorgänger, als zielgerichtete Entwicklung der innewohnenden Individualität in körperlicher, seelischer und geistiger Hinsicht. *Johann Wolfgang von Goethe* hebt neben dem Bildungswillen noch die Bedeutung der sozialen Bedingungen hervor. In Rückbesinnung auf die seit der Renaissance wieder als Vorbild erachtete griechische Kultur fordert er darüber hinaus die Harmonie von innen und außen, d. h. von Geist und Seele einerseits sowie Gestalt, Auftreten und Rede andererseits – wobei er stets das Einhalten des rechten Maßes anmahnt. Zudem bevorzugt er die intensive Beschäftigung mit wenigem gegenüber der oberflächlichen Kenntnis von vielem: «Eines recht wissen und ausüben gibt höhere Bildung als Halbheit im Hundertfältigen» (*Goethe*: Wilhelm Meisters Wanderjahre. 1. Buch, HA Bd. 8 [1950], S. 148). Der Philosoph *Johann Gottlieb Fichte* spitzt den Bildungsbegriff so zu: Er wolle nicht nur «am Menschen etwas bilden», sondern den «Menschen selbst». Bildung sei kein Besitztum, sondern ein persönlicher Bestandteil des Menschen. Alle Menschen hätten ein Recht auf Bildung. Im Hinblick auf Bildung gebe es keinen Unterschied der Stände, da müsse ihnen Gleichheit und Freiheit zugestanden werden. Deshalb fordert er eine Nationalbildung für alle Deutschen. *Wilhelm von Humboldt* entwirft schließlich die im 19. Jahrhundert das deutsche Bildungswesen bestimmende Konzeption. Er versteht unter Bildung, ähnlich wie die Platoniker und die deutschen Idealisten, die Anregung aller Kräfte zu ihrer harmonisch-proportionalen Entfaltung sowie wechselseitigen Vernetzung und Beschränkung. Sie erfolgt, indem sich der Mensch die geistige Welt – zunächst über die grundlegenden Bereiche der Sprache, Ästhetik, Mathematik und Geschichte – aneignet und sich zu einem sich selbst bestimmenden Individuum entwickelt, das durch seine Einzigartigkeit die menschliche Gesellschaft bereichert. Eine derart gebildete Persönlichkeit hat nicht nur den eigenen Vorteil im Auge, sondern erlebt sich als Teil eines umfassenden Ganzen und übernimmt deshalb auch soziale Verantwortung.

Humboldts Bildungsideal prägt das gesamte deutsche Bildungswesen, gerät aber sehr bald in den Dienst zweckgebundener pädagogischer Systeme. So «degeneriert» Bildung zum «Besitz», durch den man Einfluß, Rechte und Prestige erwirbt und durch den sich die Schicht der «Gebildeten» von den «Ungebildeten» abgrenzt. Häufig erschöpft sich Bildung dabei im Erwerb der durch einen Bildungskanon vorgeschriebenen Wissensinhalte, Fähigkeiten und Verhaltensweisen, ohne die innere Qualität der «reinen Menschenweisheit» zu erreichen.

Die Erfahrung, daß auch die «gebildeten» Menschen sich gegenüber Ideologien und Fanatismus anfällig zeigen, führt seit den fünfziger Jahren des 20. Jahrhunderts in der pädagogischen Diskussion mehr und mehr zum Verzicht auf den umfassenden Bildungsgedanken. Er wird statt dessen ersetzt durch die nüchternen, angeblich ideologiefreien und nicht durch die Tradition belasteten Begriffe des Lernens, der Qualifikationen und der Sozialisation. Diese Formulierungen scheinen der Realität näher und besser überprüfbar. Doch allmählich erkennt man, daß sie gerade dadurch eine Einengung bedeuten und vor allen Dingen einen übergeordneten Standpunkt vermissen lassen, von dem aus der Gesamtzusammenhang, Voraussetzungen und Ziele angemessen zu beurteilen wären. So wendet man sich in den achtziger Jahren erneut den Fragen nach dem Bildungsbegriff und der Bildungstheorie zu. Man erhofft sich, dadurch die technokratisch ausgerichtete Bildungspolitik zu überwinden sowie Leitgedanken zu finden, die in einer zunehmend pluralistischen Gesellschaft Orientierung für das bildungspolitische Denken und Handeln bieten können.

Zwar herrscht bis heute keine Einigkeit, was unter Bildung zu verstehen sei. Doch gibt es einige zentrale Gedanken, die die derzeitige Diskussion bereichern und bestimmen. Sie knüpfen zumeist an Elemente und Ziele der europäischen Aufklärung an, verstehen Bildung beispielsweise als «durch Belehrung und authentische Erfahrungen ermöglichte Selbstfindung und -bestimmung gegenüber dem Systemcharakter der Gesellschaft» (*von Hentig*) oder als «dialogische Führung der Aktivität des Ich zu begründbarem Wissen und verantwortbarer Haltung in der Einheit der Person» (*Heitger* u. a.). Die meisten neuen Definitionen verstehen Bildung nach wie vor einseitig als Dienst an der werdenden Persönlichkeit bei ihrer Selbstsuche, Selbstfindung, Selbstverwirklichung oder Selbstbestimmung. Dabei gilt der einzelne zu bildende Mensch – ersatzweise auch die Menschheit oder die menschliche Gesellschaft – als Zentrum oder Zweck aller Bemühungen, und er darf zur Erreichung seines Zieles alles Vorfindbare nutzen und seinen Interessen unterordnen. Allerdings gibt es auch ein Bildungskonzept, das Bildung als «Revolution der Denkungsart» (*Ballauf*) versteht und die vorherrschende Selbstbezogenheit überwindet. Bildung möchte, diesem Konzept entsprechend, dem Menschen zu einem so weiten Interpretationshorizont und zu solcher Selbständigkeit im Denken verhelfen, daß es ihm möglich wird, selbstlos die Dinge, Verhältnisse oder Mitmenschen in ihrer Eigenart wahrzunehmen, sie zu respektieren und ihnen somit wirklich gerecht zu werden. Das heißt, sie will verhindern, daß die Gegebenheiten gedanklich – und als Folge davon auch faktisch – durch festgelegte Lehren, Vorstellungen oder Interessen vereinnahmt werden, und statt dessen ein wirklich angemessenes Verständnis ermöglichen.

Wie immer man nun Bildung im einzelnen konzipieren mag, festzuhalten bleibt, daß nicht das direkte erzieherische Einwirken bildet, sondern Erlebnisse, Erfahrungen, Begegnungen, Sitten sowie der Umgang mit den Werken des Geistes und der Kunst. Ein inhaltlich festgelegter Bildungskanon garantiert nicht das erwünschte Ergebnis. Er vermittelt jedoch eine gemeinsame Wissens- und Orientierungsbasis und erleichtert damit die kulturelle Identifikation – eine wichtige Aufgabe in einer durch den Pluralismus orientierungslos zu werden drohenden Gesellschaft. Zudem braucht der Geist auch Inhalte, an denen er sich bildet. Denn eine Form oder Struktur ohne Inhalt kann nicht existieren. Das Denken benötigt also gedankliche Herausforderungen, die Sprache benötigt Texte, die musischen Kräfte benötigen musische Angebote etc. Wichtig ist allerdings, eigenständig mit den Bildungsinhalten umzugehen und über sie verfügen zu dürfen. Denn Bildung erfordert die eigene, freiwillige Aktivität des sich bildenden Individuums. Seine Aufgabe bleibt, sich mit allen empfangenen Anregungen auseinanderzusetzen, sie zu verarbeiten und sich anzueignen.

2. Das vorliegende Bildungsverständnis

Die Bestimmung, was Bildung sei, ist – so läßt sich zusammenfassen – immer abhängig von dem jeweils zugrundeliegenden Menschen- und Weltbild. Welchem Verständnis von Bildung folgen nun die Ausführungen in diesem Buch? Welche Sichtweise vertrete ich und möchte ich vermitteln, weil ich sie für entwicklungspsychologisch und anthropologisch fundiert und deshalb für relevant erachte?

Ich greife zurück auf die Vorstellungen *Platons* und wesentliche Einsichten der klassisch-idealistischen Epoche, beziehe zeitgenössische Gedanken – wie sie beispielsweise *G. Hüther* formuliert – ein und verbinde sie mit entwicklungspsychologischen Erkenntnissen, die ermöglichen, den einzelnen Altersstufen bestimmte Inhalte des Bildungsprozesses zuzuordnen. So begründet, läßt sich Bildung folgendermaßen umschreiben: Die Bildung erfolgt während der gesamten Lebensspanne – und nicht nur im Laufe der Kindheit und Jugend. Sie durchwirkt die ganze Persönlichkeit und intendiert die Entfaltung sowie das harmonische Zusammenspiel aller Persönlichkeitsbereiche – also von «Herz, Hirn und Hand» oder von «Körper, Seele und Geist» – ebenso wie ein sinnhaftes und erfülltes Verhältnis des Individuums zu seiner Lebenswelt. Sie ereignet sich, indem ein Mensch so viel Welt wie möglich gedanklich ergreift, mit seinem Denken und Fühlen durchdringt, sich mit ihr innerlich verbindet und sich handelnd mit ihr auseinandersetzt. Dieser Prozeß, der nicht nur «im Kopf» stattfindet, sondern alle Persönlichkeitskräfte einbezieht, erfordert neben psychischer Aufnahmebereitschaft und geistiger Wachheit vor allen Dingen Zeit und Muße, damit die Eindrücke, Erfahrungen und Einsichten wirklich in der gesamten Persönlichkeit einwurzeln und sie prägen können.

Je gebildeter ein Mensch ist, desto deutlicher ist ihm bewußt, in welcher Welt und Gesellschaft er lebt; dieses Wissen und seine Fähigkeit, sich in ihr zu bewegen und sie handelnd mitzugestalten, gehört ebenso zu seiner Bildung wie das Wertebewußtsein, das seine Urteile und Handlungen leitet. Bildung umfaßt folglich wesentlich mehr als nur die Anhäufung von Faktenwissen. Auch das so genannte «Zusammenhangswissen» – also die Vorstellung davon, wie die einzelnen Wissens-inhalte untereinander vernetzt sind – ist lediglich ein Bestandteil der Bildung. Denn Bildung übersteigt den Bereich des Wissens. Sie enthält immer auch einen moralischen Aspekt – insofern ist die Gewissensentwicklung ein wesentlicher Bestandteil im Bildungsgeschehen – und führt zu ethisch gebundener Urteils- und Handlungsfähigkeit. Doch der gebildete Mensch hat die ethischen Leitlinien nicht unkritisch übernommen, sondern sie eigenständig durchdacht, in ihrer Sinnhaftigkeit für ein umfassendes Ganzes erkannt und insofern als begründet akzeptiert. Der Wille, das umfassende Ganze zu verstehen und ihm zu entsprechen, treibt seinen eigenen Bildungswunsch beziehungsweise seine geistige Auseinandersetzung voran und befördert zugleich die ethische Weiterentwicklung sowie Selbständigkeit des moralischen Urteils.

Gleichermaßen gehört zur Bildung, daß ein Mensch seine Sensitivität pflegt und schult. Seine emotionale Ansprechbarkeit und Feinfühligkeit umfaßt alle Dimensionen des Lebens: die zwischenmenschlich-moralische ebenso wie die sinnlich-ästhetische. Sie bildet letztlich die Basis für seine Liebesfähigkeit. So vermag der gebildete Mensch andere Menschen in ihrer Eigenart wahrzunehmen, das Schöne in ihrem Wesen zu erkennen, zu schätzen und zu fördern. Er besitzt ein ausgeprägtes Gespür für Recht und Unrecht, empfindet Ehrfurcht vor dem Leben, achtet die Natur als großen Lebenszusammenhang und bemüht sich, anderen Wesen durch sein Verhalten keinen Schaden zuzufügen. Darüber hinaus ist er empfänglich für die ästhetischen Qualitäten in der Natur, den Künsten und anderen kulturellen Gestaltungen. Er freut sich an ihnen, läßt sich durch sie berühren und entfaltet seine eigene ästhetische Gestaltungskraft. Damit bereichert und durchwirkt sie auch den Bezug zum eigenen Selbst. Denn sie weckt den Wunsch nach eigenem ästhetischen Gestalten, die Lust, den eigenen «schönen» Ausdruck zu entdecken und zu erproben. Sie lockt die

Kreativität hervor, die Freude, sich sprachlich, musikalisch, bildlich oder darstellend zu beschäftigen, den Drang, die eigene Umgebung ästhetisch zu gestalten, um sich in ihr wohl zu fühlen. So verleiht die Liebe zur Schönheit – wie Platon bereits erkannte – dem menschlichen Empfinden gleichermaßen Tiefe und Freude.

Natürlich umfaßt Bildung neben der ethischen und der ästhetischen Dimension auch den Bereich des Wissens. Ein ganzheitlich gebildeter Mensch interessiert sich für viele Bereiche der Wirklichkeit, möchte sie verstehen und beschäftigt sich auch mit Fragen und Themen, die ihm nicht unmittelbar nützliche Erkenntnisse und verwertbare Antworten bescheren. Durch seine geistige Wachheit erwirbt er ein breites Grundlagenwissen auf vielen Gebieten. Er investiert Fleiß und Kraft, sein Wissen selbständig zu erweitern. Doch ist er sich auch bewußt, daß er dieses Wissen nicht selbst erzeugt hat, sondern es sich nur durch die Vermittlung anderer Menschen – seiner Eltern, Lehrer, Autoren von Büchern, Filmen etc. – aneignen konnte. So erkennt er sich als ein Glied in einem lebendigen geschichtlichen und sozialen Zusammenhang, er weiß sich eingebunden in einen Prozeß wechselseitigen Nehmens und Gebens. Als Empfangender empfindet er Wertschätzung für die «Gebenden», für das erhaltene Wissen und für das Leben, das sich als um so reicher, erstaunlicher und vielleicht sogar geheimnisvoller erweist, je intensiver er sich mit seiner Vielgestaltigkeit beschäftigt. Sein Wissen steigert seine Urteilsfähigkeit – denn er vermag viele Sachverhalte angemessen zu beurteilen – und erhöht zugleich seine Selbstsicherheit und Weltkenntnis. Doch nimmt er auch die Grenzen seines Wissens und des Wißbaren wahr. Bei allem Wert, den er dem Wissen beimißt, betrachtet er es deshalb dennoch nicht als absolut, sondern begreift, daß Wissen nicht alles ist, weshalb er sich zwar an seinem Wissen freut, aber sich nichts darauf einbildet und nicht auf weniger Wissende herabschaut. Er hat erfaßt, daß die Funktion des Wissens darin besteht, dem Leben zu dienen, d. h. er akzeptiert übergeordnete Werte und Prinzipien, an die er sich selbst auch mit seinem Wissen gebunden fühlt. Deshalb geht es ihm auch nicht primär darum, durch sein Wissen den eigenen Vorteil zu erzielen, andere Menschen zu manipulieren und sich selbst hervorzutun oder zu bestätigen. Vielmehr setzt er es sozial verantwortungsvoll ein. Zugleich bemüht er sich, nicht nur seine Wissensbasis ständig zu erweitern, sondern auch seine «gesamtmenschliche» Entwicklung voranzutreiben, besonders im Hinblick auf die angedeuteten Haltungen, Einstellungen und Verhaltensweisen.

Zu seiner ethischen Überzeugung gehört schließlich auch die Einsicht, daß die Welt nicht primär für die Erfüllung menschlicher Bedürfnisse existiert, sondern wesentlich um ihrer selbst willen. Er geht daher achtsam mit ihr um und beläßt ihr ihre eigene Würde, ebenso wie er die jedes anderen Menschen achtet.

Äußerlich sichtbar zeigt sich die Bildung eines Menschen in seinem Stil, durch den er sich selbst darstellt. Dieser Stil drückt sich zunächst in seiner körperlichen Erscheinung, seiner Haltung, Mimik und Gestik, seiner Sprechweise, seinem Benehmen und in seinem Umgang mit anderen Menschen aus. Er zeigt sich in seiner Art sich zu kleiden, die Wohnung einzurichten, in seinen Ernährungsgewohnheiten, in seiner Urlaubsgestaltung etc. In all diesen Formen der Selbstäußerung spiegeln sich gleichermaßen das Wissen (z. B. diese Nahrungsmittel sind gesund), die Moralität (sie sind fair gehandelt) und die Ästhetik (in der Art ihrer Zubereitung und Darbietung). Oder – um eine andere Betrachtungsweise zu erwähnen – es durchdringen sich wechselseitig die Sach-, Selbst- und Sozialkompetenz.

Falls Bildung nur einseitig den Bereich des Wissens und der Fähigkeiten betrifft, die moralische Seite jedoch vernachlässigt, besteht die Gefahr, daß der Mensch mit seinem Wissen und seinem Können nur den eigenen Vorteil sucht oder daß er, einseitig theoretisch gebildet, vor praktischen Anforderungen versagt. Fehlen hingegen Selbst- und Sozialkompetenz, so vermag er auch sein Wissen nicht angemessen einzusetzen. Kommt der ästhetische Bereich zu kurz und mangelt es an emotionaler Empfänglichkeit und Bildung, so verarmen die Beziehungen zu sich selbst, zu anderen Menschen, zur Natur und zum Leben überhaupt. Unsere so oft beklagte «Ellenbogengesellschaft» ist also letztlich das Produkt einer Bildung, die einseitig auf verwertbares Wissen und praktisches Können ausgerichtet ist und den ganzheitlichen Anspruch aufgegeben hat.

3. Bildung und Persönlichkeitsentwicklung im Kindergartenalter

Ausgehend von der Leitidee eines «wahrhaft gebildeten Menschen», stellt sich nun die Frage: Welcher Anteil an dem lebenslangen Bildungsprozeß kommt dem Kindergartenalter zu? Welche Bildungsaufgaben sind in der Spanne dieser drei Jahre zu bewältigen?

Aus den bisherigen Ausführungen ergibt sich, daß sich Bildung und Persönlichkeitsentwicklung nicht klar voneinander trennen lassen. Vielmehr ist ein gebildeter Mensch eine Persönlichkeit, deren Entwicklung von den oben beschriebenen Prinzipien spürbar beeinflußt wurde. Diese Entwicklung wird im Laufe der Kindheit durch die Erziehung eingeleitet, wobei alle Lebensbereiche und Erfahrungen des Kindes zusammenwirken. Weil Kinder ganzheitlich erleben und Bildung ein ganzheitliches, alle Persönlichkeitskräfte einbeziehendes Geschehen ist, sind alle im Kindergartenalter wesentlichen Entwicklungsthemen und –bereiche aufzugreifen und für den Bildungsprozeß zu nutzen. Erst im Jugendalter und beim Erwachsenen entsteht eine Dominanz der kognitiven Prozesse, so daß der Heranwachsende zunehmend seine eigene Bildung über bewußte Reflexion und selbst vollzogene (geistige) Weichenstellungen zu steuern vermag.

Welche Themen kennzeichnen nun die Persönlichkeitsentwicklung im Kindergartenalter? Im Hinblick auf den sozio-emotionalen Bereich wäre zunächst das zunehmende Identitätsbewußtsein, auch bezüglich des eigenen Geschlechtes, zu nennen. Auf dieser Basis wachsen die Selbständigkeit und Gruppenfähigkeit des Kindes. Beides fördert seine Bewußtheit für das eigene Selbst und verlangt zunehmende Selbstkontrolle, beispielsweise die Fähigkeit, Frustrationen zu ertragen, Aufmerksamkeit und Handlungsimpulse zu lenken sowie Aggressionen sozial verträglich zu äußern. Zur Entfaltung all dieser Bereiche hilft ihm auch die Herausbildung seines Norm- und Wertebewußtseins, allgemein Gewissen genannt, die sich auch in diesem Alter vollzieht. Die sich zeitlich parallel entwickelnde Leistungsmotivation stärkt im günstigen Fall – wenn es nämlich stolz auf seine Erfolge ist und genügend Bestätigung erfährt – das Selbstbewußtsein des Kindes ebenso wie sie seine Art und Weise, sich mit der Welt auseinanderzusetzen, beeinflußt. Es entwickelt einen Gütemaßstab für die Qualität seiner Handlungen und beginnt, sich und sein Tun mit anderen zu vergleichen.

Im kognitiven Umgang mit der Welt herrschen zu Beginn des Kindergartenalters noch die «typisch kindlichen» Denkformen vor. Diese sind: das magische und animistische Denken, die Vermischung von Wunsch und Wirklichkeit, die egozentrische Perspektive und die Unfähigkeit, mehr als ein Merkmal in die Urteilsbildung einzubeziehen (s. Kap. VI). Bis zum Einschulungsalter eignen sich jedoch die Kinder weitgehend die rationalen Denkformen an. Ebenso lernen sie in diesem Zeitraum ihre Erlebnisse, Empfindungen und Gedanken sprachlich zu fassen und mitzuteilen.

Wesentliche Bereiche ihrer Weltaneignung und -darstellung vollziehen sich im Spiel und durch das Spiel. Das Spiel ist das wichtigste Medium der experimentellen Welterforschung wie der kreativen Ausdruckslust. Doch auch die Beteiligung an der Lebenswelt der Erwachsenen fasziniert Kinder und bereichert ihre Weltkenntnis. Der Wunsch, die Empfindungen, Erlebnisse und Einsichten zu gestalten, sie zu verarbeiten und zu integrieren, findet jedoch nicht nur im Spiel seine Befriedigung, sondern dient auch als Antrieb, andere – vornehmlich bildliche – Ausdrucksformen zu erproben. Das emotionale Bedürfnis nach dem Schönen spiegelt sich darüber hinaus in der kindlichen Empfänglichkeit für alle musischen Bereiche, der Freude an musikalischen Aktivitäten und den immer deutlicher vertretenen eigenen Geschmacksurteilen.

Der Zusammenhang der Entwicklungsthemen mit der in diesem Buch vertretenen Bildungskonzeption liegt auf der Hand: Sie alle leisten einen bedeutsamen Beitrag im ganzheitlichen Bildungsprozeß. Denn in diesem Alter prägt sich die Grundstruktur aller Persönlichkeitsbereiche aus, deren ausgewogenes Zusammenspiel – wie bereits mehrfach betont – die Bildung anstrebt. Folglich besteht Bildung im Kindergartenalter darin, eine möglichst harmonische Ausbildung dieser Grundstruktur zu unterstützen. Die einzelnen inhaltlichen Bildungsangebote – seien sie kognitiver, sozialer, normorientierter oder musischer Art – sollten genau diesem Ziel dienen. Es geht also nicht primär darum, konkretes Einzelwissen oder spezielle Kompetenzen zu vermitteln, sondern darum, mit Hilfe der dargebotenen Inhalte und im lebendigen Handlungsvollzug bestimmte strukturelle Ziele, beispielsweise Haltungen und Einstellungen – auch im Hinblick auf die Funktion von Lernen und Wissen – aufzubauen. Daß diese sich nur über inhaltliche Konkretion erreichen lassen, steht dabei außer Frage. Selbstredend sollten zudem die einzelnen entwicklungspsychologisch relevanten Funktionsbereiche mit sechs Jahren ebenfalls altersgemäß entwickelt sein. Das heißt z. B.: Das Kind sollte mit Schuleintritt phantasievoll spielen, über rationale Denkformen verfügen, die Umgangssprache korrekt beherrschen, sich in Gruppen eingliedern können und zugleich hinreichend selbständig sein. Insofern spielen die inhaltlichen Angebote eine bedeutsame Rolle, aber eben eine dienende; sie sind Mittel zum Zweck und nicht der Zweck selbst.

Die für den späteren – beispielsweise schulischen – Bildungserfolg hilfreichen Haltungen und Einstellungen, die sich, wie noch zu zeigen wird, am leichtesten auf dem Boden einer sicheren Bindung entfalten, seien nun kurz erläutert: Elementar ist die «Neugier», die Welt zu entdecken und zu verstehen, mit der jeder Mensch geboren wird. Sie stellt einen zentralen Antrieb dar, den es zu bestätigen und unterstützen gilt. Zu ihr gehört die «Offenheit für Neues», aber auch die Fähigkeit zu staunen, sich zu begeistern, sich von Schönem ansprechen zu lassen, kurz: die «emotionale Empfänglichkeit». Alle diese Qualitäten bewirken im Kind eine «Fragehaltung», die nach Antworten verlangt und sucht. Die erhaltenen Antworten verwandeln sich in Wissen und durch Übung in Kompetenzen. Erlebt das Kind hinreichend oft, daß Wissen und Kompetenzen für die Lösung seiner Probleme nützlich sind, so steigert dies sein Bewußtsein der «Selbstwirksamkeit», die «Freude am Lernen» und die «Erfolgsorientierung». Gemeinsam fördern diese Einstellungen die «Bereitschaft», sich konzentriert mit einer Sache auseinanderzusetzen und «sich anzustrengen». Die eigene Produktivität, die aus solcher Aktivität erwächst, äußert sich als «kreative Gestaltungslust». Insofern diese Prozesse zunächst aus eigenem Antrieb erfolgen, stärken sie wiederum das «Selbstbewußtsein» und die «Autonomie» des Kindes. In seiner Bindung an die Bezugspersonen und durch deren liebevolle Bestätigung erfährt es einen wichtigen Rückhalt, der nochmals seine Autonomie erhöht, aber auch seine Gemeinschaftsfähigkeit bedingt. So entwickelt es als Antwort auf die verläßliche Liebe, Wertschätzung, Einfühlungsfähigkeit und Behutsamkeit seiner Eltern und sonstigen Bezugspersonen die «soziale Bezogenheit» als Grundhaltung. Sie prägt sein Bewußtsein vom Wert der Mitmenschlichkeit und weckt seine «Liebesfähigkeit», die sich beispielsweise in Mitgefühl und Achtsamkeit zeigt – nicht nur Menschen, sondern allem gegenüber, was es lieben lernte. «Norm»- und «Verantwortungsbewußtsein» sowie die Fähigkeit zur «Selbstkontrolle» bilden sich ebenfalls in diesem Kontext.

Um diese Haltungen und Einstellungen gegenüber dem Lernen und der Welt als Wurzeln für einen lebenslang gelingenden Bildungsprozeß erwerben zu können, benötigt das Kind dreierlei:
– Es bedarf erstens verläßlicher, einfühlsamer, sicherheitsbietender Beziehungen, die ihm Vertrauen in die Welt und sich selbst vermitteln («sichere Bindung»).
– Es braucht zweitens erwachsene Vorbilder, an denen es sich orientieren kann, denn ein beträchtlicher Teil der kindlichen Persönlich-

keitsentwicklung erfolgt durch Nachahmung und Identifikation. An ihnen sollte es erleben, wie man mit sich selbst, mit anderen Menschen und den Gegebenheiten der Welt erfolgreich umgehen kann.

– Und schließlich benötigt es von den Erwachsenen gewährte und ge-schützte Spielräume zur Erforschung der Welt, zum experimentellen Spiel und zur Entfaltung seiner Kreativität.

Nicht wesentlich ist bis zum Alter von sechs Jahren die Förderung analytischer Fähigkeiten wie Schreiben und Lesen, abstraktes Denken und Rechnen. Aus neurobiologischer Sicht erweist sich nach *Hüther* das Grundschulalter nämlich als günstigster Zeitraum für den Erwerb dieser Kompetenzen, also genau der Zeitraum, in dem bei uns traditio-nell diese Inhalte gelehrt werden. Wenn ein Kind, das sich mit diesen Anforderungen konfrontiert sieht, ein gutes Selbstwertgefühl, Konzen-trationsfähigkeit, Gestaltungsfreude und eine angstfreie Lernbereit-schaft besitzt, so wird es sie problemlos und erfolgreich meistern.

II. Die Persönlichkeitsentwicklung bis zur Schulreife

Um den Horizont zu erhellen, der das kindliche Bildungsgeschehen im Vorschulalter umgibt, stelle ich im folgenden die Persönlichkeitsentwicklung mit den zu meisternden Entwicklungsaufgaben bis zum Schulalter dar.

1. Der Beginn des Lebens und die Geburt

Bereits die Zeit im Mutterleib scheint, wie neuere Forschungen nahelegen, einen prägenden Einfluß auf die spätere Persönlichkeit auszuüben, weil das Kind durch die biologische Einheit mit der Mutter an deren körperlicher Verfassung und Gefühlswelt teilhat, seine eigenen Sinne bereits arbeiten und das fötale Nervensystem in der zweiten Hälfte der Schwangerschaft schon hinreichend ausgebildet ist, um Erlebnisspuren zu speichern.

Mögen die Einflüsse der Schwangerschaft auf das weitere Leben im Detail schwer nachweisbar sein, die Bedeutung der Geburt steht außer Frage. Die Geburt stellt für den ins Leben hineinwachsenden Menschen einen herben Einschnitt dar. Nie wieder bis zum Tod wird er einen so radikalen Wechsel seiner Daseinsbedingungen vollziehen. Im Bauch seiner Mutter war es in den letzten Wochen zwar eng, so daß er in seinen Bewegungsmöglichkeiten eingeschränkt war, doch war es auch gleichmäßig warm und weich. Licht und Lärm drangen nur gedämpft zu ihm; von Schmerzen blieb er weitgehend verschont; Hunger und dergleichen drängende Bedürfnisse kannte er nicht; die Ernährung und Versorgung mit Sauerstoff erfolgte über die Nabelschnur; zusätzliche Bewegung vermittelte der mütterliche Körper. Nun ändert sich dies alles: Der Weg durch den Geburtskanal ist mühevoll, oftmals quälend lang und von Schmerzen begleitet. Die neue Welt ist kalt, rauh, hell und laut. Die Schwerkraft wirkt ungemildert und beeinträchtigt die Bewegungsfähigkeit. Die lebenswichtigen Funktionen müssen nun selbständig ausgeübt werden: die Erhaltung der Körpertemperatur, die Atmung, die Nahrungsaufnahme. Hunger und unbekannte Schmerzen stellen sich ein, und zum ersten Mal wird eine Trennung vollzogen.

Mit dem Eintritt in die Welt verbunden ist folgende grundlegende Erfahrung, die nach *M. Mahler* einen Zwiespalt und eine in zwei entgegengesetzte Richtungen drängende Sehnsucht aufbrechen läßt, welche erst mit dem Tod enden: Es gibt etwas, das bedeutet Unabhängigkeit, Selbstbestimmung und Selbständigkeit, zugleich aber auch Trennung und Alleinsein. Diese Qualität wird erworben um den Preis der Einheit, der umfassenden Geborgenheit und des vollständigen Versorgtwerdens. Beide Seinsformen, die aus der intrauterinen Zeit vertraute Einheit und die neu hinzugewonnene Selbständigkeit, erscheinen von nun an als gleichermaßen verlockend und drängen auf Verwirklichung. Durch ihre Gegensätzlichkeit entsteht eine Disharmonie, die immer wieder gelöst werden muß und so die Persönlichkeitsentwicklung vorantreibt. Der Symbiose-Autonomie-Konflikt, also der zwischen den Polen der sozialen Einheit und der individuellen Selbstbestimmung, ist erwacht. Die Verhaltensmuster, um den Konflikt stets erneut auszubalancieren, müssen erst erworben werden, hängen von den prägenden Beziehungserfahrungen ab und bilden ein Kernelement der sich entwickelnden Identität. Die gesunde Persönlichkeit erreicht immer wieder eine Versöhnung zwischen den beiden widersprüchlichen Tendenzen und erlebt sich vorwiegend als «autonom in sozialer Gebundenheit».

2. Der Säugling

Bis ein Kind ein Jahr alt wird, hat es in körperlicher, emotionaler und sozialer Hinsicht die Grundlagen seiner Identität – und damit den Kern seiner Persönlichkeit – erworben. Es kann krabbeln, stehen und vielleicht auch einige Schritte laufen, sich also selbständig fortbewegen, und hat schon so viele Bewegungserfahrungen gesammelt, daß es «weiß», welche Glieder zu seinem Körper gehören. Es besitzt auch ein anfängliches «inneres Wissen» um körperliche Proportionen und die zweckmäßige Organisation von Bewegungsabläufen, d. h. ein keimhaftes Körperschema.

In sozialer Hinsicht ist das Kind im günstigen Fall nun fest an seine Eltern gebunden. Vorrangig von der Mutter erwartet es verläßliche

Fürsorge und Schutz; an ihrem Ausdrucksverhalten orientiert es sich bei seinen beginnenden Ausflügen in die Welt. Längst hat es die Qualität der Beziehung zu seiner wichtigsten Bezugsperson verinnerlicht. Sie beeinflußt als Urbild von Beziehung sein Selbsterleben und prägt zu einem gewissen Teil die Erwartungen, die es an alle späteren Partner richten wird, insofern diese wirklich innere Bedeutung gewinnen. Auf diese Weise schlägt sich das frühe Beziehungserleben auch in seinem Identitätsgefüge nieder.

Die Summe aller bisherigen Erfahrungen ergeben darüber hinaus das Grundgefühl, mit dem das Kind zukünftig sich selbst, anderen Menschen und dem Leben überhaupt begegnet. Entsprachen diese Erfahrungen überwiegend seiner Fähigkeit, sie emotional zu verarbeiten, waren sie in diesem Sinne weitgehend «gut», so wird sich auch ein positives Grundgefühl, von *E. Erikson* als «Urvertrauen» bezeichnet, einstellen. Dieses Urvertrauen besteht in der Gewißheit: Das Leben gewährt, was ich brauche, es bietet genügend Möglichkeiten der Befriedigung und ich bin ihrer wert. Ich kann mich selbst annehmen und auf das Dasein einlassen. Denn ich darf vertrauen: anderen Menschen, mir selbst und dem Leben überhaupt. Dieses Grundvertrauen trägt später auch durch schwierige Lebenssituationen und verleiht die für eine positive Bewältigung notwendige Zuversicht.

Ob das Kind Urvertrauen entwickeln kann, hängt im hohen Maße ab von der Art der Beziehung zur primären Bezugsperson. Denn diese gestaltet seine Erlebniswelt. Nimmt sie es ohne Vorbehalte an, ist sie verläßlich, einfühlsam, hinlänglich emotional stabil und präsent, so wird sie die Signale des Babys beachten und angemessen beantworten. Damit bietet sie günstige Voraussetzungen für die Entstehung einer sicheren Bindung *(J. Bowlby)* und des Grundvertrauens. Umgekehrt gilt: Je schlechter die emotionalen Bedingungen sind, unter denen ein Kind heranwächst, um so schwächer wird sich sein elementares Vertrauen entfalten und schließlich sogar in ein bleibendes, tiefes Mißtrauen umschlagen. Damit ist eine emotionale Haltung gemeint, die von immer wiederkehrenden Zweifeln, negativen Erwartungen und innerer Distanz den eigenen Impulsen sowie der Welt gegenüber geprägt ist. Die Beständigkeit dieser emotionalen – vertrauenden oder mißtrauenden – Grundhaltung macht sie ebenfalls zu einem wichtigen Bestandteil der Identität der Persönlichkeit.

Was weiß man nun im einzelnen über die Bedingungen, die ein Säugling benötigt, um die Entwicklungsaufgabe seines ersten Lebensjahres, den Erwerb der sicheren Bindung und die Bildung des Urvertrauens erfüllen zu können? Zunächst einmal braucht er, weil er gar so hilflos und unreif zur Welt kommt, die liebevolle Aufnahme in einen «sozialen Uterus» *(Pörtner)*, der ihm «gebärmutterähnliche» Verhältnisse bietet. Das bedeutet konkret, daß man im ersten halben Lebensjahr alle seine Bedürfnisse schnellstmöglich (und später immer noch recht schnell) befriedigt, wenn er sie durch Unruhe oder Schreien verkündet. Denn im Mutterbauch gab es keinen Mangel an Nahrung, Wärme, Sinneseindrücken und Kontakt. Zudem besitzt der Säugling im ersten halben Jahr noch keinerlei Fähigkeiten, mit denen er selbst für die Milderung seiner Nöte sorgen könnte. Er vermag auch nicht auf irgendwelche beruhigenden Erinnerungen und Vorstellungen zurückzugreifen. Denn noch weiß er nicht, daß Menschen und Dinge weiterhin existieren, wenn er sie nicht sieht. Er hat noch keinen Raum- oder Zeitbegriff, weiß also nicht, was es bedeutet, «fünf Minuten zu warten». Auch hat er die Erfahrung eines stabilen «Wenn-dann-Zusammenhanges» noch nicht gemacht und besitzt daher keinerlei Frustrationstoleranz. Statt dessen versetzen ihn unbefriedigte Bedürfnisse in einen unerträglichen Streß und lösen existentielle Ängste aus, die sein Gehirn speichert.

Man muß keine Bedenken haben, daß ein Säugling im ersten halben Lebensjahr verwöhnt würde, wenn man ihn möglichst wenig schreien läßt, sich ihm zuwendet und ihm viel Körperkontakt bietet. Denn allen Bemühungen zum Trotz bleiben noch genügend unerkannte und nicht linderbare Nöte – beispielsweise Verdauungsprobleme – bestehen. So kann man nur dafür sorgen, daß der Streß nicht überhandnimmt, das Angebot des Lebens als vertrauenswürdig empfunden wird und die vertrauensvolle Bindung an die fürsorglichen Erwachsenen wächst.

Ein ganz besonders wichtiges Bedürfnis ist das Erleben emotionaler Einheit (Symbiose) mit der bedeutsamsten Bezugsperson, das nun die verlorene Einheit im Mutterbauch ersetzen muß. Sie bildet neben der schnellen Bedürfnisbefriedigung das wichtigste Element für den Aufbau der sicheren Bindung und des Urvertrauens.

Das Empfinden emotionaler Einheit erfährt der Säugling in körperlicher sowie in seelisch-geistiger Hinsicht. Körperlich stellt es sich ein, wenn er von allen physischen und psychischen Nöten befreit, entspannt am Körper eines Elternteils ruht oder wenn beim Stillen Bedürfnis und Bedürfnisbefriedigung nahtlos ineinanderfließen, so daß die Welt keinen Widerstand zu bieten scheint. Dann verliert sich das Bewußtsein von zwei getrennten Körpern und verschmilzt zu einer einheitlichen Empfindung warmer Geborgenheit, die die bei wacher Aufmerksamkeit vorhandene Wahrnehmung zweier verschiedener Körper übertönt. Denn der Säugling differenziert – bezogen auf äußerliche Wahrnehmungen – durchaus zwischen sich und seiner Mutter. Er unterscheidet ihre Stimme von seiner eigenen und weiß, daß die Brustwarze zu ihrem Leib gehört und nicht zu seinem. Doch atmosphärisch kann er sich noch nicht abgrenzen. Automatisch fängt er die ihn umgebenden Stimmungen auf und wird beispielsweise unruhig, wenn seine Mutter unter Spannung steht. Eben dieses unwillkürliche Mitschwingen, die «Affektansteckung», befähigt ihn, auch in harmonischen Situationen in das Gefühl der beglückenden, ungetrennten Symbiose einzutauchen.

Ein weiterer Weg, die gefühlsmäßige Einheit zu erreichen, besteht in der Gestaltung der Kommunikation im Sinne des «intuitiven Dialoges» oder des «Spiegelns». Hierbei stellt sich die Bezugsperson ganz auf die Äußerungen des Säuglings ein, so daß nun beide in einer Gefühlsbewegung schwingen, die für den Augenblick die gesamte Wirklichkeit umfaßt. Es entsteht ein Wechselspiel, bei dem der Dialogpartner, zumeist ein Erwachsener, alle Ausdrucksformen des Babys aufgreift und wiederholt, manchmal auch so lange steigert, wie es seinen Gefallen an diesem Spiel durch Lachen und freudige Erregung zu erkennen gibt. Beim Spiegeln begibt sich der Erwachsene auf die Ebene des Säuglings: Er ahmt dessen Gesichtsausdruck nach, lallt wie dieser in hoher Stimmlage, übersetzt die kindlichen Bewegungsimpulse oder wahrgenommenen Stimmungen in seine Sprechgeschwindigkeit und faßt vermutete Wahrnehmungen und Gefühle in Worte.

Dieses für den außenstehenden Betrachter manchmal «kindisch» anmutende Verhalten scheint genetisch verankert zu sein – alle Erwachsenen und größeren Kinder auf der ganzen Welt verhalten sich im kommunikativen Umgang mit Babys vergleichbar – und erfüllt eine wichtige Funktion: Der Säugling erfährt, daß seine Äußerungen verstanden und gutgeheißen werden, also fühlt er sich angenommen, und die Beziehung zum Gegenüber festigt sich. Zugleich fühlt er sich bestätigt und zum Fortfahren ermutigt, er wird also seinerseits die immer etwas variierenden Rückspiegelungen nachahmen. Damit werden neue Lernprozesse angeregt. Wie wichtig sie sind, zeigt das Beispiel, daß der Säugling in diesem prozeßhaften Hin und Her seine zunächst rein natürlichen Laute auf die der kommenden Muttersprache hin formt. Da es nun aber seine Verhaltensweisen sind, die der Erwachsene etwas übertreibend reflektiert und dadurch «markiert», d. h. hervorhebt, «erkennt» er weiterhin in seinem Gegenüber zugleich sich selbst, d. h. das erwachende Bewußtsein seiner selbst wird unterstützt. Und schließlich ist es überwiegend der Säugling selbst, der solche «Zwiesprache» beginnt und abschließt. Damit erlebt er seine Kompetenz, Menschen für sich zu interessieren, ihre Zuwendung aufrechtzuerhalten, aber auch zurückzuweisen, wenn sie ihm zu viel wird. Wie diese Ausführungen verdeutlichen, trägt der Säugling mit seinen kommunikativen Mitteln auch aktiv zur Entstehung der emotionalen Einheit bei.

In der zweiten Hälfte des ersten Lebensjahres erwirbt der Säugling weitere für seine Persönlichkeits- und Sozialentwicklung wesentliche Fähigkeiten, die im Folgenden kurz dargestellt werden: Seine kognitiven Fähigkeiten sind mit fünf Monaten so weit vorangeschritten, daß er bei den Eltern, bedeutsamen anderen Menschen und bei vielen häufig erlebten Gegenständen weiß, welche verschiedenen Reizqualitäten zu ihnen gehören. Er kennt schon lange das Gesicht der Mutter und erwartet aus ihrem Mund die vertraute Stimme, sucht ihren Geruch und stellt sich auf ihre Berührung ein. Genauso differenziert er bei anderen Menschen und bei Dingen. Sein Körper ist ihm gleichfalls hinlänglich bekannt. Diese Erfahrungen führen dazu, daß sich ihm die Welt nun als gegenständlich gegliedert darstellt und daß er sich selbst deutlich als Subjekt, als Urheber von Aktivitäten und Wirkungen, erlebt.

In diesem Alter ahnt das Baby, daß Dinge und Personen auch unabhängig von seiner Wahrnehmung fortbestehen. Mit acht Monaten weiß es das gewiß. Dann wird dieses Wissen dazu führen, daß es Dinge, die vor seinen Augen verdeckt wurden, sucht und daß es sich vor Trennungen sichtbar fürchtet und gegen sie protestiert. Es fremdelt, wenn ein weniger vertrauter Mensch ihm nahekommt oder ihn gar auf den Arm nehmen möchte. Sein Fremdeln bedeutet, daß es eindeutig an seine Bezugsperson – zumeist die Mutter und bei hinlänglicher Vertrautheit auch der Vater – gebunden ist und sich die negativen Empfindungen des Alleinseins in der Vorstellung vergegenwärtigen kann, weshalb es bei Anzeichen möglicher Trennung zu weinen beginnt. Das Fremdeln verstärkt sich in Zeiten erhöhter Schutzbedürftigkeit, etwa bei Müdigkeit oder unmittelbar nach dem Aufwachen, während es sich in gefühlsmäßig sicheren Augenblicken abschwächt und dem wachsenden Interesse an der Welt Platz macht. Bei emotional sehr stabilen Kindern kann das Fremdeln weitgehend in den Hintergrund treten und sich nur als phasenweise skeptisch beobachtende

Zurückhaltung äußern. Tritt es hingegen gar nicht auf, so drückt dieser Mangel Beziehungslosigkeit aus; umgekehrt gilt ein sehr intensives Fremdeln als erhöhte Verlassenheitsangst. Beides ist insbesondere bei Kindern mit wenig verläßlichen oder öfter wechselnden Bezugspersonen häufig zu finden.

Mit den zunehmenden motorischen und kognitiven Fähigkeiten wächst das Interesse des Babys an der dinglichen Umwelt. So beschäftigt es sich, wenn keine Bedürfnisspannungen es plagen, nun ausgiebig mit allen erreichbaren Spielzeugen und Gegenständen. Es untersucht sie, wirft sie weg, versucht mit einem Dreivierteljahr sogar schon, den Breilöffel selbständig in den Mund zu befördern. Es setzt sich auf, beginnt zu robben und schließlich zu krabbeln, so daß sich ihm mit neun bis zehn Monaten neue Räume eröffnen.

Für alle diese Tätigkeiten beansprucht das Kind den wichtigsten anderen, zumeist die Mutter, nicht unmittelbar. Doch ist ihre räumliche Gegenwart notwendig, denn der Säugling bleibt emotional auf sie bezogen und wie mit einem «unsichtbaren Band» mit ihr verbunden. So lange die Verbindung wirkt, setzt er seine Aktivität fort; ist der emotionale Kontakt unterbrochen, so fühlt er sich verlassen und stellt seine Tätigkeit ein.

Bei seinen nun beginnenden «Krabbelausflügen in die sich erweiternde Welt» orientiert sich das Kind ebenfalls an der Mutter. Immer wieder blickt es nach ihr, um aus ihrem bestätigenden und ermutigenden Blick Kraft für seine Unternehmungen zu schöpfen. Zu ihr kehrt es wie zu einem «Heimatstützpunkt» oder einer «Sicherheitsbasis» zurück, wenn es sich bedürftig fühlt. An ihrem Gesichtsausdruck erkennt es genau ihre Einschätzung der Situation und gleicht seine Einstellung der ihren an. Es übernimmt also ihre Zuversicht oder ihre Furcht. Grundlegende Reaktionstendenzen und affektiv getönte Haltungen werden u. a. auf diese Weise erworben und prägen sich tief in die Persönlichkeit ein, so daß sie später als Teil der eigenen Identität empfunden werden.

In diesen Monaten wächst auch die Bedeutung des Vaters für das Kind. War er von Geburt an hinreichend verfügbar, so daß das Baby eine eigene Beziehung zu ihm aufnehmen und unterhalten konnte, so hatte er schon lange Teil an der symbiotischen Form der Kontaktgestaltung. Doch ändert er meist früher als die Mutter seinen Umgang mit dem krabbelnden Kind, indem er sorgloser und lebhafter als diese mit ihm spielt. Dadurch verkörpert er im Vergleich zu ihr nun das «andere», das «Neue». Er vermittelt dem Kind eine zweite Art des Selbsterlebens und hilft ihm so, sich klarer von der Mutter emotional zu unterscheiden und aus der symbiotischen Beziehung zu lösen. Er sorgt als «erster Landepunkt» in der sich erweiternden Welt für interessante Erlebnisse, während die Mutter als «Heimatstützpunkt» vorwiegend Schutz und Sicherheit bietet. Eine ähnliche Funktion wie der Vater erfüllen vertraute Großeltern und ältere Geschwister.

Im gleichen Zeitraum gelingt dem Baby ein weiterer Entwicklungsschritt, der seine Unabhängigkeit von der wichtigsten Bezugsperson noch ein wenig vergrößert. Er verleiht einem bestimmten, zumeist schon aus der Zeit symbiotischen Einsseins vertrauten weichen Gegenstand eine spezielle emotionale Bedeutung. Dieses Ding, sei es ein Kuscheltier oder eine Windel, wird von nun an der wichtigste Begleiter. Und weil der Begleiter gleichsam mit der Erinnerung an das Erleben emotionaler Einheit getränkt ist, vermag er nun in schwierigen Situationen Schutz und Trost zu gewähren. Das «Übergangsobjekt» ist geboren. Es heißt so, weil es erstens insbesondere in den oftmals furchtbesetzten Übergangszeiten wie dem Einschlafen und Aufwachen, dem Schritt in eine neue Welt oder der Trennung von der Bezugsperson seine hilfreiche Kraft entfaltet. Es symbolisiert zweitens den Übergang zwischen dem bedeutsamen anderen und einem Ding einerseits, dem Ich und einem Ding andererseits. Das Ich repräsentiert es, insofern es der erste Besitz des Kindes ist, mit dem es sich völlig identifiziert. Die symbiotisch geliebte Bezugsperson verkörpert es durch seine Qualität der Weichheit und emotionalen Verfügbarkeit. Ja, es besitzt deren «positive» Qualitäten in unbegrenztem Maß: Es ist stets gegenwärtig, gleichbleibend lieb und geduldig, läßt alles mit sich geschehen und stellt keinerlei eigene Ansprüche. So erfüllt es die Einheitssehnsüchte der kindlichen Phantasie und stellt damit die erste kreative Konfliktlösung dar. Das Kind schafft sich eine reale Alternative in einer empfundenen Mangelsituation, gerade zu dem Zeitpunkt, an dem die lebendige Bezugsperson beginnt, erste kleine Grenzen zu setzen.

3. Das Kleinkind

Mit einem Jahr probiert das Kleinkind seine ersten selbständigen Schritte, übt alleine zu essen und spricht die ersten Worte. Das Säuglingsalter ist vorbei. Das nun folgende halbe Jahr dient primär dazu, die Grundlagen für die Selbständigkeit zu ermöglichen. Das Kind übt seine Grob- und Feinmotorik, erweitert seine geistigen Fähigkeiten, indem es zu experimentieren beginnt, zunehmend mehr sprachlich formulierte Inhalte versteht und sich selbst sprachlich mitzuteilen anfängt, weil es einige Wörter lernt. Dieser Kompetenzzuwachs erfüllt es mit sichtbarem Stolz. Ernsthaft und konzentriert untersucht es seine dingliche Umwelt, strahlend präsentiert es jede neue Entdeckung und Fähigkeit und erwartet von seinem Gegenüber eine entsprechend freudige Reaktion. Offen geht es nun auch auf weniger bekannte Menschen zu. Durch Lob ermutigt, begibt es sich erneut auf Erkundungsreise. Wo es Widerstand bemerkt, wendet es sich anderen Dingen zu. Das eifrige, eroberungsmutige Kind, das kleine Frustrationen und Mißerfolge mit bewunderungswürdigem Gleichmut hinnimmt und sich nicht beirren läßt, wirkt, als ob es aus der Überzeugung seiner wachsenden Allmacht («Omnipotenzgefühle») handle.

Für die Identitätsbildung erfüllt diese Phase strahlender Siegesgewißheit eine elementare Funktion. Denn in ihr entwickelt sich die zweite Wurzel des späteren Selbstwertgefühls. Erwuchs die erste aus dem passiven Aspekt des Urvertrauens: «Ich bin es wert, versorgt und geliebt zu werden», so gründet die zweite in der zunehmenden Sicherheit: «Ich vermag mich den Herausforderungen des Lebens zu stellen und sie zu meistern.»

Zur Selbstwertbildung benötigt das Kind in dieser Phase einen möglichst großen Spielraum für seine Entdeckungslust, also eine so kindgerecht und sicher wie möglich gestaltete Wohnung, die Verbote nahezu überflüssig macht. Nun braucht das Kind nicht mehr die ständige räumliche Gegenwart einer Bezugsperson. Die interessanten Dinge binden nämlich seine Aufmerksamkeit so, daß es sich auch zeitweilig alleine im Zimmer oder im Freien beschäftigt. Doch muß es jederzeit wissen, wo sich die Bezugsperson aufhält, um zu ihr als dem Heimatstützpunkt zurückkehren zu können, Kraft zu sammeln oder ein Lob zu hören. Erst die Sicherheit, nicht verlassen zu sein, ermöglicht die fortgesetzte Zuwendung zur Welt; erst die durch Spiegeln bestätigte Freude sichert die Wirksamkeit des Erfolgs.

Mit dem weiteren Zuwachs der geistigen Fähigkeiten spürt das Kind in der zweiten Hälfte des zweiten Lebensjahres jedoch zunehmend die Unüberwindbarkeit mancher Grenzen sowie seine fortdauernde Kleinheit und Abhängigkeit. Auch erkennt es mehr und mehr, daß die primäre Bezugsperson, mit der es sich noch weitgehend in emotionaler

Übereinstimmung fühlte, doch einen eigenen Willen besitzt, der dem eigenen häufig entgegensteht. Das Kind kann und darf nicht alles, was es möchte, und will vieles nicht, was es soll. Diese Einsicht erhöht seine Verlassenheitsängste erneut, so daß es sich wieder vermehrt um die Nähe zur Mutter bemüht. Nach dem Empfinden des Kindes, das inzwischen seinen eigenen Willen entdeckt hat und ihn nicht mehr aufgeben möchte, sollte die Mutter sich nun seinen Wünschen fügen. Weil sie das häufig nicht tut, entstehen Konflikte, auf die das Kind mit Wutanfällen antwortet. Die «Trotzphase» hat begonnen und wird als Hauptmerkmal die Persönlichkeitsentwicklung bis zum Alter von drei Jahren kennzeichnen.

Dem Trotzverhalten liegt der Symbiose-Autonomie-Konflikt zugrunde. Dieser besteht darin, daß das Kind die geliebte emotionale Einheit erleben und seine Autonomie behaupten will, und zwar beides vollständig und gleichzeitig! Dabei fürchtet es zugleich, daß es nicht mehr geliebt, sondern verlassen wird, wenn es auf seinem Willen und seiner Selbständigkeit beharrt. Auch spürt es seine Hilflosigkeit und Anlehnungsbedürftigkeit, die es den Schutz der Symbiose ersehnen läßt. Doch um den Schutz zu erreichen, müßte es seine Eigenständigkeit aufgeben und wieder in die mütterliche Einheit zurückkehren, ein Schritt, der ihm auf seinem jetzigen Entwicklungsniveau wie die absolute Selbstaufgabe vorkommt. Das Kind ist verzweifelt und findet keinen Ausweg aus diesem Dilemma. In seiner Not wirft es sich auf die Erde, schreit, strampelt und schlägt um sich – es trotzt! Denn noch ahnt es nicht, daß seine Eltern sowohl ein selbständiges, mit einem eigenen Willen begabtes als auch ein symbiotisch bedürftiges Kind lieben. Es weiß noch nicht, daß beide Zustände immer wechseln und gelebt werden dürfen und können. Es kennt bisher nur das Entweder-oder – das sich ergänzende Nacheinander und das auf einem Kompromiß beruhende Sowohl-als-auch liegen ihm noch fern.

Ein Gebiet, auf dem trotzige Machtkämpfe sich besonders gern abspielen, ist die Sauberkeitserziehung, die ebenfalls im zweiten und dritten Lebensjahr erfolgt. Denn auch die Fähigkeit, die Schließmuskeln zu kontrollieren sowie Ort und Zeit der Ausscheidungen selbst zu bestimmen, erhöht das Autonomiegefühl. Doch erwarten die Eltern, daß das Kind auf eine derartige Selbstbestimmung verzichtet und brav sein Geschäft verrichtet, wenn es aufs Töpfchen gesetzt wird. Ferner empfinden Kinder zunächst ihre Ausscheidungen als wertvolle Produkte, denen sie sich mit unbefangenem Interesse zuwenden, eine

Haltung, die die Eltern keineswegs teilen. Die Interessensgegensätze können – selbst noch im Zeitalter der Zellstoffwindeln und der Waschmaschine – zu heftigen Konflikten führen.

Falls die weitgehende Unterdrückung und Bestrafung der Selbstbestimmungsversuche und vor allen Dingen die moralisierende Abwertung der kindlichen Ausscheidungen und des Interesses an diesen Vorgängen zu einer unzureichenden Bewältigung der Konflikte führt, wird das Kind später dazu neigen, sich seiner leiblichen Existenz zu schämen und an der Berechtigung des eigenen Willens zu zweifeln. Erfährt es jedoch günstige Entwicklungsbedingungen, so wird es im dritten Lebensjahr diese Entwicklungsaufgabe konstruktiv meistern. Es wird allmählich spüren, daß die Beziehungen zu beiden Elternteilen so fest gegründet sind, daß sie gegensätzliche Bestrebungen und Konflikte aushalten, ohne zu zerbrechen. Es hat erlebt, daß es selbständig, ungehorsam, trotzig, wütend, ohnmächtig, ängstlich, traurig, eifersüchtig, schmusig, fröhlich und übermütig sein darf und trotz aller unbequemen Grenzsetzungen doch geliebt wird (Beziehungskonstanz). So kann es diese verschiedenen Gefühlsqualitäten in sich anerkennen und allmählich mit ihnen umzugehen lernen (Selbstkonstanz). Das ist ein weiterer wichtiger Schritt der Identitätsentwicklung. Es hat aber auch erfaßt, daß zu den bedeutsamen anderen ebenfalls die unterschiedlichsten Gefühle gehören, daß auch sie liebevoll, unwillig, ärgerlich, traurig, ängstlich und heiter sein können und dennoch dieselben liebenden Menschen bleiben (Objektkonstanz). Diese Gefühlseinsichten sind zur inneren Gewißheit geworden, die dem Kind emotionale Konstanz schenkt.

Unter emotionaler Konstanz versteht man die Sicherheit, daß bei allen äußeren veränderlichen oder gar gegensätzlichen Erscheinungsformen das eigentlich Wesentliche der Beziehung (Beziehungskonstanz), des eigenen Selbst (Selbstkonstanz) und des bedeutsamen anderen (emotionale Objektkonstanz) erhalten bleibt. Alle drei Aspekte der emotionalen Konstanz sind eng miteinander verflochten, so daß sie letztlich eine Einheit bilden.

Ein kurzes Beispiel soll den Erwerb und die Bedeutung der emotionalen Konstanz veranschaulichen: Der zweijährige Timo hängt sehr an seinem Vater, der während der Woche auswärts arbeitet und nur das Wochenende bei seiner Familie verbringt. Jeden Montag morgen ereignet sich eine schmerzliche Szene, wenn sich der Sohn von seinem Vater verabschiedet. Der Junge weint verzweifelt, und die Beteuerungen beider Elternteile, daß der Papa doch am Freitag abend heimkehre, fruchten nichts, obwohl er sie rein kognitiv versteht – hatte er doch am Sonntag «gewußt» und sogar selbst ausgesprochen, daß der Papa am nächsten Morgen wegfährt und ein paar Tage später wiederkommt. Die Tröstungen erreichen den Jungen emotional nicht, weil ihm die emotionale Objektkonstanz noch fehlt. An einem Montag morgen, einige Wochen vor seinem dritten Geburtstag, wirken die Erklärungen der Eltern jedoch plötzlich, und Timo läßt sich nach der Abfahrt des Vaters von der Mutter trösten. Darin zeigt sich, daß die emotionale Konstanz in den Grundzügen inzwischen entwickelt ist. Timo wird nun die Beziehung zu seinem Vater auch während dessen Abwesenheit aufrechterhalten.

Die emotionale Konstanz verstärkt die innere Unabhängigkeit des Kindes. Es spürt immer deutlicher, daß es einen eigenen Lebensraum besitzt und zugleich teilhat an dem der Eltern, besonders dem der Mutter. Es fürchtet nicht mehr, seine Autonomie völlig zu verlieren, wenn es gehorcht und sich ihren Wünschen fügt oder sich in seiner Hilflosigkeit zu ihr flüchtet. Es weiß, daß es auch in seinem Willen respektiert wird und sich innerhalb bestimmter Grenzen durchsetzen kann. So verschwendet es seine Energien nicht länger in hilflosem Protest oder Ausloten von Regeln und Machtverhältnissen, sondern nutzt sie wieder intensiv, um seine Fähigkeiten und Kenntnisse im Spiel zu erweitern. Denn die tragfähige Sicherheit der Konstanz ermöglicht es dem Kind, sich so weit von der primären Bezugsperson zu lösen, daß es sich für einige Stunden täglich ohne Angst aus ihrer räumlichen Nähe entfernen kann. Das Bild «der guten Mutter und des guten Vaters» in seinem Inneren hilft ihm dabei. Es ist reif genug, um in den Kindergarten zu gehen.

Damit das Kind emotionale Konstanz entwickeln kann, braucht es Eltern, die sich in die kindliche Erlebniswelt einfühlen, die harte Belastungsprobe der Trotzphase empatisch mit ihm durchstehen und einen klaren Rahmen bieten. Wichtig ist, daß sie hinreichenden Spielraum zur Selbstbestimmung geben, um dem kindlichen Erfahrungsdrang Rechnung zu tragen und die Selbständigkeit zu fördern. Entscheidungen, deren Folgen das Kind tragen kann, sollte es selbst fällen dürfen, etwa ob es den roten oder den gelben Pullover anziehen möchte, Milch oder Kaba trinken, Brot oder Brei essen möchte. Es ist auch sinnvoll, es selbst spüren zu lassen, daß eine Herdplatte tatsächlich heiß ist. Notwendige Grenzen, z. B. solche, die der kindlichen

Sicherheit dienen, sollten die Eltern jedoch klar vertreten und ihre Autorität dabei verantwortlich durchsetzen. Es geht nicht, daß das Kind allein über eine verkehrsreiche Straße läuft oder im Supermarkt die Regale ausräumt. Hier muß die notwendige Anpassung an die Realität gefordert werden, bestimmt und ohne wortreiche Erklärungen, die das Kind in seinem Zorn gar nicht versteht.

Bei nebensächlichen Ereignissen erweist es sich als sinnvoll, Spielräume zu gewähren und das Kind einen Selbstbehauptungskampf gewinnen lassen, damit es seine Durchsetzungsfähigkeit stärkt. Und schließlich ist es auch hilfreich, ihm Kompromisse anzubieten, etwa der Art: Schokolade bekommst du nicht vor dem Essen, aber einen Apfel kann ich dir geben. So wäre die Kompromißfähigkeit anzubahnen.

Doch auch mit größtem Geschick können Eltern ihrem Kind nicht alle Trotzanfälle, die immer ein schmerzliches und verunsicherndes Erlebnis darstellen, ersparen. Sehr wichtig ist deshalb, daß sie, selbst wenn sie schimpfen, ihren eigenen Ärger oder ihre aufwallende Wut kontrollieren und «dosieren» und das Kind, wenn es sich beruhigt hat, liebevoll empfangen, trösten und ihm sein Verhalten nicht nachtragen.

Solche pädagogischen Strategien werden und sollen das Auftreten des Trotzverhaltens nicht verhindern. Doch tragen sie dazu bei, daß die «Machtkämpfe» nicht entgleisen, sondern der Symbiose-Autonomie-Konflikt konstruktiv bewältigt wird und weder zur Überanpassung, zum «gebrochenen Willen», noch zum schrankenlosen Machtanspruch und permanenten «Ungehorsam» führt, sondern eine sinnvolle soziale Eingliederung im Sinne der «Autonomie in sozialer Gebundenheit» möglich wird.

4. Das Kindergartenkind

Mit drei bis vier Jahren gewinnt das kindliche Denken eine neue Dimension. Das Kind beginnt, Vergangenheit und Zukunft in sein Denken einzubeziehen, und lernt allmählich zwischen innerer Vorstellungswelt und äußerer Realität zu unterscheiden. Nun findet es Geschichten aus seinem Babydasein äußerst spannend und plant zugleich, «was es einmal werden will». Das heißt, es wird schrittweise fähig, über sich selbst nachzudenken. Dabei verliert es seine «Unschuld», seine unverstellte Unmittelbarkeit. Es beginnt sich mit anderen zu vergleichen, erwirbt die Fähigkeit zur Selbstdarstellung, möchte gefallen, soziale Erfolge verbuchen, dabei andere übertreffen und sucht nach Mitteln und Wegen, dieses Ziel zu erreichen.

In diesen Zusammenhang gehört, daß das Kind jetzt anfängt, die Qualität seiner Handlungsergebnisse und Produktionen kritisch zu betrachten. Mit etwa dreieinhalb Jahren erkennt es den Wettbewerbscharakter einer Situation, ein Jahr später vergleicht es sich mit seinen Spielkameraden und möchte «besser» sein, «gewinnen». Das bedeutet: seine Leistungsmotivation ist erwacht.

Vor dem Hintergrund der angedeuteten kognitiven Fähigkeiten werden nun neben der Leistungsmotivation zwei für die Identitätsentwicklung äußerst bedeutsame Themen akut: die Festigung der Geschlechtsidentität und das Erreichen der Gruppenfähigkeit.

Obwohl das Kind mit zwei Jahren auf die Frage, ob es ein Mädchen oder ein Junge ist, richtig antwortet, so weiß es doch noch nicht, was diese Geschlechtszugehörigkeit bedeutet. Noch glaubt es, jederzeit sein Geschlecht wahlweise ändern zu können – die Vermischung von Wunsch und Wirklichkeit und das magische Denken erlauben ihm dies –, noch kann in seiner Vorstellung jeder Junge später eine Mutter und jedes Mädchen ein Vater werden. Daß das Geschlecht festgelegt und nicht dem eigenen Willen unterworfen, daß Buben zu Männern heranreifen, die niemals gebären, und Mädchen zu Frauen, die schwanger werden können, das ist ein schmerzlicher Lernprozeß, den das Kind im Kindergartenalter vollzieht. Schmerzlich ist dieser Prozeß insofern, als er eine weitere Reduktion der Omnipotenzphantasien erfordert und die Akzeptanz, daß es eine grundsätzlich andere Identitätsform gibt, die dem eigenen Erleben verschlossen bleibt. Diese Beschränkung kränkt das Selbstwertgefühl. Zudem wirft sie die Frage auf, ob ein Geschlecht besser sei als das andere, ein Zweifel, der das Selbstwertgefühl nochmals gefährdet.

Das Kind setzt sich mit der Frage nach seiner Geschlechtszugehörigkeit auf vielfältige Weise auseinander. Die Inhalte der Rollenspiele spiegeln diese Tatsache. Beliebte Themen sind: Vater-Mutter-Kind, Hochzeit, Geburt, Arzt und dergleichen mehr. Darüber hinaus beschäftigt sich das Kind mit seiner eigenen und der andersgeschlechtlichen Körperlichkeit. Der Körper wird immer genauer untersucht, z. B. in Doktorspielen, und gerne vor anderen Kindern und Erwachsenen zur Schau gestellt. Dabei spielt – auch aufgrund seiner jetzt deutlich erhöhten sinnlichen Erregbarkeit – der genitale Bereich eine gewichtige Rolle: Jungen üben sich im Wettpinkeln, Mädchen versuchen wie die Buben im Stehen zu urinieren. Auch andere geschlechtstypische Verhaltensweisen werden erprobt und ihr Erfolg registriert. Jungen bekommen Lust an Balgereien und am Messen ihrer Kräfte. Sie zeigen aber auch ritterliche und großmütige Hilfsbereitschaft. Die praktische Fürsorglichkeit ist eine «typisch weibliche» Tugend, die viele Mädchen nun entfalten. Darüber hinaus entdecken sie ihren femininen Charme und setzen ihn zielgerichtet ein. Sie gewinnen Freude an Schmuck, Schminke und weiblicher Kleidung, selbst dann, wenn sie im Alltag nur Hosen tragen. Das geschlechtsspezifische Verhalten entnehmen sie dem Alltag: dem Umgang der Eltern miteinander, dem Fernsehen, der Werbung, den gehörten Geschichten. Doch setzen sie es oftmals viel klischeehafter um, als sie es beispielsweise bei ihren Eltern wahrnehmen. Diese Rigidität unterstützt den Prozeß der Identifikation und lockert sich wieder, wenn das Kind genügend geschlechtliche Selbstsicherheit gewonnen hat.

Die Qualität der elterlichen Beziehung wird jetzt haargenau beobachtet. Dabei erhalten beide Elternteile eine zusätzliche Funktion. Dienten sie bisher eher unbewußt als Identifikationsobjekte für Weiblichkeit und Männlichkeit ebenso wie für die eheliche Beziehungsgestaltung, so betrachtet sie das Kind jetzt ansatzweise kritisch und ahmt sie bewußt als Vorbild nach (oder lehnt sie auch schon potentiell ab). Der Junge identifiziert sich – bei tragfähiger Beziehung – stärker mit dem Vater, das Mädchen mit der Mutter. Zugleich erscheint ihm das andersgeschlechtliche Elternteil als «Ehepartner» interessant. An ihm erprobt das Kind seine erotische Attraktivität, ihn umwirbt es mit allen geschlechtstypischen Mitteln. Dabei empfindet es das gleichgeschlechtliche Elternteil als Rivalen, den es auszustechen versucht. Dieser Zwiespalt, daß es ein geliebtes Elternteil gleichzeitig sowohl als Vorbild bewundert und nachahmt als auch als lästigen, aggressiv verfolgten Rivalen erlebt, stürzt das Kind in tiefe innere Verwirrung. Der von *Freud* sogenannte «ödipale Konflikt» ist aufgebrochen und löst heftige Verlustängste, Schuldgefühle und Ängste vor Rache und Vergeltung aus. Denn inzwischen hat sich sein Gewissen so weit entwickelt, daß es sich als «böse» empfindet, wenn es einen geliebten Menschen vorübergehend haßt. Außerdem fürchtet es, daß dieser zugleich auch geliebte Mensch es zur Strafe verläßt oder seine Überlegenheit und Macht dazu nutzt, es zu «beschneiden», d. h. die geschlechtliche Selbstdarstellung und Selbstbehauptung wirkungsvoll zu tabuisieren.

Das Kind überwindet den ödipalen Konflikt, indem es die Besonderheit der elterlichen Beziehung anerkennt und darauf verzichtet, das andersgeschlechtliche Elternteil «heiraten» zu wollen. Es akzeptiert seinen Platz als Kind im Familiengefüge und tröstet sich mit der Zukunftsaussicht, daß es, wenn es groß ist, einmal eine(n) Mann/Frau wie Papa/Mama heiraten wird. Diesen Konflikt zu bewältigen, gehört zu den Entwicklungsaufgaben der «ödipalen Phase». Die mit der skizzierten gelungenen Lösung einhergehende Chance liegt in der Fähigkeit, später in sozialen Beziehungen Initiative zu ergreifen und sich dabei der zur Verfügung stehenden Mittel zu bedienen. Die Gefahr besteht darin, daß Schuldgefühle eben dies verhindern.

Durch die Überwindung des ödipalen Konfliktes vollzieht das Kind die «ödipale Triangulierung», d. h. es lernt Dreiecksbeziehungen einzugehen. Denn bis zu diesem Zeitpunkt gestaltete es seine Beziehungen überwiegend dyadisch. Das bedeutet, es bezog sich jeweils ganz und gar auf sein Gegenüber – Mutter, Vater, Schwester, Bruder etc. – und blendete dabei weitgehend aus, daß dieses Gegenüber zu anderen Personen auch noch intensive Kontakte pflegt, die es zu respektieren hat. Zwar war es auch vorher schon eifersüchtig, wenn ein anderer die Aufmerksamkeit bekam, die es gerade wollte, doch erwuchs daraus kein prinzipielles Problem. Das ändert sich im Kindergartenalter. Jetzt erkennt es den exklusiven Charakter der elterlichen Ehe, fühlt sich grundsätzlich ausgeschlossen und erfindet immer neue Methoden, um sich selbst die unangefochtene Vorrangstellung zu erobern. Es übt sich im Werben und Schmeicheln, sucht die Gunst durch Charme, Hilfs- und Fürsorgebereitschaft zu gewinnen, es setzt Imponiergehabe und Kraftmeierei ein, scheut aber auch vor Tricks, Drohgebärden und direkten Angriffen nicht zurück. Dabei beschränkt es diese Verhaltensweisen nicht auf die Familie, sondern übt sie auch in anderen Gruppen, vorzugsweise im Kindergarten, wo die Kameraden sowohl zu Freunden als auch zu «Konkurrenten» werden. So lernt es zu rivalisieren und sich zu behaupten, wichtige Fähigkeiten für das soziale Miteinander. Doch erfährt es auch die Reaktionen seiner Mitmenschen, spürt, welche seiner Verhaltensweisen erwünscht und welche unerwünscht sind, und begreift allmählich, daß andere Menschen auch eine gewisse Macht und ein Recht besitzen, dem es sich beugen muß. Es lernt zurückzustecken, auf bestimmte Ansprüche zu verzichten und sich einzufügen.

Im günstigen Fall erlebt das Kind, daß die Eingliederung in die Familie und die Kindergartengruppe nicht nach dem Alles-oder-nichts-Prinzip erfolgt, daß ihm nicht der erste oder letzte Rangplatz zukommt, sondern daß jeder denjenigen erhält, der seiner Eigenart und seiner Rolle entspricht. Es selbst nimmt – wie seine Geschwister oder die anderen Gruppenmitglieder – den Platz des Kindes ein, doch unterscheidet sich seine Position von derjenigen der Geschwister oder Spielkamaraden nicht durch die Wertigkeit, sondern durch die Andersheit seiner Person. Als Familie und als Kindergartengruppe gehören sie alle zusammen, und jeder ist wichtig. Wenn das Kind diesen differenzierten Zusammenhang spürt, hat es eine neue Stufe der Autonomie in sozialer Gebundenheit erreicht. Es ist es gruppenfähig und auch schulreif.

Was können nun Eltern und Erzieherinnen dazu beitragen, daß Kinder die Entwicklungsaufgabe, ihre Geschlechtsidentität zu akzeptieren und sich in ihre Bezugsgruppe einzugliedern, gut meistern? Die wichtigste Hilfestellung ist das eigene Modellverhalten sowie das kindgerechte Ansprechen von Erlebnissen und Konflikten, also die Unterstützung bei der Ausdifferenzierung der sogenannten Ich-Funktionen. Wenn sich die Eltern und Erzieherinnen in ihrer Geschlechtsrolle wohlfühlen, sie sich also gegenseitig Achtung und Anerkennung schenken und ihre gegenseitige Wertschätzung sich im Umgang miteinander spiegelt, wenn sie sich beide sowohl für ihre Interessen einsetzen als auch die Belange des anderen respektieren und sinnvoll zurückstecken, so bieten sie dem Kind gute Voraussetzungen für eine Identifikation, die auch Initiative erlaubt. Darüber hinaus ist es wichtig, daß sie einerseits das kindliche Werben um den andersgeschlechtlichen Elternteil freundlich annehmen und bestätigen, andererseits aber auch die gebotenen Grenzen klar einhalten. Das heißt konkret: Es tut der kleinen Tochter gut, wenn ihr Vater sie beachtet, sich von ihr umsorgen und von ihrem Charme bezaubern läßt. Großzügige Solidarität der Mutter, die ihr den Erfolg gönnt und vielleicht sogar stolz bestätigt, hilft ebenfalls. Entsprechendes gilt für den Umgang mit dem Sohn. Dadurch erfahren die Kinder, daß sie ihre geschlechtsspezifischen Möglichkeiten nutzen, also Initiative ergreifen dürfen, ohne «beschnitten» zu werden. Ihre Schuldgefühle schwinden. Doch müssen beide Elternteile andererseits liebevoll verdeutlichen, daß ihre Ehe dennoch eine besondere Sphäre darstellt, die das Kind respektieren muß. Das verlangt von ihnen auch, daß sie das kindliche Werben nicht für das eigene Selbstwertgefühl mißbrauchen, indem z. B. Papa alles erlaubt, weil ihm die Bewunderung der Tochter schmeichelt, oder daß die Kinder gar als Kampfmittel im Ehekonflikt benutzt werden. Solches Elternverhalten würde sie unzulässigerweise binden und den ödipalen Konflikt verfestigen. Desgleichen würde mangelnde elterliche Beachtung, Eifersucht und Strafe seine Lösung erschweren. Hat hingegen das Kind angemessene Akzeptanz und Grenzsetzung erfahren, so gewinnt es in seiner Geschlechtsrolle Sicherheit, kann den Wunsch, das andersgeschlechtliche Elternteil «zu heiraten», aufgeben und die kindliche Rolle im Familiengefüge akzeptieren.

Bei den vielfältigen Konflikten, die die Notwendigkeit, sich einzufügen und anzupassen, hervorruft, ist es darüber hinaus förderlich, die schwierigen Situationen einfühlsam zu besprechen. Durch freundliche Hinweise und Beispiele kann man dem Kind helfen, die Folgen seiner Handlungen abschätzen zu lernen oder zu überprüfen, ob seine Vorstellungen tatsächlich mit der Realität übereinstimmen. Die Fähigkeit, sich in sein Gegenüber hineinzuversetzen, läßt sich mit der Überlegung anregen: Wie würde es dir an seiner Stelle gehen? Was würdest du tun? So unterstützt man das Kind bei der Ausdifferenzierung seiner Fähigkeit zur Antizipation, zur Realitätsprüfung, zur sozialen Wahrnehmung und Einfühlung. Eine sichere Bindung zur Bezugsperson erleichtert ihm zudem den Erwerb von Frustrations- und Ambivalenztoleranz, Affekt- und Impulskontrolle, d. h. generell den Aufbau von Selbstkontrolle. Alle diese Ich-Funktionen sind notwendige Kompetenzen für die befriedigende Gestaltung sozialer Beziehungen und den späteren Schulbesuch.

III. Emotionale Voraussetzungen für den Bildungsprozeß

Damit ein Kind eine befriedigende, seinen Möglichkeiten entsprechende Bildung erwerben kann oder vielmehr: damit es sich bilden kann – und ergänzend: damit sich der Bildungsprozeß im Kind ereignen kann – müssen ihm nicht nur umfassende Bildungsinhalte angeboten werden. Das Kind muß selbst auch in der Lage sein, sich dem «Bildungsangebot» zu öffnen, es aufzunehmen, sich anzueignen und an ihm seelisch und geistig zu wachsen, denn der Mensch ist im Bildungsprozeß stets aktiv und passiv, empfangend und gestaltend. Ob dieser Prozeß der «Einverleibung» und «Verdauung», also der Anverwandlung von Bildungsreizen gelingt, hängt nicht nur von deren Qualität und Darbietung ab – daß beide der «kindlichen Motivation» entsprechen und insofern «kindgemäß» sein müssen, steht außer Frage –, sondern vornehmlich von einer altersadäquaten psychischen Strukturiertheit und emotionalen Stabilität des Kindes. Das heißt, es sollte die Entwicklungsaufgaben der ersten drei Lebensjahre, wie sie in Kapitel II beschrieben wurden, bewältigt haben, um sich den kommenden Herausforderungen stellen zu können. Seine emotionale Befindlichkeit bildet also die Basis für das Bildungsgeschehen. Was dies bedeutet, sei nun unter drei Aspekten beleuchtet.

1. Gelöste Aufmerksamkeit

Bildung bezeichnet, wie bereits dargelegt, den Prozeß und das Resultat möglichst differenzierter Aneignung und Verarbeitung von realer und geistiger Welt. Sie umfaßt also den Erwerb von Wissen und Kompetenzen, die Formung von Einstellungen und Haltungen, die moralische Orientierung sowie die Fähigkeit zu differenziertem und kreativem Selbstausdruck. Schließlich aber bündelt sie die zuvor differenziert wahrgenommenen Lebensbereiche zu einer zusammenhängenden Lebenssicht und einem stimmigen Lebensstil als Basis für eine ange-

messene Gestaltung sozialer Beziehungen und der gesamten Lebenswelt. Bildung in diesem Sinne bedarf zunächst einmal einer offenen
Haltung. Nur wenn das Kind bereit ist, der Welt zu begegnen und sich
mit ihr auseinanderzusetzen, wird seine Bildung möglich. Diese Fest-
stellung, obwohl sie Selbstverständliches formuliert, ist keineswegs
trivial. Denn «die Welt» kann dem Kind noch so viele reizvolle und
spannende Erfahrungsmöglichkeiten, wunderbare Spielsachen, ausge-
klügelte Lernprogramme und Belohnungen anbieten, wenn es nicht
aufnahmebereit ist, werden alle Bemühungen an ihm abprallen. Diese
Aussage stützen die sogenannten Schulversager, deren Problem nicht
primär durch die Fragwürdigkeit der Lehrinhalte und -methoden entsteht (wiewohl hier Defizite nicht bezweifelt werden sollen) und schon
gar nicht durch mangelnde Begabung, sondern durch die psychisch bedingte Verschlossenheit gegenüber der Herausforderung, sich intensiv
aufnehmend und lernend mit vielen Aspekten der Welt auseinanderzusetzen.

Aufnahmebereitschaft drückt sich aus in «gelöster Aufmerksamkeit». Sie läßt sich beschreiben als ein Zustand, in dem das Kind entspannt und ruhig «bei sich» ist und sich zugleich wach dem Geschehen
in der Umwelt zuwendet, also offen und empfangsbereit ist. Offenheit
stellt sich ein, wenn keine Bedrohung Anlaß bietet, die persönlichen
Grenzen zu schließen und zu bewachen, wenn Vertrauen und Angstfreiheit herrschen. Dann kann sich auch Neugier entfalten, die die
Offenheit wiederum verstärkt.

Angstfreiheit äußert sich als Entspannung, als Gelöstheit und emotionale Ausgeglichenheit. Denn bei einem Menschen steigt das Erre-
gungsniveau, wenn er Angst hat, und er spannt sich an. Um sich zu
schützen, setzt er – in zumeist etwas abgemilderter Form – archaische,
noch aus dem Tierreich stammende Verhaltensmuster ein: Er flieht,
greift an, wehrt sich oder erstarrt, d. h. er stellt sich gleichsam «tot».
Bei schwindender Angst löst sich die Spannung, Ruhe und Offenheit
kehren zurück. Die Neugierde sorgt jetzt für die Wachheit, für den
Impuls, sich mit der wahrgenommenen Umwelt auseinanderzusetzen.
Reizvolle Angebote können die Neugier erhöhen, aber nur wenn es
gelingt, dem Kind zum gelösten Kontakt zu verhelfen. Die gelöste,
freie Hinwendung des Bewußtseins nach außen bedarf der Ergänzung
durch die entspannte, ruhige Zentriertheit. Denn die aufgenommenen
Inhalte sollen «verinnerlicht», in die eigene Person eingegliedert werden. Dieser Prozeß gelingt nur, wenn das Kind sich nicht «im Außen»,

in der Offenheit permanenter Aufnahme verliert, sondern zugleich auch «bei sich bleibt», in sich ruht, sich konzentriert und damit der Integration seiner Wahrnehmungen und Erfahrungen Raum und Zeit gewährt.

Ein bildlicher Vergleich mag das Gemeinte verdeutlichen: Um ein Haus zu bauen (als Bild für die eigene Persönlichkeit), müssen Bausteine, Balken und alle anderen notwendigen Rohstoffe herbeigeschafft werden (das entspricht der Offenheit gegenüber den angebotenen Inhalten). Doch dürfen sich die Aktivitäten des Architekten nicht im Besorgen von möglichst großen Mengen möglichst vielfältiger, kostspieliger und außergewöhnlicher Materialien erschöpfen. Er muß sich auch die Zeit nehmen, zum Rohbau zu gehen und sich damit zu beschäftigen, welche Materialien sinnvollerweise wie eingesetzt werden, wie der Zusammenbau vonstatten gehen soll, welches Gesamtbild sich ergibt (er muß gleichsam «zu sich kommen» bzw. «bei sich sein» und die aufgenommenen Inhalte integrieren). Nur wenn er seine Aktivitäten in beide Richtungen lenkt, entsteht ein gelungenes Haus.

Nun ereignet sich Bildung nicht als solch rational geplanter, überwachter und zielgerichteter Vorgang. Dennoch erfolgt Lernen als rhythmischer Prozeß in der polaren Spannung von «außen» und «innen», von Aufnahme und Verarbeitung, von empfänglicher Tätigkeit und aktiver Ruhe. Dies ist der Rhythmus, den das Gehirn braucht, um seine Leistungsfähigkeit bestmöglich zu entfalten. Die entspannte Aktivität «nach außen» und «nach innen» erst führt zur Speicherung und zur vielschichtigen Verarbeitung und Vernetzung der Wahrnehmungsinhalte. Nur so ereignet sich eine ausgewogene und untereinander zusammenhängende Ausdifferenzierung von Denken, Fühlen, moralischer Bewertung, Willen und kreativer Handlungskompetenz. Diesem rhythmischen Prinzip folgen alle Wachstumsprozesse beim Menschen und in der Natur. Vertraut ist es uns beim Akt der Nahrungsaufnahme («Aktivität nach außen») und der wohlig müden Verdauung («Aktivität nach innen»), bei der sich der Organismus die Nährstoffe aneignet. Auch die Nahrung bekommt uns besser, wenn wir beim Essen «gelöst bei uns» sind, wahrnehmen, was wir essen, und nicht «außer uns» sind, völlig absorbiert z. B. durch eine aufregende Fernsehsendung.

Angstfreie Offenheit, Neugier und entspannte, ruhige Konzentration bilden also die psychische Ausgangs- oder vielmehr Eingangsbedingung für gelingendes Lernen und damit für Bildung, und zwar in jedem Lebensalter, also beim Erwachsenen ebenso wie beim Kind. Menschen, die kindliche Bildungsvorgänge unterstützen wollen, sollten folglich zuerst ihr Augenmerk auf die psychische Verfassung des Kindes richten und Sorge tragen, wie sie ihm zur gewünschten emotionalen Balance verhelfen können.

Folgendes Beispiel aus dem Kindergarten soll das Gemeinte verdeutlichen. Auf dem Tisch liegen viele bunte Papiere und Glitzersterne, mit denen die Kinder Weihnachtssterne gestalten können. Die fünfjährige Anna bastelt ihre Weihnachtskarte konzentriert und planvoll. Sie läßt sich nicht von der Fülle der angebotenen Materialien verführen, sondern wählt sorgfältig einige Sterne und klebt sie gezielt auf den Karton. Man spürt, daß sie eine Vorstellung besitzt und umsetzt. Ganz anders die gleichaltrige Claudia. Claudia folgt ihrem Drang, möglichst viele Glitzersterne zu erhaschen und klebt sie wahllos übereinander. Sie wirkt gierig, innerlich angespannt und getrieben, nicht angemessen aufgabenorientiert. Ihre Urteilsfähigkeit («Was sieht wirklich schön aus?») wird von ihrem triebhaften Alles-haben-wollen getrübt. Ihr Drang wird verständlich, wenn man ihren schwierigen familiären Hintergrund betrachtet. Bei ihr zu Hause herrscht ein unruhig-gespanntes Familienklima. Claudia erfährt wenig herzliche Zuwendung und hat wohl deshalb ständig das Gefühl, «zu kurz zu kommen». Dieser Mangel-Erfahrung gibt sie mit dem gierigen Verhalten Ausdruck. Sie verhindert zugleich, daß Claudia die notwendige Balance zwischen «außen» und «innen» findet, zwischen Aufnahme und gestaltender Verarbeitung, die wir bei Anna sehen.

2. Sichere Bindung

Vielfältige Bedingungen tragen dazu bei, daß sich ein kleines Kind mit gelöster, konzentrierter Aufnahmebereitschaft der Welt zuwenden kann. Die wichtigste von ihnen ist die «sichere Bindung» an eine Bezugsperson. Sie ermöglicht ihm, seine Autonomie im Rahmen der sozialen Gebundenheit zu entfalten.

Was ist unter «sicherer Bindung» zu verstehen? Ein sicher gebundenes Kind weiß aus tief gegründeter Erfahrung, daß es in jedweder Notsituation – immer wenn es sich bedroht fühlt, Angst hat oder einen Mangel empfindet – Schutz, Verständnis und Hilfe bei seiner Bezugsperson findet. Deshalb sucht es in solchen Situationen ihre trost- und hilfreiche Nähe auf, wogegen es sich sonst aktiv und autonom der Welt zuwendet. Im Regelfall ist diese Bezugsperson zunächst die Mutter, der aber bald andere bedeutsame Interaktionspartner – etwa der Vater, die Großeltern, die Erzieherin im Kindergarten – zur Seite treten. Die Bindung an die Bezugsperson(en) bildet sich im ersten Lebensjahr, stabilisiert und differenziert sich jedoch während der gesamten Kindheit. Welche Qualität die Bindung gewinnt, hängt von den frühen Beziehungserfahrungen des Säuglings ab. Wünschenswert ist, daß diese es ihm ermöglichen, sich «sicher» zu binden. Es gibt aber auch die Erfahrungen, die zu unsicher-vermeidender, unsicher-ambivalenter oder chaotisch-desorganisierter Bindung führen.

Woran erkennt man ein sicher gebundenes Kind? Was unterscheidet es von unsicher gebundenen? Im Kindergartenalter zeigen sicher gebundene Kinder ein adäquateres Sozialverhalten und lösen Konflikte selbständiger. Beim Spielen entwickeln sie mehr Phantasie und Ausdauer, sie zeigen positivere Affekte und spielen erfindungsreicher und toleranter. Wenn sie verloren haben, strengen sie sich in der nächsten Runde stärker an; unlösbare Aufgaben versuchen sie zunächst selbst zu bewältigen; gelingt ihnen das nicht, holen sie sich Hilfe. Zwiespältige Situationen interpretieren sie tendenziell realistisch. Sicher gebundene Kinder besitzen eine hohe emotionale Stabilität, die ihnen zugleich erlaubt, altersangemessene Formen der Autonomie und des Sozialverhaltens zu entwickeln, ihre kognitiven und kreativen Potentiale zu entfalten und ihre Kompetenzen optimal einzusetzen.

Unsicher-vermeidend gebundene Kinder gleichen Alters verhalten sich hingegen bei Konflikten aggressiv oder ängstlich, gehen ihnen aus dem Weg oder holen die Erzieherin zu Hilfe. Bei Überforderung im Spiel geben sie schneller verärgert auf, uneindeutige Situationen interpretieren sie eher aggressiv. Unsicher-ambivalent gebundene Kinder ähneln in ihren Reaktionen den vermeidend gebundenen.

Unsicher und desorganisiert gebundenen Kindern fehlt die elementare Erfahrung wirkungsvoll gelingender Kommunikation, die ihnen die Welt vertrauenswürdig macht. Sie neigen deshalb dazu, sich auf sich selbst zu verlassen. Die Welt des Neuen erscheint ihnen häufig als bedrohlich, zumindest dann, wenn ein «Eroberungsversuch», also die Auseinandersetzung mit ihr, nicht auf Anhieb befriedigend gelingt und zu dem erwünschten Ergebnis führt. So zeigen diese Kinder meist wenig Frustrationstoleranz, reagieren entweder impulsiv und aggressiv oder ziehen sich enttäuscht und ängstlich zurück. In beiden Fällen verharren sie in vertrauten Verhaltensmustern, die ihnen Sicherheit gewähren. Damit verschließen sie sich neuen Erfahrungen, sie schirmen sich vor der Welt ab, insofern diese nicht mit ihren Erwartungen und Vorstellungen übereinstimmt. Sie verweigern sich unbekannten Herausforderungen; ihrer vielleicht kurz aufflammenden Neugier fehlt das Durchhaltevermögen; das kurzfristige Interesse erlahmt schnell, was sich verhängnisvoll auf ihre Konzentrationsfähigkeit und Lernmotivation – ihren Wunsch, Zusammenhänge zu verstehen, zu behalten und zu erinnern – auswirkt. Damit fehlen jedoch dem kindlichen Gehirn die notwendigen Anregungen, um sich optimal zu entwickeln. Die Basis für den zukünftigen Bildungsprozeß bleibt schmal. Die Kinder tendieren dazu, auch langfristig in einseitigen, festgefahrenen und pseudoautonomen Strategien der Angst- und Weltbewältigung zu verharren. Sie lassen sich nur schwer etwas sagen, beharren auf ihrer Meinung, versuchen ihre Gewohnheiten und Wünsche mit aggressiver Dominanz, mit stiller Verweigerung oder ängstlich weinerlichem bzw. forderndem Anklammern durchzusetzen. Dadurch erscheint im Laufe der Zeit auch ihr Sozialverhalten als problematisch. Insgesamt zeigen sie viele Verhaltensweisen, die oft dem Aufmerksamkeits-Defizit-Syndrom (ADS) zugeschrieben werden.

Den unsicher und desorganisiert gebundenen Kindern mangelt es also mehr oder minder an dem grundlegenden Vertrauen zu sich selbst und in soziale Beziehungen, weshalb ihre soziale Wahrnehmung getrübt scheint und ihnen konstruktive Bewältigungsmechanismen fehlen. Dadurch sind sie oftmals in ihrer Lernbereitschaft beeinträchtigt und insgesamt gefährdet, psychische Störungen zu entwickeln. Die sichere Bindung hingegen erweist sich als beste Grundlage für eine angemessene, harmonische Persönlichkeitsentfaltung und Weltbewältigung, mithin auch für den angestrebten Bildungsprozeß.

Wie verhilft man nun einem Kind zu einer sicheren Bindung? Die Bindung des Kindes an seine Bezugspersonen ergibt sich als Konsequenz aus seinen Beziehungserfahrungen. Der wichtigste Gradmesser für die Qualität dieser Erfahrungen besteht in dem Interaktionsverhalten der primären Bezugsperson. Diese Rolle erfüllt zumeist die Mutter, kann aber auch durch eine andere Person ausgeübt werden, die das Kind verläßlich versorgt und ihm emotional zur Verfügung steht. Hier spreche ich jedoch um der Einfachheit willen immer von der «Mutter». Wenn es der Mutter also gelingt, sich auf ihren Säugling so feinfühlig einzustimmen, daß sie seine unterschiedlichen Ausdrucksweisen aufmerksam wahrnimmt, zutreffend deutet sowie sehr schnell und angemessen beantwortet, so fühlt er sich angenommen und verstanden. Sie «unterhält» sich also mit ihm, läßt ihn nicht unbeachtet schreien, hat nicht die Sorge, ihn mit ihrer Zuwendung zu verwöhnen, beantwortet nicht alle Signale der Unlust auf dieselbe Weise, etwa indem sie ihm einen Schnuller oder etwas zu trinken anbietet, sondern beobachtet genau, horcht genau hin, interpretiert kleine Unterschiede in den Lautäußerungen oder der Mimik adäquat und bietet ihm entsprechend differenzierte Lösungen für seine Anliegen. Diese verläßlich und allmählich vorhersehbar wiederkehrende Erfahrung vermittelt dem Säugling das Vertrauen, daß er in dieser Welt sicher geborgen ist und Hilfe bei Unbehagen erhält. Er erkennt, daß ihm diese Hilfe von einem bestimmten Menschen, eben der Bezugsperson, zuteil wird und bindet sich vertrauensvoll an sie. Er spürt, daß er selbst die Fähigkeit besitzt, Kontakte zu gestalten und sich mitzuteilen. So wächst auch das grundlegende Vertrauen in Eigeninitiative und Kommunikation. Zusammenfassend läßt sich die hierdurch erworbene Grundhaltung als «Urvertrauen» (Kap. II.2) bezeichnen, das als Grundstimmung die Haltung gegenüber dem künftigen Leben maßgeblich beeinflußt. Sicher gebundene Kinder besitzen folglich ein gutes Urvertrauen, das ihnen erlaubt, sich der Welt zu öffnen, sich «auf die eigenen Füße zu stellen» – kurz, ihre Fähigkeiten auszubilden und sich zur rechten Zeit im angemessenen Maße von der Mutter zu lösen, in der Gewißheit, bei Bedarf jederzeit zu ihrer hilfreichen Nähe zurückkehren zu können.

Wie erwähnt, hängt die Qualität der kindlichen Bindung stark von der mütterlichen Feinfühligkeit ab; diese wiederum resultiert aus der Wechselwirkung verschiedener Bedingungen, wie z. B. die Annahme des Kindes, die emotionale Befindlichkeit der Mutter, ihre eigene Bindungsgeschichte und Erfahrung von gelingender Kommunikation. Nicht zuletzt trägt das Kind durch sein Wesen auch selbst dazu bei, wie sich der Dialog mit der Mutter gestaltet. Empfindet diese das angeborene Temperament des Säuglings und seine Reaktionstendenzen als angenehm, passen sie zu ihren Erwartungen, so wird sie seine Äußerungen leichter verstehen und eher angemessen beantworten, als wenn ihr sein Wesen sehr fremd und schwierig erscheint.

3. Grundlagen der emotionalen Konstanz

Die sichere Bindung und das dadurch erworbene Urvertrauen erleichtern dem Kind nicht nur den Weg in eine reiche Erfahrungswelt, sondern auch die Integration seiner Erlebnisse. Damit einher geht die Ausdifferenzierung einer seinem Alter entsprechenden psychischen Struktur, die wiederum Kennzeichen seiner emotionalen Reife ist und sich ebenfalls als bedeutsame Voraussetzung für den gelingenden Bildungsprozeß erweist.

Bis zum Eintritt ins Kindergartenalter mit drei Jahren sollte das Kind ein gesundes Urvertrauen und ein altersangemessenes Selbstwertgefühl aufgebaut haben; es sollte vor allen Dingen aber auch die größte Verzweiflung des Symbiose-Autonomie-Konfliktes überwunden und die Anfänge der emotionalen Objekt- und Selbstkonstanz erworben haben. Der Symbiose-Autonomie-Konflikt bricht im Kind mit etwa eineinhalb Jahren auf. In diesem Alter hat es durch seine wachsenden Fähigkeiten (Laufen, Sprechen, Erforschen der Umwelt, Ausprobieren der Funktionen vieler Dinge) und Erfolge einen zunehmenden Stolz auf seine Selbständigkeit ausgebildet. Lob und Stolz der Eltern haben es zudem in seinem Großartigkeitsgefühl unterstützt und damit sein Selbstwertgefühl sowie den gesunden Drang nach Selbstbestimmung gefördert. Doch erfährt das Kind ebenfalls Verbote sowie die Grenzen des eigenen Könnens, die ihm seine relative Ohnmacht und Abhängigkeit ebenso bewußt machen wie sie ihm die Tatsache vor Augen führen, daß sein Wille mit dem der Eltern häufig nicht übereinstimmt, es also emotional von ihnen unterschieden, getrennt ist. Diese Erfahrung löst in ihm Wut aus über die «unvollkommene Welt» und Angst, seine Autonomie zu verlieren, wenn es sich anpaßt, oder verlassen zu werden, wenn es auf seinem Willen beharrt. Verzweifelt reagiert es mit Wutausbrüchen, «Trotzanfällen» (Kap. II.3), denn noch kann es nur in Entweder-oder-Kategorien denken und empfinden.

Aus der Sicht des Kindes fühlt sich das Problem etwa so an: Entweder ich gebe meine Vorstellungen und Wünsche vollständig auf und erhalte dafür die ersehnte Übereinstimmung mit den Eltern, oder ich setze mich durch, bezahle aber den Preis der emotionalen Trennung, Ablehnung oder Bestrafung, wenn die Eltern auch nicht nachgeben und sich meinem Willen nicht fügen. Um diese letzte Variante zu erreichen, die dem Kind als die gefühlsmäßig erstrebenswerteste erscheint, setzt es ebenfalls seine impulsiven Energien ein, so daß sich die Eltern leicht in Machtkämpfen wiederfinden.

Eine ausgewogene Erziehungshaltung verhilft dem inzwischen dreijährigen Kind zur Einsicht, daß die Welt und Beziehungen nicht nach dem starren, ausschließenden Prinzip des Gegensatzes funktionieren, sondern nach dem beweglichen, einschließenden des Kompromisses, bei dem jeder etwas nachgibt und sich Positionen wandeln können. Es erlebt, daß es partiell autonom sein darf und dafür geliebt wird, daß es sich aber auch teilweise einfügen muß in vorgegebene Bedingungen und daran nicht zerbricht, sondern daß sich sogar, wenn es seinen Widerstand aufgibt, die ebenfalls ersehnte harmonische Gemeinschaft einstellen kann. Es spürt ferner, daß die gegensätzlichsten und widersprüchlichsten Gefühle zu ihm gehören und gehören dürfen und daß dasselbe auch für alle anderen Menschen gilt. Es merkt, daß so wichtige Beziehungen wie zu den Eltern nicht durch unterschiedliche Wünsche, aggressive Gefühle und das Ringen um Selbstbehauptung zerbrechen, sondern daß Konflikte überwindbar sind. Allerdings erlebt es auch, daß manche Grenzüberschreitungen nicht geduldet werden, zeitweilig das Wohlwollen der Bezugsperson gefährden und eine Strafe nach sich ziehen.

Das Zusammenspiel dieser Erfahrungen verhilft dem Kind zu einem Vertrauen, das es ihm allmählich ermöglicht, sich einerseits anzupassen, andererseits gegebene Freiräume zur kreativen Selbstentfaltung zu nutzen. Es hat damit die drängendste Notwendigkeit zu trotzen überwunden und die Grundlagen der emotionalen Konstanz erworben. Sein Selbstwertgefühl gewinnt einen realistischeren Boden; es meint nicht mehr, «alles zu können», sondern lernt ansatzweise, seine Fähigkeiten sachgerecht einzuschätzen. Seine sozialen Fähigkeiten wachsen; es beginnt den Menschen, die ihm wichtig sind, etwas zuliebe zu tun und dabei eigene Interessen hintanzustellen; es ahnt, daß man seine eigenen Gefühle auch steuern kann. Seine Frustrationstoleranz wächst, und seine Verlassenheitsangst läßt nach. Die sichere Bindung hat sich durch die Bewährung im Symbiose-Autonomie-Konflikt weiterhin gefestigt, so daß es nun zu einem weiteren Schritt der Loslösung bereit ist. Neue Menschen, besonders Kinder, wecken sein Interesse. Das Kind ist kindergartenreif, d. h. reif, sich auf neue Bezugspersonen einzulassen, sich nach deren Vorgaben in eine Gemeinschaft einzufügen und sich einen erweiterten Horizont spielerisch zu erschließen.

Um zusammenfassend die Frage zu beantworten, wie weit die Psyche des dreijährigen Kindes strukturiert sein sollte, damit es sich mit Freuden den sozialen und geistigen Anregungen des Kindergartens öffnen kann, sei hervorgehoben: Im günstigsten Fall hat das Kind auf dem Boden der sicheren Bindung die Grundlagen der emotionalen Konstanz erworben, so daß es sowohl eigene Wünsche äußern, eigene Spielideen verfolgen und um Selbstbehauptung kämpfen kann (Autonomie), sich aber auch einfügt, Kompromisse akzeptiert, Nähe sucht und Hilfe annimmt (soziale Gebundenheit). Es hält Gebote ansatzweise ein, Frustrationen (z. B. Gebote, soziale Regeln, Grenzen eigener Fähigkeiten) zerstören nicht sofort sein emotionales Gleichgewicht oder können doch mit verständnisvoller Unterstützung der Bezugsperson gemeistert werden. Deshalb halten sich die nach wie vor auftretenden Wutausbrüche in sozial verträglichem Rahmen. Nun wird es allmählich möglich, an die Einsicht und die Vernunft des Kindes bei der Bewältigung schwieriger oder konfliktträchtiger Situationen zu appellieren. Seine emotionale Stabilität fördert die Angstfreiheit und damit seinen Entwicklungsdrang, seine Neugier und Bereitschaft, sich aufmerksam neuen Aspekten der Welt zuzuwenden.

Wenn das Kind mit drei Jahren in den Kindergarten eintritt, sollte es die Grundlagen dieser emotionalen Konstanz besitzen, um angstfrei das dortige Bildungsangebot für sich nutzen zu können. Die Realität sieht oftmals anders aus. Deshalb benötigen solche Kinder, die sich noch nicht leichten Herzens täglich für mehrere Stunden von ihrer Mutter trennen können, Begleitung beim Einstieg in die Kindergartengruppe. Sehr bewährt hat sich, die Trennungsangst des Kindes nicht nur zu beschwichtigen, sondern tatsächlich zu respektieren, indem die Mutter aufgefordert wird, so lange in der Kindergruppe zu bleiben, bis ihr Kind aufgehört hat zu weinen, sich einer Beschäftigung oder anderen Kindern zuwendet oder freiwillig in der Gruppe bleibt, also den Abschied von der Mutter akzeptiert. D. h. die Mutter bringt gegebenenfalls den ganzen Vormittag mit ihrem Kind im Kindergarten zu. Dabei muß sie allerdings ihrem Kind emotional zur Verfügung stehen, ihm ihre eindeutige liebevolle Zuwendung schenken. Sie wird das aber nur können, wenn sie von den Erzieherinnen sicher weiß, daß ihre Anwesenheit auch von ihnen dringend erwünscht ist. Wenn das Kind dann mit anderen spielt, kann die Mutter sich anderen Aufgaben zuwenden, sollte aber zunächst noch im Raum bleiben. Als nächster Schritt bietet sich eine Abwesenheit von ein bis zwei Stunden an, etwa um Einkäufe zu erledigen. Nun wird es nur noch wenige Tage dauern, bis das Kind gleich nach der Ankunft im Kindergarten die Mutter verabschiedet.

In der Regel währt ein solcher Eingewöhnungsprozeß etwa eine Woche, im Extremfall einen oder gar zwei Monate. Doch die Mühe und Geduld lohnen sich! Ein Kind, das seine Trennungsangst auf diese Weise, nämlich ernst genommen, überwunden hat, wird nicht rückfällig, während bei Kindern, die gegen ihren Willen oder trotz ihrer Angst in den Kindergarten gehen müssen, die Trennungsschwierigkeiten immer wieder aufflammen (etwa nach den Ferien).

Es gibt aber auch Mütter, die sich selbst nicht von ihren Kindern lösen können. Sie fragen beispielsweise ihr Kind, das sich ohne zu weinen schon von ihnen verabschiedet und mit anderen Kindern ein Spiel begonnen hat, noch einmal, ob sie jetzt gehen dürfen. Solche Mütter sollte man bei aller Hochachtung für ihre Liebe freundlich, aber bestimmt bitten, die Kindergruppe jetzt zu verlassen. Das gilt auch in der gegenteiligen Situation, wenn der Abschied zum Machtspiel zwischen Mutter und Kind wird, in dem das Kind die Mutter nicht gehen läßt. Im Gegensatz zur echten Trennungsangst, die sich in verzweifeltem Weinen «von innen heraus» zeigt und sich allein durch die mütterliche Gegenwart beruhigen läßt, deutet ein Quengeln, Fordern – etwa was die Mutter tun soll, wohin sie sich setzen soll – oder ein mit Schimpfen gepaartes Weinen auf einen Machtkampf hin.

Beendet die Erzieherin freundlich eine solche nur scheinbar dramatische Abschiedssituation, beruhigt sich das Kind schnell nach dem Weggang der Mutter. Das Kind spürt seine Selbstkonstanz durchaus, auch eine hinlängliche emotionale Objektkonstanz scheint es zu besitzen; die Anerkennung der gegenseitigen Autonomie bedarf dagegen noch der Unterstützung.

IV. Den Bildungsprozeß unterstützende
   Bedingungen

Damit Kinder bis zum Alter von drei Jahren eine sichere Bindung und eine in den Grundzügen gefestigte psychische Struktur erwerben können, die es ihnen erleichtern, sich mit entspannter Aufmerksamkeit «der Welt» zu widmen, benötigen sie günstige Umwelt- und Beziehungsbedingungen im Säuglings- und Kleinkindalter, die sich aber auch im Kindergartenalter fortsetzen sollten. Denn bis weit ins Schulalter hinein bleiben die psychischen Strukturen des Kindes – wenn auch in schrittweise abnehmenden Maße – instabil und verletzlich, d. h. aber auch präg- und beeinflußbar. Zudem zeigt die Erfahrung, daß einer wachsenden Anzahl von Kindern aus den verschiedensten Gründen mit drei Jahren noch der Boden der sicheren Bindung fehlt. Sie haben noch nicht die erläuterte psychische Struktur ausgebildet und erleben nur kurze Momente entspannter Aufmerksamkeit. Sie sind gemäß den zuvor erläuterten Kriterien nicht reif für das Leben im Kindergarten, obwohl sie ihn täglich besuchen. Aus diesem Grund erscheint es um so notwendiger, daß sie im Kindergarten Umwelt- und Beziehungsbedingungen antreffen, die es ihnen erlauben, elementare Erfahrungen nachzuholen und ihren emotionalen Rückstand so weit wie möglich aufzuholen. Nur wenn der Kindergarten und die Erzieherinnen diese Ergänzung zum Elternhaus leisten, werden die Kinder auch von dem Bildungsangebot wunschgemäß profitieren.

Wurde bisher die sichere Bindung und emotionale Konstanz als erste Voraussetzung für die entspannte Aufmerksamkeit betont, so ist als zweite die Gestaltung der kindlichen Lebenswelt zu nennen. Denn auch die Art und Weise, wie die Tagesstruktur und die räumliche Umgebung gestaltet sind, beeinflußt die Aufnahmebereitschaft.

I. Die sinnliche Gestaltung der Lebenswelt

Die ersten Überlegungen gelten der räumlichen Umwelt des Kindes. Welche Rahmenbedingungen fördern die gelöste, wache Hinwendung zu Anreizen?

Neben einer freundlichen sozialen Atmosphäre, die vertrauensvolle Neugier erleichtert, sind hier vor allen Dingen die sinnlichen Eindrücke, die auf das Kind einströmen, zu beachten. Der menschliche Organismus insgesamt ist – wie jedes lebendige Wesen – ein feines Wahrnehmungsinstrument. Alle Sinne reagieren permanent, wenn auch weitgehend unbewußt auf die jeweils vorhandenen Reize, also auf die sichtbaren, hörbaren, riechbaren, gustatorischen und fühlbaren Qualitäten der Umgebung. Das Gehirn benötigt ständig solche sinnlichen Anregungen, die es aufnimmt, einordnet, auswertet und so zu Informationen verarbeitet, die es beurteilt und mit Reaktionen beantwortet. Auf diesem Weg erfolgt seine Entwicklung und meistern Tier und Menschen ihr Leben.

Das Problem der Reizüberflutung

Empfängt das Gehirn zu wenig Stimulation, so veranlaßt es instinktiv den Organismus, sich Reize zu suchen. Gelingt dies nicht, so nimmt es Schaden. Man spricht in diesem Fall von «sensorischer Deprivation». In einer durchschnittlichen Umwelt besteht die Gefahr der Reizarmut nicht. Im Gegenteil, häufig ist der Organismus in der modernen Welt einer derartigen Überfülle von verschiedensten Anregungen ausgeliefert, daß er sie nicht mehr sinnvoll zu bewältigen vermag. Ständig wird er beansprucht durch eine Flut von optischen Eindrücken, eine Vielzahl an Farben und Formen, die sich permanent verändern. Dasselbe gilt für die akustische Welt. Fortwährend strömen die unterschiedlichsten Geräusche gleichzeitig auf den Menschen ein: Musik, Stimmen, Dröhnen von Maschinen, Verkehrslärm und dergleichen mehr. Auch taktile Reize fordern in Form von Materialien und Gegenständen, die zur Handhabung anregen, besonders Kinder ständig heraus. Denn sie fassen gern alle Dinge an und spielen an ihnen herum. Geruchs- und Geschmacksreize treten zwar demgegenüber eher in den Hintergrund, sind aber nicht minder wesentlich. Häufig präsentieren sie sich in wenig differenzierten Qualitäten, wie «gut» – «schlecht», «stinkt» – «riecht gut» bzw. «süß» – «salzig». Auch Reize, für die der

Mensch keinen spezialisierten Sinn besitzt, wie etwa für Elektrosmog (insbesondere Strahlung von Computern, Handys, Sendemasten) entfalten eine Wirkung. So kann inzwischen als gesichert angenommen werden, daß diese Strahlen eine erhebliche Belastung für den Organismus darstellen.

Wie antwortet der Organismus auf dieses Überangebot ihn bedrängender Reize? Er fühlt sich gestreßt, eventuell sogar bedroht und überfordert. Die Überforderung versetzt ihn in Spannung. Entweder versucht er, so gut es geht, der Fülle doch Herr zu werden, indem er die Dauer und Intensität der Aufmerksamkeit, mit der er bei den einzelnen Sinnesempfindungen verweilt, herabsetzt. Oder er lernt, sich vor ihr zu schützen, indem er ihre Wahrnehmung so weit wie möglich reduziert, sich verschließt. Die erste Lösung bedeutet: Er ist unruhig, sprunghaft und mit seinen Sinnen «überall und nirgends». Kinder, die diese Lösung wählen, fallen durch ihre motorische Unruhe auf, ihr «fehlendes Sitzfleisch», ihre Zappeligkeit, den Mangel an Konzentration, Sorgfalt und Ausdauer. Sie sind fahrig und ungeduldig beim Spielen, besonders wenn sich Schwierigkeiten einstellen, die neuartige Lösungen erfordern. Sie geben z. B. rasch auf, wenn ihnen ein Bauwerk nicht gelingt, und wenden sich einer neuen Tätigkeit zu, lassen sich aber auch von dieser wieder leicht ablenken. Vergleichbares gilt für die zweite, entgegengesetzte Strategie, der Reizüberflutung zu begegnen: die unbewußte Herabsetzung der Aufnahme- und Reaktionsbereitschaft. Diese Kinder lassen sich von Bildern und Klängen «berieseln», oftmals halb träumend, ohne deutlich ihren Inhalt wahrzunehmen. Sie wirken zwar ruhig und geduldig, sie scheinen auch lange bei einer Sache zu bleiben, doch ohne sich aufmerksam mit ihr auseinanderzusetzen. So fehlt ihnen ebenfalls die Konzentration; das Niveau ihrer Betätigungen ist niedrig, manchmal erscheinen diese geradezu stereotyp. Beispielsweise bauen sie immer wieder dieselben Konstruktionen oder zeichnen Bilderserien, bei denen sich die einzelnen Bilder über einen längeren Zeitraum kaum voneinander unterscheiden. Oder sie hören immer wieder dieselbe Geschichte von einer Kassette, ohne den Inhalt nacherzählen zu können. Teilweise wechseln die Kinder – je nach Interessenslage oder emotionaler Beanspruchung – ihr Verhalten, so daß vordergründig der Eindruck der Sprunghaftigkeit mit dem der Verträumtheit abwechselt. Bei beiden Ausprägungen jedenfalls handelt es sich, wie unschwer zu erkennen, um Varianten der Störung, die zur Zeit in der Gesellschaft als Aufmerksamkeits-Defizit-Syndrom (ADS) hohe Beachtung erfährt.

Selbst wenn jemand nicht so extrem auf die Reizüberflutung reagiert, so haben Forschungen doch ergeben, daß Menschen sich an eine Überfülle der Informationen gewöhnen, sie nicht mehr hinlänglich beachten, sondern abstumpfen und dadurch ihre Sensibilität für wirklich wichtige neue Details verlieren. Sie reagieren nicht mehr flexibel, sondern im Rahmen vertrauter Muster. Das bedeutet zugleich: Sie integrieren neue Fakten nicht in ihr Wissen, also sinkt die Qualität ihrer Entscheidungen, anstatt zu steigen. Das gilt für Manager wie für Kinder gleichermaßen.

Um in gelöster Aufmerksamkeit Aktivität entfalten zu können, brauchen Kinder – neben der sicheren Bindung – folglich eine Umgebung, die sie in gutem Sinn anregt, also ihr Interesse weckt, sie zugleich aber auch darin unterstützt, bei den einzelnen Empfindungen, Wahrnehmungen und Tätigkeiten zu verweilen und sich intensiv mit ihnen zu beschäftigen. Nur so können sie sich den in ihnen verborgenen «Bildungsgehalt» aneignen und für den Aufbau der eigenen Persönlichkeit nutzen.

Die funktional gegliederte, lebendige Ordnung

Was ist nun, bezogen auf die einzelnen Sinne, bei der Gestaltung des Lebensraumes zu beachten? Zunächst mögen einige Stichworte die Antwort skizzieren, die sich zwar auf alle Sinne bezieht, aber am augenscheinlichsten den optischen Bereich betreffen:

Die Lebenswelt (übrigens nicht nur des Kindes) sollte sich freundlich und einladend darbieten, vielseitig und lebendig, aber auch ruhig, übersichtlich und klar geordnet. Zudem sollte sie Raum gewähren und zur Tätigkeit auffordern. Das bedeutet umgekehrt: Die Umgebung sollte nicht abweisend, kalt, steril, leer, langweilig oder tot erscheinen, auch nicht vereinnahmend, überfrachtet, unruhig, erdrückend und chaotisch. Denn ein «Zuviel» verwirrt oder lähmt die Initiative ebenso wie ein «Zu wenig». Wohltuend und belebend hingegen wirkt ein ästhetisch ansprechendes Umfeld, das jedoch nicht «perfekt» oder «vollendet» erscheinen darf. Es muß noch etwas «offen» lassen, sonst gibt es in ihm nichts mehr zu tun.

Viele Forscher, Architekten und Künstler suchten nach Wegen, diese Prinzipien bei der Gestaltung von Räumen, Gärten und Spielgeländen umzusetzen. Stellvertretend für alle möchte ich hier *Kükelhaus* erwähnen, dessen Gedanken zur Architektur in den letzten Jahren zunehmend Beachtung gefunden haben. Besonders sein «Erfahrungsfeld der Sinne» mit den vielen Geräten, die Freude und Erstaunen über die eigenen Bewegungen wecken, durch Sinnlichkeit zum Entdecken naturgesetzlicher Zusammenhänge führen, leisten Bildungsarbeit im besten Sinne.

Kükelhaus orientiert sich am Prinzip des lebendigen Organismus, welches das Geheimnis der Wirksamkeit in sich birgt. Eine Architektur, die die Wand eines Hauses oder Raumes als «äußere Haut» des Menschen versteht, bleibt menschlich und damit dem Menschen und seinen Bedürfnissen angemessen. Formen, die harmonische Proportionen besitzen, Materialien, die der Natur entstammen, Farben, die sich in den Reigen der Natur einfügen, eine Beleuchtung, die dem natürlichen Licht nahekommt, sie alle wirken zugleich entspannend und belebend und verhelfen dem Menschen dazu, sich heimisch zu fühlen.

Für die Gestaltung des kindlichen Lebensraumes bedeuten diese Einsichten:

Kinder brauchen innerhalb und außerhalb des Hauses Räume, die einladen und aufnehmen. Das sind einerseits Ecken, in denen sie sich geborgen fühlen und zur Ruhe finden, Ecken, welche die innere Sammlung und introvertierte Aktivitäten unterstützen. Ebenso benötigen sie Plätze zur Entfaltung des Expansionsdranges, der extrovertierten Phantasie und Gestaltungsfreude. Kurz: Kinder (wie auch Erwachsene) bedürfen eines Umfeldes, das dem universellen polaren Rhythmus von Ruhe und Tätigkeit, Rückzug und «Eroberung», innen und außen Rechnung trägt.

Im Elternhaus mögen die bergenden Ecken wie z. B. das Bett, ein Kuschelplatz auf dem Sofa, eine stille Spielecke oder auch ein ruhiger Platz am freien Tisch sein – sie alle können die Atmosphäre von friedlicher Harmonie verbreiten und die emotionale Sicherheit, Entspannung und Konzentration fördern. Um die expansiven Strebungen zu befriedigen, eignen sich freie Flächen in der Mitte von Zimmern, Flure und natürlich auch Gärten, Spielplätze, die gesamte Nachbarschaft. Hier spielt das Noch-Nicht-Festgelegte, Offene, Unfertige eine bedeutsame Rolle und unterstützt die Entfaltung des Geistes.

Im Kindergarten empfiehlt es sich, wie es auch üblicherweise geschieht, einen Raum funktional so zu gliedern, daß eine Ruhe- oder Kuschelecke und eine Ecke für ruhigere Spiele (Puzzeln, Basteln, Malen) von einem Raum für wilde Spiele abgegrenzt werden kann. Sinnvoll ist es natürlich, zumindest die Bereiche «Toben» und

«Ruhen» räumlich und damit auch akustisch zu trennen. Wenn das nicht möglich ist, sollte wenigstens ein Raumteiler (Regal, Vorhang, Pflanzen) eingesetzt werden.

Diese Prinzipien, die Lebenswelt zu gliedern, sind keineswegs neu; letztlich orientieren wir uns intuitiv alle mehr oder weniger an ihnen. Wichtig ist, sie sich bewußt zu machen und sie gezielt zu berücksichtigen. Denn vielfältige Störfaktoren scheinen nur darauf zu warten, die Eigenart der beiden entgegengesetzten Lebens- und Handlungsräume zu mißachten oder gar aufzuheben bzw. auszulöschen. Dies geschieht beispielsweise, indem ständiger Lärm, äußere Anforderungen und Kritik oder zu viele ablenkende Dinge die notwendige Ruhe, harmonische Ordnung und freundliche Atmosphäre verhindern. Damit zerstören sie zugleich die Voraussetzung, unter der stille, auf die innere Wahrnehmung gerichtete Aktivitäten ihre Kraft entfalten.

Die Bedrohung der Freiräume für expansive Tätigkeiten, für Bewegung, Erforschung und Eroberung, sieht anders aus. Fehlender Platz, Sterilität oder die Überfrachtung mit «sich aufdrängenden Gegenständen», die funktionale Festlegung der vorhandenen Materialien und vielfältige Verbote lähmen die Lust und Initiative. Zugleich engen sie die Vorstellungskraft und Handlungsfreiheit ein und verhindern dadurch die Erprobung und Schulung vieler motorischer, kreativer und praktischer Kompetenzen. In Kindergärten legen die Verantwortlichen – trotz der teilweise zu beklagenden Enge – viel Wert auf die funktionale Gliederung der vorhandenen Räumlichkeiten. Und dennoch lauern auch dort die beschriebenen Gefahren.

Wie lassen sich diese Gefahren, die die gelöste Aufmerksamkeit erschweren und bei vielen Kindern sogar verhindern, umgehen? Worauf ist zu achten? Zunächst einmal sollten Eltern und Erzieherinnen dafür sorgen, daß in beiden Lebensbereichen eine freundliche, lebendige Ordnung herrscht. Das bedeutet, daß alle Dinge einen sinnvollen Platz haben und daß sie sich, wenn sie nicht benutzt werden, auch zumeist dort befinden: der Schlafanzug im Bett, der Waschlappen im Badezimmer, Käse und Wurst im Kühlschrank, das Brot im Regal, die Bauklötze in der Kiste, die Kiste im untersten Regalfach usw. Die Ordnung existiert nicht um ihrer selbst willen, sondern sie entspricht primär dem Charakter der Gegenstände: Wurst und Käse verderben schneller, wenn sie in der Wärme stehen, Kleider oder Bücher nehmen leicht Schaden, wenn sie auf dem Boden verstreut herumliegen. Darüber hinaus sorgt Ordnung für Klarheit und entlastet damit den Geist, weil sie als Mitte zwischen zwanghaft-genormter Aufgeräumtheit – bei der beispielsweise die Bauklötze fugenlos in die Kiste einsortiert werden – und chaotischem Durcheinander – wo die Bauklötze im Zimmer verstreut liegen bleiben – dem Gestaltungsprinzip des Lebens und ebenso des menschlichen Geistes gehorcht. Denn das menschliche Bewußtsein arbeitet so, daß es automatisch versucht, die vielfältigen auf es eindringenden Reize zu ordnen. Es bemüht sich, seine Wahrnehmungen zu strukturieren, damit sie Bedeutung gewinnen: Nur die gegliederte Gestalt ist «sinnvoll».

Den Prozeß, in dem wir unsere Wahrnehmungen strukturieren und interpretieren, wobei wir sie mit schon bekannten Eindrücken vergleichen und die Qualität der Unterschiede feststellen, nennen wir «erkennen». So sehen wir beispielsweise in unserem Blickfeld im Vordergrund eine Fläche von hellen Grüntönen mit kleinen bunten Tupfen darauf. Das Mittelfeld bildet eine Zone aus dunkleren Grüntönen; der obere Rand des Blickfeldes ist blau. In der Mitte befindet sich ein eckiges, räumliches, überwiegend einheitlich braunes Gebilde. Schon diese Beschreibung des optischen Eindrucks zeigt, wie unser Bewußtsein unsere Wahrnehmungen räumlich und farblich ordnet und damit entscheidet, was zusammengehört. Es vergleicht das Ergebnis mit früheren Erfahrungen und spricht ihm einen Sinn, erkennt ihm eine Bedeutung zu. In diesem Falle würde es denken: «Aha, es handelt sich um eine Blumenwiese vor einem Wald, auf der ein braunes Holzhaus steht. Das Blaue ist der Himmel.» Entsprechend behandelt der Geist Geräusche. Er versucht ihre Eigenart zu erkennen, unterscheidet Motorengeräusche von Musik oder menschlichen Stimmen, hört die deutsche Sprachmelodie aus der Vielfalt verschiedener Sprachen heraus, bemerkt eine bekannte Stimme im Stimmengewirr. So ist er ständig damit beschäftigt, die Fülle der ihn umgebenden Reize zu verstehen, indem er sie gliedert, zuordnet und interpretiert.

Obgleich diese Aktivität weitgehend unbewußt erfolgt, kostet sie doch psychische Energie, die für andere Tätigkeiten nicht mehr zur Verfügung steht. Deshalb ist es wichtig, daß unsere Sinne nicht ständig mit einem optischen, akustischen und taktilen «Chaos» konfrontiert werden, sondern von einer lebendigen Ordnung umgeben sind; denn in ihr findet unser Geist vertraute Strukturen vor, in denen er sich wohlfühlen kann. Dann ist er frei, neue Impulse und schöpferische Einfälle in kreative Handlungen umzusetzen. Solche Ordnung zeichnet sich zudem dadurch aus, daß sie nicht einförmig und steril erscheint, sondern daß sie, ohne die übergeordnete Struktur zu verlassen, Varianten enthält. So erkennen wir alle Eichenblätter an ihrer charakteristischen Form, und doch gleicht kein Eichenblatt dem anderen. Das gilt für die Eichen, weiter für alle Baumarten etc. Eine lebendige Ordnung ist nie eintönig oder gar tot, sondern bewahrt sich eine gewisse Offenheit. Dadurch wirkt sie niemals lähmend, sondern wird meist als harmonisch, schön und sogar belebend oder anregend empfunden. Deshalb bildet sie auch den Nährboden für eine gelingende expansive Tätigkeit.

Ebenso wie es eine Anordnung der Dinge gibt, die nicht nur zweckmäßig, sondern auch sinnlich befriedigend ist, also dem ästhetischen Bedürfnis entgegenkommt, gibt es eine diesen Zweck erfüllende «Farbordnung». Untersuchungen wiesen nach, daß die farbliche Umgebung einen erheblichen Einfluß auf die psychische Befindlichkeit ausübt, daß sie das Gemüt zu besänftigen oder zu beleben, sogar zu lähmen und zu stressen vermag. Daß manche Farben warm und andere kühl scheinen, daß gewisse Farb- und Formkombinationen unruhig, andere jedoch beruhigend wirken, hat wohl jeder schon an sich selbst erfahren. So gilt allgemein blau eher als kühl und beruhigend, grün entspannt die Augen, gelb bezeichnen wir als warm und rot als belebend bis aufregend. Wichtig ist, aus dieser Erkenntnis Konsequenzen für die Förderung der gelösten Aufmerksamkeit zu ziehen. Farbzusammenstellungen, die das Empfinden stressen, weil sie ständige Beachtung heischen, «schreien» und «sich beißen», machen zwar «auf sich aufmerksam», doch verhindern sie ein ruhig konzentriertes Verweilen des Bewußtseins bei einer Sache. Farben und Farbmuster hingegen, die wir als kalt, hart und abweisend oder «tot» erleben, weil sie keinerlei Differenzierungen aufweisen, lähmen die Geisteskraft. Anstelle sich gelöst nach außen zu richten, zieht sich das Bewußtsein in sich selbst zurück und scheint zu erstarren. Natürlich empfinden die Menschen aufgrund ihrer individuellen Verschiedenartigkeit auch die Farbwirkungen unterschiedlich intensiv, doch die jeweilige Tendenz zeigt sich eindeutig.

Welche Farbgebung unterstützt nun die gelöste Aufmerksamkeit? Hier ist zu unterscheiden zwischen den Farben, die die Gesamtatmosphäre bestimmen und sich deshalb eher unterordnen sollten – also die Zimmerwände, der Fußbodenbelag, die großen Möbel –, und denen, die hervortreten und besondere Akzente setzen wie etwa die Vorhänge,

Bilder, bestimmte Schmuckgegenstände etc. Die Gesamtatmosphäre sollte farblich warm, freundlich, klar, licht, nicht bedrängend sein. Hier eignen sich helle Gelbtöne, Holztöne, letztlich alle Farben, die in der Natur dominieren. Die besonderen Akzente wollen sich von dem ruhigen Grund abheben. Sie fordern Beachtung. Deshalb verlangen sie oft kräftige, auffallende Farben. Als Vergleich mag die Blumenwiese dienen: die Grüntöne des Grases und der Kräuter prägen den freundlichen Farbgrund, die roten, gelben, blauen und weißen Blüten der Blumen bilden die leuchtenden Akzente. Gerade, weil sie das Bild nicht beherrschen, sondern es nur beleben, empfinden wir solch eine Wiese als schön, entspannend und interessant, niemals aber als grell, überfrachtet oder chaotisch.

Diese optischen Gestaltungsprinzipien sind auch bei der Dekoration der Wände des Kinderzimmers oder des Gruppenraums im Kindergarten zu berücksichtigen. Bilder an den Wänden bilden Akzente, die Würdigung wünschen und erhalten sollten. Besonders, wenn es sich um viele Bilder handelt, beispielsweise um die Zeichnungen aller Kinder einer Gruppe zu einem Thema, bedarf die Aufmerksamkeit einer gewissen Lenkung. Um das Betrachten dem Auge zu erleichtern, sollten die Bilder also nicht willkürlich «irgendwie» an der Wand hängen, sondern geordnet nach inhaltlichen und ästhetischen Gesichtspunkten. Wo findet jedes Bild seinen angemessenen Platz? Wenn viele Bilder zu verschiedenen Themen vorliegen (Geburtstagskalender, Blattcollagen, ausgemalte Mandalas) hänge man sie möglichst nicht an einer gemeinsamen Wand auf und vermeide auch ein lückenloses «Zupflastern» der gemeinsamen Fläche. Statt dessen bietet sich als Leitidee auch hier die «harmonische Ordnung» an.

Was ich für die optische Wahrnehmung im Hinblick auf die Ordnung der Dinge und Farben erläutert habe, gilt entsprechend für die Welt der Geräusche. Weil das Gehirn in seinen akustischen Wahrnehmungen nach Struktur und Sinn sucht, braucht es eine «akustische Ordnung». Es benötigt einen freundlich-harmonisch ruhigen Grund, der die Ohren und das Gehirn «in Ruhe läßt». Von diesem heben sich sodann die beachtenswerten Laute ab. Selbst wenn man jegliche zusätzliche Geräuschkulisse vermeidet, indem man Musikgeräte, Radio und Fernsehen nicht «nebenher» laufen läßt, bleiben häufig noch viele Geräuschquellen übrig, die dem Gehirn «unnötige» Informationen senden und es beschäftigen. Denn anders als die Augen, die ein begrenztes Blickfeld haben, hören die Ohren in alle Richtungen, so daß man sich vor akustischen Reizen noch weniger schützen kann als vor visuellen. Das Gehirn wird also fortwährend – mehr oder weniger bewußt wahrgenommene – wechselnde Geräusche aufnehmen und als wichtig oder unwichtig, neu oder bekannt, angenehm oder unangenehm beurteilen. Diese unterschwellige Aktivität verbraucht natürlich viel psychische Energie; das Hören strengt an, so daß dem Organismus – besonders wenn er einer akustischen Dauerbeschallung ausgesetzt ist – schließlich die Kraft und die Bereitschaft fehlt, sich entspannt auf klangliche Informationen einzulassen, die er tatsächlich aufnehmen, verarbeiten und behalten soll.

Wollen wir Kindern die akustische Überforderung ersparen, so ist zunächst darauf zu achten, selbst leise, vermeidbare Geräuschquellen auszuschalten. Beispielsweise keine Kassette nebenbei laufen zu lassen, wenn die Kinder auf dem Bauteppich bauen, weil die zusätzliche Musik oder Geschichte kein «Beruhigungsmittel» ist, sondern im Gegenteil die Aufmerksamkeit aufspaltet und die Konzentrationsfähigkeit auf die Dauer untergräbt. Da das ausgereifte Gehirn letztlich nicht anders arbeitet als das kindliche, gilt diese Regel auch für Erwachsene. Wenn sie sie einhalten, wird das nicht nur ihrer eigenen sinnlichen Entspannung und Konzentrationsfähigkeit zugute kommen, sondern auch den Kindern, die sich ja mit ihren Verhaltensweisen und Normvorstellungen an ihnen orientieren. So befindet sich ein Erwachsener immer in der Rolle des Vorbilds, ob er will oder nicht. Wenn jedoch Medien eingesetzt werden, so sollten sie einem bestimmten inhaltlichen Zweck dienen. Dann erfordern die ausgewählte Musik, die Geschichte oder der Film die volle Aufmerksamkeit. Außerdem ist es wichtig – und dies gilt besonders für die Kindergärten – Räume für «laute» Tätigkeiten von denen für «leise» so zu trennen, daß wirklich ein Lärmschutz entsteht. Während sich also in einem Zimmer durchaus verschiedene Bereiche für stille Beschäftigungen befinden können – beispielsweise Tische zum Malen und zum Basteln, ein Winkel für ruhige Puppenspiele und eine Bauecke – sollte die Tobezone oder der Bereich für expansive Rollenspiele sich in einem durch eine Tür verschließbaren Raum befinden. Ein Garten oder ein Spielplatz bieten sich ebenfalls zu diesem Zweck an. Und schließlich gilt es, den Kindern immer wieder zu helfen, zur Ruhe zu finden, sie freundlich zu bitten, Rücksicht auf andere Gruppenmitglieder zu nehmen, die sich still beschäftigen. Kinder können auf diese Weise lernen, das soziale Miteinander «reizfreundlich» zu gestalten, sich an entsprechende Regeln zu halten und rücksichtsvoll eigene lautstarke Impulse zu steuern.

Exkurs: Der Wald als Bildungsraum

Wenn ich im optischen und akustischen Zusammenhang von «Räumen» schreibe, so meine ich keineswegs nur Zimmer in Häusern. Vielmehr sind alle umgrenzten Örtlichkeiten als Raum zu verstehen. Deshalb bezog ich bereits den Garten und Spielplatz in die Ausführungen ein. Besonders erwähnen möchte ich noch den Wald.

Der Wald ist ein Lebensraum, der alle bedeutsamen Anforderungen erfüllt. Er besitzt eine natürliche Ordnung – z. B. was wann auf welchem Boden bei welchen anderen Pflanzen wächst –, die den Blick für sinnvolle Zusammenhänge öffnet und die Bereitschaft, sich einzufügen, wecken kann. Die Naturordnung wirkt harmonisch, bringt zudem die Schönheiten der Natur hervor, befriedigt damit das ästhetische Bedürfnis und trägt so zum emotionalen Wohlbefinden bei.

Die optische Beschaffenheit des Waldes entspricht den visuellen Bedürfnissen: Sie ist ruhig und doch in sich gegliedert. Viele Farbnuancen und Formvarianten regen die Wahrnehmung an, ohne sie zu belasten. So lernen die Kinder, genau hinzuschauen und ihre Unterscheidungsfähigkeit zu schulen. Gleiches gilt für den Hörsinn: Die Stille des Waldes bietet den wohltuenden Grund, von dem sich die Naturlaute, wie das Rauschen des Windes in den Bäumen oder der Gesang der Vögel, abheben, ohne allzu große Beachtung zu fordern. Zudem verhindert die ruhige Grundatmosphäre, daß das Gehör der Kinder abstumpft; vielmehr regt sie zu seiner Differenzierung an.

Die räumlichen Verhältnisse erscheinen im Wald geradezu ideal. Denn eine seiner wesentlichen Eigenschaften besteht in seiner Größe. Im Wald haben Kinder Platz. Sie können sich verteilen und sich genau die ihren Wünschen entsprechenden Bereiche suchen. Das Dickicht bietet sich an, Kuschelecken zu bauen; stille kleine Lichtungen laden zu besinnlichen Spielen ein. Doch erfahren die Kinder ebenso die Freiheit umherzustreifen, wild herumzutollen, zu klettern, ihre Abenteuerlust zu befriedigen und dabei ihre Stimmen zu erheben. Die Weiträumigkeit erlaubt es, daß sie sich auch in dieser Hinsicht ausleben. Mithin können sie ihren Bewegungsdrang im Wald auf vielfältige Weise befriedigen und dabei ihre Bewegungskoordination bestens üben. Zudem ist der Waldboden weich und uneben. Sich auf diesem Grund zu bewegen, fördert nicht nur die motorische Geschicklichkeit, sondern auch den

Gleichgewichtssinn und insgesamt die sensorische Integration. Sie ist grundlegend für die Fähigkeit zur gelösten Aufmerksamkeit, für den Lernvorgang und somit für den Bildungsprozeß überhaupt. Denn wenn die sensorische Integration, die hier auf natürlichem Wege erworben wird, Mängel erleidet, müssen diese in «künstlichen Bewegungslandschaften», wie sie beispielsweise die Ergotherapie anbietet, mühsam aufgearbeitet werden.

Schließlich stellt der Wald nicht festgelegte Materialien zur Verfügung, welche die Kinder je nach Vorhaben vielseitig verwenden können. Wozu vermögen Stöcke, Zweige, Blätter, Blumen und Früchte nicht alles zu dienen! Sie lassen sich in nahezu alles verwandeln, was das Herz begehrt: in Werkzeuge, Baumaterialien, Requisiten für Rollenspiele, Puppen, Waffen und vieles andere mehr. So belebt der Wald die kindliche Vorstellungskraft und verstärkt den Einfallsreichtum, zwei weitere wesentliche Elemente für das Bildungsgeschehen. Damit auch die Spielgefährten verstehen, daß das Blatt einen Teller, die darauf gelegten Kieselsteine Fleischstücke und Kartoffeln darstellen, müssen die Kinder ihre Phantasien in Worte fassen und sich differenzierter sprachlich mitteilen, als wenn sie eindeutig bestimmte Spielzeuge verwenden würden. Folglich profitiert ihre Sprachentwicklung.

Auch der Forschergeist wird durch das Angebot des Waldes angeregt und weckt so die Experimentierfreude, fordert die Beobachtungsfähigkeit heraus: Wie kann man einen kleinen Bach aufstauen? Wie versucht das Wasser, die Barriere zu durchdringen oder wegzuspülen? Wie muß man den Damm bauen, damit er hält? Oder: Welche Zweige lassen sich leicht durchbrechen, welche schwer? Der Erfolg und der Erkenntniszuwachs befriedigen das Bedürfnis nach Selbstwirksamkeit, stärken das Selbstbewußtsein und fördern das Interesse der Kinder, ihre Welt zu verstehen.

Weil der Wald solche günstigen Voraussetzungen bietet, wäre es wichtig, daß Kinder möglichst viel Zeit im Wald beim Spiel verbringen. Viele Stadtkinder erleben den Wald allerdings nur am Wochenende, und auch nur dann, wenn ihre Eltern seine Bedeutung erfaßt haben und deshalb mit ihnen ins Freie gehen. So kommt den Kindergärten hier eine wichtige Funktion zu. Wann immer sich ein Wald oder ein waldähnliches Gebiet in der Nähe befindet, sollten die Erzieherinnen mit den Kindern dort einen Tag in der Woche unabhängig vom Wetter zubringen. Daß sich im Sommer wie im Winter, bei Regen und Sonnenschein sogar ein ganzes «Kindergartenleben» in der Natur mit einfachsten Mitteln erfolgreich gestalten läßt, beweisen die in den letzten Jahren entstandenen Waldkindergärten. Und – um zum Ausgangspunkt zurückzukehren – zur Reizdeprivation kommt es im Wald ebensowenig wie zur Reizüberflutung, die unseren normalen Alltag oftmals kennzeichnet.

2. Die rhythmische Lebensordnung

Unser Leben gestaltet sich innerhalb der Koordinaten von Raum und Zeit. Die sinnlichen Erscheinungen strukturieren unseren Lebensraum; denn alles, was wir fühlen, sehen, riechen oder hören, befindet sich an einem bestimmten Ort: hier oder dort, vorne, hinten, oben, unten, rechts, links, nahe bei oder weit entfernt. Präsentiert sich diese Struktur als lebendige Ordnung, so unterstützt sie unsere Fähigkeit zur gelösten Aufmerksamkeit, weil sie für sinnliche Sicherheit sorgt, ohne Langeweile zu verbreiten.

Ebenso wie der Raum sein Gesicht durch die Phänomene erhält, so gewinnt auch die Zeit durch sie ihre Bestimmtheit, und zwar durch ihre Abfolge, durch ihr Auftauchen und Vergehen. Indem es hell wird und wieder dunkel, wärmer und wieder kühler, erleben wir den Rhythmus, den wir Tag und Nacht nennen. Indem viele Tage und Nächte aufeinander folgen, wobei zunächst die Tage länger werden und die Nächte kürzer und sich schließlich dieser Zusammenhang wieder umkehrt, entsteht der Jahreslauf; und durch die Verbindung mit den steigenden und fallenden Temperaturen, dem Grünen, Blühen, Frucht-Tragen, dem Blätter-Abwerfen und Ruhen der Pflanzen bilden sich die Jahreszeiten heraus.

Was auf die Bedeutung der sinnlich-räumlichen Ordnung zutrifft, gilt gleichermaßen für die sinnlich-zeitliche. Auch hier unterstützt die lebendige, d. h. die rhythmische Struktur die Fähigkeit zur entspannten Aufmerksamkeit, denn sie schenkt ebenfalls Sicherheit, ohne zu langweilen. Die Sicherheit, die sie vermittelt, bezieht sich auf das Zukünftige. Eine rhythmische Wiederkehr vertrauter Empfindungen, Wahrnehmungen oder Erfahrungen läßt überhaupt erst Erwartungen entstehen, ermöglicht erst, daß wir vorausschauen, uns auf etwas einstellen oder planen können.

Wenn etwas «irgendwann» geschieht, bleibt es unberechenbar und willkürlich. Dem «irgendwann», dem plötzlich, unvorhergesehen sich

Ereignenden stehen wir unvorbereitet und oftmals hilflos gegenüber; gleichgültig, ob es sich dabei um das während einer Wanderung heraufziehende Gewitter, einen Autounfall, den launischen Einfall eines Kollegen oder den unverhofften Besuch eines Freundes handelt. Wir brauchen zwar diese unplanbaren Ereignisse im Leben; sie verhindern ein Erstarren in der Struktur und fordern zu Beweglichkeit und Wandlung heraus. Sie steigern die Gefühlsintensität, und zwar – je nach inhaltlicher Beschaffenheit – die Freude, die Spannung, die Furcht oder Neugier – und verlangen nach kreativen Antworten. Doch benötigen sie den tragenden, verläßlichen Boden der in ihrer Abfolge und Eigenart gewohnten Geschehnisse, um konstruktiv zu wirken.

Allerdings sollte das Vertraute als rhythmisches Muster und nicht etwa gleichförmig nach einem starren zeitlichen und inhaltlichen Schema ablaufen, denn dessen Zwanghaftigkeit vergewaltigt das Leben und lähmt oder erzeugt – je nach Temperament – Angst, Gefügigkeit oder Widerstand. Somit blockiert der exakt festgelegte und eingehaltene Zeitplan die Offenheit für lebendige Erfahrungen und verhindert Lernprozesse. Der Rhythmus hingegen zeichnet sich wie die lebendige Ordnung dadurch aus, daß er Variationen zuläßt. Beispielsweise vollzieht sich unsere Atmung im Wechsel von Ein- und Ausatmung. Jeder Mensch besitzt seinen durchschnittlichen Rhythmus, wie oft er pro Minute in ruhig entspanntem Zustand aus- und einatmet. Dennoch variiert selbst in der Ruhephase die genaue Zahl und Dauer der Atemzüge ebenso wie deren Tiefe. Kommen körperliche Anforderungen oder emotionale Regungen hinzu, verändert sich die Atmung noch mehr. Das kennzeichnet das rhythmische Prinzip: Es folgt seiner Grundstruktur und paßt sich doch situativen Erfordernissen an.

Nicht nur das Atmen, sondern sämtliche Lebensprozesse aller Organismen vollziehen sich in solch zeitgebundenen rhythmischen Abläufen: Wachen und Schlafen, Aktivität und Ruhe, Essen und Verdauen, Werden und Vergehen. Die Beachtung dieser naturgegebenen Rhythmen führt zum Erleben von «Sinnhaftigkeit» und «Sinn», verleiht Sicherheit und hilft dem Menschen «sich zu finden». Diese Rhythmen bilden zudem einen Halt vermittelnden und zugleich Entwicklungsspielraum gewährenden Rahmen, dem sich der Mensch vertrauensvoll überlassen kann. Er entlastet ihn von der Notwendigkeit, sich ständig neu zu orientieren und zu organisieren, und schenkt ihm dadurch die Freiheit, sich angstfrei und gelöst den neuen Impulsen und Herausforderungen seiner Umwelt zuzuwenden.

In welchen Bereichen des kindlichen (und nicht nur des kindlichen) Lebens erweist sich die rhythmische Ordnung für die Entwicklung seiner Persönlichkeit und den Bildungsprozeß als hilfreich? Zunächst wären die Rhythmen zu nennen, die dem Tag Struktur verleihen: der von Wachen und Schlafen sowie der der Mahlzeiten. Eine verläßliche, annähernd gleichbleibende Zeit der Ruhe und der Nahrungsaufnahme hilft dem Organismus, sich zu stabilisieren. Er bildet Gewohnheiten aus, die ihn vorausschaubar funktionieren lassen, so daß sich das Kind sicher und wohl fühlt. Es spürt und lernt dadurch, wann und wie es für seinen Leib sorgen muß, erlebt zugleich Phasen, in denen ihm sein Körper relativ frei von diesen elementaren Bedürfnissen für andere Aktivitäten zur Verfügung steht, und erkennt allmählich den Zusammenhang zwischen beiden. Es merkt beispielsweise: «Wenn ich hungrig bin, mag ich nicht spielen.» Oder: «Wenn ich müde bin, habe ich keine Lust zu toben.»

Sodann sind die Rhythmen der Tätigkeiten zu beachten: der Wechsel von expansiver, nach außen gerichteter und innerlich zentrierter bzw. motorisch lebendiger und ruhiger oder gemeinschaftlicher und individueller Aktivität. Dieser Wechsel entspricht der polaren Struktur aller Lebensabläufe. Wie beim Atmen oder dem Wach-Schlaf-Rhythmus regenerieren sich unsere Kräfte durch das Spiel von Anspannung und Entspannung. Deren Balance ist die Basis aller Kreativität und Leistung. Die Überbetonung eines Pols führt auf die Dauer zum Verlust des psychischen Gleichgewichts. Dieser kann sich beispielsweise als emotionale und/oder körperliche Erschöpfung äußern oder als Schwierigkeit, «zu sich zu finden» bzw. «aus sich herauszugehen».

Der dritte Bereich berücksichtigt die Tatsache, daß wir Menschen sowohl das Bedürfnis nach Autonomie als auch nach harmonischer Gemeinschaft besitzen. Um der Autonomie in sozialer Gebundenheit Rechnung zu tragen, sollte das Kind einen rhythmischen Wechsel von Situationen oder Tätigkeiten erleben, die es selbstbestimmt gestalten darf, und solchen, bei denen es sich in einem vorgegebenen Rahmen einfügen muß. Denn beide Fähigkeiten – autonom zu handeln und sich anzupassen – sind sowohl Voraussetzung als auch Ergebnis eines gelingenden Bildungsprozesses. Sie verhelfen nicht nur dazu, befriedigende zwischenmenschliche Beziehungen zu führen sowie sich im sozialen Leben seinen Platz zu sichern und Anerkennung zu erwerben, sondern sie begünstigen auch die kognitive Entfaltung. Denn erfolgreiches Lernen verlangt neben dem Interesse für den Gegenstand, die

Bereitschaft und Geduld, sich mit ihm entweder autonom oder gemeinschaftlich auseinanderzusetzen.

Insofern das Kind bereits einige Kompetenzen besitzt, untersucht, übt und probiert es Dinge selbständig aus, um zum erwünschten Ziel zu gelangen: Es lernt spielend, und dieses spielende Lernen im Vorschulalter bildet die Basis für die häufig geforderte selbstbestimmte Organisation von Lernprozessen. Oftmals genügen die eigenen autonom eingesetzten Möglichkeiten jedoch nicht, um das gesteckte Ergebnis zu erzielen. Das Kind benötigt Hilfe. Selbst wenn es autonom, also aufgrund eigener Entscheidung, um sie bittet, muß es sich dann doch den Bedingungen des Helfenden fügen. Es muß dessen Antwort abwarten (und nicht schon vorher weglaufen), seinen Rat ausführen (und nicht plötzlich alles besser wissen) oder gegebenenfalls geduldig zuschauen und dann die Handlung nachahmen. Die Hilfe fruchtet also nur, wenn es sich zeitweilig anpaßt. Daher sollten im Kindergarten festgelegte, zur Übung anregende Angebote ebenfalls zum Tagesrhythmus gehören, um dem weniger kompetenten Kind Gelegenheit zum Üben zu geben. Es darf beispielsweise nicht vorkommen, daß sich ein feinmotorisch ungeschicktes Kind während der drei Jahre seines Kindergartenbesuches erfolgreich dem Malen, Basteln oder Kleinschneiden von Obst entzieht. Wenn das Kind z.B. nicht gerne malt – was zumeist nicht stimmt, weil der gestalterische Selbstausdruck ein menschliches Urbedürfnis ist –, sollte es jedoch nicht dazu gezwungen werden. Statt dessen sind ihm Tätigkeiten anzubieten, die es akzeptiert und die dennoch dasselbe Handgeschick erfordern.

Ein Beispiel mag das Gemeinte veranschaulichen. Es ist in der Adventszeit, und der beinahe sechsjährige Jan möchte einen «durchlöcherten Stern» (so nennt er ihn) ausschneiden, wie er ihn am Fenster sieht. Die Herstellung dieser Sterne entspricht durchaus den Fähigkeiten seiner Altersstufe. Er setzt sich also hin und schneidet mit Feuereifer drauflos. Doch die entstehenden Gebilde ähneln kaum einem Stern, so sehr er sich auch bemüht (autonomer Aspekt). Unzufrieden bei deren Anblick mault er: «Ich kann das nicht». Doch als eine Erzieherin ihm erklären will, wie er das Goldpapier zu falten habe, hört er ihr gar nicht zu, sondern greift nach dem Stern eines anderen Kindes. Als sie ihm daraufhin zu zeigen versucht, wie er das Papier falten und kleine Ecken herausschneiden kann, nimmt er es ihr ungeduldig aus der Hand und will es selbst machen, noch bevor sie dazu kommt, ihm das Prinzip zu verdeutlichen.

So wie Jan geht es vielen Kindern. Es fehlt ihnen nicht an der Motivation, etwas zu lernen, wohl aber an der inneren Ruhe und an dem Vermögen, sich in einen fremdbestimmten Ablauf einzufügen. Vermutlich mangelt es ihnen an Vertrauen, daß es keinen endgültigen Verlust der Autonomie bedeutet, wenn sie sich zeitweilig der Führung eines anderen Menschen überlassen. So verhindern sie durch ihr schwieriges Verhalten ihren eigenen Lernerfolg. Viele Grundschullehrer ringen beim Unterrichten genau mit diesem Problem.

Erlebt das Kind eine verläßliche, liebevoll vermittelte und seinen Entwicklungsbedürfnissen entsprechende rhythmische Struktur, die gleichermaßen den Tagesablauf, den Wechsel der Tätigkeiten und der Gestaltungsfreiheit umfaßt, so wird es Vertrauen in den Lebensrhythmus überhaupt gewinnen. Es wird sich in ihm aufgehoben und heimisch fühlen. Weil es seine tragende Kraft spürt, kann es sich ihm überlassen und muß nicht mehr allzu viel Energie darauf verschwenden, stets erneut gegen seine innewohnenden Grenzen zu rebellieren. Allmählich wird es die erlebte Ordnung so weit verinnerlichen, daß sie auch seine Persönlichkeitsstruktur beeinflußt und zu festigen hilft. Sie gewinnt inneren Halt und Sicherheit. Die entstehende Vorausschaubarkeit nimmt zudem die Angst vor der Ungewißheit. Das so entlastete Kind kann nun offen und gelöst seine Kompetenzen entwickeln, kurz: sich bilden.

3. Die Bedeutung der Bewegung

Wie bereits angeklungen, spielt die Bewegung für das Lernen ebenfalls eine wichtige Rolle, weshalb der kindliche Lebensraum genügend Anreize und Platz für motorische Aktivität bieten sollte. Damit diese Forderung verständlich wird, werde ich zunächst den Zusammenhang von sinnlicher Wahrnehmung, motorischer Reaktion und Lernprozeß erläutern.

Schon im Mutterleib nimmt der Fötus verschiedene Reize – z. B. Berührungen, Geräusche des mütterlichen Organismus und der Umwelt oder durch die mütterlichen Bewegungen veranlaßte Lageveränderungen – wahr. Seine Sinnesempfindungen werden von den aufnehmenden Nerven zu dem sich bildenden Gehirn weitergeleitet und dort «registriert», mit eventuell zuvor gespeicherten Informationen verglichen, bewertet – beispielsweise als: angenehm/unangenehm oder bedrohlich/ungefährlich – und beantwortet. Die Antwort erfolgt primär als motorische Reaktion. Das bedeutet etwa, daß sich der Fötus bei unangenehmen Empfindungen verspannt oder seine Lage verändert und beispielsweise bei Lärm zu strampeln beginnt. So bilden Sinneswahrnehmung und Bewegung eine funktionale Einheit, durch deren gemeinsame Aktivität sich das Gehirn weiterentwickelt und ausdifferenziert – und das auch noch nach der Geburt, vornehmlich in den ersten Lebensjahren. Denn sowohl die Sinnesempfindungen als auch die motorischen Antworten hinterlassen im zentralen Nervensystem «Gedächtnisspuren», die durch Wiederholung vertieft und zugleich aktiviert werden. Das Gedächtnis bildet sich heraus und stellt seinen zunehmenden Schatz an Informationen bei neuen Wahrnehmungen zur Verfügung, d. h. diese können immer feiner und genauer ausgewertet werden. Das Gehirn lernt geringe Unterschiede zu erkennen und sie angemessen mit veränderten Bewegungsreaktionen – die das Kind natürlich üben muß – zu beantworten.

Neue Erfahrungen regen das Gehirn an, mehr Verzweigungen an seinen Nervenzellen zu bilden, sie mit anderen Nervenzellen zu «verschalten» – diese Schaltstellen heißen «Synapsen» – mit der Folge, daß das Netzwerk der «Verkehrswege» zwischen den Nervenzellen immer dichter wird und der Informationsfluß vielseitiger vonstatten gehen kann. So werden die aufgenommenen Reize schneller, vielschichtiger und präziser verarbeitet und beantwortet.

Intelligenz ist nichts anderes als genau diese Fähigkeit, vielfältige Informationen aus der Umwelt und dem eigenen Organismus rasch und komplex auszuwerten, d. h. zu verstehen und mit differenzierten, angemessenen, die Situation günstig beeinflussenden (etwa Probleme lösenden) Reaktionen zu beantworten. Allerdings bleiben die «Verkehrswege», die Nervenverbindungen, nur so lange aufrechterhalten, wie sie benutzt werden. Häufiger benutzte Verkehrswege werden zu breiten «Straßen» ausgebaut, während seltener beanspruchte nur schmale «Pfade» bleiben. Werden sie eine Zeitlang gar nicht mehr gebraucht, verkümmern sie gänzlich. Die Frage, wie weit das angeborene Intelligenzpotential im Kindes- und Jugendalter tatsächlich verwirklicht wird und in Erscheinung tritt, hängt also nicht zuletzt ab von einem gelingenden Zusammenspiel zwischen den empfangenen Sinneseindrücken und den Möglichkeiten, die Reaktionsimpulse möglichst vielfältig als Bewegung zu äußern.

Das erwünschte Zusammenspiel erfolgt nur, wenn sich der Organismus – hier also der Säugling oder das Kind – emotional ausgeglichen, angstfrei und gelöst den ihn erreichenden Reizen öffnen kann und Zeit bekommt, sich mit ihnen in Ruhe auseinanderzusetzen. Nur dann schöpft er deren Informationsgehalt wirklich aus und findet verschiedenartige Wege, mit ihnen umzugehen. Jede Wirkung seiner Reaktionen nimmt er als neue Information auf, verarbeitet sie wiederum und nutzt sie als Anregung für neue Handlungsmöglichkeiten. So erweitert er ständig sein Kompetenzrepertoire und wird auf diese Weise zum Organisator seines eigenen Bildungsprozesses.

Diese Tatsache läßt sich bei spielenden Kindern gut beobachten: Das zufriedene, sich sicher fühlende Kind spielt zumeist ausdauernd, konzentriert und kreativ und erforscht alle Handlungsmöglichkeiten, die sich in den verfügbaren Dingen verbergen, seien es Konstruktionsmaterialien wie Legosteine, Kleider oder Tücher für Rollenspiele, Sand, Kletterstangen oder Bäume, Dreiräder oder Rollschuhe. So schult es seine grob- und feinmotorische Geschicklichkeit, sammelt Erfahrungen und Erkenntnisse über Wirkungszusammenhänge. Diese Fortschritte führen selbst wieder zu neuen Sinneseindrücken, die anregend wirken und sein Handlungsinteresse erhöhen. Dabei gönnt es sich immer wieder Ruhepausen. Das Gehirn braucht sie, um die gewonnenen Erfahrungen, Einsichten und Lösungsstrategie zu verankern und zu variabel einsetzbaren Kompetenzen auszuformen.

Das ängstlich angespannte Kind hingegen verharrt häufig in einförmigen Tätigkeiten, bildet eventuell Leistungsinseln aus, während es neue, verunsichernde Angebote ignoriert oder nur oberflächlich beachtet; oder es tendiert dazu, in Passivität zu verfallen und sich zu langweilen, sich «bedienen» zu lassen, etwa durch das Fernsehen. Denn der geängstigte Organismus verschließt sich weitgehend. Das Gehirn wertet dann eintreffende Informationen nur noch nach ganz groben Kategorien aus – etwa bekannt/unbekannt, gefährlich/ungefährlich, wichtig/unwichtig –, dann weiß es gleichsam genug und verzichtet auf eine differenzierte Verarbeitung. Ebenso qualitativ einfach bleiben die motorischen Antworten, so daß eine Weiterentwicklung nur sehr eingeschränkt erfolgt. Der berühmte Satz: «Angst macht dumm», gründet in diesem Zusammenhang. Wenn der angespannte Organismus die aufgenommenen Reize als wichtig erachtet, so kann es auch sein, daß er sich effektiv mit ihnen auseinandersetzt und zweckmäßige Lösungen findet, also etwas lernt. Allerdings bleiben diese Lerninhalte mit den unangenehmen Gefühlen ihrer Entstehung dauerhaft verbunden, und ihre Erinnerung und Anwendung wird häufig vermieden.

Die geordnete und dennoch interessante, also durchaus vielfältige Wahrnehmungen ermöglichende Umwelt sollte dem Kind folglich vielfältige Möglichkeiten der Bewegung bieten. Oder anders formuliert: Sie sollte das Kind zur Tätigkeit anregen, denn Tätigkeit vollzieht sich durch Bewegungen. Im Handeln sammelt das Kind seine eigenen Erfahrungen und lernt. Jedes Lernen, das durch den körperlichen Vollzug geschieht, haftet besonders gut im Gedächtnis. Man könnte sagen: «Das Wissen fleischt sich ein». Der ganze Körper erinnert sich, nicht nur der Kopf. Deshalb vergessen wir relativ schnell, wenn wir nur hören, wie Bratkartoffeln zubereitet werden, erinnern uns jedoch leichter, wenn wir sie selbst gebraten haben. Vergleichbares gilt für lediglich visuell erfaßte Informationen. Deswegen eignet sich auch das Fernsehen nur beschränkt als Lehrmeister, es sei denn, die Kinder münzen die gesehenen Inhalte – etwa im Rollenspiel – in lebendige Handlung um.

Für die kindliche Bildung spielen die großen, den gesamten Körper einbeziehenden Bewegungen (Grobmotorik) eine ebenso wichtige Rolle wie die feinen, primär die Hände oder die Gesichtsmuskulatur beanspruchenden (Feinmotorik). So braucht das Kind Gelegenheit, sich auszutoben. Es benötigt Platz zum Rennen, zum Fahren mit dem Dreirad, Roller oder Fahrrad; es ist wichtig, daß es seine Geschicklichkeit im Klettern, Balancieren, Hüpfen etc. üben darf. Schaukeln, Rutschen, Sich-Balgen sind gleichfalls bedeutsame motorische Aktivitäten. Durch sie regt es sein Gehirn zur Bildung weiterer Synapsen an, indem es mit der Bewegung vielfältige wichtige körpereigene Sinnesreize erzeugt, diese verarbeitet – nämlich als Empfindungen von Berührungen, von Muskelspannung, von Geschwindigkeit, von Gleichgewicht und der Stellung seiner eigenen Gliedmaße – und sie angemessen beantwortet. Es schult also zugleich seine Eigenwahrnehmung, welche die Basis für die Integration der sogenannten «Fernsinne» (hören, sehen, riechen ...) und seine Bewegungskoordination bildet.

Mit der verfeinerten körperlichen Selbstwahrnehmung intensiviert sich der körperliche Selbstbezug. Kinder fühlen sich in ihrem Körper desto heimischer, je besser sie ihn kennen und einzusetzen verstehen. So stärkt in diesem Alter die Erfahrung körperlicher Kompetenz das Identitätsgefühl mehr, als es kognitive Kompetenzen vermögen. Folglich trägt das motorische Erleben unmittelbar zur Persönlichkeitsbildung bei. Darüber hinaus bildet eine gute grobmotorische Geschicklichkeit eine günstige Voraussetzung für die Entwicklung der Feinmotorik, wie wir sie für so differenzierte Vorgänge wie das korrekte Sprechen, das flüssige Schreiben oder das Spielen eines Instrumentes brauchen.

Viele für das Bildungsgeschehen ebenfalls bedeutsame Tätigkeitsfelder reizen die Kinder zu feinmotorischer Bewegung, so z. B. Konstruktionsspiele mit kleinen Baumaterialien (z. B. Lego), manche Aspekte des Rollenspiels (z. B. das Ankleiden kleiner Puppen), Gestaltungsarbeiten mit Perlen, Stiften, Schere und Papier, der Umgang mit Messer und Gabel. Während die grobmotorischen Aktionen eher den expansiven Handlungen angehören, lassen sich die feinmotorischen tendenziell den introvertierten zuordnen. Sie unterstützen in hervorragender Weise die Fähigkeit zu konzentrierter, ruhiger Beschäftigung und zu innerer Aneignung und Verarbeitung von Erfahrungen.

Die beschriebenen Wirkungen entfalten sich durch feinmotorische Tätigkeiten, wenn das Kind gelöst «bei sich selbst» ist. Einem Kind, von dem die Erwachsenen wissen, daß es über eine stille feinmotorische Beschäftigung zu sich selbst findet, kann man, wenn es unruhig, erregt oder traurig ist, vorschlagen sich hinzusetzen und ein Bild zu malen oder sich in ein ruhiges Konstruktionsspiel zu vertiefen. Andere emotional angespannte Kinder dagegen fühlen sich gerade dazu nicht imstande. Ihnen hilft oftmals das grobmotorische Ausagieren, um ihre physische und emotionale Balance zurückzugewinnen. Wenn sie einige Zeit mit dem Roller gefahren sind, danach balancieren konnten oder auf einen Baum klettern durften – was schon mehr Konzentration verlangt –, finden sie «zu sich zurück». Die typischen «ADS-Kinder» aber brauchen einen klar vorgegebenen Tätigkeitsrahmen, der ihnen sowohl Konzentration abverlangt, als auch Bewegungsspielraum eröffnet, um zu sich selbst zu finden. Das kann eine einfache, sich wiederholende, klar strukturierte Tätigkeit sein (Muster im Steckbrett) oder auch eine Beanspruchung der gesamten Motorik, wie beispielsweise intensive sportliche Betätigung. Anschließend sind sie fähig, mit gelöster Aufmerksamkeit neuen, ruhigeren Anforderungen zu begegnen. Das bedeutet: eine fortgesetzte – insbesondere rhythmische – Bewegung wirkt sich unmittelbar auf die emotionale Befindlichkeit von Kindern – und Erwachsenen – aus. Es empfiehlt sich deshalb in jedem Lebensalter, Bewegungsangebote gezielt als Ventilfunktion einzusetzen, um Streß abzubauen oder die depressive Lähmung zu überwinden.

Schaut man sich die Realität an, in der viele Kinder aufwachsen, so ist unschwer zu erkennen, daß anregende Bewegungsmöglichkeiten häufig fehlen. Besonders in der Stadt haben Eltern Angst, ihre Kinder draußen spielen zu lassen, weil sich keine attraktiven Spielplätze in verantwortbarer Nähe finden. So gelten in manchen Großstädten inzwischen ein Drittel aller Schulanfänger als motorisch unterentwickelt, sowohl was die grobmotorische Geschicklichkeit als auch die feinmotorische Koordination betrifft. Diese Mängel vermindern nicht nur den Erfolg bei den Schreibübungen und belasten die Anstrengungsbereitschaft, sondern sie lassen auch auf eine weniger differenzierte Ausbildung der Hirnstrukturen schließen. Folglich ist es unabdingbar, den Kindern in den Kindergärten genügend Bewegungsraum zur Verfügung zu stellen sowie vielfältige Bewegungsaktivitäten anzubieten, damit motorische Schwächen ausgeglichen, Bewegungssicherheit erworben und emotionale Schwankungen abgemildert werden können.

4. Die Beziehung zu Eltern und Erzieherinnen

Die angemessene sinnliche Umwelt, die rhythmische Lebensgestaltung, die Möglichkeit zu motorischer Aktivität – sie fügen sich für das Kindergartenkind zusammen zu einer vertrauenswürdigen, interessanten Welt und verhelfen ihm dazu, sowohl bei sich zu sein als auch gelöst, sich aufmerksam und neugierig mit seiner Welt auseinanderzusetzen. Doch bedarf es zugleich – vielleicht sogar primär – einer vertrauensvollen Beziehung zu seinen wichtigen Bezugspersonen in der Familie und im Kindergarten.

Eine Aufgabe der Bezugspersonen besteht darin, für eben diese vertrauenswürdige, interessante Welt zu sorgen, was sich in den heutigen Lebensräumen (z. B. Großstadt) und den vorherrschenden Lebensgewohnheiten, die sich oftmals weit von den natürlichen Rhythmen entfernt haben, vielfach als schwer genug erweist. Deshalb ist es wichtig, daß sich die verschiedenen Bezugspersonen des Kindes gegenseitig stützen und ergänzen. Doch braucht das Kind nicht nur die indirekte, über die Lebensweltgestaltung vermittelte Beziehung, sondern es benötigt auch die ganz direkte sichere Bindung. Wie diese durch die feinfühlige mütterliche Kommunikation und Fürsorge wächst, dem Kind zur gelösten, neugierigen Aufmerksamkeit verhilft und somit seine Bildungsoffenheit verstärkt, habe ich bereits dargelegt.

Hier soll es nun um weitere Aspekte der Beziehungsgestaltung im Kindergartenalter gehen, wobei ich primär die Erzieherinnen im Blick habe. Die dargestellten Prinzipien gelten allerdings allgemein und richten sich deshalb auch an die Eltern.

Die Experten- oder Vorbildfunktion

Welche Beziehungsqualitäten dem Kind zu einer ganzheitlichen Persönlichkeitsbildung verhelfen, erfassen wir am leichtesten, wenn wir zu verstehen versuchen, welche Bedeutung es seinen Bezugspersonen beimißt.

Die Bezugspersonen sind normalerweise erwachsen – ob junge Eltern, Erzieherinnen oder Großeltern –, der Altersunterschied von vielleicht vierzig Jahren spielt im kindlichen Bewußtsein keine Rolle. Das ausschlaggebende Kriterium für das Erwachsensein ist in den Augen des Kindes die selbständige Lebensführung – etwa die Berufstätigkeit oder die Elternschaft. Dieser erwachsene Mensch erscheint ihm als «Experte», und zwar als Experte in jeglicher Hinsicht. Er hat ja in seinem «langen Leben» schon so viele Erfahrungen gesammelt: Er kennt das Leben, die Welt und sich selbst, er vermag das Leben, die Welt und sich selbst zu deuten und versteht mit dem Leben, der Welt und sich selbst umzugehen, sein Leben, die Welt, seine Beziehungen und sich selbst zu gestalten. Alle diese Kompetenzen sieht und erlebt das Kindergartenkind beim Erwachsenen oder schreibt sie ihm zu. Zwar hält es ihn nicht mehr für vollkommen und allmächtig; dennoch bleibt er ein bewunderter Experte und eine fraglos anerkannte Autorität, denn das Kind spürt, daß es selbst die verschiedenen Bereiche des Daseins noch kaum kennt, versteht und befriedigend meistern kann. Zur Bezugsperson wird der kompetente Erwachsene, indem er für das Kind sorgt und dieses seine Abhängigkeit von ihm empfindet; Bezugspersonen sind insofern von kleinen Kindern nicht frei gewählt und unter ungünstigen Umständen nicht einmal geliebt, sondern eher gefürchtet bzw. mit ambivalenten Gefühlen belegt. Letztere Einstellungen entstehen vornehmlich dann, wenn sich die Beziehung nicht einfühlsam liebevoll gestaltet, sondern sich durch Strenge, Ablehnung und Willkür auszeichnet.

Das tägliche Zusammenleben über einen langen Zeitraum, die empfangene Fürsorge und die Tatsache, daß sich das kleine Kind als abhängig von seiner Bezugsperson erlebt, führen dazu, daß diese die Funktion des Vorbildes erhält. Ohne es zu beabsichtigen, verinnerlicht das Kind ihre Ausdrucksformen, Reaktionsmuster, Handlungsweisen, Einstellungen und Werte und beginnt unwillkürlich, sich an ihr zu orientieren. Es übernimmt Teilaspekte ihrer Art der Lebensdeutung und -bewältigung, besonders dann, wenn alternative Bezugspersonen fehlen.

Es ist also wichtig, daß die Erwachsenen, die mit Kindern leben, für sie sorgen und mit ihnen arbeiten, ihre unvermeidbare Rolle als Vorbild erkennen, bewußt annehmen und verantwortlich erfüllen. Ihre Aufgabe besteht darin, die Beziehung so zu gestalten, daß sich die Kinder vertrauensvoll auf sie einlassen und sich an ihnen orientieren können und zudem Anregungen erhalten, die ihrem Wesen entsprechen. Dabei beeinflussen sie, weil das Kind sie mit seiner gesamten Person wahrnimmt, alle psychischen Funktionen: die Emotionen, die Denkvorgänge, das Wertebewußtsein, das ästhetische Empfinden, die Handlungsfähigkeit u. a. m.

Achtung und Wertschätzung

Welche Qualitäten führen nun zu einem positiven Beziehungserleben? Oder aus der Perspektive des Kindes formuliert: Welche Qualitäten erwartet es von seinen Bezugspersonen? Welche Funktionen sollten sie erfüllen, damit es sich angstfrei mit ihnen identifizieren und doch Autonomie entfalten sowie seine eigene Persönlichkeit finden kann?

Zunächst wäre die Achtung vor dem Kind, die sich als Wertschätzung und Respekt ausdrückt, zu nennen. Denn das alters-, kraft- und kompetenzbedingte Machtgefälle zwischen Erwachsenem und Kind verliert seine Bedrohlichkeit nur, wenn es getragen ist von einer Haltung, die auch das Unterlegene, Schwächere – eben das kleine Kind – in seinem «Sosein» vorbehaltlos respektiert und schätzt. Das Kind empfindet diese Qualität, indem es sich angemessen wahrgenommen, grundsätzlich angenommen und in seinen Bedürfnissen und Äußerungen ernstgenommen erlebt. Das verlangt von der Bezugsperson, sich «mit ihrem Kopf und ihrem Herzen» auf die Persönlichkeit des Kindes einzulassen und eine Basis zu suchen, von der aus sie vorbehaltlos zu ihm «Ja» sagen kann, gleichgültig wie schwierig ihr einzelne Verhaltensweisen erscheinen mögen. Ausgehend von diesem Beziehungsgrund – der sich als «emotionale Konstanz» charakterisieren läßt – können nun für den Umgang mit den problematischen Seiten des Kindes Lösungen gesucht werden. Denn Respekt oder Wertschätzung bedeutet ja nicht, daß jeder Wutanfall, jedes störende oder zerstörerische Verhalten, jede Eifersuchtsszene oder jeder stille Rückzug selbstverständlich hinzunehmen wären. Solch ein «laissez-faire-Stil» könnte im Gegenteil gerade als Zeichen mangelnder Wahrnehmung und Akzeptanz der kindlichen Befindlichkeit gelten. Wesentlich ist jedoch, daß die Reaktionen auf das schwierige Verhalten – inklusive Grenzsetzungen, Forderungen und Strafen – von Respekt zeugen. Sie dürfen das Kind nicht demütigen, bloßstellen, ausnutzen etc. und müssen angemessen erscheinen, damit die Basis der Beziehung keinen Schaden leidet.

Ein alltägliches Beispiel mag das Gemeinte illustrieren. Peter ärgert sich und schreit, weil er das Spiel beenden und zum Essen kommen soll. Die angemessene Reaktion bestünde darin, freundlich und bestimmt, eventuell verbunden mit einer kurzen Begründung («Wir möchten dich gern beim Essen dabeihaben») oder dem Aufzeigen einer Perspektive («Du kannst nachher/morgen weiterspielen») bei der Forderung zu bleiben. Unangebracht erscheinen zynische Bemerkungen wie: «Schrei nur weiter, das stärkt die Lunge», oder «Ach, du hast wohl heute keinen Hunger.» Ebenso verfehlt wäre es, das Kind mit einer abfälligen Bemerkung, etwa: «Er hat halt wieder seinen Bock» gegenüber einem Dritten – beispielsweise dem Partner oder einer Kollegin – links liegen zu lassen. Ironische, zynische und sarkastische Äußerungen zeugen weder von Achtung noch von Wertschätzung, sondern sie verletzen. Gleiches gilt für zahlreiche negative nonverbale Signale: genervtes Augenrollen («schon wieder»), Kopfschütteln («wie kann man nur»), Seufzen («da kann man halt nichts machen»), gepaart mit einem gottergebenen Tonfall («wenn es denn sein muß»). Derartige Zeichen drücken den Widerwillen indirekt aus. Das Kind empfindet ihn aber sehr direkt und fühlt sich gedemütigt.

Eltern oder Erzieherinnen, die ihrem Kind – oftmals, weil sie mit ihrer eigenen Lebens- oder Berufssituation unzufrieden sind – zwiespältig gegenüberstehen, neigen dazu, sich ihm gegenüber wechselhaft zu verhalten: einmal verwöhnen sie es und bedrängen es geradezu durch ihre Zuwendung, ein andermal weisen sie es zurück und üben vernichtende Kritik. Der kleine Mensch, verunsichert durch solche emotionalen Wechselbäder, zweifelt an sich selbst und weiß nicht, ob es dem konstruktiven oder dem destruktiven Aspekt der Beziehung eher trauen soll.

Nicht nur im Umgang mit einzelnen unerwünschten Verhaltensweisen zeigen sich Achtung und Wertschätzung, sondern auch in der

Annahme der persönlichen Eigenart des Kindes, selbst wenn sie den eigenen Vorstellungen und Wünschen zuwiderläuft. So wünscht sich eine Mutter vielleicht einen lebhaften, durchsetzungsfähigen Sohn, hat aber einen stillen und scheuen. Oder sie wünscht sich eine wilde, burschikose Tochter und hat ein «typisches» kokettes Mädchen. Hier gilt es, sich mit dem mitgebrachten Wesen des Kindes auszusöhnen, es anzuerkennen, um die Entfaltung seiner Potentiale zu unterstützen und es nicht durch die Erziehung zu «verbiegen». Um dieses Ziel zu erreichen, bedarf es neben der Wertschätzung auch der Einfühlung.

Emotionale Präsenz und Einfühlung

Hier zeigt sich die zweite grundlegende Fähigkeit, welche die Bezugsperson, also beispielsweise die Erzieherin, besitzen sollte: die Fähigkeit, das Kind zu verstehen. Dazu benötigt sie Einfühlungsvermögen, mithin die Gabe, sich in den kindlichen Erlebnishorizont, in seine Sichtweisen und Empfindungen hineinzuversetzen. Das bedeutet, daß sie vorübergehend gleichsam mit den Augen des Kindes sieht, mit seinen Denkmustern denkt, aus seinen Vorstellungen heraus urteilt und aus seinem Erfahrungshintergrund heraus handelt, ohne sich jedoch vollständig mit ihm zu identifizieren und die eigene Erwachsenenperspektive zu verlieren. Das identifizierende Einfühlen dient dem Verstehen und hilft, angemessene Kommunikationsformen und Umgangsweisen zu finden. Die Aufgabe der Erwachsenenperspektive besteht darin, den Überblick zu wahren, «Gefahren» auf dem Entwicklungsweg wahrzunehmen und gegebenenfalls hilfreiche Impulse zu setzen.

Besonders notwendig erscheint die Einfühlung – ebenso wie Achtung und Wertschätzung – im Umgang mit dem als problematisch empfundenen Verhalten. So gilt beispielsweise in einem Kindergarten die Norm: «Geschlagen wird nicht.» Udo ist ein Junge, der normalerweise kaum nennenswerte Konflikte mit anderen Kindern hat. Eines Tages fühlt er sich jedoch im Spiel durch die Stichelei eines Kameraden so verletzt, daß er ihn heftig boxt. Die Erzieherin schilt, ohne nach dem Grund zu fragen: «Ausgerechnet du mußt dich so benehmen. Du weißt doch, geschlagen wird nicht.» Eine einfühlsame Reaktion hätte statt dessen lauten können: «Du mußt aber eine große Wut haben. Was war denn los?»

Beobachtungs- und Einfühlungsfähigkeit helfen auch, den unterschiedlichen Bedeutungsgehalt äußerlich vergleichbarer Verhaltensweisen wahrzunehmen. So mag ein wildes, kämpferisches, lautstarkes Spiel einen Konflikt signalisieren, es kann aber auch eine angemessene, dem Thema «Landeroberung» entsprechende, fröhliche Form des Rollenspiels sein. Im ersten Fall mag es notwendig erscheinen, lenkend einzugreifen, im zweiten Fall – falls sich das Spiel im «Ruhebereich» entwickelt haben sollte – wäre lediglich ein Hinweis auf einen passenden Spielort angebracht.

Damit wir einen Menschen – oder selbst ein Tier – wirklich verstehen, ist es notwendig, zunächst alle seine Äußerungen wohlwollend wahrzunehmen: ihn anzuschauen, bei seinen Handlungen zuzuschauen, ihm aufmerksam zuzuhören, und zwar mit einer offenen, nicht urteilenden Haltung. Diese Form der Wertschätzung bildet die Grundlage der Einfühlung. Für die Erzieherin im Kindergarten bedeutet dies zunächst, daß sie sich stets erneut die Zeit nehmen muß, jedes Kind sorgfältig zu beobachten, und zwar sowohl seine Handlungen und Spiele als auch den Umgang mit sich selbst oder mit anderen Kindern. Sodann sollte sie emotional für das Kind präsent, also auch gefühlsmäßig ansprechbar sein, wenn dieses sich an sie wendet. Besonders im Gespräch mit ihm, aber auch bei gemeinsamen Tätigkeiten braucht es ungeteilte Aufmerksamkeit. Dabei ist es hilfreich, wenn diese Aufmerksamkeit freundlich, gelassen, weit, aufnehmend, gleichsam empfangend ist, darüber hinaus eigene Empfindungen zuläßt und registriert – und nicht eng auf ein vorgefaßtes Ziel (etwa auf die Suche nach Stärken oder Schwächen) und Ansatzpunkte für die Mitteilung eigener Anliegen (etwa Ratschläge und Anordnungen) fixiert bleibt.

Solch wahrnehmende Aufmerksamkeit durch seine Bezugsperson erlebt das Kind als Ernstgenommensein und Akzeptanz, die es ihm wiederum ermöglichen, sich vertrauensvoll zu öffnen, seine verbale und nonverbale Ausdrucksfähigkeit zu differenzieren, sich zunehmend geschickt mitzuteilen und sich über sich selbst, seine Empfindungen, Handlungen etc. bewußt zu werden. Da Kommunikationsfähigkeit und Bewußtheit über sich selbst zu den Basisqualitäten einer gebildeten Persönlichkeit gehören, fördert die «emotionale Präsenz» nicht nur die Beziehung, sondern auch direkt das Bildungsgeschehen.

Für die Erzieherin stellt ihre freundliche Aufmerksamkeit den Boden dar, von dem aus sie sich in das Kind einfühlen kann. Ihre eigenen in ihr aufsteigenden Empfindungen mögen sie an vergleichbare Ereignisse aus ihrem Erleben und die Rolle, die diese für sie spielten, erinnern. Die beobachtende Haltung, die ihr die nötige Distanz verleiht, wird sie jedoch davor schützen, ihre Erfahrung und Sichtweise unreflektiert auf das Kind zu übertragen. Vielmehr wird sie ihm behutsam ihr Verständnis anbieten und seine zustimmenden, differenzierenden oder ablenkenden Äußerungen respektieren und ihr eigenes Verständnis entsprechend abändern.

Als Kommunikationsform, in der sich das einfühlende Verstehen konkretiert, bietet sich das «Spiegeln» an. Spiegelnd gestalten Eltern ihren intuitiven Dialog mit dem Säugling. Seine beziehungs- und entwicklungsfördernden Wirkungen habe ich schon erläutert (s. Kap. II, 2). Im Kindergartenalter setzt sich das Spiegeln auf verbaler Ebene fort. Das heißt, die Erzieherinnen – wie natürlich auch die Eltern – greifen die Mitteilungen des Kindes auf und formulieren in eigenen (zusammenfassenden) Worten einerseits den Inhalt, um sich das Verständnis vom Kind bestätigen zu lassen, wenn dieses einen Sachverhalt nur verworren darstellen kann. Andererseits spiegeln sie gleichermaßen den emotionalen Gehalt der Aussage – entweder, indem sie die nonverbal ausgedrückten Gefühle (z. B. Ärger, Freude, Zweifel, Furcht) behutsam in Worte fassen, oder indem sie selbst ihrer Stimme, Gestik und Mimik den entsprechenden Ausdruck verleihen, also auf der nonverbalen Ebene reagieren. Damit zeigen sie dem Kind, daß sie seine Gefühle erkennen und akzeptieren. Zugleich helfen sie ihm, Klarheit über seine emotionale Befindlichkeit zu gewinnen. Indem die Erzieherinnen oder Eltern nun bei problematisch erscheinenden kindlichen Gefühlen – beispielsweise bei großer Erregung oder Furcht – in einem zweiten Schritt ihren eigenen emotionalen Gesamtausdruck in eine hilfreiche Richtung lenken – etwa Gelassenheit oder Ermutigung signalisieren – erleichtern sie ihm, sein emotionales Gleichgewicht zurückzugewinnen. Dadurch erlebt das Kind nicht nur, wie die akzeptierende Bezugsperson seine Gefühle wahrnimmt und mit ihnen umgeht, sondern es erhält zugleich ein Modell, wie es sein eigenes Erleben einschätzen und bewältigen kann. Ein derartiges Vorgehen mag als Manipulation erscheinen. Dieser Eindruck relativiert sich jedoch, wenn wir uns bewußt machen, daß wir in unseren Interaktionen immer unbewußt unsere emotionale Befindlichkeit und Einschätzung der Situation preisgeben und damit unwillkürlich ein (kindliches) Gegenüber, das sich emotional kaum zu distanzieren vermag, beeinflussen. Bevor wir also diesen Einfluß ungesteuert und unreflektiert ausüben, scheint es mir sinnvoller, ihn bewußt als Unterstützung anzustreben.

Folgendes Beispiel illustriert solch eine einfühlsame Unterstützung: Tanja hat große Angst vor Monstern. Sie fürchtet, daß eines kommen und sie angreifen könnte und mag darum gerade nicht spielen. Die Erzieherin spiegelt zunächst mit ernsthafter Miene ihre Befürchtungen, überlegt gemeinsam mit ihr, was man tun könne und hat schließlich den «rettenden Einfall», doch das Monster zum Spielen einzuladen. Sie sei ja dabei und werde sie schützen. Tanja läßt sich auf das Angebot ein und ruft das Monster, das aber nicht kommt. Ein weiteres Gespräch hilft ihr, auch die letzte Angst zu überwinden. Daraufhin widmet sie sich beruhigt ihrem Spiel.

Das Bemühen um Einfühlung und Verstehen beschränkt sich jedoch nicht nur auf die verbalen Ausdrucksinhalte des Kindes und seine nonverbalen Begleiterscheinungen. Vielmehr richtet es sich gleichfalls auf den symbolischen Gehalt seiner Handlungen. Denn auch in seinen Tätigkeiten, seinen Spielen und kreativen Gestaltungen drückt das Kind seine Befindlichkeit, seine Wünsche, Befürchtungen, Weltsicht etc. aus, die es zu verstehen und zu beantworten gilt.

Beispielsweise spielt die dreijährige Stefanie im Kindergarten häufig mit ihrer kleinen, von zu Hause mitgebrachten Puppe allein in der Puppenecke. Eines Tages geht sie mit ihrer Puppe zur Erzieherin, legt sie dieser in die Arme und sagt: «Sie weint.» Es ist leicht zu merken, daß Stefanie nun Trost für ihre Puppe erwartet. Die Erzieherin soll sie liebevoll wiegen und beruhigend mit ihr reden. Geschieht das, wird Stefanie sich verstanden fühlen und zufrieden sein. Darüber hinaus drückt Stefanie in dieser Handlung aber auch ihre eigene Trauer, vielleicht ihre Sehnsucht nach zu Hause oder den Schmerz über ihre Kontaktschwierigkeiten, aus, sucht Hilfe und möchte getröstet werden. Diesen Trost empfängt sie symbolisch, wenn die Erzieherin die Puppe wiegt und streichelt, sich also auf die symbolische Interaktion einläßt. Wenn es der Puppe wieder gut geht, kann man sie – im Symbolspiel – fragen, was sie denn nun gerne tun möchte, und mit Stefanie gemeinsam eine Antwort finden. Vielleicht finden sie ja miteinander heraus, daß die Puppe gerne mit anderen Puppen spielen würde, d. h. vielleicht läßt sich auch auf der Symbolebene eine Lösung für Stefanies Problem anbahnen.

Oder: Der fünfjährige Dominik spielt mit Hingabe «Ritter», bekämpft und besiegt schließlich alle seine Gegner. Mag sein, daß er eine Fernsehsendung im Rollenspiel nachgestaltet; vermutlich drückt er aber auch seinen Wunsch nach Stärke und Macht aus oder inszeniert spielerisch seine Konflikte mit den Kindergartenkameraden und sein

Bestreben, eine dominante Position in der Gruppe einzunehmen. Es ist keineswegs die Aufgabe der Erzieherin, bei solchen Spielen einzugreifen, vielmehr sollte sie sie beobachtend verfolgen und zu verstehen suchen. Daraus wird sich zu gegebener Zeit der angemessene Umgang mit Dominik ergeben.

Die für jedes einzelne Kind notwendige emotionale Präsenz in Gruppen von fünfundzwanzig Kindern aufzubringen, ist kaum möglich. Um die Situation nicht noch weiter zu verschlechtern, muß dafür gesorgt werden, daß die Erzieherinnen sich möglichst ungestört den Kindern zuwenden können. Störfaktoren sind folglich so weit wie möglich auszuschalten: In der Kernzeit der Betreuung sollten beispielsweise Anrufbeantworter telefonische Nachrichten speichern, Büroarbeiten konsequent in der Vorbereitungszeit erledigt und die Tür- und Angel-Gespräche mit Müttern, die ihre Kinder bringen, auf das Notwendigste beschränkt werden. Denn gerade beim Empfang benötigen alle Kinder einige Augenblicke ungeteilter Aufmerksamkeit, um sich emotional willkommen zu fühlen.

Echtheit und Klarheit

Wertschätzung und Einfühlung gewinnen ihre hilfreiche Kraft nur, wenn sie mit einer weiteren Verhaltensweise der Bezugsperson gepaart werden: der Echtheit des Beziehungsangebotes und des eigenen Ausdrucks. Das bedeutet, die Eltern und Erzieherinnen müssen ihre Äußerungen ehrlich meinen. Es gibt so viele Gründe, weshalb Menschen anderen Menschen bzw. Erwachsene Kindern diese Echtheit vorenthalten. Doch jeder dieser Gründe zerstört Vertrauen, bedroht die Klarheit der kindlichen Wahrnehmung und beeinträchtigt seine emotionale Sicherheit.

Ein Grund – und vielleicht der häufigste – besteht in der mangelnden emotionalen Präsenz. Wie oft kommen Kinder mit ihrem Mitteilungsbedürfnis, Fragen und dem Wunsch nach Zuwendung ungelegen. Der Erwachsene arbeitet gerade, unterhält sich und ist mit seinen Gedanken «woanders» – er hat keine Zeit oder es fällt ihm schwer, sich auf ein Kind einzustellen. Dann speist er es mit einer flüchtigen Bemerkung ab, in der Hoffnung, es werde sich schon damit zufriedengeben; zugleich signalisiert er jedoch: «Laß mich in Ruh', ich habe jetzt keine Zeit für dich.» Er scheut sich aber, dies deutlich auszusprechen, vielleicht, weil er spürt, daß das Kind ein berechtigtes Anliegen äußert, oder weil er eine quengelnde Auseinandersetzung kommen sieht oder das Kind zu verletzen fürchtet. Daß er jedoch gerade durch seine Halbherzigkeit dem Kind unterschwellig das Gefühl vermittelt, nicht wichtig zu sein und nicht ernstgenommen zu werden, ist ihm nicht bewußt. Eine kurze, aber ernsthafte Aufmerksamkeit oder die freundliche Antwort, daß er jetzt gerade keine Zeit habe, sich aber später zu einem bestimmten Zeitpunkt – der in der Situation benannt werden muß – dem Kind widmen werde, wäre das klarere Vorgehen. Hält er solche Zusagen dann auch ein – darauf ist dringend zu achten –, erfährt das Kind Authentizität und Verläßlichkeit, die ihm auf die Dauer gesehen helfen, die mit der Vertröstung verbundene Grenzsetzung zu akzeptieren.

Folgendes Beispiel mag zur Veranschaulichung dienen: Peter will zehn Minuten vor dem Ende des Freispiels mit der Erzieherin noch einen Bogen und Pfeile herstellen. Die Erzieherin weiß, daß die Zeit dafür nicht mehr reicht. Deshalb sagt sie klar: «Wir können noch das Werkzeug richten, aber basteln können wir erst morgen nach dem Frühstück.» Damit nennt sie den genauen Zeitpunkt und vermittelt die Botschaft: Ich verstehe und respektiere dein Bedürfnis, doch befriedigen kann ich es jetzt nicht, denn den vorgegebenen Rahmen müssen wir beide einhalten.

Die zweideutige Halbzuwendung hingegen fordert das Kind geradezu heraus, lästig zu werden. Denn sein Bedürfnis wird nicht wirklich befriedigt, weshalb es immer neue Wege sucht – möglicherweise nörgelnd oder aufmüpfig –, sein Ziel zu erreichen, es sei denn, es resigniert und zieht sich aus seinem Wunsch nach Zuwendung mehr oder minder zurück. In beiden Fällen leidet die Beziehung Schaden.

Beispiele dafür, daß durch das gleichzeitige Aufmerksamkeitsbedürfnis mehrerer Kinder die Gefahr der Halbzuwendung wächst, gibt es viele: Eine Erzieherin räumt gerade zusammen mit Maria die Perlen auf, die das Mädchen für ihre Kette nicht mehr braucht. Da kommt Klaus und will ein Erlebnis vom Wochenende erzählen. Um die Halbzuwendung zu vermeiden, antwortet ihm die Erzieherin: «Ich räume hier fertig auf, dann höre ich dir zu.» Klaus wartet geduldig.

Auch andere Gründe, «unecht» mit dem Kind umzugehen – etwa die Befürchtung, das Kind verstehe oder verkrafte emotional die ehrliche, vielleicht schmerzliche Antwort nicht –, sind problematisch. Hier führen die vermeintliche Einfühlung und der berechtigte Wunsch, das Kind zu schützen, zu einer ungünstigen Haltung, etwa zu einer gewissen Betulichkeit oder zu einem peinlich berührten Ausweichen. Aber die Wahrheit ist auch Kindern zumutbar, allerdings nur, wenn sie wertschätzend und empathisch vermittelt wird.

Folgende Szene zwischen zwei ihre Kinder abholenden Müttern zeigt die Problematik ausweichenden Verhaltens: Tim will zu Hause mit Sascha spielen. Deshalb fragt Tims Mutter Saschas Mutter vor der Kindergartentür in Anwesenheit der beiden, ob das möglich sei. Diese bejaht, und beide vereinbaren einen Zeitpunkt am gleichen Nachmittag. Nun ruft Sascha plötzlich: «Ich will nicht mit Tim spielen!» Tims Mutter bemerkt daraufhin: «Mir fällt ein, wir haben heute nachmittag einen Termin, wir können das Spiel ja auf morgen verschieben.» Hier verwendete Tims Mutter eine fadenscheinige Ausrede, um ihren Sohn vor der Ablehnung durch Sascha zu schützen, die er doch selbst gehört hatte. Echtes Ernstnehmen hätte sich zum Beispiel in der Äußerung gezeigt: «Da bist du sicher traurig, daß Sascha heute nicht mit dir spielen will. Aber vielleicht klappt es ein anderes Mal. Da lassen wir uns für heute nachmittag etwas anderes einfallen.»

Vielen Menschen fällt es schwer, einen anderen zu kritisieren oder überhaupt Dinge zu äußern, durch die er sich negativ bewertet fühlen könnte. Solche Inhalte verschweigen sie gern, «meinen» sie aber trotzdem. Unterschwellig wird diese Meinung ihre Ausdrucksform suchen und schließlich als unklare, «unechte» Botschaft erscheinen. Kinder, die ein sehr feines Gespür für solche Doppelbotschaften besitzen, reagieren besonders irritiert, vielleicht mit ablehnendem oder frechem Verhalten.

Das andere Extrem wäre das «ungeschminkte Sagen der Wahrheit», d. h. die schonungslose Kritik an den Eigenheiten oder Verhaltensweisen des anderen, über den man sich gerade ärgert oder den man ablehnt. Solche «Echtheit», die sich als rücksichtsloses Leeren des eigenen Kropfes gebärdet, ist häufig der Rechtfertigungsversuch für die eigene Unbeherrschtheit, wenn man zu lange «alles geschluckt» und den anderen «geschont» hat. Sie hat mit Authentizität, zu der die Verantwortung für die Wirkung des eigenen Verhaltens gehört, nichts zu tun. Wohl verlangt die Echtheit den Mut, Kritik zu üben, sich unangenehmen Forderungen zu stellen und sie durchzusetzen oder auf persönlichen bzw. sachlich notwendigen Grenzen zu bestehen. Doch sollte dies auch Kindern gegenüber wertschätzend und emphatisch geschehen. Dann erleben sie sogar in diesen für sie emotional schwierigen Situationen, daß sie angenommen werden und ihre Würde gewahrt bleibt.

Daß es schwierig ist, Kritik empathisch zu äußern, zeigt folgende Situation: Der fünfjährige Max «nervt» durch sein Grenzen mißachtendes Verhalten. Die Erzieherin hat schon oft die Geduld mit ihm verloren, so daß sie jetzt die Auseinandersetzung mit ihm scheut. Als Max ihr nun eines Tages mit einem Feuerwehrauto auf dem Kopf herumfährt, sagt sie nur: «Du, Max, das habe ich, glaub' ich, nicht so gern.» Max setzt sein Treiben ungerührt fort, bis es der Erzieherin zuviel wird und sie ihm das Auto wortlos wegnimmt. Max wendet sich ab und provoziert das nächste Kind. Wichtig und richtig wäre hier eine freundliche, aber bestimmte Haltung gewesen. «Du, Max, das will ich nicht, spiel mit dem Auto auf dem Boden.» Wenn er das ignoriert: «Tu, was ich gesagt habe, sonst nehme ich dir das Auto weg.» Und erst, wenn er wieder nicht reagiert, wäre es angebracht, ihm das Auto fortzunehmen.

Die Erfahrung von Echtheit wird die sichere Bindung festigen, die Vorbildfunktion der Bezugsperson stärken und schließlich dazu beitragen, daß das Kind selbst lernt, wertschätzend, einfühlsam und echt zu reagieren. Damit erwirbt es soziale Basiskompetenzen, die einen umfassend gebildeten Menschen auszeichnen.

Behutsame Führung

Da das Kind merkt, daß es sein Leben noch nicht allein meistern kann, sondern Schutz, Fürsorge und Hilfe benötigt, erwartet es von seinen Bezugspersonen, daß sie ihm die Sicherheit seiner Lebenswelt gewährleisten, es schützen, unterstützen und leiten. Dabei wird es die gewünschte elterliche Führung, die immer zugleich eine Einschränkung seiner Autonomiewünsche bedeutet und deshalb durchaus zwiespältig empfunden wird, um so eher akzeptieren, je deutlicher es spürt, daß seine Eltern es achten, verstehen, ernst nehmen und ihm klar und echt begegnen. Denn dann überwiegt die vertrauensvolle Anerkennung ihrer Autorität. Im Kindergartenalter überträgt das Kind diese Erwartung an die Bezugspersonen auch auf die Erzieherinnen.

Zu der Führungsaufgabe von Eltern und Erzieherinnen gehört zunächst die Gestaltung des Lebensrahmens, also der beschriebenen sinnlich-räumlichen und rhythmischen Struktur, um dem Kind gleichermaßen Sicherheit und Anregung zu autonomer wie auch gemeinschaftlicher Aktivität zu bieten. Sodann gehört die «Lehrmeisterfunktion» dazu. Das Kind «unterrichtet» sich einerseits selbst; es lernt aus eigenem Antrieb, indem es seine Bewegungsfähigkeit und Handlungsmöglichkeiten erprobt, neugierig die Welt erforscht, die es umgebenden Dinge untersucht, mit ihnen umgeht und seine Schlüsse aus den gesammelten Erfahrungen zieht. Doch nicht alles Notwendige und Interessante läßt sich durch eigenständiges Ausprobieren erlernen. Es benötigt auch Hilfe und Unterweisung. Das Kind verlangt sie einerseits bei der Bewältigung lebenspraktischer Aufgaben (wie es eine Schleife binden oder Blumen einpflanzen und pflegen kann). Es fragt zudem um Rat, damit es seine kognitiven Probleme klären kann. (z. B. Woher kommen die kleinen Kinder? Warum ist die Pfütze, die gestern so breit und lang war, heute so kurz und schmal?) Und schließlich sucht es emotionalen Rückhalt und Orientierung bei schwierigen Gefühlslagen und sozialen Unstimmigkeiten. So benötigt es manchmal das schlichtende Eingreifen bei heftigen Konflikten mit seinen Spielkameraden, Trost, wenn es bei einem Regelspiel verliert sowie das einfühlsame Gespräch, das ihm hilft, schmerzliche Geschehnisse zu verstehen.

Der über das bisher Genannte hinaus wichtigste Grundsatz der «Lehrmeisterfunktion» lautet: So viel Unterweisung wie nötig, damit der Wissensdurst des Kindes und sein Verlangen nach Kompetenzerwerb gestillt wird. Doch sollte ihm auch nicht mehr geboten werden, als es verlangt, um seine Eigeninitiative, sich mit den Phänomenen der Welt zu beschäftigen und von ihnen zu lernen, nicht zu lähmen. So sollte das Kind, wenn es nach Zahlen oder Buchstaben fragt oder nach der Herkunft der kleinen Babys, genauso angemessene Antworten erhalten wie auf seine Warum-Fragen. Keinen Sinn macht es jedoch, unaufgefordert mit ihm Rechnen oder Schreiben zu üben oder mit ihm Aufklärungsbilderbücher anzuschauen, weil der gesellschaftliche Trend dies nahelegt.

Ein weiteres Beispiel zeigt die Gefahr unbedachter Überforderung: In vielen Kindergärten ist es üblich, daß alle Kinder, unabhängig vom Alter, zur Laternenzeit in einer Gruppe ihre Laternen nach demselben Muster basteln. Während der Anforderungsgrad an Vorstellungsvermögen, Planung und Handgeschicklichkeit in der Regel den größeren Kindern entspricht, überfordert er die kleinen. Sie hätten von sich aus die Aufgabe auch nicht gewählt! So scheitern sie und brauchen Hilfe. Die scheinbare Hilfe, die sie daraufhin erhalten, reicht oft so weit, daß die Erzieherinnen die Laternen stellvertretend anfertigen – und damit die Kleinen um die Identifikationsmöglichkeit mit einem eigenen Werk bringen. Als Folge erkennen viele Dreijährige anschließend nicht einmal ihre eigene Laterne.

Die Gefahr einer noch so gut gemeinten «Überschwemmung» mit Lerninhalten – gleichgültig auf welchem Gebiet sie inhaltlich erfolgt – besteht darin, daß das Kind sich überfremdet, «vergewaltigt» oder minderwertig fühlt und sich emotional verschließt; es läßt sich später dann nur widerwillig etwas sagen oder nimmt zwar brav alles Gebotene auf, verliert dabei aber die eigene spontane Lernbereitschaft. Diese bleibt ihm jedoch erhalten, wenn die Bezugsperson sich auf die gewünschte Hilfestellung beschränkt und dabei versteht, die Begeisterung für die jeweiligen Inhalte aufzugreifen oder zu wecken. Denn das geteilte Interesse, das gemeinsame Staunen, die geteilte Freude an einer Sache oder einer erfolgreichen Handlung bilden die beste Bestätigung und Förderung der Motivation, (gemeinschaftlich) etwas zu lernen. Sie heben das Selbstwertgefühl, spornen an zu weiteren Fragen, unterstützen die Bereitschaft, sich mit der Materie auseinanderzusetzen, sich anzustrengen und auftauchende Schwierigkeiten zu überwinden. Zugleich erfüllt die gefühlsmäßige Verbundenheit, die aus solch einer dem kindlichen Bedürfnis angepaßten Lernsituation entsteht, die stets fortbestehende Sehnsucht nach emotionalem Einklang. Schließlich verschmelzen die sachbezogene und die beziehungsbezogene Befriedigung miteinander und verstärken sich gegenseitig. Somit stärkt die behutsam erfüllte Lehrmeisterfunktion die Beziehung, unterstützt die für eine gelingende Bildung notwendigen Schlüsselqualifikationen der Neugier, Lern- und Anstrengungsbereitschaft und fördert die kindliche Kompetenz in allen praktischen, kognitiven und emotionalen Bereichen.

Die lehrende Führungsfunktion der Bezugspersonen enthält über die Vermittlung praktischer, kognitiver sowie sozio-emotionaler Kenntnisse und Kompetenzen hinaus eine weitere, mindestens genauso wichtige Aufgabe, und zwar die der Vermittlung einer sinnerfüllten geistigen Welt. Soll das Kind zu einer harmonischen Gesamtpersönlichkeit heranreifen, die sich in der Welt beheimatet fühlt, so benötigt es nicht nur sachliche Kenntnisse und Kompetenzen, um auftauchende Probleme zu lösen. Selbst gute soziale Fähigkeiten, die eine Balance zwischen seinem Wunsch nach Selbstbehauptung und sozialer Zugehörigkeit ermöglichen, sowie die Verbindung von rationaler und emotionaler Intelligenz reichen nicht aus. Vielmehr bedarf der Mensch auch der Einbettung in eine als sinnvoll erachtete Welt, als deren Teil er sich empfindet und auf die er sich mit seinen Gedanken und Handlungen bezieht. Er braucht also eine «geistige Heimat» für eine tragfähige Sinnorientierung. Diese geistige Heimat wird ihm im Kindergartenalter in einer ersten Form durch seine Bezugspersonen, und zwar durch deren Haltung vermittelt. Später wird er, seinen hinzugewonnenen Einsichten entsprechend, mit wachsender Reife diese Grundlage umgestalten.

Die geistige Führung vollzieht sich in jeder Erziehung, ob bewußt oder unbewußt, weil das Kind ein geistiges Wesen ist, das mit dem Erwachen seines Geistes zu fragen beginnt und Antworten sucht. Die Antworten, die es selber findet oder gezielt erhält, bilden seine geistige Nahrung. Ist sich eine erwachsene Bezugsperson dieser Tatsache bewußt, so erkennt sie auch ihre Aufgabe, gezielt nährende Inhalte anzubieten. Die geistige Welt setzt sich aus vielerlei Facetten zusammen. Zu ihr gehören alle kulturellen Errungenschaften. Auf einer elementaren Ebene sind dies gesellschaftliche Werte und Normen, die als Kompaß für die Handlungen, Einstellungen und Haltungen dienen – also Orientierung über «gut» und «schlecht» etc. bieten. Zu ihnen zählen als Steigerung die Ideale, nach deren Verwirklichung ein Mensch strebt, für die sich der Einsatz der Lebenskraft lohnt. Die geistige Welt enthält zudem alle im weitesten Sinne philosophischen Gedankengebäude und Religionen, mit deren Hilfe sich der Mensch grundsätzliche, den Zusammenhang und Sinn des Daseins betreffende Fragen erklärt und seinen Platz im Gefüge des Kosmos bestimmt. Auch wissenschaftliche Erkenntnisse reihen sich hier ein. Und schließlich gehört zu ihr der gesamte Bereich der Ästhetik: Die Freude an den Schönheiten des Daseins, mögen sie nun der Natur angehören wie Blumen und beeindruckende Landschaften, oder dem Bereich der Kunst entspringen wie die Dichtung, Musik und Bildwerke.

Für alle Ebenen dieser geistigen Welt zeigt sich das Vorschulkind empfänglich, in allen möchte sein Geist Wurzeln schlagen, denn aus allen schöpft es Kraft und speist sein Selbstverständnis. Diese geistige Welt ist es schließlich, in die es alle Bildungsinhalte integriert oder umgekehrt: durch die alles Wissen und Können letztendlich erst zur Bildung wird. Ohne Verankerung in einer ethisch begründeten und auf universellen Zusammenhang bezogenen Haltung bleiben alle Schlüsselqualifikationen und Kompetenzen letztlich willkürlich einsetzbare Techniken und reifen nicht zur Bildung heran. Deshalb gehört es zu den zentralen Bildungsaufgaben von Eltern und Erzieherinnen,

Kindern Werte und Ideale zu vermitteln sowie deren Beachtung vorzuleben, ihnen religiöse oder philosophische Grundgedanken nahezubringen und sie deren Sinn durch Rituale erleben zu lassen sowie ihre Empfänglichkeit für das Schöne in der Natur und in künstlerischen Gestaltungen zu pflegen. Dazu gehören auch der sensible Umgang mit solchen Gefühlen wie Staunen, Bewunderung, Ehrfurcht, Betroffenheit, Achtsamkeit und Dankbarkeit. Schließlich gilt es, den eigenen Drang des Kindes, sich geistig und schöpferisch gestaltend zu betätigen, zu wecken, zu fördern, zu begleiten und zu bestätigen.

Eine respektvolle Grundhaltung ist gegenüber allen Bereichen des Lebens anzustreben; sie läßt sich ganz natürlich im Rahmen alltäglicher Ereignisse und Handlungen vermitteln. Beispielsweise ist es wichtig, die Achtsamkeit im Umgang mit allen Dingen – auch mit Alltagsgegenständen, Einkaufstaschen, Schuhen, Lebensmitteln, Büchern etc. – vorzuleben und einzufordern. Die Kinder sollten daher ermahnt werden, mit Spielsachen behutsam umzugehen, die Puppe beispielsweise nicht einfach durch den Raum zu werfen und die Spielsachen nach Gebrauch wieder aufzuräumen. Bei einem Waldspaziergang kann man dem Kind erklären, daß Blumen nicht einfach abgerissen werden dürfen, um sie bald darauf wieder wegzuwerfen, oder daß sie verwelken, wenn sie schon auf dem Hinweg gepflückt werden.

Autonomie gewähren

Verlangt das Kindergartenkind einerseits nach Leitung und drückt damit sein Bedürfnis nach Anlehnung aus, so erwartet es andererseits von seinen Bezugspersonen auch, daß sie sein Streben nach Autonomie unterstützen und ihm genügend Freiraum für deren Entfaltung gewähren. Denn das Erleben von Selbstwirksamkeit ist neben dem Drang nach Zugehörigkeit und emotionaler Übereinstimmung die wichtigste Motivation überhaupt, die das Kind zur Aktivität veranlaßt. Daß es sich als selbstbestimmt entscheidendes, handelndes und Erfahrungen sammelndes Wesen erfährt, ist zudem von herausragender Bedeutung für die Entwicklung seines Selbstwertgefühls. Außerdem empfindet es die Autonomie als die das Erwachsensein auszeichnende Qualität – Erwachsene sind in seinen Augen Menschen, die fast alles selbständig meistern und immer selbst bestimmen dürfen, was sie tun – und damit das Ziel seiner Entwicklung. Selbst wenn die

Realität der Erwachsenen der kindlichen Sicht widerspricht, enthält diese doch einen wichtigen, unterstützungswürdigen Entwicklungsanreiz. Denn daß Autonomie im Zusammenspiel mit sozialer Gebundenheit wesentlich zur erfolgreichen Lebensgestaltung beiträgt, steht außer Zweifel.

Wo finden sich nun die wichtigsten Spielräume für die kindliche Autonomie? Zunächst einmal gilt es festzuhalten: Jeder Raum hat seine Grenzen. Der Bereich kindlicher Autonomie endet erstens, wie bereits dargestellt, an den Grenzen seiner eigenen Kompetenz. Wenn es dem Kind an Fähigkeiten mangelt, ein selbst gestecktes Ziel zu erreichen, muß es entweder sein Vorhaben aufgeben oder Hilfe annehmen, was einen zeitweiligen Autonomieverzicht bedeutet. Sein Selbstbestimmungsanspruch endet zweitens dort, wo es mit seinem Willen die berechtigten Autonomiewünsche anderer Menschen oder sinnvolle Regeln des gemeinschaftlichen Lebens verletzt. Hier ist es eine moralische Kategorie bzw. soziale Norm, die seine Autonomie einschränkt. Solch eine soziale Regel wäre beispielsweise, am Ende des Spiels das verwendete Material aufzuräumen. Dabei bleibt es aber der Selbstbestimmung des Kindes überlassen, wie es aufräumt, ob es beispielsweise die Puppe schlafen legt und die Pferdchen in den Stall reiten läßt oder ob es nur funktional das Ordnungsgebot erfüllt. Vorgegeben ist nur die Tatsache, daß es aufräumen muß und der Zeitpunkt, wann dies zu geschehen hat. Und drittens endet die kindliche Autonomie dort, wo es die Konsequenzen seiner Handlungen nicht selbst zu tragen vermag und es der Verantwortung des Erwachsenen obliegt, das Kind vor ihnen zu bewahren. So darf ein vierjähriges Kind nicht unbeaufsichtigt mit brennenden Kerzen spielen.

Innerhalb dieser Rahmenbedingungen sollte ein Kind möglichst viele Gelegenheiten finden, seine Eigeninitiative zu entfalten, Selbständigkeit zu erproben, über sein Handeln selbst zu bestimmen und die Situation nach seinen Vorstellungen (mit-)zu gestalten. Wenn sich Eltern und Erzieherinnen darüber hinaus an dieser Eigenständigkeit freuen, ihm die Kompetenz, sich selbst zu organisieren und aus seinen Erfahrungen zu lernen, zutrauen und es bei Schwierigkeiten ermutigen und behutsam unterstützen – also gleichsam auf dienende Weise führen –, dann tragen sie dazu bei, daß sich sein Selbstwertgefühl stärkt und festigt.

Nochmals – und nun konkret: Wo liegen die für das Kindergartenkind angemessenen Selbstbestimmungsräume? Zunächst einmal ist zu beachten: Ein wichtiger Selbstbestimmungsraum liegt im Bereich der Kommunikation. Das Kind benötigt die Freiheit, ohne befürchten zu müssen, es könnte ausgeschlossen oder abgewertet werden, seine Gedanken, Wünsche und Gefühle zu äußern. Es muß angstfrei es selbst sein und sich als es selbst zeigen dürfen. Diese Form der Selbstbestimmung entfaltet das Kind durch die wiederholte Erfahrung, daß es selbst von anderen wichtigen Menschen, Bezugspersonen und Freunden Achtung, Wertschätzung und Verständnis erfährt. Darüber hinaus muß es innerhalb der vorgegebenen rhythmischen Tagesstruktur Zeiten finden, über die es selbst verfügen kann, sich seine Betätigung, seine Spiele und innerhalb gewisser Grenzen seinen Aufenthaltsort frei wählen können. Im Kindergarten wären dies die Phasen des Freispiels.

Mit seinen Beschäftigungen bezweckt das Kindergartenkind ein Mehrfaches: Es sucht Herausforderungen, die ihm interessante Erlebnisse vermitteln; es möchte folglich seine Neugier und seinen Erlebnishunger befriedigen. Sodann liegt ihm daran, diese Erlebnisse zu verarbeiten, also Kenntnisse zu gewinnen und Erfahrungen zu sammeln. Manchmal wünscht es auch, eine schöne, sein alltägliches Erleben ergänzende Welt zu gestalten und/oder sich in sie hineinzuversetzen. Oder es sucht die Wiederholung vertrauter Erfahrungen. Sicherlich ließen sich noch zahlreiche Absichten kindlicher Aktivitäten aufzählen. Abschließend sei nur noch ein weiteres, zentrales Handlungsmotiv erwähnt: Es trachtet häufig danach, handelnd mit Kameraden und Erwachsenen Gemeinschaft zu erleben.

In der Zusammenschau läßt sich erkennen, daß es zur umfassenden Persönlichkeitsbildung und psychischen Ausgewogenheit beiträgt, wenn das Kind diesen Antrieben folgen darf. Besonders seine Fähigkeit zum selbstorganisierten Lernen, eine Schlüsselqualifikation für eine erfolgreiche Bildung, entwickelt sich durch solch selbstbestimmte Tätigkeiten.

Voraussetzung dafür ist jedoch, daß das Kind seinen Erfahrungsdrang tatsächlich befriedigen darf. Das heißt, seine Welt muß ihm reale Anreize bieten, ihm stets erneut die Auseinandersetzung mit den Grenzen seiner bisherigen Leistungsfähigkeit, seines Kenntnishorizontes, seines Weltwissens erlauben. So vermag es schrittweise seine Grenzen auszudehnen. Jeder Versuch zur Grenzerweiterung birgt jedoch auch das Risiko in sich, unangenehme Erfahrungen zu sammeln oder gar zu scheitern. Das muß dem Kind (im Rahmen des Verantwortbaren) erlaubt sein, vielmehr: Es benötigt das Zutrauen, daß es zumeist nicht scheitern wird, und wenn doch, daß es – gegebenenfalls mit Hilfe des Erwachsenen – schmerzliche Erfahrungen konstruktiv auswerten und integrieren wird.

Konkret: Das Kindergartenkind sollte auf Bäume klettern und seine Geschicklichkeit schulen dürfen, es sollte im Regen draußen spielen und so naß werden dürfen, wie es will (es sei denn, es ist ganz besonders erkältungsanfällig), am Bach Dämme bauen und auch mal selbst hineinfallen, Regenwürmer und Käfer sammeln, sie beobachten und mit ihnen spielen. Es sollte unter Aufsicht – mit möglichst sparsamer Anleitung und Spielräumen zum Ausprobieren – Streichhölzer entflammen und mit ihnen eine Kerze oder ein Feuer anzünden dürfen, vergleichen, wie Papier, Tannennadeln, Apfelschalen und Holz brennen, sich auch selbst dabei ein wenig die Finger verbrennen und das Feuer wieder löschen dürfen und in der Küche beispielsweise die Petersilie mit einem scharfen Messer schneiden dürfen. Die Reihe der Beispiele ließe sich beliebig verlängern. Aber ich denke das Prinzip ist deutlich: Erwachsene müssen über den Schatten ihrer eigenen Angst springen, wenn es um Selbstbestimmungsräume geht, bei denen das Kind sich Gefahren nähert. Es ist wichtig, deren Maß einzuschätzen, und – solange verantwortbar – gewährend und – falls notwendig – zuversichtlich beobachtend zur Seite zu stehen. Wenn das Kind dennoch einen Mißerfolg erleidet, ist es zunächst wichtig, es zu trösten. Sodann mag es helfen, mit ihm die Gründe für sein Scheitern zu besprechen und Schlußfolgerungen für künftiges Verhalten zu ziehen, ohne dabei zu moralisieren oder seine Eigenständigkeit abzuwerten («Ich wußte es ja, hättest du auf mich gehört, wäre das nicht passiert. Das hast du jetzt davon.»). Vielmehr empfiehlt es sich, dem Kind Mut zuzusprechen für einen nächsten, die neuen Erkenntnisse benutzenden Versuch.

Stößt ein Kind bei seiner autonomen Beschäftigung auf Probleme und sucht Hilfe – gelingt ihm beispielsweise die Konstruktion eines hohen schmalen Turmes aus lauter gleich langen kleinen Holzquadern nicht wie gewünscht, weil es die statischen Verhältnisse noch nicht überblickt – so gilt hier der bereits erwähnte Grundsatz: so wenig Vorgaben wie möglich, so viel wie nötig, damit das Kind die Lösung doch noch weitgehend selbständig entwickeln und den erzielten Erfolg sich selbst zurechnen kann. Die gemeinsame Freude als Bestätigung seiner Bemühung stärkt die Bereitschaft zu weiterer Anstrengung in vergleichbaren Situationen.

Der «billige Weg» zum Erfolg ist für das Kind, sich beim Malen oder Basteln «selbständig» vorgefertigter Schablonen zu bedienen. «Billig», weil damit nicht das Autonomiegefühl gestärkt, sondern das Selbstwertgefühl letztlich beeinträchtigt wird. Das Kind nimmt nämlich sehr deutlich wahr, daß es mit der Schablone keine eigene Leistung erbringt, daß es eben nicht die Fähigkeit besitzt, beispielsweise ein Fensterbild nach eigenen Vorstellungen aus eigener Kraft zu gestalten. So traut es sich im Schulalter oft nicht mehr zu, eigene Bilder zu malen.

Doch nicht nur im Hinblick auf den Freiraum für Lernerfahrungen benötigt das Kind die Akzeptanz seiner Autonomie. Diese sollte sich auch innerhalb eines vorgegebenen Rahmens und im kommunikativen Kontext entfalten dürfen. Dort, wo die Bezugspersonen das Geschehen bestimmen und sich das Kind einordnen muß, sollte – wenn möglich – als Ausdruck der Wertschätzung für seine Eigenständigkeit doch einen gewissen Spielraum für eigene Entscheidungen erhalten. So achten die Eltern beispielsweise darauf, daß es sich witterungsgerecht anzieht, doch darf es zwischen dem roten und dem gelben Pullover auswählen. Bei den Mahlzeiten erscheint es auf die Dauer wenig sinnvoll, sich nur nach den Essensvorlieben des Kindes zu richten. Allerdings sollte es bei unbeliebten Speisen, etwa beim Salat oder Gemüse, selbst die zu probierende Menge bestimmen und sich darüber hinaus mit den beliebten Spaghetti satt essen dürfen. Bei erwarteter Hilfe – z. B. beim bereits erwähnten Aufräumen oder auch beim Tischdecken oder Abtrocknen – kann der zur Verfügung stehende Freiraum in einer gewissen Gestaltungsfreiheit (wie das Kind die Aufgabe erledigt) oder einer zeitlichen Flexibilität (im vorgegebenen Rahmen) bestehen, wobei die meisten Vorschulkinder damit überfordert sind zu entscheiden, wann sie einer Pflicht nachkommen wollen. Doch zeigt sich der Respekt vor seiner Autonomie auch schon, indem man ihm rechtzeitig ankündigt, daß man bald eine Forderung stellt – z. B. daß es bald aufhören muß zu spielen, weil das Essen gleich fertig ist. So kann das Kind sich innerlich umstellen und seine Tätigkeit beenden.

Auch als Gesprächspartner ist das Kindergartenkind ernstzunehmen, ihm seine eigenen Gedanken und eine eigene Meinung zuzubilligen. Seine geistige Autonomie erlebt es, wenn Forderungen, Verbote und Kritik zumindest kurz und sachgerecht begründet werden («Du sollst jetzt zum Essen kommen, weil es sonst kalt wird und wir zusammen beginnen wollen»). Ebenso spürt es sie, wenn Eltern und

Erzieherinnen nach seiner Meinung fragen, wenn sie eigene Fehler eingestehen und, falls das Kind recht hat, dies auch zugeben. Es erlebt seine geistige Eigenständigkeit ferner, wenn sie seine Fragen ernsthaft und seinem Bedürfnis entsprechend beantworten, wenn sie seinen Erzählungen mit Aufmerksamkeit folgen und ihm, wenn es eine ausreichende Kompetenz besitzt, die Führung überlassen. («Zeig mir mal, wie man mit diesem Spielzeug umgeht; erklär mir dieses Kartenspiel»).

Indem das Kind seine Autonomie entfaltet, lernt es Entscheidungen zu treffen, Konsequenzen allmählich selbst einzuschätzen und zu tragen. Es erwirbt ein deutlicheres Bewußtsein seiner selbst – seiner Wünsche, Meinungen, Fähigkeiten und Grenzen – und lernt Verantwortung für sich zu übernehmen. Indem es einen angemessenen Rahmen erhält, mit dem es sich auseinandersetzen muß, entwickelt es auch zunehmend Selbstkontrolle und Frustrationstoleranz. So wird das Lustprinzip als Motor für seine Selbstbestimmungswünsche allmählich schrittweise ergänzt und schließlich übertönt durch das Realitätsprinzip. Das heißt, das Kind wird lernen, seine Selbstbestimmungswünsche mehr und mehr an der Realität zu orientieren. Alle diese Fähigkeiten leisten einen bedeutsamen Beitrag zur Strukturierung seiner Persönlichkeit und bereiten den Boden für den Erwerb und die Integration von Bildungswissen.

Teilhaben lassen und teilnehmen

Das Gegenteil zu seinen Autonomiewünschen bildet das Bedürfnis des Kindes nach Gemeinschaft und emotionaler Übereinstimmung. Beides erwartet es ebenfalls von seinen Eltern und Erzieherinnen. Die Grundformen, mit denen dieses Bedürfnis im Säuglingsalter befriedigt wurde, nämlich zärtlicher Körperkontakt und der spiegelnde Dialog, spielen nach wie vor eine bedeutsame Rolle, wobei, wie bereits dargestellt, das Spiegeln sich nun verbal im einfühlsamen Gespräch vollzieht. Die körperliche Geborgenheit holt sich das Kindergartenkind überwiegend bei seinen Eltern. Dennoch ist es – vornehmlich für die Drei- und Vierjährigen – häufig sehr wichtig, daß sie auf dem Schoß der Erzieherin sitzen dürfen, besonders wenn sie Trost benötigen. Auch der Platz neben der Erzieherin vermittelt ein beruhigendes Gefühl emotionaler Nähe.

Die im zweiten Lebensjahr entstehende dritte Weise, psychische Übereinstimmung zu erleben, die gemeinsame Tätigkeit, gewinnt im

Kindergartenalter zunehmend an Bedeutung. Das Kind wünscht sich die Bezugsperson vermehrt als Partner seiner Erlebnisse und Erfahrungen, ebenso wie es an der Welt ihrer Tätigkeiten teilnehmen möchte. Letzteres zeigt es, indem es viele elterliche Handlungen im Rollenspiel nachahmt und indem es gerne und bereitwillig hilft, wenn ihm dabei eigener Erfahrungsspielraum zugestanden wird.

Die Bedeutung des Helfens, die bereits in früheren Abschnitten anklang, möchte ich hier noch einmal zusammenfassend erläutern. Mit der Teilhabe an den Tätigkeiten der Erwachsenen – vorzugsweise im Haushalt und im Garten – befriedigt ein Kind neben seinem Nähewunsch auch sein Interesse, die Welt kennenzulernen, sinnvolle Aufgaben in ihr zu bewältigen und damit Kompetenzen zu erwerben, wie die Erwachsenen sie besitzen. Diese Motivation gilt es zu pflegen, und zwar durch eine sorgfältige Balance von behutsamer Anleitung und Freiraum, in dem das Kind selbständig ausprobieren darf. Dazu ist es nötig, daß der Erwachsene das Kind nicht als Arbeitskraft ausnutzen möchte, sondern sich auf es einstellt, seine Hilfe annimmt, auch wenn die gesamte Tätigkeit dadurch länger dauert, ihm Aufgaben gibt, die es bewältigen kann, Schwierigkeiten gemeinsam mit ihm meistert, ihm Zusammenhänge kindgerecht erklärt und sich mit ihm gemeinsam über das erreichte Ergebnis freut. Das kann das gemeinsam zubereitete Gemüse ebenso sein wie der hübsch gedeckte Tisch, die geputzten Schuhe oder die umgetopften Pflanzen. Ziel ist es zu vermitteln, daß das Arbeiten als Prozeß befriedigen kann, daß Geduld, Anstrengung und die Bereitschaft, Schwierigkeiten zu meistern, dazugehören und daß das gelungene Ergebnis die Freude verstärkt. Allerdings muß der Erwachsene selbst Freude an der Arbeit empfinden, um dieses Gefühl auch im Kind erwecken zu können. Wenn es jedoch in ihm Wurzeln schlägt, so trägt es dazu bei, seine Leistungsmotivation zu festigen und sein Selbstwertgefühl zu stärken.

Das Kind möchte jedoch nicht nur an der Welt der Erwachsenen teilnehmen, sondern diese auch in seine einbeziehen. Es wünscht sich, mit ihnen zu spielen; sie sollen mit ihm in seine Vorstellungswelt eintreten, die Bedeutung seines Teddys mitempfinden und begreifen, daß man ihn jeden Abend schlafen legen muß. Sie sollen seine Erfahrungen als Indianer teilen und mit ihm vorsichtig über den Boden robben. So versucht das Kind von beiden Seiten die Brücke zu schlagen, um beide Welten miteinander zu verbinden. Für die Teilhabe an der kindlichen Welt benötigen die Eltern und Erzieherinnen wertschätzendes Einfühlungsvermögen sowie die Fähigkeiten zu spielen und sich an ihre eigene Kinderwelt zu erinnern.

Fazit: Die Bedeutung der Bezugsperson

Betrachten wir nun zusammenfassend die verschiedenen Funktionen, welche die Beziehungen zu den wichtigsten Bezugspersonen erfüllen – also zu den Menschen, die für das Kind sorgen, von denen es die intensivste Zuwendung erfährt und/oder bei denen es die meiste Zeit verbringt –, so wird deutlich, daß es eben diese Beziehungen sind, die den Boden für einen gelungenen Bildungsprozeß bereiten; sie sorgen für günstige äußere – sinnliche und rhythmische – Rahmenbedingungen, folglich für eine sichere, überschaubare und interessante Welt und verhelfen dem Kind zu psychischer Stabilität, weil sie seinen Bildungsbedürfnissen entsprechen.

Auf diesem Grund ist das Kind frei, seine angeborene Neugier zu entfalten, seinen Drang nach Selbstwirksamkeit und Entdeckung der Welt zu verwirklichen und sich handelnd mit ihr auseinanderzusetzen. Es vermag nun also – vorausgesetzt, daß seine Welt ihm genügend altersadäquate Erfahrungsmöglichkeiten bietet – für seine Lernfortschritte und den Erwerb an grundlegendem Bildungswissen zu einem beträchtlichen Teil selbst zu sorgen. Doch dann benötigt es wieder seine Bezugspersonen: Sie sollen es bewundern und bestätigen, damit sein kompetenzbedingter Selbstwertzuwachs «legitimiert» wird und sich in seiner Persönlichkeit verankert; sie sollen ihm helfen, Schwierigkeiten so zu meistern, daß seine eigene Fähigkeit, Probleme zu lösen, auch seine Frustrationstoleranz und die Leistungsmotivation dadurch zunehmen; sie sollen ihm den Weg zum Handeln in der Erwachsenenwelt kindgerecht ebnen und es zugleich daran teilnehmen lassen; sie sollen es im Dialog unterstützen, seine Erfahrungen sprachlich zu erfassen, ins Bewußtsein zu heben und zu verarbeiten. So fördern sie differenziert den Erwerb bildungsrelevanter Schlüsselqualifikationen. Vor allen Dingen aber benötigt das Kind Eltern und Erzieher als Vorbild für den Umgang mit den Herausforderungen des Lebens und mit sich selbst. Es braucht Vorbilder für seine eigene psychische Strukturierung und für den Erwerb vieler Persönlichkeitszüge, die es für eine erfolgreiche Bildung benötigt.

Die Erwachsenen leisten diese Bildungsarbeit, indem sie mit dem Kind wertschätzend, einfühlsam und echt umgehen, es als Dialogpartner ernst nehmen, ihm angemessene Spielräume zur Entfaltung seiner Autonomie zur Verfügung stellen, aber auch die Einordnung in sinnvolle, vorgegebene Strukturen verlangen und durchsetzen, so daß das Kind zu einer autonomen und zugleich sozial gebundenen, also gemeinschaftsfähigen Persönlichkeit heranreifen kann.

V. Spezielle Entwicklungsthemen im Kindergartenalter und ihre Funktion im Bildungsgeschehen

Die in Kapitel II dargestellten Phasen und Aufgaben der Persönlichkeitsentwicklung enthalten etliche für das Bildungsgeschehen bedeutsame Themen, bei denen die Bezugspersonen den Kindern hilfreich beistehen, ihnen Halt und Orientierung gewähren können. Anregungen dafür möchte ich in diesem Kapitel anbieten.

1. Die Gruppenfähigkeit: Der schwierige Ausgleich zwischen «Ich» und «Wir»

Eine zentrale Entwicklungsaufgabe des Kindergartenalters besteht im Erwerb der Gruppenfähigkeit. Das Kind muß lernen, sich in eine Gruppe einzufügen und zum gemeinsamen Leben konstruktiv beizutragen, indem es sich an Normen und Regeln hält, ohne seine individuelle Persönlichkeit preiszugeben. Die notwendige Anpassung gelingt ihm um so leichter, je deutlicher es fühlt, daß gemeinsames Handeln zu so schönen und befriedigenden Erlebnissen und Ergebnissen führt, wie es sie alleine niemals erreichen würde. Allerdings sollte ihm dieser Prozeß auch Möglichkeiten eröffnen, im Gruppengefüge eine zu ihm passende Position zu finden und sich zur Geltung zu bringen, so daß beide, die Gruppe und es selbst in seinem Selbstbewußtsein, davon profitieren. Diese Entwicklungsaufgabe setzt sich zwar mit immer neuen Aspekten bis ins Erwachsenenalter fort, doch entstehen die grundlegenden Einstellungen und Strategien, sich in Gruppen zu bewegen, schon im Kindergartenalter. Es bedarf deutlicher Anstrengung, wenn sie sich in späteren Jahren wandeln sollen. Somit kommt besonders den Erzieherinnen – die Kernfamilie bietet heutzutage in dieser Hinsicht zumeist nur ein sehr eingeschränktes Erfahrungsfeld – die verantwortungsvolle Aufgabe zu, Kinder bei dieser konfliktträchtigen Aufgabe zu begleiten und angemessen zu unterstützen.

Schauen wir uns im einzelnen an, welche Kompetenzen die Gruppenfähigkeit und somit die kindliche Entwicklungsaufgabe kennzeichnen. Es sind dies diejenigen Verhaltensweisen, die allgemein als bedeutsam für sozial angemessene Selbstbehauptung und konstruktives Sozialverhalten gelten. Die Voraussetzung dafür ist, daß ein Kind Vereinbarungen, die das gemeinsame Leben regeln und seinen Freiheitsspielraum begrenzen, anerkennt und sich weitgehend selbständig nach ihnen richtet. Das heißt, es sollte im Kindergartenalter lernen, die in seinen verschiedenen Lebensbereichen geltenden Regeln einzuhalten, beispielsweise bei Tisch sitzen zu bleiben, einer Spielanweisung zu folgen, nach dem Toilettengang die Hände zu waschen, Spielsachen nicht mutwillig zu zerstören, sie Spielkameraden nicht einfach wegzunehmen und dergleichen mehr. Innerhalb dieses Regelwerks, das selbstverständlich genügend Raum für die Befriedigung von Autonomiebedürfnissen gewähren sollte, muß jedes Kind einerseits lernen, sich zur Geltung zu bringen – im Vorschulalter z. B. durch das Anführen eines Rollenspiels oder durch Einsetzen seiner Phantasie im Stuhlkreis; es muß sich also selbst einen seinen Eigenarten entsprechenden Platz im Gruppengefüge erobern, d. h. auch den Mut entwickeln, sich darzustellen; andererseits muß es aber auch bereit sein, andere Kinder zu respektieren, ihnen einen ihnen gemäßen Platz zuzugestehen. Damit verbunden ist die Aufgabe, teilen zu lernen und zu begreifen, daß ihm nicht in jeder Hinsicht «das Beste» oder «der erste Platz» zusteht, sondern daß die Positionen wechseln und auch eine mittlere durchaus befriedigend ist. Diese Einsicht erleichtert ihm es z. B. im Stuhlkreis geduldig zu warten, bis die Reihe an ihm ist oder den anderen Kindern Beachtung zu schenken und die Aufmerksamkeit der Erzieherin mit über zwanzig anderen zu teilen.

Beides benötigen Kinder für ihre psychische Balance gleichermaßen: Strategien zur Selbstbehauptung und die Bereitschaft zurückzustecken, sich zu bescheiden. Der Selbstbehauptung dient beispielsweise die Selbstdarstellung, die darauf abzielt, einen günstigen Eindruck zu erwecken. Sie erfordert jedoch das Bewußtsein von der Wirkung eigener Handlungen, Fähigkeiten oder Eigenschaften auf andere Menschen. Kinder erwerben diese Form der Selbstbewußtheit mit vier bis fünf Jahren. Jetzt kokettieren sie mit ihrem ansprechenden Aussehen, glänzen mit ihren Fähigkeiten, prahlen z. B. mit guten Spielideen, schönen Bildern, großartigen Bauwerken oder motorischer Geschicklichkeit; vielleicht sind sie aber auch nur besonders gehorsam, um Anerkennung und damit einen guten Rangplatz in der Gunst der Erzieherin zu erreichen. Sie schmeicheln sich ein, gebärden sich eifersüchtig und rivalisieren mit ihren Kameraden. Durch die Reaktionen der Erwachsenen entdecken die Kinder häufig, daß sie mit besonders sozialen Verhaltensweisen viele Sympathien erwerben und somit für eine gute Gruppenposition sorgen können: Sie helfen kleineren oder schwächeren Kindern, teilen bereitwillig, äußern Mitgefühl mit dem Schmerz anderer und nehmen Rücksicht.

Im Konfliktfall gehört zur Selbstbehauptung auch, daß sie sich wehren, Mittel der Verteidigung kennen und einsetzen, manchmal «petzen» und um Hilfe bitten. Zurückzustecken bedeutet in diesem Zusammenhang, Regeln der Fairneß einzuhalten und z. B. jüngeren und schwächeren Kindern bei körperlichen Auseinandersetzungen nicht ernstlich wehzutun, sich versöhnlich zu zeigen und Kompromisse einzugehen.

Manche Kinder jedoch finden keinen Weg, mittels ihrer Kompetenzen einen für sie befriedigenden Platz in der Gruppe zu gewinnen. Ihnen fehlt das notwendige Selbstwertgefühl bzw. die emotionale Sicherheit. Sie wagen sich nicht in den Vordergrund und scheuen die Rivalität; sie passen sich an, unterwerfen sich dominanteren Kindern und erfüllen die ihnen zugedachten Rollen oder ziehen sich weitgehend zurück und spielen allein. Andere Kinder kämpfen «um jeden Preis», versuchen stets das Spielgeschehen zu bestimmen, verweigern sich den Gruppenregeln, provozieren, kaspern, geben nicht nach, werden gewalttätig und akzeptieren kaum Kompromisse.

Alle Kinder, besonders aber die letzten beiden Gruppen, benötigen die Unterstützung der Erzieherinnen, um sich ein angemessenes Repertoire sozialer Verhaltensweisen anzueignen und sich in Gruppen wohlfühlen zu können. Dazu gehört neben den bereits erwähnten sozial akzeptablen Selbstbehauptungsstrategien die Entwicklung eines Zugehörigkeitsgefühls. Dieses zeigt sich als Freude an gemeinsamen Handlungen, beispielsweise am gemeinsamen Spiel oder an der Vorbereitung des Frühstücks und des Deckens des Tisches mit Hilfe der Erzieherin. Das entstandene Gefühl der Gemeinsamkeit, des Miteinanders drückt sich auch darin aus, anderen Gruppenmitgliedern einen Gefallen zu tun, für sie mitzusorgen, aber auch etwas von ihnen anzunehmen, sich darüber zu freuen und es nicht einfach als «selbstverständlich» zu empfinden. Die Erzieherin erfüllt in diesem Prozeß eine vermittelnde Funktion. Sie hilft, die Besonderheit eines Kindes anderen zu verdeutlichen und zu erklären oder – allgemeiner – Bedürfnisse zu «übersetzen».

Schließlich spielt für das Leben in der Gruppe das Bewußtsein der eigenen Geschlechtlichkeit noch eine Rolle. Denn vierjährige Kinder, die sich gerade mit ihrer Geschlechtsidentität auseinandersetzen, möchten durchaus als Junge oder Mädchen wahrgenommen werden und gebärden sich entsprechend. Sie erproben geschlechtsrollentypische Verhaltensweisen und suchen durch sie Anerkennung bei den Spielgefährten und Erzieherinnen. Die Resonanz, die sie erhalten, beeinflußt ihr Selbstwertgefühl und viele dauerhafte Strategien der Selbstdarstellung in Gruppen.

Wie können nun Erzieherinnen die Kinder darin unterstützen, den schwierigen Ausgleich zwischen Ich und Wir so zu meistern, daß sie sich selbstbewußt und sozial angepaßt in Gruppen zu bewegen wissen?

Zunächst einmal benötigen die Erzieherinnen dazu ein Wissen um die Entstehungsprinzipien von Gruppen und die Interaktionsgesetze in ihnen. Das wesentliche Element einer Gruppe besteht im «Wir-Gefühl», dem Bewußtsein der Zusammengehörigkeit. Dessen Entwicklung zu fördern, ist die wichtigste pädagogische Maßnahme, die den Kindern erleichtert, gruppengerechte Verhaltensformen auszubilden.

Das «Wir» hebt sich von «den anderen» ab. Deshalb definiert sich eine Gruppe erstens über die sie umschließende Grenze, also über Aufnahmekriterien und Symbole, welche die Zugehörigen von den Nichtmitgliedern unterscheiden. Eine Familie, will man sie als Gruppe betrachten, besitzt als «Aufnahmekriterium» den Verwandtschaftsgrad, als «Symbol» beispielsweise den Namen (je nach «Untergruppe» innerhalb einer Großfamilie möglicherweise verschiedene) oder sogar ein Familienwappen. In einer Gruppe mit ausgeprägtem Wir-Gefühl pflegen zweitens alle Glieder persönliche Beziehungen zueinander. Sie regeln drittens ihren Umgang miteinander durch Normen und Werte, mit denen sie sich identifizieren, die ihren «Stil» bestimmen, gleichgültig inwieweit sie sich dessen bewußt sind. So erleben Kinder die Eigenart ihrer Familie durch die selbst erfahrenen und beobachteten Beziehungen untereinander und durch die Lebensweise, in der sich die herrschenden Normen und Wertvorstellungen ausdrücken. Schließlich prägen viertens gemeinsame Aufgaben und Ziele das Wir-Gefühl. So mag eine Aufgabe in der Familie in der gemeinsamen Kindererziehung, eine andere im Bau eines Hauses bestehen. Zusammengefaßt: Alles, womit sich die einzelnen Mitglieder einer Gruppe identifizieren, stärkt ihren Zusammenhalt.

Für die Erzieherinnen bedeuten diese Einsichten, daß sie auf allen vier Ebenen versuchen sollten, Identifikationsmöglichkeiten zu schaffen. Im Hinblick auf die gemeinsame Grenze ist es wichtig, daß die Kinder eindeutig erleben, wer zu ihrer Gruppe und wer zu einer anderen gehört. Der übliche Gruppenname erfüllt diese Funktion, doch lassen sich auch gemeinsame Aktivitäten vorstellen, bei denen «Gruppensymbole» – etwa Bilder – angefertigt werden. Ebenso hilft ein Gruppenbild oder ein Gruppentanz zur Verdeutlichung der Gruppenzugehörigkeit. Indem solche bildnerischen und musikalischen Beschäftigungen die Emotionalität ansprechen und Kindern normalerweise gefallen, regen sie zugleich zur Identifikation mit der Gruppe an.

Die Beziehungen der Kinder untereinander zu fördern und zu begleiten, stellt eine besondere Herausforderung für die Erzieherinnen dar. Denn die übliche Gruppengröße von fünfundzwanzig bis achtundzwanzig Kindern übersteigt eigentlich deren soziale Kapazität. Sie sind überfordert, so viele Beziehungsanreize parallel zu bewältigen. So bedarf es eines besonderen Geschicks, dennoch in der Großgruppe ein Wir-Gefühl anzubahnen, was nur über gemeinsame Tätigkeiten, die alle Beteiligten emotional einbinden, gelingen kann. Da Kinder bis zum Schulbeginn jedoch lernen müssen, sich in großen Gruppen angemessen zu verhalten, brauchen sie zuvor eine «Übungszeit». Insofern sind Großgruppenangebote – wie schwierig auch immer es sein mag, sie sinnvoll zu gestalten – eine notwendige Lernzeit, die einen angemessenen Raum im Tagesplan erhalten sollte.

Das klassische Großgruppenangebot ist der Stuhlkreis, der seinen festen Platz im Tagesgeschehen einnimmt. Damit er das Wir-Gefühl der Kinder tatsächlich fördert, bedarf er einer attraktiven inhaltlichen Füllung mit gemeinsamen Aufgaben und Zielen. Als gemeinsame Aufgabe bietet sich an, Lieder zu singen, möglichst solche, die sich sinnvoll mit Bewegungen der Hände und Arme oder auch des gesamten Körpers verbinden lassen. Spiele, die sich für eine Großgruppe eignen – wie z. B. «Alle Vögel fliegen hoch» oder «Hänschen, piep einmal», Reime und Fingerspiele oder auch eine von der Erzieherin spannend erzählte Geschichte –, vermögen Kinder überdies zu fesseln. Derartige Inhalte dienen nicht nur dem Gruppengefühl, sie leisten überdies einen bedeutsamen Beitrag zur musisch-rhythmischen und sprachlichen Bildung. Erhalten die Kinder dabei noch die Gelegenheit, ihre Ideen und

Wünsche zu äußern, so üben sie, sich angemessen zur Geltung zu bringen. Das wiederum bestärkt sie in ihrem Selbstwertgefühl.

Eine andere Funktion des Stuhlkreises besteht darin, allgemeine Informationen mitzuteilen und Fragen zu klären. Lange Großgruppengespräche, bei denen die Kinder überwiegend den anderen zuhören oder Ausführungen der Erwachsenen folgen und ihre eigenen Impulse unterdrücken müssen, sind schwierig so zu gestalten, daß sich Kindergartenkinder nicht langweilen und unruhig werden. Für eine gewisse Zeit nützt der Einsatz eines «Redesteins»: Das redende Kind erhält einen Stein. Die anderen hören konzentriert zu und beteiligen sich am Gespräch, weil sie den Stein ebenfalls haben wollen. Ebenso kann ein gemeinsames inhaltliches Projekt in der Großgruppe eingeführt werden (z. B. Themen wie: Ostern, Bahnhof, Zoo) mit anschließender Vertiefung in Kleingruppen und individuellem Spielen. Um das Interesse der Kinder zu binden, kann hier eventuell optische Gestaltung helfen, indem das Thema im Kreis durch Materialien veranschaulicht wird.

Das gemeinsame Frühstück ist ein weiteres, das Zusammengehörigkeitsgefühl der Großgruppen stärkendes Angebot. Die Zeit der Nahrungsaufnahme dient nicht nur – ebenso wie der Stuhlkreis – der Strukturierung des Tagesablaufs, sondern verbindet die Kinder untereinander, indem sie ein alle betreffendes Bedürfnis miteinander befriedigen. Zwar ist nicht davon auszugehen, daß alle Kinder zur gleichen Zeit Hunger verspüren, weil sie zu unterschiedlichen Zeiten und in unterschiedlichem Maße (oder auch gar nicht) zu Hause frühstücken. Doch läßt sich vielleicht eine Annäherung erzielen, wenn die Eltern wissen, daß zu einer bestimmten Zeit gemeinsam gegessen wird. Darüber hinaus sind alle Kinder darin zu unterstützen, wenn sie vor der Zeit hungrig sind, sich auf die Mahlzeit zu freuen. So fördert man ihre Fähigkeit zum Bedürfnisaufschub, die ein wichtiges Merkmal der Schulreife darstellt. Denn auch im Unterricht darf das Kind nicht essen, sondern muß bis zur Pause warten.

Wenn Kinder sich an den Vorbereitungen zum Frühstück beteiligen, etwa indem sie den Tisch decken, erhöht sich ihre Identifikation mit dem Geschehen nochmals. Zugleich entfalten sie Alltagskompetenzen und erleben ihre Nützlichkeit für die Gruppe. Letzteres gilt verstärkt, wenn – wie in anthroposophischen Kindergärten üblich – die Mahlzeit für die gesamte Gruppe, etwa das Müsli aus Flocken und frischen Früchten, von allen gemeinsam zubereitet wird. Doch selbst wenn jedes Kind sein eigenes Frühstück mitbringt, bleibt genügend Handlungsspielraum. Bei aller Betonung der Gemeinsamkeit, die auch durch einen Spruch oder ein Lied als bewußt eingesetztes Anfangsritual geschieht, bietet das gemeinsame Essen Gelegenheit zur Befriedigung individueller Bedürfnisse: Selbstverständlich bestimmt jedes Kind für sich, wieviel es essen möchte. Zudem sitzen die fünfundzwanzig bis achtundzwanzig Kinder nicht alle an einem langen Tisch, sondern verteilt auf mehrere Tischgruppen, und können sich ihre Tischnachbarn selbst wählen. Auch die Interaktion an den einzelnen Tischen gestalten die Kinder weitestgehend selbst. Das Ende der Mahlzeit könnte ebenfalls jede Tischgruppe nach vorher vereinbarten Regeln eigenständig festlegen. So entfalten die Kinder beim Essen einen Aspekt der Autonomie in sozialer Gebundenheit.

Schließlich stellt die gemeinsame Mahlzeit ein wichtiges Lernfeld dar, das die Erzieherinnen für die Entwicklung eines «Gruppenstils» bewußt gestalten und nutzen sollten. Hier können Kinder nicht nur ihre primären Bedürfnisse und Kontaktwünsche befriedigen, sondern zugleich ihre feinmotorische Geschicklichkeit im Umgang mit dem Besteck schulen, ihre sozialen Kompetenzen erweitern und ihre sprachliche Ausdrucksfähigkeit erhöhen. Sie lernen, sich gegenseitig in ihren Bedürfnissen wahrzunehmen und zu achten, teilen und reichen sich die Speisen zu, sammeln neue Geschmackserfahrungen. Die Erzieherinnen unterstützen sie bei der Einhaltung der Tischsitten und regeln somit das soziale Miteinander. So ereignet sich «Alltagsbildung» am Eßtisch.

Neben den Großgruppenaktivitäten eignen sich verschiedene Kleingruppenangebote, die Lust der Kinder an gemeinsamen Handlungen zu erhöhen und ein Wir-Gefühl zu festigen. Solche Kleingruppen bestehen aus etwa acht, aber keinesfalls mehr als zehn Kindern und entsprechen damit der «sozialen Reichweite» von Kindergartenkindern. In Gruppen dieser Größe gelingt es dem einzelnen Kind am ehesten, zu allen Kameraden eine spezielle Beziehung aufzubauen und selbst eine befriedigende Position zu finden, in der es sich mit seinen Eigenheiten und Fähigkeiten darstellen kann. Sie dienen deshalb seinem Selbstwertgefühl, seiner sozialen Kompetenz und fördern die Autonomie in sozialer Gebundenheit. Inhaltlich beschäftigen sie sich entweder mit Themen, für die sich die Kinder aus eigenem Interesse selbst entscheiden, oder sie bieten spezielle Inhalte für besondere Untergruppen an, so für die Dreijährigen oder die Vorschulkinder, aber auch für die Kinder, die gezielter Sprachförderung oder feinmotorischer Ermutigung bedürfen. Daß dabei die Durchführungsweise der Angebote dem einzelnen Kind genügend Spielraum zur individuellen Entfaltung gewähren sollte, versteht sich von selbst. Auf diese Weise fördern Kleingruppen die kindliche sachbezogene Motivation, leisten zugleich einen wesentlichen Beitrag zur gezielten Bildungsarbeit und bereiten auf das gemeinschaftliche Lernen in der Schule vor.

Die gemeinsamen Aktivitäten sollten ungefähr die Hälfte der täglichen Kindergartenzeit umfassen. Allerdings ist diese Zeitangabe als Orientierungshilfe und nicht als starre Regel zu verstehen. Es kann sich herausstellen, daß bestimmte Kinder oder Gruppen von Kindern – etwa die Dreijährigen – weniger oder mehr feste Angebote benötigen, die sie dann auch erhalten sollten. Als Gegenpol dazu bedarf auch die Entwicklung der Autonomie als Fähigkeit, momentane Bedürfnisse und Wünsche zu erkennen, eigene Entscheidungen zu treffen, selbst entworfene Handlungspläne umzusetzen, Spiele nach eigenen Vorstellungen zu gestalten und die Konsequenzen der Selbständigkeit zu tragen, eines angemessenen Spielraums und der Unterstützung. Nur so läßt sich das Ziel der Autonomie in sozialer Gebundenheit bzw. die Balance zwischen den Bedürfnissen des «Ich» und des «Wir» erreichen.

Anzeichen solch gelungener Balance lassen sich am Zusammenspiel von Selbst- und Sozialkompetenz der Kinder erkennen. Dazu gehört im Hinblick auf die Selbstkompetenz, daß jedes Kind sich zutraut, Initiative zu ergreifen, Neues zu wagen und auszuprobieren, daß es eigene Ideen, Gedanken und Meinungen entwickelt und vor der Gruppe äußert, eigene Bedürfnisse wahrnimmt und entsprechende Entscheidungen trifft, verschiedene Handlungen des Alltags mit zunehmender Selbständigkeit ausführt und sich seiner Fähigkeiten erfreut. Im Hinblick auf die Sozialkompetenz wären folgende Aspekte wünschenswert: Das Kind erlebt sich als Teil einer Gruppe und nimmt die Verschiedenartigkeit aller Kinder wahr. Es entwickelt Interesse und Verständnis für deren unterschiedliche Lebensweisen und Lebenssituationen, erlebt und thematisiert die Gemeinsamkeiten und Verschiedenheit der Geschlechter und lernt sich immer besser in die Lage seines Gegenübers zu versetzen. Es nimmt an Freud und Leid der anderen Mädchen und Jungen Anteil, hilft und tröstet wenn nötig, so wie es selbst auch den Schutz und die Unterstützung der Gemeinschaft erfährt, zu der es sich zugehörig fühlt und mit der es das Zusammensein genießt. Es beteiligt sich an Gruppenentscheidungen, kennt und akzeptiert die in dieser Gruppe herrschenden Regeln und Werte, die sein Gefühl der Zusammengehörigkeit verstärken.

2. Das kindliche Gewissen: Zum Umgang mit Normen und Werten

Die grundlegende Struktur des Gewissens bildet sich im Alter zwischen drei und sechs Jahren heraus, also genau im Kindergartenalter. Im zweiten und dritten Lebensjahr erfährt das Kind durch die Reaktionen von Erwachsenen und älteren Geschwistern, daß nicht alles erlaubt ist, was es gerne möchte, doch erkennt es noch nicht die Tragweite von Regeln und Verboten. So versteht das einjährige Kind zwar das Wort «Nein», beispielsweise wenn es nach einem zerbrechlichen Gegenstand greift, doch wird es dieses Nein nur unmittelbar nach einer Aufforderung und in Anwesenheit einer Bezugsperson befolgen. Das Nein haftet gleichsam an deren Mund und verschwindet mit ihr. Das zweijährige Kind empfindet Verbote und Einschränkungen als Kränkung seiner Autonomiebestrebungen. Es wehrt sich mit heftigen Trotzanfällen gegen sie, zumal es deren Sinn nicht versteht. Wohl erkennt es allmählich, daß sie dauerhaft gelten und ihre Übertretung unangenehme Folgen nach sich zieht. Um diesbezüglich Sicherheit zu gewinnen, probiert es die Gültigkeit von Regeln und Anweisungen zu verschiedenen Zeitpunkten und bei unterschiedlichen Personen systematisch aus, was diese oft als Provokation erleben. Zugleich beginnt es, wenn es allein ist, um die Einhaltung der Gebote zu ringen, indem es sich in Selbstgesprächen das Verbot vorsagt (z. B. «nein, nein, nicht nehmen») und zögert, bevor es zumeist doch seinem Handlungsimpuls unterliegt. Oft genug hat es mit diesem Verhalten bereits den elterlichen Unwillen erregt, so daß es nun Angst vor Strafe und Liebesentzug entwickelt. Um beides zu vermeiden und durch die Identifikation mit den als Vorbild dienenden Eltern entwickelt es mit etwa drei Jahren die Kraft, leichtere unerwünschte Impulse zu steuern und viele Gebote einzuhalten. In diesem Alter kommt es in den Kindergarten.

Die nun folgenden kognitiven Fortschritte lassen das Kind allmählich erkennen, daß die Gebote nicht nur für es selbst gelten, sondern verbindliche Normen darstellen, an die sich auch andere Kinder und selbst erwachsene Menschen halten müssen. Es erahnt mithin deren übergeordnete, autonome Funktion ebenso wie ihre moralische Dimension. «Erlaubt» und «verboten» sind Begriffe, die es von Anfang an mit der Bedeutung von «lieb» und «böse», «gut» und «schlecht» verbunden hat – teilweise auch deshalb, weil sie von den

Erwachsenen entsprechend verwendet werden. Nun gewinnt in seinem Bewußtsein die moralische Qualität zunehmend an Gewicht. Deshalb entwickelt das Kind nun auch Schuldgefühle, wenn es ein Gebot übertritt. Sein Gewissen ist erwacht, und es beginnt wie die erwachsenen Bezugspersonen, das Verhalten anderer zu bewerten, zu loben oder zu kritisieren.

Das Norm- und Wertebewußtsein dient dem Kind als Maßstab, an dem es sein Verhalten und seine Vorstellungen ausrichtet. Weil es in erster Linie die Verhaltensnormen von seinen Bezugspersonen übernimmt, hilft ihm die Identifikation, sich in die Gemeinschaft einzufügen und sich dadurch der Zugehörigkeit und Akzeptanz zu versichern.

Darüber hinaus verhilft das Bewußtsein von Regeln und die Kraft, diese selbständig einzuhalten, dem Kind zu mehr emotionaler und faktischer Unabhängigkeit von seinen Bezugspersonen. Es weiß nun selbst, wie es sich in verschiedenen Situationen zu verhalten hat – beispielsweise daß es in Sichtweite bleiben soll, wenn es im Freien spielt –, und die Erfahrung, diesen Vorgaben entsprechen zu können, beruhigt nicht nur die Bezugspersonen, so daß sie ihm mehr Freiheit zubilligen, sondern stärkt auch das Selbstbewußtsein und die Selbstsicherheit des Kindes.

Schließlich gewinnen einige der Normen und Werte im kindlichen Bewußtsein auch den Rang von Idealen. Sie verlieren den drohenden Charakter, den Normen häufig besitzen: «Du mußt die Wahrheit sagen; wenn du lügst, glaubt man dir nicht mehr und rügt dich, wenn man es merkt.» Statt dessen werden sie zu positiv empfundenen Leitbildern, denen nachzueifern sich lohnt: «Ein Mensch, der die Wahrheit sagt, ist vertrauenswürdig und verläßlich, deshalb wird er geachtet.»

Je deutlicher das Kind Normen und Werte als eigene Richtlinien akzeptiert, je klarer seine eigenen moralischen Vorstellungen werden, um so mehr stärken sie im Laufe der Entwicklung seine Persönlichkeit und verhelfen ihm letztlich dazu, andere Menschen – auch seine Bezugspersonen – kritisch zu betrachten, sich – wo notwendig – von ihnen zu distanzieren und zu einem selbstverantwortlichen Menschen heranzuwachsen. Ein reifes Gewissen, das sich von der frühkindlichen Abhängigkeit von Lob und Tadel ebenso löst wie von der primären Orientierung an der eigenen Lust und den eigenen Interessen, sich statt dessen an übergeordneten Prinzipien ausrichtet und deren Balance sucht, ist letztlich ein zentrales Merkmal der gebildeten Persönlichkeit.

Solch ein Mensch wird sein Wissen und seine Fähigkeiten nicht mißbrauchen, sondern verantwortlich und sinnvoll einsetzen.

In den drei Jahren der Kindergartenzeit kommt es darauf an, daß das Kind ein Fundament für ein konstruktives Gewissen erwirbt. Dafür braucht es klare Regeln und Anweisungen, deren Sinn ihm kindgerecht verdeutlicht werden. Denn nun reicht sein Verstand, um am konkreten Beispiel die Sinnhaftigkeit eines Gebotes nachvollziehen zu können. Daß es verstehen möchte, signalisiert es mit seinen häufigen Warum-Fragen. «Du sollst im Wald in Sichtweite bleiben.» – Warum? «Weil du dich verirren könntest.» – Warum? «Weil du nicht weißt, wo wir sind, wenn du uns nicht siehst und du nicht weißt, wie du uns finden kannst.» – Warum? «Weil die Bäume alle gleich aussehen.» – Warum? «Ich will nicht, daß du verlorengehst.» – Warum? «Weil ich dich lieb habe.» – Vielleicht ist das Kind jetzt befriedigt, vielleicht fragt es weiter. Es geht nicht darum, das Spiel endlos fortzusetzen, wohl aber um eine sinnvolle, dem Kind verständliche Antwort. Manchmal wird sie das Kind zufriedenstellen, manchmal wird der Erwachsene einfach einen Schlußpunkt setzen, um eine unfruchtbare Diskussion zu vermeiden. Denn letztlich ist es der Erwachsene, der wichtige Regeln aufstellt und vertritt.

Eine Möglichkeit, Kindern den Sinn einer Norm näherzubringen, ist die Übung der sozialen Einfühlung. Hier geht es darum, gemeinsam zu überlegen, wie sie das, was sie einem anderen Kind zugefügt haben, selbst empfinden würden. Beispielsweise gilt die Regel: «Wir nehmen einem anderen Kind sein Spielzeug, mit dem es gerade spielt, nicht weg.» Nun hat soeben die fünfjährige Anna der ebenfalls fünfjährigen Julia, die in der Puppenecke spielt, das Puppengeschirr fortgenommen, weil sie «Kochen» spielen möchte. Julia, die das Geschirr zwar gerade nicht benutzt, weil sie ihre Puppe anzieht, im Anschluß daran aber ebenfalls kochen will, wehrt sich heftig und erobert die gewünschten Gegenstände zurück. Daraufhin läuft Anna zutiefst gekränkt zur Erzieherin und beklagt sich über Julia. Hier bietet es sich an, mit Anna darüber nachzudenken, daß Julia sich genauso über Anna geärgert hat, als sie ihr das Puppengeschirr wegnahm, wie sie sich jetzt über Julia empört. Erkennt Anna zudem, daß das Geschirr zu Julias augenblicklichen Spielrequisiten gehörte, selbst wenn sie es gerade nicht in der Hand hielt, dann wird die Regel für sie auch gefühlsmäßig nachvollziehbar. So wird sich eher eine für beide Kinder akzeptable Lösung des Konflikts finden.

Haben Kinder mit etwa fünf Jahren die das Zusammenleben regelnden Werte und Normen verinnerlicht, so halten sie sich zumeist sklavisch an sie – es sei denn, ihr Gewissen «schläft» zwischendurch zum Selbstschutz. Sie besitzen nun ein rigoroses Moral- und Normverständnis, wachen auch bei Erwachsenen und anderen Kindern über die Normeinhaltung und fordern bei Übertretung deutliche Strafen. Selbst den Dreijährigen gegenüber lassen sie keine Milde walten. Hier bedarf es nun des klaren Vorbilds und des vermittelnden Geschicks von Eltern und Erzieherinnen. Einerseits müssen die Erwachsenen die von ihnen als allgemeinverbindlich ausgewiesenen Regeln und moralischen Grundsätze selbst einhalten. Es geht nicht an, Ehrlichkeit vom Kind zu erwarten und sich selbst am Telefon verleugnen zu lassen oder Gehorsam und Verläßlichkeit einzufordern – etwa, daß das Kind gleich, wenn es sein Steckspiel beendet hat, kommt, um den Tisch decken zu helfen –, aber selbst ein gegebenes Versprechen – z. B. eine Geschichte vorzulesen, wenn man den Kaffee ausgetrunken hat – erst nach mehrmaligen Erinnerungen («du hast doch vorhin versprochen . . .») zu erfüllen. Andererseits ist es wichtig, daß die Bezugspersonen bei aller Eindeutigkeit und Konsequenz ihre emotionale Wärme und Einfühlungsfähigkeit behalten und spüren lassen. Dann werden ihre Erwartungen an die Kinder deren Fähigkeiten und die momentanen situativen Bedingungen berücksichtigen und ein angemessenes Maß finden. Sie werden einfühlsam mit den Kindern umgehen und auch in kritischen Momenten die Wertschätzung nicht verlieren. Sie werden also Flexibilität ermöglichen, ohne die Regeln aufzuweichen oder der eigenen Willkür unterzuordnen.

Letztlich sorgen erst diese «weichen Qualitäten» dafür, daß das Norm- und Wertegerüst sowie die es vertretenden Menschen für das Empfinden des Kindes nicht zum gefürchteten «Diktator» oder «Richter» entarten, sondern dazu beitragen, daß sich in ihm zwar ein waches und empfindsames, aber doch auch humanes und gnädiges Gewissen herausbildet. Denn nur solch ein Gewissen stärkt das Ich und die Gesamtpersönlichkeit.

Während die moralischen Grundwerte, wie Wahrhaftigkeit, Respekt, Verläßlichkeit und Freundlichkeit nicht verhandelbar sind und sich primär durch die Haltung und das erlebte Verhalten der Erwachsenen und erst sekundär durch ihre Worte vermitteln, haben die konkreten Normen relativen Charakter. Sie dienen, viel leichter durchschaubar, bestimmten Zwecken und regeln das Zusammenleben auf einer sachbezogenen Ebene. Auch hier gibt es unerläßliche Gebote (z. B. im Wald auf Sichtweite bleiben; sich abmelden, wenn man die Familie/Gruppe verläßt, und sagen, wohin man geht), die von den Bezugspersonen zwar zu begründen und auch selbst einzuhalten, aber letztlich zu verantworten und deshalb einzufordern sind. Schließlich gibt es Regeln, deren Inhalt auch Kindergartenkindern so einleuchtet, daß sie sie selbst verlangen, und solche, die einen gewissen Beliebigkeitsgrad besitzen und deshalb einen echten Verhandlungsspielraum eröffnen. In diesen letzteren Fällen bietet es sich an, Kinder in die Erarbeitung der Regeln einzubeziehen, und zwar sowohl innerhalb der Familie als auch im Kindergarten. Die einleuchtenden Vereinbarungen basieren oft auf dem Prinzip: «Was du nicht willst, daß man dir tut, das füg' auch keinem andern zu.» Eine pragmatische Konkretion könnte beispielsweise lauten: «Man darf nicht einfach in das Spiel eines anderen Kindes eintreten, sondern muß darum bitten, mitspielen zu dürfen.» Oder: «Man muß sorgfältig mit fremdem Eigentum umgehen und darf es nicht mutwillig zerstören.» Wenn Kinder solche Regeln mitentwickeln, identifizieren sie sich stärker mit ihnen und sind eher bereit, sich um ihre Einhaltung zu bemühen. Zugleich erleben sie, daß sie respektiert und ernstgenommen werden, erfahren im Verhalten ihrer Bezugsperson Achtung und Dialogfähigkeit, also die Verwirklichung wichtiger Werte.

Mögen dreijährige Kinder noch nicht aktiv zur Regelfindung beitragen können, manche Vierjährige, vor allem aber Fünf- und Sechsjährige sind dazu durchaus in der Lage. Ihr Selbstwertgefühl und ihre Selbstverantwortlichkeit steigen durch das Zutrauen zu ihren Kompetenzen, was sich wiederum positiv auf ihre Autonomieentwicklung auswirkt.

Bei der gemeinsamen Festsetzung von Regeln empfiehlt es sich, gleichzeitig ihren Geltungszeitraum zu bestimmen. Denn es ist wichtig, bevor man sie wieder in Frage stellt und eventuell verändert, daß die Kinder Erfahrungen sammeln, daß sie die zu den Vereinbarungen gehörenden Konsequenzen erleben und an ihnen reifen, indem sie z. B. ihre Selbstkontrolle verbessern.

Insgesamt liegt in der gelungenen Auseinandersetzung der Kindergartenkinder mit Regeln, Normen und Werten die Chance, daß sie ihre Kompetenzen im Umgang mit sich selbst und im Hinblick auf die Gestaltung zwischenmenschlicher Beziehungen deutlich erhöhen. So helfen ihnen Regeln, die Selbstkontrolle zu stärken, die Frustrationstoleranz zu erweitern und die unmittelbare Bedürfnisbefriedigung zurückzustellen. Sie lernen, die Regeln des Zusammenlebens zu erkennen, einzuhalten und bei Entscheidungen zu berücksichtigen, bei Entschlüssen eine gewisse Zeit zu bleiben und ihre Folgen zu ertragen. Sie begegnen durch die Verschiedenartigkeit der Kinder und ihrer kulturellen Hintergründe unterschiedlichen Werten und Werthaltungen, lernen andere Meinungen anzuhören und zu respektieren, eigene Interessen und Gedanken auszudrücken sowie im gemeinsamen Gespräch, einfache Regeln einzuhalten.

3. Aggression: Von der unkontrollierten Wut zur sozialverträglichen Selbstbehauptung

Eine weitere zentrale Entwicklungsaufgabe für Kinder im Kindergartenalter besteht darin, daß sie lernen, ihre aggressiven Impulse zu steuern. Aggressive Empfindungen entstehen in einem Menschen, wenn eine Situation nicht seinen Bedürfnissen, Vorstellungen oder Wünschen entspricht, wenn er sich etwa bedroht fühlt, ihm etwas mangelt oder wenn er mit einer Gegebenheit oder Anforderung nicht zurechtkommt. Dann sind die aggressiven Impulse, die ein emotionales «Nein» bedeuten, der notwendige Antrieb, der die erforderliche Energie zur Verfügung stellt, um etwas zu verändern. Insofern ist die Fähigkeit, aggressiv zu reagieren, weder moralisch «gut» noch «schlecht», sondern einfach überlebensnotwendig und deshalb angeboren. Sie ist die Grundkraft, die uns Menschen befähigt, uns mit den Dingen der Welt – auch unangenehmen – auseinanderzusetzen, uns ihrer zu bemächtigen, Aufgaben in Angriff zu nehmen und zu bewältigen. Unser Wille zur Autonomie wurzelt ebenfalls in ihr. So dient die Aggression auch der Abgrenzung, Selbstbehauptung und Verteidigung bei empfundenen Bedrohungen sowie der Demonstration und Erweiterung der eigenen Machtsphäre. Ferner entsteht Aggression auch als Nachwirkung erlittener und nicht überwundener Kränkungen und führt zu Vergeltungsstreben und Racheakten, die sich oft gewalttätig und zerstörerisch äußern.

Der destruktive Aspekt der Aggression herrscht im Alltagsbewußtsein vor. Doch ist es wichtig zu erkennen, daß es ein und dieselbe lebensnotwendige Grundkraft ist, die so unterschiedlich in Erscheinung treten kann. Zu fragen ist also nicht, ob die menschliche Aggressivität grundsätzlich angeboren oder anerzogen ist, sondern unter welchen Bedingungen die aggressiven Kräfte so in die Persönlichkeit integriert werden können, daß sie sich in einem sozialverträglichen Rahmen entfalten, sowie umgekehrt: welche Voraussetzungen ein Abgleiten in die Destruktivität wahrscheinlich werden lassen.

Zur Beantwortung dieser Fragen ist es hilfreich, sich einige Aspekte der kindlichen Entwicklung zu vergegenwärtigen. Die ersten deutlich aggressiven Äußerungen des Säuglings bestehen in seinem Schreien. Schreiend äußert er seine Mißempfindungen und innere Not; er wendet sich damit gegen eine unerträgliche Situation, von der er sich bedroht fühlt, gegen seinen Hunger, sein Bauchweh, das Alleinsein. Hat er schon genügend hilfreiche Erfahrungen gesammelt, so dient sein Geschrei natürlich auch dem Ziel, einen Menschen, der seine Not lindert, herbeizurufen, denn er selbst ist ja noch völlig ohnmächtig. Einige Monate später, wenn seine wachsenden motorischen und kognitiven Fähigkeiten ihm mehr selbstbestimmte Aktivitäten erlauben und seine Vorstellungskraft erwacht, kommt ein zweiter Grund für aggressive Gefühle und Äußerungen hinzu: Der Säugling schreit, wenn er sich gehindert fühlt, etwas zu tun, das er gerade tun will, z. B. einen Löffel in die Hand zu nehmen und mit ihm in den Brei zu patschen.

Die erste Form der Aggression – die sogenannte angstmotivierte Aggression – besteht also darin, daß sich das Baby durch eine es überfordernde Situation – oftmals sogar existentiell – bedroht fühlt und sein emotionales (oder auch physisches) Gleichgewicht verliert. Tritt sie auf, so sollte man schnellstmöglich Abhilfe schaffen, also zu ihm gehen, es aufnehmen, beruhigen, stillen, und dergleichen mehr. Nur so baut sich ein gutes Urvertrauen auf, das wiederum eine wichtige Voraussetzung dafür ist, um widrigen Gegebenheiten im späteren Leben mit relativer Gelassenheit zu begegnen und nicht sofort mit Angst und aggressiver Abwehr zu reagieren.

Der Grund für die zweite Form der Aggression – der sogenannten aggressiven Selbstbehauptung – liegt darin, daß dem Drang des Kindes, autonom zu handeln, sich zu behaupten, seine Vorstellungen umzusetzen und sich der Dinge der Welt zu bemächtigen, ein Widerstand entgegengesetzt wird. Es kann nicht, wie es will, weil seine Fähigkeiten noch nicht ausreichen, sein Vorhaben zu verwirklichen. Oder es darf nicht, wie es will, weil seine Eltern es ihm verbieten. Oder es will nicht, was es soll, weil es andere Vorstellungen im Kopf hat als beispielsweise seine Eltern, die sich aber wiederum nicht durchsetzen lassen. Diese

Erfahrung «unüberwindlicher Grenzen» löst im nunmehr zweijährigen Kind heftige Aggressionen aus. Sie sind Teil des Symbiose-Autonomie-Konfliktes, der das dramatische Geschehen der Trotzphase bestimmt. Erleben Kinder keine heftige Trotzphase, ist herauszufinden, ob sie es nicht wagen, ihre Autonomie zu behaupten und sich der Dinge der Welt zu bemächtigen, etwa weil sie den Verlust der emotionalen Einheit zu sehr fürchten und die «Welteroberung» scheuen – solche Kinder scheinen überangepaßt zu sein. Wenn sie die aggressive Selbstbehauptung aufgrund einer angemessen verständnisvollen und ausgewogenen Lebenssituation nicht brauchen, werden sie hingegen harmonisch und selbstsicher wirken. Den ersteren gilt es, (Beziehungs-) Sicherheit zu vermitteln und ihren Mut zur Selbstbestimmung und Selbstausdruck zu stärken.

Die Trotzphase markiert im Kleinkindalter den Wendepunkt, von dem ab das Kind zunehmend lernt, sozial angepaßte Formen zu erwerben, die es ihm erlauben, seine aggressiven Energien so zu äußern, daß sie der Entwicklung einer autonomen Persönlichkeit in sozialer Gebundenheit dienen.

Die Anlässe für aggressives Verhalten differenzieren sich im Laufe der weiteren Entwicklung aus, doch bleiben die Grundmotive stets die Abwehr einer als bedrohlich empfundenen Situation oder die Erweiterung der eigenen Machtsphäre. Insofern wird Aggression als Mittel der Problembewältigung oder Konfliktlösung eingesetzt, und zwar in destruktiver Form, wenn keine sozial angepaßten Verhaltensformen zur Verfügung stehen oder wenn ein starker Affekt die rationale Steuerung des Verhaltens außer Kraft setzt. Dies ist besonders oft bei impulsiven Kindern mit Kontaktstörungen der Fall. Ihre soziale Unsicherheit führt dazu, daß sie das Ausdrucksverhalten (Mimik, Gestik, verbale Äußerungen) anderer Kinder häufig mißverstehen und als Angriff deuten. Aufgrund ihrer Impulsivität ziehen sie sich aber nicht scheu in sich zurück, sondern wehren sich mit einem vermeintlich berechtigten Gegenangriff, wodurch sie ihre soziale Isolation weiter verstärken. Häufig zeichnen sie sich auch durch eine mangelnde Frustrationstoleranz aus und werten beispielsweise ihr Scheitern an einer Aufgabe als «Angriff gegen ihre Person», den sie mit einem wütenden Ausbruch beantworten.

Im Alter von drei bis sechs Jahren, der ödipalen Phase, festigt das Kind – wie bereits dargelegt – seine Geschlechtsidentität und lernt, seinen Platz in einem Gruppengefüge zu finden. Beide Problembereiche stellen einen starken Angriff auf das kindliche Selbstwertgefühl dar: Sie lösen Angst vor dem Verlust der fraglosen Zugehörigkeit aus und bedrohen gleichzeitig die Autonomie. Darüber hinaus muß das Kind zweierlei akzeptieren: Es ist erstens auf «ein» Geschlecht beschränkt, also männlich oder weiblich; und zweitens muß es sich als Teil in eine Gruppe einfügen, z. B. in die Familie, in der es nur einen Platz einnehmen kann: den des kleinen Sohnes, nicht aber den des großen und schon gar nicht den des Vaters, der die Position des Partners der Mutter innehat. Diese emotionalen Bedrohungen beantwortet das Kind u. a. mit typischen Formen der Aggression, die zu dem bisher vorherrschenden Wut- und Trotzgebaren hinzutreten. Es wird offensiv eifersüchtig, entwickelt Imponiergehabe, rivalisiert, versucht den Gegner aus dem Felde zu schlagen und sich für empfundene Kränkungen zu rächen. Da sein Bewußtsein inzwischen eine lange Zeitspanne umfaßt, kann es seinen Ärger nun auch lange aufbewahren und erst bei späterer, ihm passend erscheinender Gelegenheit in aggressiven Handlungen (gezielt) zum Ausdruck bringen.

Im Grundschulalter setzt sich das Ringen um einen angesehenen Platz in der Bezugsgruppe, die nun durch die Klassenkameraden erweitert wird, fort. Einen guten Rangplatz besetzen überwiegend die Kinder, die körperlich geschickt und stark sind, die gute Ideen haben und sich verbal durchsetzen können. Andere kognitive Fähigkeiten spielen eher eine untergeordnete Rolle. Selbstbehauptungskämpfe finden, besonders bei den Jungen, deshalb auch vorwiegend auf der körperlichen Ebene statt. Wenn Kinder bis zu diesem Alter keine sozial angemessenen Durchsetzungsstrategien erworben haben, dann rutschen sie entweder leicht in die Opferposition oder sie greifen zu rüpelhaft brutalen Methoden. Dies ist – wie oben bereits erwähnt – besonders bei solchen Kindern der Fall, die kaum tragfähige Beziehungen kennen, sich deshalb leicht bedroht fühlen und ihre tiefe Selbstunsicherheit und ihre Selbstwertzweifel mit ihrer körperlichen Stärke überspielen.

Die pädagogischen Fragen heißen nun: Welche Hilfestellung brauchen Kinder, um Autonomie in sozialer Gebundenheit zu erwerben? Welche Fähigkeiten erlauben es ihnen, ihre aggressiven Energien zu steuern und in sinnvolle Bahnen zu lenken, also zunehmend sach- und situationsangemessen zu reagieren und die berechtigten Belange anderer Personen zu berücksichtigen? Wie können die Bezugspersonen unterstützend dazu beitragen?

Die beste Basis für eine angemessene Kultivierung der aggressiven Strebungen, und zwar sowohl der der angstmotivierten Abwehr als auch der Durchsetzungsstrategien, bilden ein gesundes Urvertrauen, ein ausgeglichenes Selbstwertgefühl und eine sichere emotionale Gebundenheit an die Bezugsperson. Dieser Boden bietet dem Kind hinreichende Sicherheit und bewirkt, daß es sich durch äußere, ihm unangenehme Umstände, das Verhalten anderer Personen oder sein eigenes Unvermögen nicht so schnell bedroht fühlt und sich deshalb nicht sofort aggressiv zur Wehr setzen muß. Statt dessen ist es fähig und gelassen genug, abzuwarten oder etwas hinzunehmen, um neue Lösungswege auszuprobieren, also Frustrationen mit Kreativität zu begegnen. Die emotionale Bindung erlaubt ihm außerdem, anderen Menschen zu vertrauen. Um die Beziehung zu ihnen nicht zu belasten, ist es bereit, sich dessen Erwartungen anzupassen und seine aggressiven Tendenzen zu unterdrücken.

Damit das Kind im Kindergartenalter seine aggressiven Kräfte zähmen und sinnvoll nützen kann, muß es seine Fähigkeiten zur Selbstkontrolle ausdifferenzieren, also schrittweise lernen, seine inneren Antriebe zu zügeln und die eigenen Reaktionen zu beherrschen. Selbstkontrolle setzt sich aus den folgenden drei Einzelfähigkeiten zusammen:

– Frustrationstoleranz: Sie erlaubt, unangenehme Situationen mit relativer Gelassenheit zu ertragen, sie nicht gleich radikal abzulehnen, sondern sie entweder geduldig hinzunehmen oder sich mit ihnen auseinanderzusetzen und neue Wege der Bewältigung zu suchen.
– Affekt- und Impulskontrolle: Sie verhindert, daß affektive Regungen sofort in die Tat umgesetzt werden müssen und ermöglicht, sie zurückzuhalten und eventuell in abgemilderter Form zu äußern.
– Bedürfnisaufschub: Sie erlaubt, auf die Befriedigung eines Bedürfnisses warten zu können.

Auch kognitive Fähigkeiten tragen dazu bei, das aggressive Potential zu lenken, so die

– angemessene soziale Wahrnehmung und Realitätsprüfung: Diese beiden Fähigkeiten ermöglichen, eine Situation, das Verhalten anderer Menschen etc. sachgerecht zu interpretieren und zu überprüfen, ob eine vermeintliche Gefahr oder Bedrohung, die aggressive Impulse weckt, tatsächlich besteht. Bedeutet beispielsweise das Lachen des Gegenübers wirklich, daß er sich über den Beobachteten lustig macht, oder drückt es ein anderes Gefühl aus?

- Antizipation: Das ist das Vermögen vorausschauend zu denken, also sich das Handlungsergebnis und seine Folgen vorzustellen. Was hat es für Konsequenzen, wenn ich bei einem Wutanfall ein geliebtes Spielzeug eines anderen Kindes zerstöre?
- Soziale Einfühlung: Sie ermöglicht – wie bereits erläutert –, sich in die Empfindungswelt eines anderen Menschen hineinzuversetzen und somit zu erfassen, was z. B. jemand empfindet, der ausgelacht oder dessen Lieblingsspielzeug zerstört wird. Die soziale Einfühlung erhöht das Verständnis für das Verhalten anderer Menschen und für die soziale Wirkung eigener Handlungen, schärft die soziale Komponente der Antizipation und trägt auf diese Weise zur Affektdifferenzierung und -steuerung bei.
- Normbewußtsein: Es enthält das Wissen, was erlaubt und verboten, gut und schlecht ist. Insofern Normen verinnerlicht wurden, sind sie ein wichtiges Mittel der Verhaltenssteuerung überhaupt und beeinflussen auch die Durchsetzungsstrategien.
- Selbstsicherheit: Sie beruht in einer hinlänglich realitätsgerechten Selbsteinschätzung. Wenn man ungefähr weiß, welche Fähigkeiten man besitzt und daß sie zusammengenommen reichen, sowohl um Anforderungen befriedigend zu bewältigen als auch um eigene Interessen hinlänglich durchzusetzen, dann entwickelt sich eher ein gelassenes Grundgefühl, das wiederum die Fähigkeit zur sozialen Wahrnehmung und Einfühlung sowie zur Realitätsprüfung und Antizipation günstig beeinflußt.

Alle diese Fähigkeiten, auch «Ich-Funktionen» genannt, erwirbt das Kind am leichtesten auf dem Boden vertrauensvoller Beziehungen, in denen es sich aufgehoben weiß. Mit anderen Worten: die emotionale Konstanz ist eine wichtige Voraussetzung für die Ausbildung der Ich-Funktionen, die zur Steuerung aggressiver Impulse benötigt werden. Des weiteren braucht das Kind Vorbilder, die ihm sozial angemessene Selbstbehauptungsstrategien vorleben. Denn der größte Teil des Sozialverhaltens wird erlernt, indem sich das Kind mit seinen wichtigen Bezugspersonen identifiziert. Sie dienen ihm als Modell. Ihre affektiven Bewertungen, ihre Durchsetzungs- und Problemlösungsstrategien ahmt es nach und verinnerlicht es. Erlebt es, daß auch seine Eltern viele Situationen als emotionale Bedrohung interpretieren, auf die sie impulsiv und mit heftigen Aggressionen antworten, bemerkt es, daß andere ihre Überlegenheit nutzen, um eigene Interessen rücksichtslos durchzusetzen und dabei auch vor Gewalt nicht zurückschrecken, so werden diese Erfahrungen stärker wirken als verbal vermittelte Verhaltensnormen. Der durch das aggressive Verhalten erzielte Erfolg und der das Selbstwertgefühl stärkende Machtzuwachs locken zur Nachahmung, und zwar besonders dann, wenn das Kind selbst häufig Opfer aggressiver Handlungen war oder eine Bezugsperson (zumeist die Mutter) in der hilflosen Opferposition erlebt hat. Dann wird es dazu tendieren, auch «objektiv» harmlose Situationen als bedrohlich zu interpretieren, sich gegen sie zu wehren und sich im Rollentausch, d. h. in der Position des Stärkeren, für erlittene Demütigungen zu rächen. Zudem fehlen dem Kind adäquate Handlungsmuster, so daß es nicht weiß, wie Schwierigkeiten sozialverträglich gelöst werden können. Erlebt das Kind hingegen Erwachsene mit angemessener Selbstbehauptung, die in einer Konfliktsituation auch das Gegenüber respektieren und fair behandeln – auch, wenn es sich um ein ungebärdiges, verweigerndes oder herausforderndes kleines Kind handelt –, so wird es eher dazu neigen, deren Form der Auseinandersetzung zu übernehmen. Allerdings benötigt es bei diesem Aneignungsprozeß Hilfestellung. Es braucht Erwachsene, die sinnvolle Regeln vertreten, eine angemessene Selbstkontrolle fordern, es bei der Realitätsprüfung unterstützen, mit ihm die soziale Einfühlung einüben, gemeinsam die Folgen eines Verhaltens bedenken, Normen klären und Handlungsalternativen überlegen. Eine angemessene Kultivierung der aggressiven Impulse, die der Gesamtpersönlichkeit dienen, beruht also auf einer befriedigenden Einbindung in soziale Beziehungen, auf wirksamen positiven Vorbildern und auf direkter erzieherischer Einflußnahme.

Einige Konkretionen für den Umgang mit aggressiven Konflikten zwischen Kindern mögen diese Ausführungen abschließen. Um den Kindern Verhaltensorientierungen zu geben, bedarf es klarer Regeln zur Aggressionssteuerung, die möglichst mit den Kindern gemeinsam erarbeitet werden. Solche Regeln können beispielsweise lauten:
– Wir nehmen einem anderen Kind das Spielzeug, mit dem es gerade spielt, nicht fort.
– Wir zerstören aus Ärger keine Dinge.
– Wir kämpfen fair miteinander, hören auf, wenn sich das Gegenüber unterwirft.
– Wir verletzen uns nicht gegenseitig mit Absicht.
Wichtig ist, daß die Kinder lernen, selbst auf die Einhaltung solcher Regeln zu dringen.

Entsteht doch ein aggressiv ausgetragener Konflikt, so beobachtet die Erzieherin den Vorgang und hält sich so lange abseits, wie sie den Eindruck hat, daß die Kinder ihn selbst zu lösen vermögen. Erst wenn sie um Hilfe gebeten wird oder merkt, daß die Situation für die Kinder nicht mehr zu bewältigen ist – weil sich vielleicht eines von ihnen sehr unfair verhält –, greift sie ein. Dann ist es jedoch notwendig, daß sie sich anschließend den Hergang von allen Beteiligten berichten läßt, alle Perspektiven wahrnimmt und den Konflikt zu schlichten versucht. Dabei geht es nicht darum, lang und breit die Hintergründe zu erörtern, sondern zunächst um eine Bestätigung der kindlichen Empfindungen; damit hilft sie den Kindern, ihre momentanen Gefühle anzuerkennen. Wenn sie sich daraufhin noch nicht selbst einigen können, ist ein Schiedsspruch notwendig und eventuell eine Klärung, was der Aggressor zur Wiedergutmachung tun soll. Oft wird eine Entschuldigung als Versöhnungsgeste reichen. Bewährt haben sich dabei Rituale wie das gegenseitige Sich-die-Hand-Geben. Reichen solche friedlichen Gesten nicht aus, um die vorhandene Wut abzubauen, so bieten sich ritualisierte Kampfformen an. Bei ihnen ist genau festgelegt, welche Mittel (z. B. Holzschwerter) und welche Regeln (z. B. das Berühren des Körpers ist nicht erlaubt) einzusetzen sind und wann ein Kampf zu beenden ist (z. B. wenn einer aufgibt). Sie befriedigen insbesondere bei Jungen das Bedürfnis, sich körperlich zu wehren und durchzusetzen oder auch zu rächen, und verhelfen ihnen zugleich dazu, ihre aggressiven Impulse unter Kontrolle zu halten und sozialverträglich auszutragen. Solch ein Vorgehen kann auch in gelenkten Angeboten ohne affektiv aufgeladene Situation erprobt und geübt werden.

Bei Kindern, die es nicht wagen, ihre Aggressionen direkt zu zeigen und ihre eigenen Belange zu vertreten, die statt dessen zur Erzieherin laufen und sich über das gegnerische Kind beklagen, kann die Intervention in der Ermutigung bestehen: «Komm, wir überlegen miteinander, wie du es ihm sagen kannst.» Wichtig ist, daß die gemeinsam gefundene Lösung wirklich den Handlungsmöglichkeiten des Kindes entspricht. Häufig wird es dennoch die zusätzliche Versicherung brauchen: «Ich bin dabei und passe auf, daß nichts passiert.» Doch auch das andere Kind muß dann in das Gespräch einbezogen werden und seine Position darlegen. Die Lösung ist dann gemeinsam zu suchen. Kinder lernen bei diesem Vorgehen, eigene Interessen und Meinungen auszudrücken und die anderer zu berücksichtigen, Bedrohungen zu erkennen und sich dagegen angemessen zu wehren, mit Wut und Enttäuschung umzugehen und nach tragfähigen Konfliktlösungen zu suchen.

4. Leistungsmotivation: Der erwachende Ehrgeiz und seine Probleme

Die Leistungsmotivation, der Wunsch des Menschen, etwas qualitativ Gutes zu vollbringen, entwickelt sich aus seinem Bedürfnis nach Betätigung überhaupt und aus seiner Freude über erzielte Ergebnisse. Erste Ansätze dieser für das Menschsein und das Bildungsgeschehen so bedeutsamen Motivation zeigen sich schon beim wenige Monate alten Säugling, wenn er entdeckt, daß er mit seinen Handlungen einen interessanten Effekt hervorrufen kann. So schüttelt beispielsweise das vier Monate alte Baby ausdauernd seine Rassel, horcht auf das erzeugte Geräusch und freut sich. Seine Freude bezieht sich jedoch nicht nur darauf, etwas Interessantes zu hören, sondern auch darauf, diesen Klang durch eigene Aktivität hervorgebracht zu haben. Es empfindet und genießt sich als selbstwirksam. Diese Erfahrung der «Selbstwirksamkeit», die ja auch die der Autonomie impliziert, reicht dem Säugling – besonders wenn er sich emotional sicher und geborgen fühlt – als Erfolgsbestätigung aus, um seine Aktivität mit Lust fortzusetzen.

Zur Freude an der Selbstwirksamkeit kommt sehr bald die an der Entdeckung und Erforschung der Welt. Mit einem Jahr, wenn das Kind laufen und die Dinge seiner Umgebung gezielt zu untersuchen lernt, erreicht seine Neugier einen ersten Höhepunkt. Geleitet von seinem Erfahrungsdrang, erprobt es neue Handlungsformen und erzielt erstaunliche Ergebnisse. So erweitert es seine Kompetenzen, die es sichtlich mit Stolz erfüllen. Gewähren die Bezugspersonen ihm einen angemessenen Erfahrungsspielraum und teilen sie seine Freude über die selbständige, erfindungsreiche Aktivität, so unterstützen sie das Bewußtsein seiner Urheberschaft und damit die Entwicklung des kompetenzbedingten Anteils des Selbstwertgefühls, einer wichtigen Wurzel der Leistungsmotivation.

Das einjährige Kind vermag das Ausmaß seiner Kompetenzen noch nicht realistisch einzuschätzen. Es strahlt, als ob es «alles» könne (und es kennt seine motorischen Fähigkeiten erstaunlich genau; gesteht man ihm z. B. genügend Bewegungserfahrungen zu, begibt es sich etwa beim Klettern selten wirklich in Gefahr). Erst im Laufe des Trotzalters wird es die Omnipotenzgefühle durch das zunehmend bewußte Erleben von Grenzen und Scheitern schrittweise abbauen. Dieser Prozeß ist wichtig für den Erwerb eines realistischen Selbstbildes. Doch sollte er behutsam verlaufen, indem das Kind durchgängig genügend Bestätigung seiner Autonomie erfährt sowie befriedigende Erfolge erzielt bei seinen Versuchen, die Welt zu erforschen und zu bewältigen. Nur so läßt sich verhindern, daß das Kind sein Selbstvertrauen verliert und gegenüber zukünftigen Leistungsanforderungen eine Mißerfolgsorientierung ausbildet. Denn bis zum Alter von drei Jahren lernt das Kind, den Erfolg oder auch Mißerfolg einer Tätigkeit – wenn es beispielsweise einen Turm baut – seinem eigenen Handeln zuzuschreiben und zeigt sich entsprechend stolz oder beschämt.

Mit dreieinhalb Jahren besitzen Kinder eine ungefähre Vorstellung von ihren Fähigkeiten, die sie als Tüchtigkeit empfinden. Leistungen, die sie mit Stolz erfüllen, führen sie nun auf ihre Tüchtigkeit zurück. Zu diesem Zeitpunkt erfassen Kinder auch den Wettbewerbscharakter einer Situation, verstehen also, daß man bei einem Spiel verlieren oder gewinnen kann. Sie entwickeln allmählich Ehrgeiz und reagieren bei Erfolg und Mißerfolg mit ausgeprägtem Mienenspiel, lassen Freude, Stolz, Enttäuschung oder Wut erkennen und ertragen es noch nicht zu verlieren. Mit seinen Reaktionen zeigt das Kind, daß es das erreichte Ergebnis an einer inneren Erwartung mißt, wobei es die eigene Tüchtigkeit als Ursache für das Resultat wertet. Es besitzt nun also ein kausales Erklärungsschema für sein Leistungshandeln.

Ist das Kind viereinhalb Jahre oder älter, so rechnet es mit der Möglichkeit des Mißlingens und versucht, ihm durch erhöhte Anstrengung entgegenzuwirken. Es rivalisiert mit seinen Spielkameraden und möchte besser abschneiden als sie. Wettbewerbssituationen vermag es länger standzuhalten und erträgt es eher, auch einmal zu verlieren. Zudem schätzt es nun sein eigenes Leistungsvermögen annähernd realistisch ein. Neue Aufgaben wählt es so, daß der Schwierigkeitsgrad im Bereich seiner oberen Leistungsgrenze liegt, damit sie noch eine gewisse Herausforderung bilden, aber dennoch Erfolg versprechen. Erreicht es ein selbstgestecktes Ziel nicht sofort, so bemüht es sich erneut und übt oft ausdauernd, bis sich das erwünschte Ergebnis einstellt. Durch seinen Ehrgeiz zeigt es, daß es einen «Gütemaßstab» oder ein «Anspruchsniveau» ausgebildet hat. Allerdings verhalten sich nur

erfolgsorientierte Kinder auf diese Weise. Solche, die eher einen Mißerfolg erwarten, meiden häufig das Risiko und erhöhen ihre eigenen
Ziele kaum. So gehen sie zwar «auf Nummer sicher», können aber keinen Zuwachs ihrer Kompetenzen verbuchen.

Mit dem Anspruchsniveau entsteht auch die soziale Bezugsnorm, an
der das Kind seine Selbstbewertung künftig orientiert. Zuvor beur-
teilte es Gelingen oder Scheitern anhand seiner eigenen, bisher er-
brachten Leistungen, es verfügt also über eine individuelle Bezugsnorm. Diese bestand im ersten und zweiten Lebensjahr in der Freude,
das Ergebnis seines Handelns selbst verursacht zu haben. Gegen Ende
des zweiten Lebensjahres bezog es die Reaktionen der Bezugspersonen
in sein Verhalten ein und versuchte, positive Rückmeldungen zu erzielen. Nachfolgend hatte es deren Reaktions- und Bewertungsmuster
verinnerlicht und zum eigenen Gütemaßstab erhoben. Nun, mit viereinhalb Jahren, beginnt es seine Leistungen mit denen seiner Spielkameraden zu vergleichen, um auch auf diese Weise seinen Platz im
Gruppengefüge zu finden und zu sichern: Es entwickelt eine «soziale
Bezugsnorm». Dieser Leistungsvergleich wird während der Schulzeit
noch zunehmen.

Der Bereich der «Leistung» ist bei jedem Kind mit starken Emotionen besetzt – wie Freude, Stolz und Glück bei Gelingen, Enttäuschung,
Ärger oder Wut, Scham, Angst und Verzweiflung bei Mißerfolgen.
Denn es spürt, wie stark die Anerkennung, die es durch seine Umwelt
erfährt, und die Achtung, die es sich selbst gegenüber empfindet, damit
verbunden sind. Es will von Natur aus tätig sein und etwas bewirken.
Mit der Entwicklung seines Verstandes wächst die Fähigkeit, die eigenen Handlungsergebnisse qualitativ zu bewerten. Der Vergleich mit
den eigenen Leistungen und denen anderer Menschen stellt sich ein,
damit zugleich die Gefahr, in den eigenen und ihren Augen als un-
zulänglich dazustehen. Tritt dieser Fall wiederholt ein, häufiger als die
Bestätigung eines Erfolges, so sinkt der kompetenzabhängige Teil des
Selbstwertgefühls. Auf die Dauer führt das zu Leistungsunsicherheit
und Mißerfolgsorientierung. Als deren Konsequenz neigt das Kind
dazu, aus Angst vor erneutem Versagen, Leistungssituationen zu meiden, sich Anforderungen zu entziehen und ungewohnte Aufgaben abzulehnen. Damit beginnt jedoch ein Teufelskreis: Das Kind betätigt
sich im gewohnten Rahmen und geht kein Risiko mehr ein. Die immer
gleichen «Erfolge» verlieren an Wert, das Kind, das seine eigene Stag-
nation spürt, vermag sich durch sie nicht länger aufzuwerten. Selbst

ein von außen erhaltenes Lob wehrt es ab: «Das ist doch nichts Besonderes; das kann doch jedes Baby.» Durch seine ängstliche Selbstbeschränkung fehlt ihm die notwendige Erfahrung, um sein tatsächliches Leistungsniveau realistisch einzuschätzen. Läßt es sich doch einmal von einer Herausforderung reizen, so entscheidet es sich mit hoher Wahrscheinlichkeit für eine zu schwierige Aufgabe. Ein Scheitern ist damit vorprogrammiert, und das Kind erhält erneut die Bestätigung, daß es «nichts kann».

Um die Versagenserlebnisse auszuhalten und seine eigene negative Selbsteinschätzung auszugleichen, entwickeln Kinder verschiedene Strategien. Die der Leistungsvermeidung und -verweigerung, verbunden mit dem depressiv gefärbten Rückzug auf sicheres Terrain, wurde bereits erwähnt. Eine andere Strategie ist das Verleugnen ihres Versagens. Sie behalten ihre Phantasien über ihre Großartigkeit bei, strahlen, vermeiden aber ebenfalls echte Herausforderungen, um nicht durch die Realität verunsichert zu werden. Zugleich beginnen sie auf einem Gebiet, wo sie um ihre Stärke wissen – diese kann sogar in einem «starken Bruder» oder dem Besitz von besonderem Spielzeug bestehen –, zu prahlen und aufzuschneiden oder ihre Fähigkeiten in den Mittelpunkt zu rücken. So mag ein Kind, das sich beim Basteln und Malen entzieht, weil es ihm nicht gelingt, Stift und Schere zielgerichtet zu handhaben, das beim Vorlesen einer Geschichte kaum zuhört, sondern herumhampelt und ihren Inhalt nicht erfaßt, im grobmotorischen Bereich seine Stärke haben. Diesen Bereich wird es ausbauen, vielleicht sogar tollkühne Kletereien wagen, sich zur Schau stellen und mit deutlichem Gebaren Bewunderung einfordern, um so sein Selbstwertgefühl zu stabilisieren.

Die häufigen frustrierenden Erfahrungen des Scheiterns in vielen Leistungsbereichen erfüllen das Kind darüber hinaus mit heftigen Aggressionen, die es oftmals durch die Äußerung von Enttäuschung und Wut nicht vollständig überwindet. So bleibt eine latente Aggressionsbereitschaft bestehen, meist verbunden mit einer Überempfindlichkeit im Hinblick auf Anweisungen, Ermahnungen oder Kritik. Diese wendet sich bei den stillen, ängstlichen, zurückgezogenen Kindern eher nach innen und erscheint als selbstabwertende Empfindung: «Ich kann ja nichts. Ich bin dumm.» Andere, eher die lebhaften und motorisch expansiven, tendieren dazu, alles als gegen sich gerichtet aufzufassen, und sie reagieren entsprechend schnell und heftig mit Ärger, Gegenangriffen und Wut. Zudem empfinden sie Eifersucht gegenüber erfolgreicheren Kindern, rivalisieren und geraten in Konflikte mit ihnen. Offene, zumeist unfaire Kämpfe, hinterhältige Attacken, Entwendung oder Zerstörung von Spielmaterialien sowie Verpetzen sind geläufige Methoden, sich für die demütigenden Niederlagen – als welche sie ihr Leistungsversagen empfinden – zu rächen. Zugleich sollen ihnen diese problematischen Mittel dazu verhelfen, doch noch einen für sie akzeptablen, anerkannten Platz in der Gruppe zu erringen. Weil dieses Vorhaben meist mißlingt, wachsen Frustration und Aggressivität weiter an, und die Leistungsprobleme münden nicht selten in schwerwiegende Beziehungsprobleme.

Zwischen diesen extremen Formen der Reaktion auf gehäufte Mißerfolge im Leistungsbereich treten alle Abstufungen auf. Zu ihnen gehören das Bemühen, eine gestellte Aufgabe ganz schnell zu erledigen – worunter Sorgfalt und Genauigkeit leiden –, Ablenkungsmanöver, Kaspereien, möglicherweise aber auch vermehrte Unruhe und Konzentrationsprobleme oder erhöhte Ängstlichkeit. Doch verweisen sie alle auf die emotionale Belastung des Kindes.

Kinder in ihrer Not mit Leistungsanforderungen wirkungsvoll zu helfen, ist eine zentrale Aufgabe der Bezugspersonen. Denn ein stabiles, positives und realitätsgerechtes Leistungsbewußtsein stärkt nicht nur das Selbstwertgefühl, sondern es bildet auch eine wesentliche Voraussetzung für die Lernfreude, den Bildungseifer, den Schulerfolg und letztlich auch für ein befriedigendes Berufsleben. Wie können Eltern und Erzieherinnen sich hilfreich erweisen? Die wichtigste Grundlage für den Aufbau einer Erfolgsorientierung ist die bereits ausführlich dargestellte sichere Bindung. Denn sie erweckt im Kind das Vertrauen zur Welt ebenso wie die Gewißheit, bei Schwierigkeiten angemessene Unterstützung, Trost und Schutz zu erhalten. Mit dieser Zuversicht ausgestattet vermag es nun, die Welt zu erforschen, seine Fähigkeiten zu erproben, Frustrationen zu meistern und den Erfolg zu verbuchen. Beziehungsarbeit, um eine sichere Bindung zu ermöglichen, erscheint also als vordringlichste Aufgabe.

In diesen Rahmen gehört auch die Vermeidung von Überbehütung und eine dem erreichten Entwicklungsniveau angepaßte Erziehung zur Selbständigkeit. Denn der Wunsch, etwas selbständig zu tun, ist ja der Vorläufer der Leistungsmotivation. Allerdings wird sie nur dann gefestigt, wenn die Erwartungen an die kindliche Selbständigkeit auch tatsächlich seinen emotionalen, kognitiven und praktischen Fähigkeiten entsprechen. Überforderungen lösen im Kind Angst aus, führen zu anklammerndem Verhalten und verstärken leicht seine Abhängigkeit und Mißerfolgsorientierung.

Unterforderung, wie sie im Rahmen der Überbehütung häufig auftritt, führt jedoch ebenfalls zu einer Leistungsunsicherheit und erhöhter Abhängigkeit. Denn dem Kind fehlen die Erfahrungen, seine Belange selbst zu regeln und Aufgaben aus eigener Kraft meistern zu können, weshalb es unsicher bleibt und sich infolgedessen neuen Anforderungen gerne entzieht.

Zwei Beispiele mögen die Unterforderung veranschaulichen: In einer Kindergartengruppe haben einige Eltern der Vorschulkinder vereinbart, daß ihre Kinder den ungefährlichen Weg zum Kindergarten gemeinsam zurücklegen und daß sie zu dritt bleiben müssen. Hier nehmen sie ihnen (aus Angst?) die angemessene Aufgabe ab, selbständig für ihre Kontakte zu Kameraden zu sorgen. Und das zweite Beispiel: Im Kindergarten stellt eine Erzieherin die Aufgabe, zu einer vorgelesenen Geschichte ein inhaltlich passendes Bild zu malen. Tanja zeichnet einen Nikolaus, der jedoch in der Geschichte nicht vorkommt. Die Erzieherin gibt sich zufrieden und lobt Tanja sogar noch für ihr Bild, vermutlich um ihr eine Frustration zu ersparen. Angemessen wäre gewesen, nochmals ein themenbezogenes Bild zu fordern, auf jeden Fall aber Tanja auf die Nichterfüllung ihrer Anforderung hinzuweisen. Denn diese weiß selbst um ihr ausweichendes Verhalten. Deshalb stärkt das Lob für den Nikolaus ihr Leistungsbewußtsein nicht.

Tritt die Angst zu versagen bereits deutlich in Erscheinung, so gilt es, das Kind behutsam in den Gebieten zu größerer Selbständigkeit zu ermutigen, in denen es sich relativ sicher fühlt. Durch den Erfolg und das hinzukommende Lob bestärkt, wird es sich allmählich auch neue Bereiche hinzuerobern. Die echte Freude der Bezugsperson über einen Erfolg, ein der Leistung angemessenes Lob, Interesse an den kindlichen Erfahrungen und Wertschätzung für den Eifer des Kindes fördern seine Erfolgsorientierung. Denn das Kind will ja mit allem, was es erreicht, nicht nur einen eigenen inneren Drang befriedigen – d. h. es ist nicht ausschließlich intrinsisch motiviert –, sondern es will auch seinen Bezugspersonen gefallen, ihre Zuwendung erhalten und sich ihrer Liebe vergewissern. Es besitzt also eine nicht zu unterschätzende extrinsische Motivation für seine Anstrengungsbereitschaft. Deshalb ist es wichtig, daß positive Rückmeldungen auf das kindliche Verhalten und Können stets die Kritik und den Tadel überwiegen.

Auch das eigene Leistungsverhalten der Erwachsenen formt die kindliche Erwartungshaltung. Denn – wie bei allen Fragen der Einstellung oder kognitiven und emotionalen Bewertung – orientiert sich das Kind zunächst an seinen Bezugspersonen. Erlebt es bei ihnen eine positive Einstellung gegenüber Leistungsanforderungen, Freude und Ausdauer bei deren Bewältigung, ein hohes Maß an Achtsamkeit und Sorgfalt bei der Durchführung, Zufriedenheit bei Gelingen und erneutes Bemühen bei Mißerfolg, so wird es wahrscheinlich diese Haltung im Laufe der Zeit übernehmen, zumal wenn es durch diese Bezugspersonen eine angemessene Unterstützung erfährt, also überwiegend Lob und Ermutigung zu entwicklungsangepaßter Selbständigkeit.

Neben den Beziehungsfaktoren üben die Bedingungen des Lebensumfeldes einen günstigen oder hemmenden Einfluß aus. So erwies sich für die Entwicklung der Leistungsmotivation ein mittlerer Anregungsgehalt der Umwelt – also weder eine Reizüberflutung noch ein Reizmangel – als optimal. Konkret bedeutet das: eine überschaubare Anzahl an Spielmaterialien, die multifunktional verwendbar sind, genügend Raum für Bewegung und motorischer Betätigung, akustische und visuelle Ruhe – mithin Berücksichtigung aller Aspekte, die bereits im vierten Kapitel erläutert wurden. Eine derart gestaltete Umwelt fördert die entspannte Aufnahmebereitschaft des Kindes, regt seine Phantasie an, motiviert es, selbst tätig zu werden, enthält genügend Freiraum für die Verwirklichung eigener Vorstellungen und unterstützt die Hoffnung auf ein erfolgreiches Handlungsergebnis.

Zu einem mittleren Anregungsgehalt der Umwelt gehört auch eine Beschränkung der Bereiche, in denen Eltern ihre Kindergartenkinder mit Leistungsansprüchen konfrontieren. In dem Bestreben, ihnen bestmögliche Entwicklungschancen zu bieten, schicken manchen Eltern sie gleichzeitig in die musikalische Früherziehung, die Computerschule für Vorschulkinder, den Turnverein und einen Englischkurs. Doch erweist sich solch ein vielfältiges «Bildungsprogramm» auf die Dauer nicht als förderlich. Vielmehr sollte sorgfältig ein Bereich ausgewählt werden, der dem Kind wirklich entspricht. Darüber hinaus benötigt es unverplante Zeit zum kreativen Spiel. Denn selbst wenn die Leistungsmotivation von Vorschulkindern schon sehr hoch ist, bedeutet Leistungsdruck für sie eine psychische Gefahr. Und die Leistungsfreude bildet sich stärker durch selbstbestimmtes Spiel sowie gemeinsames Tun und Erleben heraus als durch systematische Unterweisung.

Da besonders mißerfolgsorientierte Kinder gewöhnlich körperlich und seelisch verspannt sind und unter Konzentrationsmangel leiden, ist es unerläßlich, ihnen zu innerer Ruhe und Gelassenheit zu verhelfen. Denn nur in ausgeglichener psychischer Verfassung wird es ihnen gelingen, ihre bereits erworbenen Kompetenzdefizite zu überwinden und eine erfolgreiche Leistungsstrategie zu entwickeln. In gewissem Maße können schon die Gestaltung der Umgebung oder die rhythmische Tagesstruktur zur emotionalen Harmonisierung beitragen (vgl. die Anregungen in Kap. IV, 1–3). Doch gilt es innerhalb dieser Rahmenbedingungen für Angebote zur Entspannung und Konzentration zu sorgen. Hier bieten sich beispielsweise als besondere Angebote Entspannungsübungen mit Phantasiereisen an oder die Stilleübungen der Montessori-Pädagogik, etwa das «Lauschen, was man alles hören kann, wenn einmal eine Minute lang alle mucksmäuschenstill sind». Solche Übungen führen die Kinder zu sich selbst, ermöglichen ihnen dadurch, ihre Aufmerksamkeit zu fokussieren, klarere Gedanken zu fassen und sich auf eine Aufgabe einzulassen.

Will man also Kindergartenkinder im Hinblick auf ihre Leistungsmotivation unterstützen, so gilt es den Beziehungsaspekt, die Umweltgestaltung und ihre emotionale Befindlichkeit zu berücksichtigen. Darüber hinaus sind die tatsächliche Leistungsfähigkeit des Kindes sowie sein selbst gesetztes Anspruchsniveau zu beachten. Angebote und Anforderungen sollten das Kind weder über- noch unterfordern, jedoch zunächst unbedingt an seinen Stärken und Interessen anknüpfen. Erst bei Fortschritten in der Leistungssicherheit und -freude kann Anstrengungsbereitschaft bei unangenehmen Aufgaben erwartet werden. Die Rückmeldungen an das Kind sollten ehrlich, aber überwiegend positiv ausfallen. Dabei ist auch wichtig, ihm die Lust, seine Kräfte zu messen und sich mit anderen Kindern zu vergleichen, wohlwollend zu bestätigen und zugleich die Differenzierung der Selbsteinschätzung zu unterstützen: «Du bist nicht überall der Beste; das gelingt dir schon sehr gut; hier brauchst du Geduld, denn manche Dinge muß man lange üben, bis man sie beherrscht; manchmal verlierst du beim Spielen, manchmal gewinnst du, und das ist o.k.» Das Ziel ist, daß das Kind sich seiner realen Leistungsfähigkeit erfreut, einen gesunden Ehrgeiz entwickelt, aber auch Mißerfolge ohne Selbstwerteinbuße hinnehmen und mit einem guten «Erfolgsdurchschnitt» zufrieden sein kann.

5. Frustration: Hemmnis und Anreiz für die Entwicklung

Keinem Menschen bleiben in seinem Leben Frustrationen erspart. Er empfindet sie, wenn ein wichtiges Bedürfnis keine Erfüllung findet und er deshalb einen Mangel verspürt, etwa wenn seine Sehnsucht nach Zuwendung ungestillt ist oder er seinen Bewegungsdrang nicht ausleben darf. Frustration entsteht aber auch bei der Erfahrung der Widerständigkeit der materiellen oder sozialen Welt, wenn sich beispielsweise ein vierjähriges Kind bemüht, wie das sechsjährige Geschwister die Schleife zu binden und es ihm einfach nicht gelingen will, oder wenn es unbedingt vor dem Mittagessen ein Eis haben möchte, die Mutter aber diesem Wunsch nicht stattgibt. Kurz, wenn der Mensch an die Grenzen seines Könnens oder des Erlaubten stößt. Zudem entsteht Frustration als Konsequenz eines Konfliktes, der eine Entscheidung erfordert; diese schließt jedoch ein, daß man nicht beide Alternativen haben kann, sondern auf eine verzichten muß und nur eine Teilbefriedigung erreicht. Die Notwendigkeit, sich zu bescheiden, wird so lange als Frustration erlebt, wie der Verzicht nicht wirklich akzeptiert wird. Ein Kind, das z. B. zwischen einem Stück Kuchen und einem Eis wählen muß, aber eigentlich beides haben möchte, oder das sowohl im Garten herumtollen als auch beim Vorlesen der Geschichte zuhören möchte, empfindet genau dieses Dilemma. Manchmal läßt sich das Problem besänftigen, indem es erst das eine wählt und das andere auf später verschiebt, doch häufig ist eine die Alternative ausschließende Entscheidung und damit der Verzicht unabdingbar.

Eine Steigerung der Entscheidungsfrustration ergibt sich aus der Überfülle. Wenn sich zu viele Möglichkeiten anbieten – beispielsweise durch die Vielfalt der Spielsachen oder die große Anzahl der Fernsehprogramme –, entsteht die Qual der Wahl. Nur wenn ein klarer Wunsch zu einer eindeutigen Wahl führt, die alle anderen Alternativen von vornherein ausschließt, ist die Gefahr der Frustration gebannt. Sonst herrscht der Zweifel: Die getroffene Entscheidung könnte ja die erhoffte Befriedigung versagen, eine andere hätte zu einem günstigeren Ergebnis führen können. Diese Unsicherheit bewirkt, daß jeder Entschluß halbherzig bleibt und häufig beim ersten Unbehagen wieder revidiert wird. Sie verführt dazu, die Befriedigung einseitig «von außen» durch die getroffene Wahl zu erwarten. Dann wird jedes enttäuschende Erleben als Folge der ungünstigen Entscheidung gewertet und nicht als Konsequenz der eigenen Unfähigkeit, die Situation für sich befriedigend zu gestalten. Man gibt also den Dingen die Schuld – beispielsweise für die empfundene Langeweile: der Film war falsch ausgesucht, deshalb sieht man ihn nicht bis zu Ende an; das Bilderbuch ist langweilig, darum legt man es nach wenigen Seiten wieder weg; das Puzzle macht keinen Spaß und wird abgebrochen, weil es «blöd» ist, und mit den «ollen» Bausteinen kann man auch nichts anfangen.

Als zweite Strategie, der Überfülle der Entscheidungsmöglichkeiten Herr zu werden, bietet sich an, das Wählen möglichst zu vermeiden. Man ringt nicht mehr um eine Entscheidung, sondern greift zurück auf das Bekannte und Bewährte. Das befreit vom Risiko und vermittelt Sicherheit. Vielleicht ist das der tiefere Grund, warum viele Kinder beim Essen auf Pommes Frites und Ketchup oder auf Pizza bestehen oder warum sie stereotype Spielgewohnheiten ausbilden.

Die Frustration aufgrund der Überfülle öffnet den Blick dafür, daß Langeweile und Frustration zusammenhängen, genauer: Langeweile ist ein Ausdruck von Frustration. Sie entsteht, wenn es einem Menschen nicht gelingt, eine aktive, ihn erfüllende Beziehung zu den Möglichkeiten einer Situation aufzubauen. Ein Kind empfindet ein Bilderbuch oder eine Geschichte als langweilig, wenn es sich nicht für den Inhalt interessiert. Nun mag es sein, daß der Inhalt wirklich nicht seinen geistigen Fähigkeiten entspricht, zu fremd ist, es über- oder unterfordert. Dann wäre Langeweile oder Ablehnung die passende Reaktion. Es ist aber auch möglich, daß der Inhalt und seine Darbietung durchaus angemessen sind, das Kind aber dennoch kein Interesse entwickelt. Ihm fehlt anscheinend die Motivation, d. h. der nötige Antrieb, weshalb es das Angebot als «langweilig» bezeichnet.

Pädagogen sehen ihre Aufgabe darin, Kinder zur Beschäftigung zu motivieren, ihr Interesse zu wecken. Um dieses Ziel zu erreichen, ist es notwendig, daß sie die Hintergründe für den Motivationsmangel, der sich in Interesselosigkeit äußert, verstehen. Die wichtigste Voraussetzung, damit Kinder den Antrieb, Aktivität zu entfalten und Interessen aufzubauen, erhalten, ist eine ausreichende emotionale Sicherheit. Fehlt diese, wie es bei den Kindern mit einer deutlichen Bindungsstörung der Fall ist, so mangelt es ihnen an psychischer Kraft, sich einer Sache oder Tätigkeit hinzugeben. Das Engagement bleibt oberflächlich und langweilt. Ferner müssen Kinder wiederholt erfahren, daß sie neugierig sein dürfen und daß es Freude bereitet, etwas zu bewirken – also einen Effekt auslösen, eine Situation verändern, etwas herstellen und leisten zu können. Und sie benötigen die Anerkennung ihrer Aktivitäten und Handlungsergebnisse durch die Bezugspersonen. Kinder brauchen also die Bestätigung ihrer Selbstwirksamkeit. Fehlt diese, so ziehen sie sich emotional zurück, sie wirken lustlos und kaum imstande, angebotene Möglichkeiten intensiv zu nutzen.

Zu einem ähnlichen Resultat führt die wiederholte Erfahrung zu versagen, an Grenzen zu stoßen und sie nicht überwinden zu können, dafür eventuell sogar gedemütigt oder bestraft zu werden. Sie schlägt sich nieder als erworbene «Mißerfolgsorientierung» («Ich kann/ verstehe das ja doch nicht.»), weshalb sich das Kind emotional zurücknimmt und die Fähigkeit einbüßt, sich unbefangen für neue Anregungen zu interessieren und sich auf sie einzulassen. Schließlich blockiert auch – wie oben ausgeführt – eine Überfülle der Wahl- und Beschäftigungsmöglichkeiten, die oftmals mit einer Reizüberflutung einhergeht, den Antrieb zum intensiven Engagement.

Kinder, aber auch Erwachsene, die aus den unterschiedlichsten Gründen frustriert sind, leiden unter einer verkümmerten Fähigkeit, sich zu interessieren und langweilen sich deshalb. Damit erweist sich die Frustration als ein schwerwiegendes Entwicklungshemmnis. Der Mangel an Motivation, das fehlende Interesse und die geringe Fähigkeit, sich engagiert mit den vielfältigen «Angeboten des Lebens» zu beschäftigen, beeinträchtigen die gesamte Persönlichkeitsentfaltung.

Ist aus dieser Einsicht zu schließen, daß Frustrationen im Kindesalter oder überhaupt möglichst zu vermeiden seien, weil sie den Bildungsprozeß gefährden? Dieser naheliegende Fehlschluß setzt voraus, daß Frustrationen einseitig hemmend wirken. Dies trifft jedoch nur zu, wenn der Mensch keinen Ausweg findet oder keine Kraft hat, die Frustrationen zu überwinden und ihnen deshalb stets unterliegt. Entdeckt er jedoch Möglichkeiten, sie zu bewältigen, so entpuppen sie sich plötzlich als Entwicklungschance, ja geradezu als Motor der Entwicklung. Der alte philosophische Grundsatz «Der Kampf ist der Vater aller Dinge» spricht diese Erkenntnis aus. Ein Kampf wird notwendig, wenn sich mir etwas in den Weg stellt, mir etwas fehlt, mich bedroht oder einengt – kurz: bei Frustrationen. Der erfolgreiche Kampf führt zu ihrer Überwindung und eröffnet neue Perspektiven. Er entfaltet nicht nur Kräfte, vielleicht sogar ungeahnte, sondern schafft neue Lösungen in einer bedrängenden Lage, neue Gegebenheiten, neue «Dinge». So können Frustrationen die Kreativität wecken und einen schöpferischen Prozeß eröffnen. Das Sprichwort «Not macht erfinderisch» umschreibt diese Erfahrung. Zugespitzt könnte man behaupten: Es ist die Aufgabe der Frustration, die Suche nach neuen Lösungen anzufordern, dadurch die Kreativität zu aktivieren und Lernprozesse einzuleiten. Freilich, auch im zweckfreien Spiel, das unser Interesse bindet, ohne zu frustrieren, entdeckt das Kind neue Lösungswege, erwirbt neue Kenntnisse und erweitert seine Handlungsmöglichkeiten. Genauso läßt ein Überschwang positiver Gefühle die schöpferische Kraft hervorbrechen. Wir wünschen uns natürlich diese positiven Bedingungen für die Kreativität; deren Bedeutung – besonders für Kinder – nur zu unterstreichen ist. Dennoch fordert auch die Frustration schöpferische Antworten heraus.

In Kindern diese Art der Kreativität zu unterstützen, die auch den Mut und das Selbstvertrauen stärkt, die Schwierigkeiten des Lebens in Angriff zu nehmen und zu meistern, dabei sogar Lust und Freude an deren Bewältigung zu empfinden, ist eine wichtige erzieherische Aufgabe. Um dieses Ziel zu erreichen, brauchen die Kinder Bezugspersonen, die selbst nicht jeder Einschränkung oder Schwierigkeit mit Angst, Unlust oder Selbstmitleid begegnen, sondern sich zuversichtlich mit Widrigkeiten auseinandersetzen und vorleben, wie man Frustrationen konstruktiv bewältigt. Dabei kann sich die Problemlösung auf der äußerlich sichtbaren Handlungsebene und auf der inneren Einstellungsebene vollziehen.

Ein reiches Spektrum für Frustrationen bietet beispielsweise das Thema Haben-Wollen, aber Nicht-Haben-Können. Wie gehen die Erwachsenen damit um, wenn etwa das Geld nicht für die ersehnte Urlaubsreise oder das neue Auto oder die modegerechte Kleidung reicht? Bleiben sie auf diese Dinge fixiert und setzen alle Kräfte ein, um sie doch zu erreichen? Verengen sie ihren Blick so, daß nichts anderes (das gebrauchte Auto, die ältere, aber noch tragbare Kleidung) mehr zählt und andere Aspekte des Lebens zu kurz kommen? Bemitleiden sie sich selbst und stöhnen über ihr Los? Akzeptieren sie es schließlich resigniert und unzufrieden? Das alles wären keine kreativen Problemlösungen. Ein Entwicklungsschritt bestünde vielleicht darin, den Blick zu weiten und sich aus der Abhängigkeit von allzu engen materiellen Vorstellungen zu lösen, etwa, preisgünstigere Formen der Feriengestaltung zu entdecken, bei denen es um eigene Einfälle und Aktivitäten geht und der Konsum zurücktritt. Gelingt solch kreative Bewältigung der Situation, stellt sich Freude ein, und das Selbstbewußtsein wächst. Da sich das Kind mit den inneren Einstellungen und den daraus erwachsenden Handlungen von Erwachsenen stärker identifiziert als mit ihren Worten, erhält es so ein Modell für einen eigenen kreativen Umgang mit Frustrationen.

Des weiteren benötigt das Kind Unterstützung, wenn es in eine frustrierende Situation gerät, wenn beispielsweise ein Wunsch nicht in Erfüllung geht oder eine Aufgabe mißlingt. Angemessen ist dann, zwar Verständnis dafür zu äußern, daß die Enttäuschung, das Versagen schmerzt, aber es wäre fatal, die Schwierigkeit für das Kind aus dem Wege zu räumen, indem etwa die Bezugspersonen den Wunsch doch noch erfüllen oder die Aufgabe – z. B. den Turm zu bauen – selber erledigen. Das führt dem Kind eher seine Unfähigkeit vor Augen. Vielmehr sollten sie es anspornen, immer wieder einen Versuch zu wagen, jeden Schritt zur Lösung loben und eventuell Hinweise geben, wie die Bewältigung gelingen kann.

Das bedeutet, daß Bezugspersonen einen guten Blick dafür besitzen müssen, welche Frustrationen sie dem Kind zumuten können, um Entwicklungsschritte herauszufordern, und vor welchen sie es möglichst bewahren sollten, weil sie vermutlich die Entwicklung hemmen werden. Diese Unterscheidung läßt sich zwar nicht mit letzter Sicherheit treffen, doch gibt es nützliche Anhaltspunkte: Entwicklungshemmende Frustrationen lösen nicht nur Ärger, sondern vor allem Angst vor dem Scheitern aus; das Kind ist nahezu blockiert, sieht keinen Ausweg, erstarrt resigniert oder agiert blind, es hat kein nützliches Verhaltensrepertoire. In so einer verzweifelten Situation findet es allein keinen Ausweg und kann meist auch keinen Hinweis für eine Lösung annehmen. Das zeigt: Diese Frustration übersteigt die Kraft des kleinen Menschen, sie überfordert ihn und sollte vermieden werden, weil sie das Selbstwertgefühl schwächt. Anders ist es jedoch, wenn sich Ärger und Angst in einem mittleren Rahmen bewegen. In diesem Fall können sie Kräfte mobilisieren, den Widerstand zu meistern und das Gefühl der eigenen Kompetenz und des eigenen Wertes steigern. Dabei gilt generell: Je besser das Urvertrauen ausgebildet ist, je stabiler die Bindung, um so gelassener kann das Kind auf Frustrationen reagieren, um so größer ist sein Vertrauen auf die unterstützende Bezugsperson, um so ausgeprägter das Zutrauen zu den eigenen Kompetenzen.

Unter den beschriebenen Voraussetzungen ist es nun wichtig, daß Eltern und Erzieherinnen ihren Kindern solche Frustrationen, die ihrem emotionalen Entwicklungsniveau entsprechen, auch zumuten und ihnen deren Bewältigung zutrauen. Denn die positive Erwartung an ein Kind fördert das Gelingen. Konkret: Im Kindergartenalter ist es nicht sinnvoll, jeden Wunsch des Kindes (z.B. nach bestimmten Spielsachen, Süßigkeiten etc.) zu gewähren. Vielmehr sollten die Bezugspersonen ihm abverlangen, angemessene Grenzen und Regeln (nicht nur solche, die Gefahren abhalten, sondern auch solche, die das soziale Miteinander betreffen) einzuhalten. Beides sind Felder, die dem Kind reichlich Gelegenheit bieten, Frustrationstoleranz und konstruktive Bewältigungsstrategien zu erwerben. Erhält es ein erwünschtes Spielzeug – beispielsweise ein Schwert – nicht, kommt ihm vielleicht die Idee, sich selbst eines zu basteln. Darf es nicht essen, wann es will, sondern muß bis zur gemeinsamen Mahlzeit warten, dann entdeckt es möglicherweise in sich die Fähigkeit, ein gewisses Maß an Hunger zu ertragen und sich mit einem Spiel abzulenken. Gilt die Regel, sich nach dem Mittagessen eine Weile allein still zu beschäftigen, merkt das Kind vielleicht, daß es Freunde besitzt, mit denen es auch in seiner Phantasie spielen kann. Oder es beginnt ein Bild zu malen oder einen Turm zu bauen, und freut sich dann im voraus, später dafür von den Bezugspersonen Lob oder Bewunderung zu erfahren.

Weiterhin ist es wichtig, daß das Kind anspornende Aufgaben erhält, für deren Gelingen es sich anstrengen muß, die es aber nicht grundsätzlich überfordern. Hierfür eignen sich gleichermaßen Forderungen der Alltagsbewältigung (z.B. Mithilfe bei der Zubereitung des Essens, Schließen kleiner Knöpfe) wie Herausforderungen im Rahmen spielerischer Betätigungen. Sie können die motorische Geschicklichkeit betreffen (Klettern, Purzelbaum schlagen), das Vorstellungs- und Planungsvermögen (z.B. beim Zeichnen und Konstruktionsspiel), die Bereitschaft sich einzufügen und mitzuhalten (z.B. beim gemeinsamen Regelspiel) und dergleichen mehr. Auch das inhaltliche Verständnis von Zusammenhängen und das Denkvermögen gilt es immer wieder durch ansprechende und kindgerecht anspruchsvolle Angebote herauszufordern. Wichtig ist bei solchen Aufgaben, daß Eltern und Erzieherinnen das Kind, wenn es Anzeichen von Frustration äußert, liebevoll ermutigen, doch bei der Sache zu bleiben. Durch Beobachtung oder vorsichtiges Erfragen werden sie zudem die Hauptschwierigkeit des Kindes erkennen und können es, falls erforderlich, behutsam lenken, doch so, daß es den schließlich erzielten Erfolg sich selbst und nicht der Hilfe der Erwachsenen zuschreiben kann. So wird es stolz und mit gesteigerter Selbstüberzeugung auf die überwundene Schwierigkeit zurückblicken.

Auch in der Fähigkeit, eigene Entscheidungen zu treffen (z. B. an der Märchen- oder der Bastelgruppe teilzunehmen), deren Konsequenzen zu akzeptieren und den Verzicht, der mit der nicht gewählten Alternative verbunden ist, zu tragen, gilt es, das Kind zu unterstützen. Hilfreich ist es zumeist, die Perspektive («du schneidest doch so gern mit der Schere»), die sich durch die Wahl eröffnet, zu betonen und die Vorfreude auf das Ergebnis (etwa an der verfertigten Laterne) zu bestätigen oder zu wecken. Beispielsweise hat sich die kleine Hannah entschlossen, jetzt nicht mit Eva zusammen in der Puppenecke zu spielen, sondern ein Bild zu malen; aber kaum hat sie damit begonnen, kommt Sophie und fordert sie auf, doch mit ihr gemeinsam mit Puppen zu spielen. Hannah ist nun sofort bereit, ihr Bild im Stich zu lassen und Sophie zu folgen. In einem derartigen Fall bedeutet die Aufforderung, doch zuerst das Bild fertigzustellen, für Hannah eine Frustration. Doch ist es wichtig, daß sie spontane Impulse zugunsten einer begonnenen Tätigkeit zurückzustellen lernt. Nur so lassen sich später viele Anforderungen bewältigen. Deshalb braucht sie eine Unterstützung, die ihr hilft, ihr ursprüngliches Ziel – ein Bild zu malen – und ihre Vorfreude auf das Produkt wachzuhalten.

Schließlich gilt es, die Kinder möglichst vor der Frustration durch die Überfülle an Angeboten – Reize überhaupt, in ihrer Funktion festgelegte Spielsachen im besonderen – zu bewahren. Dieser Frustration läßt sich in unserer Überflußgesellschaft durch eine freiwillige Beschränkung auf die wesentlichen Dinge und Inhalte am ehesten entgegenwirken. Werden die Kinder nicht materiell «zugedeckt», dann entwickeln sie ihre Phantasie und Kreativität. Zugleich erhalten sie die Gelegenheit, sich auf die verfügbaren Dinge und Zusammenhänge emotional wirklich einzulassen, sich mit ihnen auseinanderzusetzen und ihr Interesse zu vertiefen. Damit wird überdies die Gefahr der Langeweile gebannt. Die Waldkindergärten folgen diesem Prinzip, und ihre Erfolge sprechen für sich selbst.

Ich fasse zusammen: Für den Bildungsprozeß insgesamt spielt die Fähigkeit, Frustrationen konstruktiv zu bewältigen und dadurch das Selbstbewußtsein zu stärken, eine herausragende Rolle. Denn jeder konsequente Lernprozeß erfordert Anstrengung und bringt deshalb vielerlei Frustrationen mit sich. Diesen Mühen wird nur derjenige bewußt zustimmen, der hinreichend oft erlebt hat, daß die Freude am Erfolg oder die Befriedigung über ein sinnvolles Ergebnis den Einsatz lohnt.

VI. Formen kindlicher Weltaneignung

Bildung beruht auf Lernprozessen. Und das Lernen setzt – sowohl bei Erwachsenen als auch bei Kindern – die eigene Aktivität voraus. Kinder erwerben handelnd ihre Erfahrung der Welt. Sie erarbeiten sich handelnd ein Wissen um die Strukturen der Wirklichkeit, sie übernehmen nicht einfach das in der Kultur, in die sie eingebettet sind, vorherrschende Weltbild, sondern eignen sich dieses auf individuelle Art handelnd an, wodurch es in ihnen eine individuelle Ausprägung gewinnt. Handlung aber ist Bewegung. Das heißt, das Kind eignet sich die Welt vornehmlich im Bewegungsgeschehen an, und das bedeutet bei ihm die bewegte Beteiligung des gesamten Körpers. Das Kind bildet sich, indem es sich bewegt. Es differenziert (wie in Kap. IV, 3 dargelegt) durch Handlung seine Hirnstrukturen aus, verwirklicht somit sein Intelligenzpotential und gestaltet zugleich seine Beziehung zur materiellen und sozialen Welt. Da die Bedeutung der Bewegung bereits als Voraussetzung für das Bildungsgeschehen erläutert wurde und sich alle nachfolgend beschriebenen Formen der Weltaneignung mit Hilfe unterschiedlicher Bewegungsabläufe vollziehen, verzichte ich hier auf ein gesondertes Kapitel zur Bewegung und begnüge mich mit diesen wenigen Hinweisen.

Um handelnd Eigeninitiative zu entfalten, die erworbenen Erfahrungen auswerten und in die Persönlichkeit integrieren zu können, benötigt das Kind (wie ebenfalls in Kap. III, 2 u. 3 erläutert) verläßliche Bezugspersonen, die ihm zu emotionaler Sicherheit verhelfen, die äußeren Rahmenbedingungen anregend und zugleich überschaubar gestalten(vgl. Kap. IV, 1 u. 2) und ihm bei der Differenzierung seiner psychischen Struktur zur Seite stehen.

Wenn Eltern und Erzieherinnen die Kinder im Kindergartenalter darüber hinaus in ihrer Persönlichkeitsentwicklung und beim Erwerb elementarer Bildungsinhalte gezielt unterstützen wollen, so genügt es nicht, ihnen zu emotionaler Sicherheit zu verhelfen, die äußeren Rahmenbedingungen förderlich zu gestalten sowie dem Kind bei der Differenzierung seiner psychischen Struktur zur Seite zu stehen. Vielmehr ist es auch notwendig, daß sie sich mit den Formen der kindlichen Weltaneignung vertraut machen. Denn die Bildung selbst besteht darin, daß sich ein Mensch so viel Welt wie möglich aneignet und sie mit allen Aspekten seiner Person durchdringt, so daß sie wiederum sein gesamtes Selbstverständnis und Handeln prägt. Jeder Mensch vollzieht diesen Prozeß lebenslänglich mit den ihm auf der jeweiligen Lebensstufe verfügbaren Mitteln. Diese wechseln zwar nicht prinzipiell, doch verändern sie im Laufe der Entwicklung ihren Stellenwert, ihre Erscheinungsform und ihre Inhalte. Sollen Bildungsanreize fruchten, so müssen sie sich auf die alterstypischen Besonderheiten einstellen.

Grundsätzlich läßt sich sagen, daß das Kind seine Erfahrungen durch selbstbestimmtes Ausprobieren, Beobachten, Nachahmen und durch die variantenreiche Wiederholung wahrgenommener Zusammenhänge erwirbt. Seine Einsichten spiegeln sich in seinen Handlungsstrategien und Denkmustern. Solange diese zu befriedigenden Ergebnissen führen, behält es sie bei, während ein maßvoller Mißerfolg es dazu anregt – gegebenenfalls mit Unterstützung –, effektivere Lösungen zu suchen, vorausgesetzt, es besitzt genügend Neugier und Vertrauen in seine Fähigkeiten, was bei sicher gebundenen Kindern viel eher zu erwarten ist als bei unsicher gebundenen. Mit dem Spracherwerb verbinden sich Denken und Sprechen, so daß das Kind seine Erfahrungen und Erkenntnisse ab dem Kindergartenalter zunehmend sprachlich formuliert und auf diese Weise zugleich sein Denken differenziert. Aus diesem Grund bildet eine Sprachförderung, die direkt an kindliche Erfahrungsinhalte anknüpft, eine der unabdingbaren Notwendigkeiten.

Die alles beherrschende Form der kindlichen Weltaneignung im Vorschulalter ist das Spiel in seinen verschiedenen Ausprägungen, wozu ich hier auch das kreative Gestalten zähle. In ihm spiegelt sich die gesamte Welterfahrung des Kindes. Im Funktionsspiel erlebt es seinen Körper, genießt und schult die Vielfalt seiner motorischen Kompetenzen ebenso wie es die Eigenschaften und Funktionen der es umgebenden Dinge erkennt und spielerisch handhabt. So erwirbt es sich die Grundlagen sowohl für das Konstruktions- als auch für das Symbol- und Rollenspiel. Im Konstruktionsspiel versucht das Kind, wesentliche Aspekte seiner Lebenswelt nachzubauen. Es baut mit Bausteinen Türme und Häuser, Autos und Flugzeuge, ganze Dörfer und Städte.

Der Sand bietet weitere Möglichkeiten, erlaubt, großzügige Landschaften mit Bergen, Höhlen und Flüssen darzustellen. Mit umfunktionierten Möbeln, Polstern, Tüchern oder Ästen und Zweigen baut das Kind z. B. Hütten oder Schiffe, in die es selbst hineinpaßt. So entfaltet es seine schöpferischen Fähigkeiten, schafft sich seine eigene Welt und setzt sich dabei zugleich gedanklich mit der erlebten Wirklichkeit auseinander. Gleiches gilt für das bildnerische Gestalten, bei dem jedoch der emotionale Ausdruck stärker hervortritt. Das Konstruktionsspiel, in enger Verbindung mit der Nachahmung und dem Experiment stehend, unterstützt den Erwerb logischer Denkstrukturen. Das Symbol- und Rollenspiel dient dem Kind ebenfalls zur Nachahmung seiner Lebenserfahrungen, der Darstellung seiner Lebenseinsichten und zu deren Weiterführung in der Phantasie. Es bereichert folglich die schöpferisch-spielerische Weltaneignung um die soziale Dimension. Im Regelspiel setzt sich dieser Prozeß weiter im Rahmen fremdbestimmter Regeln fort. Es begünstigt zudem die Fähigkeit zur Normeinhaltung, die Frustrationstoleranz und die soziale Anpassung.

I. Die Nachahmung, das Experiment und die Wiederholung

Die Nachahmung

Wie bereits mehrfach erwähnt, bildet die Nachahmung ein zentrales Prinzip der kindlichen Weltaneignung, ja, sie ist eine elementare Form des Lernens überhaupt. Schon in den ersten Lebenswochen gestaltet sich der beginnende Dialog als wechselseitige Nachahmung des Ausdrucksverhaltens von Eltern und Säugling. Folgen die Eltern gleichsam ihrem Säugling, indem sie seine Signale liebevoll nachahmen und damit bestätigen, so spricht man von «Spiegeln» (vgl. Kap. II 2). Doch auch das Baby imitiert das elterliche Ausdrucksverhalten und übernimmt auf diese Weise die darin enthaltene Bewertung einer Situation. Der erschreckte Blick und Ausruf einer Mutter, wenn der Einjährige eine steile Treppe hinunterklettern möchte, bedeutet ihm die drohende Gefahr. Wiederholen sich derartige Erfahrungen, wird das Kind allmählich die elterlichen Gefühle in entsprechenden Situationen als die eigenen wahrnehmen. Derselbe Prozeß vollzieht sich natürlich auch, wenn vergleichbare Gelegenheiten überwiegend mit zustimmenden, ermutigenden elterlichen Ausdrucksformen kommentiert werden. Beide Male führt die Imitation zur Identifikation und spielt somit eine zentrale Rolle bei der Bildung der Persönlichkeitsstruktur. Der Ausdruck: «Das hat er mit der Muttermilch eingesogen» spielt auf genau diesen Zusammenhang an.

So erwirbt das Kind von Anbeginn seines Lebens seine tief verwurzelten Grundhaltungen und Einstellungen durch Nachahmung, Verinnerlichung und Identifikation. Nach demselben Prinzip erfolgt die bereits erläuterte Entwicklung des Norm- und Wertebewußtseins. Doch nicht nur die Bewertungsmuster, sondern auch konkrete Handlungsmuster schaut sich das Kind von den Menschen seiner Umgebung ab. Es lernt die Handhabung des Löffels, den aufrechten Gang, die Sprache, den Umgang mit Stift und Schere, das Binden der Schleife, die Tischsitten, das Verhalten beim Einkaufen und vieles andere mehr auf der Grundlage seiner Beobachtungen. Selbstverständlich muß es viel üben und verschiedene Variationen der Ausführung ausprobieren, bis es die jeweiligen Fähigkeiten befriedigend beherrscht: Dabei liegt häufig der Anreiz, sie zu erlernen, in der Beobachtung des Erfolgs, den andere Menschen durch sie erzielen. Zugleich dient die Beobachtung immer wieder zur Kontrolle und Beurteilung der eigenen Fertigkeiten. Beispielsweise will die kleine Anna mit der Schere schneiden, weil sie es bei ihrem älteren Bruder Peter beobachtet hat. Oder Claudia will einen Löwen malen, den sie im Zoo gesehen hat, und zwar genauso schön wie Anja. Sie vergleicht beide Bilder und gibt sich große Mühe, Anja nachzuahmen.

Beobachtung und Nachahmung erleichtern es mithin, sich Einstellungen und komplexe motorische und soziale Verhaltensabläufe anzueignen, die durch das Ausprobieren allein kaum erworben werden könnten. Auch die ausschließlich verbale Anweisung würde sich bei ihnen als viel zu umständlich und nicht ausreichend erweisen.

Das Kind imitiert alle Verhaltensweisen, die ihm reizvoll oder erfolgversprechend erscheinen, weil es sich durch sie ein Bedürfnis befriedigen kann. Das kann der Wunsch sein, Aufmerksamkeit zu erhalten oder bewundert zu werden, weshalb es z. B. gehörte Kraftausdrücke wiederholt oder versucht, wie der kühne Spielkamerad von einer hohen Mauer zu springen. Das Bedürfnis besteht auch häufig darin, seine Selbständigkeit zu erhöhen und es erwachsenen Menschen gleichzutun.

Das nachahmende Lernen zeigt sich einerseits im Alltagsverhalten des Kindes: in den wachsenden motorischen, lebenspraktischen, sprachlichen und sozialen Kompetenzen, in der Art und Weise, wie es sich beschäftigt. Somit erscheint es natürlich auch in seinen Spielen. Alle Formen des Spiels sind gleichermaßen durchdrungen von Aspekten der Nachahmung wie vom Entdecken und Ausprobieren der Möglichkeiten, die dem Zufall und der eigenen Phantasie erwuchsen.

Da Beobachtung und Nachahmung in der Weltaneignung der Kinder solch herausragende Rolle spielen, kommt den Menschen, an denen sie sich orientieren, eine hohe Bedeutung zu. Sehr unterschiedliche Gründe können Menschen zu einem nachahmenswerten Modell machen: Das Kind akzeptiert und liebt sie; sie verfügen über die Macht zu belohnen und zu bestrafen; sie besitzen nach seinem Empfinden ein positives soziales Prestige; sie haben mit ihrem Verhalten Erfolg bzw. erfahren keine negativen Konsequenzen; es fühlt sich ihnen nahe, weil es vertraute oder ihm selbst ähnliche Eigenschaften bei ihnen erkennt. Diese Merkmale treffen in erster Linie auf seine Bezugspersonen zu – also Eltern, andere Familienmitglieder und Erzieherinnen. Damit befinden sie sich, selbst wenn sie nicht wollen, mit allem, was sie tun oder unterlassen, in der Rolle des Vorbildes. Doch es ahmt auch Kameraden aus dem Kindergarten oder Fernsehstars nach, wenn deren Verhalten erfolgreich erscheint, und zwar selbst dann, wenn dieses den geltenden Normen zuwiderläuft und deshalb zuvor (möglicherweise aus Angst vor Strafe) nicht im eigenen Verhaltensrepertoire auftrat. So hat beispielsweise der vierjährige Stephan wiederholt beobachtet und auch am eigenen Leibe erfahren, wie der gleichaltrige, aber dominante und körperlich robustere Benjamin anderen Kindern trotz ihres Protestes Materialien, mit denen sie gerade spielten, gewaltsam fortnahm. Dabei mißachtete dieser Ermahnungen und Erinnerungen. Nach einiger Zeit beginnt auch Stephan jüngeren Kindern das Spielzeug gegen ihren Willen zu entwenden. Benjamins Stärke und Durchsetzungskraft sowie seine Widerstandskraft gegenüber normativen Einschränkungen, mittels derer er sich seine Wünsche fraglos erfüllt, erscheinen Stephan wohl so verlockend, daß er dessen Verhalten übernimmt. Als pädagogischer Gegenkraft kommt hier der angemessenen Bestrafung des unerwünschten Verhaltens natürlich eine gewisse Bedeutung zu. Stephan müßte erleben, daß Benjamins Durchsetzungsformen geahndet werden. Noch wichtiger ist allerdings das positive Vorbild des Erwachsenen, der sich selbst rücksichtsvoll verhält und fair mit den Kindern umgeht.

Das Experiment

Das Experiment stellt die zweite elementare Form dar, mittels derer Kinder Wissen über die Welt erwerben. In der Vorform des ungezielten Ausprobierens und Entdeckens von Effekten erscheint es schon im Funktionsspiel der Säuglinge, etwa wenn diese erfahren, daß die Rassel beim Schütteln klappert, und sie diese nun immer wieder bewegen. Mit einem Jahr beginnt das Kleinkind Gegenstände und ihre Verwendbarkeit systematisch zu untersuchen, d. h. es wandelt schrittweise einzelne Elemente seiner Handlung bewußt ab und beobachtet die Veränderungen des Effekts: Es experimentiert. So benutzt es seinen Löffel, um hingebungsvoll mit ihm in den Brei zu patschen oder zu kleckern und dann die Kleckse zu Mustern zu verschmieren. Weite Teile seines Spiels bestehen nun aus Experimenten mit seinem Körper und mit seinen Spielgegenständen: Auf wieviel verschiedene Arten kann man eine Treppe hinauf- oder hinunterkrabbeln? Was paßt alles durch eine kleine Dosenöffnung? Später findet das Experiment – neben seiner Fortsetzung in Funktionsspielen – hauptsächlich Eingang in die Alltagsverrichtungen, in den Erwerb des Sozialverhaltens und in die Konstruktionsspiele. Durch Beobachtung gelernte Alltagsereignisse wie das Zähneputzen werden gezielt abgewandelt: Wie kann man die Zahnbürste noch halten? Was für Geräusche lassen sich mit dem Spülwasser im Mund beim Gurgeln produzieren? In wieviel Variationen kann man es wieder ausspucken?

Eltern und Erzieher erleben experimentelle Spielereien oft als Unfug, als lästiges Ablenkungsmanöver, als Sand im Getriebe des erwünschten funktionalen Ablaufs, als Zeitverschwendung etc. und reagieren deshalb häufig verständnislos oder unwirsch. Natürlich, Kinder setzen ihre Experimentierlust oft provokativ ein, um sich einer sachlichen Anforderung zu entziehen oder sie zumindest interessanter zu gestalten. Aber sie betonen damit zugleich die psychische Notwendigkeit solch spielerisch-experimentellen Vorgehens. Das sollte ihnen auch beim Erwerb praktischer und nützlicher Fähigkeiten zugestanden werden, obgleich es «Zeit kostet». Wenn beispielsweise Peter in der Küche bei der Zubereitung einer Mahlzeit hilft und dabei lernt, mit Küchengeräten umzugehen, sollte es ihm auch erlaubt sein, mit dem Rührgerät zu experimentieren und die Effekte zu beobachten, die sich durch Veränderungen der Haltung des Gerätes, der Rührgeschwindigkeit und -dauer ergeben. Auf diese Weise erarbeitet er sich wichtige Einsichten in funktionale Zusammenhänge, befriedigt sein Erkenntnisinteresse und seinen Wunsch nach Autonomie. Außerdem festigt sich die intrinsische Motivation, sich selbständig mit sachlichen Herausforderungen auseinanderzusetzen, eigene Lösungswege zu suchen und Handlungspläne zu entwerfen. Manchmal haben Kinder auch nur einfach «Unfug» im Sinn und lieben es, alles durcheinander zu bringen, was sich besonders daran zeigt, daß ihrer Tätigkeit die Konzentration fehlt. In diesem Fall benötigen sie einen klaren Ordnungsrahmen.

Das Kind experimentiert jedoch nicht nur bei dinglichen Zusammenhängen. Vielmehr wendet es dieselbe Methode in sozialen Situationen ebenfalls an. So überprüft es in der Trotzphase gleichsam experimentell bei allen Bezugspersonen die Gültigkeit von Geboten. Oder es erprobt im Kindergartenalter gezielt, wie es sich mit seinen geschlechtstypischen Fähigkeiten bei verschiedenen Personen am besten zur Geltung bringen kann. Dasselbe gilt für den Erwerb seiner Position in der Gruppe der Gleichaltrigen.

Ihre Fortsetzung findet die Experimentierlust im Spiel, vorrangig im Konstruktionsspiel, doch das Rollen- und selbst das Regelspiel bieten ebenfalls Möglichkeiten zur systematischen Variation. Das Konstruktionsspiel kommt dabei dem kindlichen Untersuchungsdrang besonders entgegen: Wie muß man einen Damm im Bach anlegen, damit er dem Wasser standhält? Wie läßt sich ein hoher Turm aus Wäscheklammern herstellen? Ein Teil des Reizes von Konstruktionsspielen besteht gerade darin, daß sie jederzeit Gelegenheiten eröffnen, die Lust an Untersuchungen auszuleben.

Die Aufgabe der Bezugspersonen im Hinblick auf das kindliche Experimentierverhalten besteht darin, Gelegenheiten dafür im Spiel und im Alltag zu bieten, Zeit zu lassen, eventuell die kindliche Beobachtung auf Zusammenhänge und Gesetzmäßigkeiten zu lenken bzw. Einsichten verbal zusammenzufassen, etwa: Wenn man Sahne lange schlägt, wird sie zuerst zu Schlagsahne (durch die Luft, die «hineingeschlagen» wird) und schließlich zu Butter (weil sich dann das Fett von der restlichen Flüssigkeit trennt). Darüber hinaus ist es wichtig, die kindliche Begeisterung über die gewonnenen Erkenntnisse zu teilen und so das erwachte Interesse zu bestätigen. Falls sie den Wunsch der Kinder spüren, mögen die Erwachsenen ihnen weitere Untersuchungen vorschlagen und sich selbst auch an solchen beteiligen. Doch ist es wichtig, daß sie dem Kind die Regie nicht völlig aus der Hand nehmen, es nicht entmündigen und nicht mit Erklärungen überschütten, um die es gar nicht gebeten hat. Denn solche Überfremdung birgt die Gefahr, die kindliche Eigeninitiative zu lähmen.

Die Wiederholung

Alle durch Beobachtung, Ausprobieren oder Experiment gewonnenen Einsichten und Fähigkeiten wiederholen Kinder zahllose Male, wodurch sie sie verinnerlichen und weiter verfeinern. Sie üben mit großer Hingabe und Geduld. Das Üben bereitet zumeist viel Freude und fällt häufig in den Bereich des Funktionsspiels. Motorische Fähigkeiten wie Springen, Klettern, Rückwärtslaufen, Dreiradfahren, mit der Schere schneiden etc. wären hier zu nennen, aber auch das selbstversunkene Wiederholen neuer Wortkombinationen, Verse oder Lieder. Die Wiederholung findet weiterhin Eingang in die anderen Spielarten: Häufig bauen Kinder die gleichen (oder nur geringfügig abgewandelten) Konstruktionen viele Male, spielen immer wieder die (fast) gleichen Rollenspiele (z. B. Vater, Mutter, Kind), wollen immer wieder dasselbe Regelspiel spielen. Gleiches gilt für kreative Gestaltungen: Wie oft malen Kinder Serien von kaum zu unterscheidenden Bildern. (z. B. eine Darstellung mit Haus, Baum, Blume und Sonne). Sie lieben es auch, ein und dasselbe Bilderbuch wiederholt zu betrachten, wollen oftmals zu den Bildern dieselben Erläuterungen oder Kommentare hören. Denselben Geschichten und Märchen – erzählt, vorgelesen oder von der Kassette abgehört – lauschen die meisten Kinder ebenfalls über einen längeren Zeitraum mit nicht abnehmender Faszination. Selbst in alltäglichen Handlungen fordern sie Wiederholungen, vornehmlich beim abendlichen Ritual des Zubettgehens.

Neben der Lust an exakten Wiederholungen bereiten den Kindern meist auch leichte Abwandlungen ein großes Vergnügen. So beim Erzählen von Geschichten: der große Handlungsstrang bleibt unverändert, aber spezielle Details – etwa Dialoge oder lustige Einfälle – variieren. Oder die Regeln eines Spiels werden «heute einmal etwas geändert». Oder der Tisch wird heute mal anders gedeckt. Oder beim Abendritual werden andere Lieder gesungen, ein neues Gebet gesprochen. Bei solchen Variationen, zu denen die Kinder ihre Wünsche und Ideen beisteuern, erleben sie den Rhythmus von Dauerhaftem und Wechsel, der deshalb so anregend wirkt, weil er diesen zwei menschlichen Grundbedürfnissen gleichzeitig Rechnung trägt.

Wiederholungen dienen nicht nur dazu, das Gedächtnis zu schulen sowie die kindlichen Einsichten und Kompetenzen zu festigen, sondern sie vermitteln dem Kind zudem das Bewußtsein der Stabilität der Welt, in die es hineinwächst. Sie bestätigen die erkannten Strukturen und verleihen damit emotionale Sicherheit. Sie stärken sein Identitätsgefühl, verankern es sicher in der Realität und tragen zur Entwicklung persönlicher Traditionen bei, beispielsweise durch die immer gleiche Gestaltung wiederkehrender Ereignisse wie Geburtstage und Weihnachtsfeste.

Die Weltaneignung durch Nachahmung spielt sich primär im sozialen Feld ab, denn es sind zumeist Menschen und ihre Verhaltensweisen oder Einstellungen, die das Kind nachahmt. Somit trägt sie schwerpunktmäßig zu seiner Orientierung an der personalen Mitwelt bei. Das Experiment gestaltet sich überwiegend als selbständiger Erkenntnisgewinn und erhöht folglich seine Autonomie. Die Wiederholung umfaßt beide Aspekte und unterstützt deren Integration.

Es ist wichtig, daß Erwachsene das kindliche Wiederholungsbedürfnis achten und hinlänglich befriedigen. Das bedeutet für den pädagogischen Alltag, angemessene Wiederholungsmöglichkeiten in verschiedenen Bereichen zu schaffen. Ein zentrales Feld für solche Wiederholungen stellt – als äußerer Rahmen – der rhythmisierte Tages- und Wochenablauf dar. Doch auch angebotene Inhalte sollten sich so lange wiederholen, wie sich die Kinder produktiv mit ihnen beschäftigen. Das gilt für Bewegungsspiele wie für Lieder, lebenspraktische Kompetenzen und Geschichten, die alle Zeit brauchen, bis die Kinder sie so verinnerlicht haben, daß sie – übertragen in ihre spontanen Handlungen, zumeist die Spiele – den eigenen Bedürfnissen gemäß abgewandelt ihre bildende Kraft entfalten.

Besonders die sprachlich-musikalischen Angebote enthalten bei entsprechender Qualität so viel anregende geistige Nahrung, daß Kinder lange von ihnen zehren können. Ist ein Inhalt ausgeschöpft, so verlangen aufgeschlossene Kinder von selbst nach neuen Impulsen. Andere, denen die Eigeninitiative schwer fällt, stellen die produktive Beschäftigung ein und verfallen in stereotype Tätigkeiten oder beginnen andere zu stören und wirken dabei unzufrieden oder gelangweilt. Ihnen ist nun durch neue Anregungen zu helfen. Eine dritte Gruppe von Kindern vermag sich nicht konzentriert mit einem Angebot zu beschäftigen und stört von Anfang an. Wichtig ist, sie darin zu unterstützen, sich auf einen Inhalt einzulassen, und nicht der Gefahr zu erliegen, sie durch eine neue Beschäftigung scheinbar zufriedenzustellen.

2. Das Denken

In der Auseinandersetzung mit der Welt erfüllt das zunehmende Denkvermögen der Kinder gleichfalls eine Schlüsselfunktion. Denn sie versuchen ihre Erfahrungen und Einsichten auch gedanklich zu erfassen
und zu ordnen.

Die Denkentwicklung

In den ersten beiden Lebensjahren bilden sich die grundlegenden
gedanklichen Strukturen durch das Zusammenspiel von sinnlicher
Wahrnehmung und motorischer Reaktion heraus. Wahrnehmend und
die sinnlichen Empfindungen mit Bewegung beantwortend, sammelt
der Säugling Erfahrungen, deren Wiederholungen allmählich zu noch
präverbalen Einsichten gerinnen, die sich etwa folgendermaßen in die
Sprache und das Denken der Erwachsenen übersetzen ließen: Die Welt
besteht aus Dingen; die Dinge existieren weiter, auch wenn ich sie nicht
sehe; es gibt einen Raum um mich herum, der größer ist als mein Blickfeld, es gibt viele Räume; die Dinge fallen alle nach unten; die Dinge
kommen und verschwinden, es gibt ein Vorher und ein Nachher, die
«Zeit»; ich kann mit meinen Handlungen etwas bewirken; manchmal
muß ich, um ein Ziel zu erreichen, mehrere Handlungsschritte hinter-
einander reihen; Dinge haben eine bestimmte Funktion; ich kann mich
mit anderen Menschen verständigen, Laute haben eine Bedeutung.

Im zweiten Lebensjahr merkt das Kleinkind, daß alle Dinge einen
Namen haben und daß, wenn es beispielsweise das Wort «Ball» hört,
sein rundes Spielzeug gemeint ist. Es entdeckt auch, daß bestimmte Gesten eine bestimmte Bedeutung haben, z. B. die «Winke-Winke-Geste»
bedeutet, daß ein Mensch jetzt fortgeht. Und schließlich begreift es,
daß Dinge auch als Bild dargestellt werden können. Auf dreierlei Weise
erkennt es also, daß die Dinge der Welt durch einen «Stellvertreter»,
ein Zeichen oder Symbol, repräsentiert werden können. Diese Erkenntnis zeichnet den Erwerb der Symbolfunktion in der zweiten
Hälfte des zweiten Lebensjahres aus. Sie bildet die Grundlage für die
weitere Denkentwicklung, die sich nun zunehmend sprachgebunden
vollzieht. Denn die Sprache ist das Stellvertretersystem, das dem Kind
das Instrumentarium zur Verfügung stellt, mit dessen Hilfe es die Welt,
seine Beziehung zur Welt sowie Ereigniszusammenhänge ordnen und
ausdrücken kann.

Wenn das Kind mit drei Jahren in den Kindergarten kommt, dann besitzt es ein beachtliches Sprachverständnis, ein vielfältig strukturiertes Weltbild und etliche Denkmethoden, um Einsichten zu gewinnen. So versteht es jetzt viele Zusammenhänge des gewohnten Alltagslebens sowie sprachliche Erklärungen auf seine Fragen, wenn es sie aus seiner Erfahrung nachvollziehen kann. Es hat zudem elementare räumliche und zeitliche Vorstellungen erworben. Vertraute Räumlichkeiten außerhalb der Wohnung erkennt es wieder, begreift einfache räumliche Verhältniswörter wie oben, unten, innen, außen, neben und hinten und berücksichtigt sie in seinem Verhalten, indem es beispielsweise nach Aufforderung den Löffel «neben» die Gabel seitlich des Tellers legt, obwohl er gewohnheitsmäßig oberhalb des Tellers liegt. Entsprechendes gilt für seinen Zeitbegriff. Es hat die grobe Einteilung in Vergangenheit, Gegenwart und Zukunft vollzogen und benutzt zur Kennzeichnung die Wörter: gestern, heute und morgen. Desgleichen gebraucht es korrekt: jetzt und später. Das Kriterium, die Dinge der Welt nach Gegensätzen wie «lieb» und «böse» oder «groß» und «klein» zu beurteilen, ist ihm nun ebenso geläufig wie das Prinzip des «mehr» oder «weniger»: Eine Kanne voll Saft ist mehr als ein volles Glas, oder ein Strohhalm ist länger als ein Streichholz.

Das dreijährige Kind hat gleichfalls begriffen, daß ein Gegenstand sein Wesen nicht verändert, sondern «er selbst» bleibt, auch wenn man ihn äußerlich verändert, beispielsweise anmalt. Dasselbe gilt für Personen: Es erkennt vertraute Menschen nun auch bei stärkerer Verkleidung – etwa im Nikolauskostüm – wieder und weiß, daß sie sich «nicht wirklich» verwandeln. Allerdings ist diese Einsicht noch instabil: Vielleicht verwandeln sie sich ja doch, wenn sie es sich wünschen, in den wirklichen Nikolaus oder in eine echte Hexe oder zumindest in einen Indianer. Denn noch hat das dreijährige Kind die Trennung zwischen dem, was real in der äußeren Welt existiert, und dem, was nur zu seiner Phantasie, Einbildung oder Wunschwelt, also seiner Vorstellungswelt gehört, nicht klar vollzogen. Die innere Wunschwelt erlebt es doch genauso real wie das Sicht- und Fühlbare – worin besteht der Unterschied? Warum sollte sich die innere Sehnsucht nicht in äußere Realität wandeln, wenn man es sich sehr wünscht? Andere Wünsche werden doch auch wahr? Vielleicht denkt das Dreijährige so nicht bewußt, aber es verhält sich entsprechend, behauptet «Unwahrheiten» – beispielsweise, daß es zu Hause einen Hund besitzt oder ein kleines Geschwisterchen bekommt –, ohne absichtlich «zu lügen». Erst mit vier oder fünf Jahren vermag das Kind klar zwischen Wunsch und Wirklichkeit zu unterscheiden und weiß nun, daß es im Spiel kein «wirklicher» Seeräuber, Indianer oder Vogel ist, sondern nur «so tut als ob».

Auch andere Unterscheidungsformen muß das Kind erst erlernen, beispielsweise die zwischen belebt und unbelebt. Noch erscheint ihm alles gleichartig: Es selbst lebt, Mutter und Vater leben, und so überträgt es diese Tatsache fraglos auf alles Existierende: die Tiere, der Baum, die Wolken, das Haus, das Auto, der Tisch, seine Spielsachen – sie alle leben genauso wie es selbst. Sie denken und fühlen auch, empfinden Freude, Ärger und Schmerz, sind müde, artig oder ungehorsam, besitzen einen eigenen Willen und vielfältige Fähigkeiten. Diese Denkform wird «animistisch» (d. h. beseelt) genannt, wenn das Objekt einfach nur lebt, dabei aber seinen eigentümlichen Charakter bewahrt, und als «anthropomorph» (d. h. menschengestaltig, menschenartig) bezeichnet, wenn es zusätzlich mit menschlichen Eigenschaften ausgestattet wird. Das Kind überwindet sie schrittweise bis zum Schulalter, indem es wichtige Beurteilungskriterien hinzugewinnt: Unbelebt ist, was sich nicht (von selbst) bewegt, ist das, was nicht wachsen kann, etc.

Auch Zusammenhänge und Ereignisse erklärt sich das Kindergartenkind, indem es von seiner eigenen Erfahrung ausgeht und diese auf neue Gegebenheiten überträgt. So erklärt es sich beispielsweise die langsamen Bewegungen der Wolken am Himmel damit, daß diese keine Beine zum Laufen haben, sondern wie die – ebenfalls langsamen – Würmer kriechen müssen. Oder: Wenn es regnet, weint der Himmel, weil er traurig ist. Diese Anwendung bekannter Denkmuster auf neue, aber eine gewisse Ähnlichkeit aufweisende Zusammenhänge (die langsame, fließende Bewegung im ersten Beispiel, die strömenden Wassertropfen im zweiten), um sie sich zu erklären, heißt «analoges» Schlußfolgern. Gleichzeitig zeigen sie animistisches (Wolken kriechen wie Würmer) und anthropomorphes Denken (der Himmel weint). Auch Erwachsene verwenden Analogieschlüsse noch zu diesem Zweck. Doch ziehen sie die Möglichkeit eines Fehlurteils in Betracht, während Kinder hier keinerlei Zweifel hegen.

Das Denken, bei dem ein Mensch zunächst einmal seine eigene Erlebnis- und Sichtweise zum Ausgangspunkt nimmt, heißt «egozentrisch». Es ist die gleichsam natürliche Perspektive, die auch Erwachsene häufig spontan einnehmen, doch wissen diese inzwischen aus vielfältigen Erfahrungen, daß man Gegebenheiten von unterschiedlichen Gesichtspunkten her betrachten kann. Vorschulkindern fehlt diese Einsicht noch. So denken sie in vielerlei Hinsicht egozentrisch. Beispielsweise erscheint es ihnen selbstverständlich, daß andere Menschen dasselbe hören, sehen, fühlen und wollen wie sie selber. Deshalb gestikulieren oder erzählen sie am Telefon so, als ob ihr Gesprächspartner ihre Bewegungen oder den gemeinten Gegenstand sehen könnte. Sie sind davon überzeugt, daß ihre Freunde dieselbe Lieblingsspeise haben wie sie oder ebenfalls satt sind, wenn sie keinen Hunger mehr verspüren. Selbst den eigenen Willen setzen sie häufig im anderen voraus und nehmen Unterschiede mit Erstaunen zur Kenntnis, obgleich sie doch zahlreiche heftige Konflikte mit ihren Eltern erlebten, weil ihrer beider Willen eben gerade nicht übereinstimmte. Fruchtbar und zu einer Erweiterung seines Denkmusters wird diese Erfahrung erst, wenn das Kind gelernt hat, sich in die Rolle anderer Menschen hineinzuversetzen und deren Perspektive zu übernehmen. Das soziale Rollenspiel leistet für den Erwerb dieser Fähigkeit einen zentralen Beitrag, denn mit der Rolle der Mutter oder des Arztes imitiert das Kind deren Handlungsweise, übernimmt ihre Redeweise, identifiziert sich so mit ihnen, erfährt und erlernt im Handeln deren Denkmuster, die es dann schrittweise übernimmt.

Die egozentrische Perspektive prägt noch eine weitere Denkform. Da Kinder ihr eigenes Handeln als absichtsvoll begreifen, übertragen sie auch diese Erfahrung auf äußere Geschehnisse und unterlegen ihnen einen Willen und einen Zweck. Sie denken «finalistisch». Beispielsweise regnet es ihrer Ansicht nach, *damit* die Pflanzen nicht dursten müssen; es schneit, *damit* die Kinder Schlitten fahren können.

Vertraute Handlungsabläufe verwendet das Kind auch, um sich Begriffe und abstraktere Vorstellungen zu verdeutlichen. Es denkt «handlungsgebunden», wenn es den Sonntag als den Tag begreift, an dem der Papa nicht arbeiten geht, oder Gerechtigkeit für es darin besteht, daß es genauso ein großes Eis bekommt wie der drei Jahre ältere Bruder. Auch den abstrakten Zeitraum von drei Tagen erklärt es sich anhand eines Handlungsvollzuges: Es muß noch dreimal schlafen.

Bei der Beurteilung vieler Sachverhalte orientiert sich das Kind häufig an seinem visuellen Eindruck, denkt «anschauungsgebunden». Dabei greift es sich ein hervorstechendes Merkmal als Beurteilungsgrundlage heraus und vernachlässigt andere, die man oftmals auch sehen kann. Überprüfen läßt sich dieses Denkmuster mit einem einfachen Experiment: Man wählt zwei gleich große Tafeln Schokolade, läßt das Kind deren Gleichheit feststellen und zerbricht eine von ihnen vor seinen Augen in einzelne Stücke. Anschließend fragt man das Kind, ob die ganze Tafel oder die Stückchen mehr Schokolade seien. Ein Kindergartenkind wird in der Regel eine der beiden Alternativen wählen – zumeist die Schokoladenstücke mit der Begründung: «Weil es viele Stücke sind», vielleicht aber auch die Tafel, «weil sie größer ist». Es wird aber nicht die Gleichheit der Menge erkennen, weil es dazu beide Merkmale, die Größe und die Anzahl der Stücke, miteinander kombinieren und in einem Urteil integrieren müßte. Oder es müßte begreifen, daß die Menge konstant bleibt, wenn man von ihr nichts wegnimmt oder ihr nichts hinzufügt, sondern sie nur anders anordnet. Derartig abstrakte Denkvorgänge beherrscht das Kindergartenkind jedoch noch nicht.

Die Erklärung vieler kausaler Zusammenhänge gelingt dem Kind ebenfalls noch nicht sachgemäß, weil ihm Erfahrungen und Wissen fehlen. So ist ihm die Vorstellung von Naturgesetzen noch fremd, und es durchschaut noch nicht, welche Fähigkeiten ein Mensch tatsächlich besitzt. Der Vater, der das zerbrochene Spielzeug repariert, vermag doch sicherlich auch den toten Vogel wiederzubeleben, vielleicht mit dem Spruch: «Heile, heile, Segen …». Denn es hat ja oft genug erlebt, daß gesprochene Worte in Erfüllung gehen. Und so ist es überzeugt: Mein Papa muß nur «Heile, heile, Segen …» sagen, und dann fliegt der tote Vogel wieder. Auch sich selbst spricht es geheimnisvolle Kräfte zu, wenn es meint, daß seine Wünsche und Vorstellungen wahr werden, etwa daß sein Spielkamerad gerade hingefallen ist, weil es ihm in seinem Ärger eben das wünschte. Solches Denken, bei dem ein Mensch sich selbst, andere Menschen oder Dinge mit einer Wirkkraft ausstattet, die sie nach rationaler Beurteilung nicht besitzen, gilt als «magisch». Auch Erwachsene greifen immer dann wieder auf magische Erklärungsmuster zurück, wenn sie eine Erfahrung durch naturwissenschaftliche Gesetze nicht zu deuten vermögen.

Im magischen Denken schlägt sich die Unfähigkeit des Kindes, zwischen Wunsch und Wirklichkeit zu trennen, deutlich nieder. Doch auch andere Denkformen verbinden sich in seinem Denken häufig miteinander. So repräsentiert das Beispiel für das analoge Denken zugleich auch die animistische (Wolken) und anthropomorphe (Regen) Denkweise oder das finalistische (Schneien) zugleich die egozentrische.

Die Grundlage für das Denken des Vorschulkindes bilden seine durch Handlungen erworbenen Erfahrungen. Weil das Denken aus dem Handeln durch einen Prozeß der Verinnerlichung entstand, erlebt das Kind in diesem Alter sein Denken noch wie eine reale Handlung, die in eine Richtung voranschreitet. Es erkennt noch nicht, daß es «rückwärts» denken und damit in seiner Vorstellung zum Ausgangspunkt zurückkehren kann. Es denkt «irreversibel», d. h. in unumkehrbaren Gedankengängen. Beispielsweise erlebt es den Weg hin zum Kindergarten als einen anderen Weg als den Weg vom Kindergarten nach Hause. Er ist mit anderen Gefühlen und Erwartungen, vielleicht auch mit einem anderen Gehtempo verbunden und wird deshalb in seinem Kopf nicht einfach als «dieselbe Strecke, einmal vorwärts und einmal rückwärts gegangen» abgespeichert. Überhaupt ist seine gedankliche Welt noch weitgehend an sein Erleben gebunden und noch nicht differenziert anhand abstrakter Kriterien – wie Zahlen, Maße und Klassen – geordnet. Solch formale Betrachtungsweise eignet sich das Kind erst ab dem Grundschulalter an.

Die Förderung des Denkens

Wie läßt sich das Denkvermögen der Kinder im Kindergartenalter angemessen unterstützen? Wichtig ist zunächst einmal, daß sich Erwachsene in die kindlichen Denkformen einfühlen, ihre inneren Voraussetzungen und die sich daraus ergebende Folgerichtigkeit und Sinnhaftigkeit erfassen und sie so in ihrer Berechtigung anerkennen. Diese Anerkennung äußert sich beispielsweise darin, daß Erwachsene die «fehlerhafte» Sichtweise des Kindes nicht einfach korrigieren, sondern sich weitgehend auf sie einstellen und sich der erwähnten Denkformen teilweise ebenfalls bedienen. Es macht für das Kind Sinn, es fühlt sich verstanden, wenn die Mutter seine traurige Puppe tröstet. Das Kind braucht eine «menschliche» Welt, um sich in ihr beheimatet und geborgen fühlen zu können. Nur wenn es sich selbst und die Qualitäten der ihm vertrauten Menschen in der Welt wiederfindet, wird sie ihm vertrauenswürdig, interessant und liebenswert. Von daher sind das animistische und anthropomorphe, das analoge und magische Denken für das Kind eine emotionale Notwendigkeit. Es erlebt die Nähe zu seinen Mitmenschen, indem diese seine Denkformen teilen.

Natürlich dürfen Eltern und Erzieherinnen nicht jede Frage nach einem Begründungszusammenhang mit Analogien zum Erleben des Kindes oder durch magische Kräfte beantworten. Die Grenzen liegen dort, wo eine derartige Antwort nur der eigenen Bequemlichkeit oder dem Wunsch nach «Verkindlichung» entspringt – hier wären auch alle Schreckgespenster und Drohgebärden zu nennen, etwa der Nikolaus, der mit der Rute kommt, wenn das Kind unartig ist. Ferner darf das Kind nicht mit magischen oder analogen Erklärungen abgespeist werden, wenn es sachgerechte Zusammenhänge durchaus begreifen könnte.

Die Weiterentwicklung des kindlichen Denkens erfolgt primär durch konkrete, selbst gewonnene und ausgewertete Erfahrungen. Will man Kinder also in dieser Hinsicht fördern, so gilt es, ihnen Erfahrungsspielräume zu eröffnen, Gelegenheiten zu bieten, bei denen sie ihre körperlichen Fähigkeiten erproben, experimentieren, gestalten, helfen, beobachten, zwischenmenschliche Umgangsweisen ausprobieren und in Rollenspielen darstellen können. Denn nur durch die eigene Aktivität differenzieren sich die Hirnstrukturen weiter aus, verankern sich Erfahrungen im Bewußtsein, verknüpfen sie sich zu neuen Einsichten und führen zu neuen Sichtweisen und Denkformen. Fehlt der Boden der eigenen Erfahrung, so interessieren sich die Kinder für Erklärungen und Belehrungen nicht, sie bleiben ihnen gegenüber resistent oder übernehmen sie unverstanden.

Allerdings kann man Kindern durchaus bei der Auswertung ihrer Erfahrung helfen. So ist es möglich, sie bei ihren Experimenten – falls erforderlich – zu Varianten anzuregen, gemeinsam die Ergebnisse zu betrachten, zu bestaunen und vielleicht zu überlegen, wie sie zustandegekommen sind. Es empfiehlt sich, sich Zusammenhänge vom Kind erklären zu lassen, um es zum Nachdenken anzuregen. Selbst wenn die Erklärungen nicht stimmen, fördern sie die Bewußtheit seiner Wahrnehmung. In solchen Gesprächen kann man durch behutsames Nachfragen versuchen, das Kind auf Widersprüche hinzuweisen. Bei dem Schokoladenstückchen-Beispiel ließe sich beispielsweise einwenden: «Du meinst, der Haufen der Stückchen sei mehr als die ganze Tafel. Aber bevor ich die zweite Tafel in Stückchen brach, waren doch beide gleich groß. Und beim Zerbrechen habe ich doch nichts hinzugefügt. Warum ist es jetzt mehr?» Vielleicht kommt nun ohne zu zögern die Antwort: «Du hast gezaubert.» Dann sollte man sich damit zufriedengeben. Vielleicht stutzt das Kind aber auch, überlegt. Dann könnte man ihm anbieten: «Du kannst ja mal versuchen, die Stückchen wie Puzzleteile wieder zusammenzusetzen. Dann schauen wir mal, was passiert.» Wenn es in seinem Auffassungsvermögen schon bis zur

Schwelle einer neuen Einsicht (hier: die der Mengenkonstanz) fortgeschritten ist, wird es den Widerspruch in seinen Vorstellungen wahrnehmen. Es wird merken: «Da stimmt etwas nicht.» Oder: «So geht es nicht.» Es spürt, sein eigenes Denken ist an eine Grenze gestoßen. Seine Wahrnehmung und sein Handlungsergebnis stimmen mit seiner Meinung und gedanklichen Überlegung nicht überein. Dadurch fühlt es sich verunsichert (erlebt ein «kognitives Ungleichgewicht»), beginnt zu fragen und nachzudenken, um eine Lösung zu finden, die diesen Widerspruch auflöst und ihm ein neues kognitives Gleichgewicht schenkt. Die Denkentwicklung vollzieht sich genau in diesen Schritten: Das Kind verliert die kognitive Balance, fragt, sucht und gewinnt sie auf einer höher differenzierten Stufe zurück. Wenn sich bei ihm ein Staunen und Überlegen andeuten, dann können ihm Anregungen helfen, eine neue Einsicht zu gewinnen.

Auf ähnliche Weise kann man Kindern behutsam helfen, den Wunsch- oder auch Befürchtungscharakter mancher ihrer Aussagen zu erkennen und Phantasie und Wirklichkeit trennen zu lernen. Die egozentrische Perspektive überwinden sie leichter, wenn sie in ihrer Fähigkeit zur Einfühlung unterstützt werden. Hier bieten sich natürlich in erster Linie die Rollenspiele an, doch auch das Betrachten von Bilderbüchern, das Reden über die dargestellten Situationen oder eigene Erlebnisse wirken hilfreich.

In diesem gelungenen Zusammenspiel von kindlicher Erfahrung und gemeinsamen Gespräch liegt der Nährboden für die Entfaltung des Denkens.

3. Die Sprache

Um sich gedanklich mit der Welt auseinanderzusetzen, benötigen Kinder nicht nur durch eigenes Handeln und Beobachten erworbene Erfahrungen, sondern auch die Sprache.

Die Funktion der Sprache

Welche Aufgaben erfüllt die Sprache für das Kind und seinen Bildungsprozeß? Allgemein im Bewußtsein herrscht die Mitteilungsfunktion, die kommunikative Funktion, vor. Die Sprache erleichtert den zwischenmenschlichen Austausch von Erlebnissen, Gedanken, Empfindungen und Wünschen erheblich und ist ein wichtiges Mittel der Beziehungsgestaltung. Doch diese, zweifelsfrei bedeutsame Aufgabe, kennzeichnet nur ihre deutlich wahrnehmbare äußere Funktion. Hinzu kommen ebenso wichtige innere Funktionen.

Die Sprache – verstanden als ein durch Regeln bestimmter Zusammenhang von «Stellvertretern», also Wörtern, Zeichen oder Symbolen – unterstützt und fördert das Denken. Ja, das abstrakte, d. h. von der momentanen Situation und der greifbaren Gegenwart der Dinge losgelöste Denken wird überhaupt erst durch die Sprache möglich. Dabei kann sie auch aus einem System von Gebärden oder mathematischen Zeichen bestehen; Hauptsache, sie erfüllt die Symbolfunktion und bietet der Vorstellung «Stellvertreter» für räumlich und zeitlich nicht Gegenwärtiges, das man sich dadurch geistig vergegenwärtigen und in Beziehung zueinander setzen kann, um daraus Einsichten zu gewinnen. Nichts anderes aber ist Denken, das sich zuerst in konkreten Handlungen ereignet, nachfolgend jedoch, gebunden an die Sprache, sich auch «nur im Kopf» vollziehen kann. Wegen der Wichtigkeit möchte ich es nochmals betonen: Die Sprache befreit das Denken aus dem konkreten Handlungsvollzug, eröffnet den Vorstellungsraum für Vergangenes und Zukünftiges und erlaubt damit, die erste Stufe der Abstraktion zu bewältigen. Damit leistet sie einen bedeutsamen Beitrag zur Intelligenzentfaltung. Durch ihre «Stellvertreterqualität» macht sie zudem dem Bewußtsein die sinnlich gerade nicht gegenwärtige und deshalb nicht wahrnehmbare Welt verfügbar. Damit erweitert sie seine Wirklichkeit beträchtlich.

Schließlich bietet die Sprache dem Menschen durch ihre eigene, auf dem Geflecht der Wortbedeutungen und dem Regelwerk der Grammatik beruhenden Struktur ein Kategoriensystem, das ihm hilft, seine Wahrnehmungen und Erfahrungen zu ordnen, zu deuten und sich überhaupt erst ein etwas komplexeres Bild von der Wirklichkeit zu machen. Das bedeutet: Die Art, wie wir die Welt, das Leben und uns selbst verstehen, ist immer auch ein Ergebnis unserer Sprachfähigkeit und des in unserer Muttersprache angelegten Deutungshorizontes. Indem eine Sprache bestimmte Zusammenhänge, Differenzierungen, Sichtweisen und Bewertungsformen anbietet, prägt sie das menschliche Bewußtsein, und zwar jede Sprache auf ihre spezifische Weise, also die englische etwas anders als die russische oder deutsche. Letztlich vermittelt jede Sprache durch ihre Eigenart schon den Keim der Kultur der jeweiligen Sprachgemeinschaft. Die konkrete, inhaltlich ausgeprägte und faßbare Kultur offenbart sich natürlich auch zu einem guten Teil durch die Sprache, weshalb sie die kulturelle Identität, das Gefühl der Gruppenzugehörigkeit und heimatlichen Verbundenheit der Sprechenden stärkt.

Sprache prägt das Bewußtsein, und zwar nicht nur in solch globalem Sinn, sondern auch im Detail. Emotionale und kognitive Haltungen entstehen beispielsweise nicht nur durch Erlebnisse, sondern auch verbal vermittelt durch die Sprache, die wir hören und selbst gebrauchen. Ein Kind, das Sprache primär in Form von Befehlen, Vorwürfen und Entwertungen wahrnimmt, wird dazu tendieren, die sich in diesen Äußerungen spiegelnde Haltung ebenfalls zu verinnerlichen. Deshalb sind gute sprachliche Vorbilder in der Erziehung so notwendig, also Menschen, welche die Sprache differenziert beherrschen und sie verantwortlich, eine humane Grundhaltung bezeugend, verwenden.

Die Sprache leistet jedoch noch mehr, als «nur» das Denken zu fördern und die Persönlichkeit zu beeinflussen; sie bildet auch die notwendige Voraussetzung, damit ein Mensch über sich selbst nachdenken, also sein Fühlen, Wollen, Tun und alles damit Zusammenhängende reflektieren kann. Denn für die Selbstreflexion benötigt er ein Medium, das ihm erlaubt, sich einerseits von sich selbst zu distanzieren und sich andererseits doch das eigene Selbst in der Vorstellung zu vergegenwärtigen und von allen Seiten zu betrachten. Genau diese Möglichkeit eröffnet die Sprache: Sie schafft zugleich Distanz und stellt Nähe her. Durch diese Eigenschaft verhilft sie dem Menschen nicht nur dazu, sich von sich selber zu distanzieren, zu verobjektivieren und zugleich klarer zu sehen, sondern gewährt Gleiches auch im Hinblick auf andere Menschen, Situationen und Erfahrungen. Aus diesem Grund hilft das «Darüber sprechen» Kindern und Erwachsenen, Erlebnisse – gleich welcher Art – besser zu verstehen, einzuordnen und zu verarbeiten.

Schließlich dient die Sprache auch als innere und äußere Steuerungsfunktion. Und zwar hilft sie – nicht nur Kindern – bei der Planung und Durchführung von Tätigkeiten. Wie oft sagt man sich bei der Umsetzung seiner Vorhaben den nächsten Handlungsschritt innerlich – Kinder oftmals auch laut – vor und verhindert so ein unbeabsichtigtes Abweichen vom Handlungsplan. Wie oft erteilt man sich innerlich Befehle, was zu tun und was zu lassen sei, oder bewertet in der Vorstellung das eigene Verhalten. Im inneren Dialog loben und kritisieren wir uns, erteilen Ratschläge und entwickeln Perspektiven. Doch auch unsere zwischenmenschlichen Beziehungen steuern wir mit Hilfe der Sprache, indem wir uns «Beziehungsbotschaften» senden. Hier schließt sich der Kreis zur kommunikativen Funktion der Sprache.

Der Spracherwerb

Die Erkenntnis, daß alle Dinge einen Namen haben, erwirbt das Kind mit etwa eineinhalb Jahren. Etwa ein dreiviertel Jahr zuvor begann es, den Sinn einiger stets wiederkehrender Lautfolgen im Situationszusammenhang zu erfassen, so beispielsweise seinen Namen oder ein «Nein», wenn es beim Trinken die Mama in die Brust beißen oder beim Spiel dem Papa die Brille von der Nase reißen wollte. Um den ersten Geburtstag herum äußerte es selbst die ersten sinnvollen Wörter, etwa «Mama», oder «da» oder «Auto». Nun, mit eineinhalb Jahren spricht das Kind durchschnittlich zwanzig bis fünfzig Wörter (Ein-Wort-Sätze, so genannt, weil jedes geäußerte Wort einen ganzen Satz bedeutet, dessen Sinn sich durch den Sprechkontext ergibt), genug um das Prinzip, daß für alle Dinge ein Name oder ein Wort steht, zu erfassen. Ja, es begreift sogar noch mehr, nämlich, daß es neben den Namen auch andere «Stellvertreter» für die Sachen und Sachverhalte gibt, und zwar Bilder und Gesten (vgl. Kap. VI, 2). Das heißt, es erwirbt die Symbolfunktion und damit die Voraussetzung, um einfache Abbildungen zu erkennen und kleine symbolische Handlungen durchzuführen, z. B. «so tun, als ob es kocht», indem es mit einem Stöckchen in einer Dose herumrührt. Der Erwerb der Symbolfunktion befähigt es auch, zwei Wörter zueinander in Beziehung zu setzen und so etwas über etwas auszusagen: «Papa fort», «Auto put». Es hat die Darstellungsfunktion der Sprache erkannt. Nun übt es die Zuordnung von Wort und Sache systematisch, indem es unzählige Male nach demselben Begriff fragt. Es zeigt beispielsweise auf jeden Tisch und fragt: «Das ist?», immer die Antwort «Tisch» erwartend. Es begreift: Gegenstände von unterschiedlichster Form (rund, oval, rechteckig, quadratisch), Größe, Höhe und Materialbeschaffenheit (Holz, Metall und Glas) heißen alle «Tisch», weil man etwas auf sie stellt (Geschirr, Speisen) oder etwas an ihnen tut (arbeiten, essen, malen, spielen). Ein kleiner niedriger Couchtisch ist auch ein Tisch, nicht aber ein Hocker, obgleich dieser jenem ähnlicher sieht als etwa ein großer, runder Eßtisch. Aber auf einem Hocker sitzt man. Die Funktion bildet hier das begriffliche Unterscheidungskriterium. Sich derart mit den Wortbedeutungen auseinandersetzend, legt das Kleinkind den Grund für die spätere Abstraktionsfähigkeit.

Den Zwei-Wort-Sätzen folgen im dritten Lebensjahr die Drei- und Mehr-Wort-Sätze. Nun nähert sich die Wortfolge der muttersprachlichen Grammatik an, obgleich das Kind noch viele Fehler macht: Es läßt manche Wortarten mit Vorliebe aus (Hilfsverben, Artikel) und verwendet falsche Wortendungen, etwa bei der Mehrzahl- oder Zeitenbildung. Die Grundregeln erfaßt es schnell, doch den richtigen Gebrauch der Ausnahmen erlernt es erst in den folgenden zwei Jahren.

Ebenfalls im dritten Lebensjahr lernen die meisten Kinder, sich als «ich» zu bezeichnen. Für den emotionalen Bereich signalisiert der Schritt das wachsende «Ich-Bewußtsein»: Für den geistigen Bereich aber zeigt es, daß das Kind nun verschiedene Beziehungsqualitäten nachahmend unterscheiden und sprachlich benennen kann: Ich bin für mich selbst ein «Ich», für meine Mama im direkten Kontakt ein «Du», im Hinblick auf einen dritten Menschen eine «Sie»/ein «Er». Umgekehrt ist Mama für mich ein «Du», für sich selbst ein «Ich» und im Gespräch mit einer dritten Person eine «Sie».

Mit drei Jahren beschäftigt sich das Kind mit den unsichtbaren Zusammenhängen. Es erforscht die Hintergründe einer Gegebenheit oder einer Forderung. Es will die Ursachen und den Zweck wissen und fragt deshalb bei jeder passenden und unpassenden Gelegenheit «Warum». Zwar stellt das Kind damit die Geduld seiner Eltern auf eine harte Probe, doch braucht es die zahllosen geduldigen Antworten, um das Verständnis für seine Lebenswirklichkeit zu erweitern. Die Antworten sollten allerdings seinem Vorstellungsvermögen angepaßt werden. So ist es normalerweise sinnlos, einem dreijährigen Kind, das fragt, warum der Himmel beim Sonnenuntergang golden leuchtet, die naturgesetzlichen Zusammenhänge zu erklären. Viel begreiflicher ist die anthropomorphisierende, an die Erlebniswelt des Kindes anknüpfende Erklärung, daß die Engel für Weihnachten Plätzchen backen. Allerdings sollten realitätsgerechte Antworten immer dann gegeben werden, wenn das Kind sie gedanklich nachvollziehen kann.

Die voranschreitende geistige Entwicklung zeigt sich auch darin, daß Dreijährige beginnen, einfache Nebensätze zu bilden. Es begründet nun seine Handlungen und Wünsche: «Uwe kriegt kein Eis, wenn er böse war.» Oder: «Ich will nicht, daß du weggehst.»

Mit vier bis fünf Jahren überwindet das Kind die letzten Probleme mit der Grammatik und differenziert sein syntaktisches Vermögen aus, so daß es mit sechs Jahren die Umgangssprache seiner Umgebung korrekt beherrscht.

Die Sprechfertigkeit schult sich mit dem Spracherwerb. Während dem zweijährigen Kind noch die Aussprache vieler Laute Schwierigkeiten bereitet, so daß es sie entweder durch andere ersetzt, fortläßt oder falsch bildet – es sagt z. B. «Pielpatz» oder «is tomme dleis» anstelle von «Spielplatz» und «ich komme gleich» –, sollten Kinder im Einschulungsalter alle Laute richtig aussprechen. Auch sollten sie inzwischen das Denken, die Atmung und die Bewegungen der Sprechmuskeln flüssig koordinieren können, so daß sie beim Erzählen nicht mehr vor lauter Eifer ins Stottern oder Poltern geraten. Die Phase des physiologischen Stotterns (drei bis vier Jahre), in der das genannte Gleichgewicht noch nicht erreicht ist, sollte also mit sechs Jahren überwunden sein. Die folgenden Jahre dienen der differenzierteren Aneignung der Sprache. Das Kind erweitert seinen Wortschatz und gewinnt immer größere Sicherheit in der sprachlichen Darstellung der Welt, der es begegnet.

Die Förderung der Sprachkompetenz

Wenn wir uns die Fülle der Funktionen vergegenwärtigen, durch welche die Sprache die Persönlichkeitsbildung und Weltaneignung der Kinder beeinflußt, so ergibt sich von selbst die Notwendigkeit, ihre Sprachentwicklung bestmöglich zu fördern. Für viele Kinder, die keine besonderen sprachlichen Schwierigkeiten zeigen, genügt es, ihnen als gutes sprachliches Vorbild zu dienen, also selbst gepflegt zu sprechen, sich viel mit ihnen zu unterhalten und sie zum Sprechen anzuregen. Es ist wichtig, Kinder ihre Erlebnisse – eher in kleinen Gruppen als in der Großgruppe – erzählen zu lassen, gemeinsame Erinnerungen an Ereignisse wach zu halten nach dem Motto: «Weißt du noch …? Wer erinnert sich noch …? Wie war …?» und Erfahrungen gemeinsam auszuwerten. Gerade letzteres hilft ihnen, ihre Erlebnisse zu verstehen, einzuordnen und zu verarbeiten. Es unterstützt die Fähigkeit zur Reflexion und Realitätsprüfung und stärkt so ihre Bewußtheit. Ebenso wirkungsvoll sowohl für die Differenzierung der Selbstwahrnehmung als auch der sprachlichen Ausdrucksfähigkeit ist das wohlwollende verbale Spiegeln der Empfindungen, Vorstellungen, Wünsche, Ängste, Handlungen etc. der Kinder.

Genauso bedeutsam wie die Sprachförderung im Kontext der alltäglichen Interaktion ist die bewußte Hinwendung zur Sprache als Sprache, das Spiel mit der Sprache. Es gilt, die Freude der Kinder nicht nur an der Mitteilung, sondern auch an dem Wesen der Sprache zu wecken, gemeinsam ihre Schönheit zu entdecken und zu genießen. Hierzu bieten sich vielfältige Möglichkeiten, die sich zumeist auch für eine gezielte Sprachförderung bei konkreten Schwierigkeiten eignen: Gedichte, lustige Reime, Nonsensverse, Abzählreime, ulkige Wortschöpfungen, Zungenbrecher und dergleichen mehr. Aber die Liebe zur Sprache entsteht auch, wenn man Kindern Geschichten und Märchen erzählt, mit ihnen ästhetisch ansprechende Bilderbücher mit einem qualitativ wertvollen Text betrachtet und sie dabei die eigene Begeisterung spüren läßt (Vgl. Kap. VII, 4).

Bei der gezielten Sprachförderung sprachentwicklungsverzögerter Kinder ist es aufgrund des Zusammenspiels von Feinmotorik, Denken und Begriffsbildung notwendig, diese mit ihren Händen möglichst viele sinnvolle Alltagshandlungen verrichten zu lassen, bei denen sie den Gebrauch beider Hände koordinieren müssen und viele taktile Reize aufnehmen: also etwa das Schneiden von Obst, das Anrühren eines Früchtequarks, das Anfertigen von Bastelarbeiten, bei denen sie etwas ausschneiden und zusammenkleben müssen, und dergleichen mehr. Wichtig ist, daß die Kinder diese Tätigkeiten ruhig, entspannt und aufmerksam durchführen, also «ganz bei der Sache» sind. Man sollte sie vorher sprachlich planen, während der Aktion schweigen, um die Konzentration nicht zu stören, und anschließend noch einmal sprachlich vergegenwärtigen, um sie im Bewußtsein zu verankern.

Für die Erweiterung des Wortschatzes ist es notwendig, daß die Kinder die Wörter, die sie in ihren Sprachgebrauch übernehmen sollen, in alltäglichen Handlungszusammenhängen erleben. Es macht wenig Sinn, Kindern anhand von Bilderbüchern mit «abgehobenen» Inhalten, die ihren Erfahrungsraum nicht berühren, neue Begriffe anzubieten. Selbst wenn sie sie lernen, werden sie sie kaum verwenden und deshalb schnell wieder vergessen. Angemessen ist jedoch, wenn Eltern und Erzieherinnen im Gespräch mit den Kindern eine differenzierte und begrifflich reiche Sprache verwenden, so daß die Kinder im Interaktionszusammenhang eine Vielzahl von Bezeichnungen hören.

Um Schwächen in der Aussprache zu beheben, bedarf es gut artikulierender Vorbilder. Denn die Kinder ahmen die Laute nach, die sie hören. Bequemlichkeit hindert sie allerdings manchmal daran, besonders wenn sie Probleme mit der Mundmotorik haben, schwierige Lautverbindungen zu üben. Hier bieten sich einerseits Spiele an, die die Mundmotorik fördern, z. B. das Ausprobieren verschiedenster Geräusche wie Schnalzen, Schmatzen und Pfeifen, ebenso das Schneiden lustiger Gesichter oder Blasespiele wie Wattepusten. Es eignen sich jedoch auch Sprachspiele, bei denen der Spaß gerade im Sprechen liegt, wie es bei den Zungenbrechern der Fall ist. Häufig artikulieren Kinder auch deshalb schlecht, weil sie die einzelnen Laute nicht differenziert hören. Hier ist durch vielfältige Spiele die Lautdifferenzierung anzuregen. Es eignen sich alle Spiele, bei denen geflüstert wird, bei denen die Richtung der Schallquelle zu raten ist, in denen mehrere ähnliche Klänge vorkommen. Das ist beispielsweise bei Reimen der Fall, die man sich gemeinsam ausdenken und dann auf unterschiedliche Weise (laut und leise, langsam und schnell, gepiepst und gebrummt) sprechen kann.

Besonders wirksam für die Förderung aller Bereiche der Sprache, einschließlich des Satzbaus, sind sprachrhythmische Übungen, vornehmlich Spiele, die aus einer Kombination von rhythmischer Sprache – durchaus auch in Liedform – und Bewegung bestehen. Hier eignen sich alle Arten von Fingerspielen sowie Verse und Lieder, die durch Gesten untermalt werden. Das Geheimnis dieser «Sprachspiele» liegt darin, daß sie das Kind ganzheitlich fordern. Die Motorik regt sein Gehirn, insbesondere das Sprachzentrum, an und unterstützt die Arbeit des Gedächtnisses. Der Rhythmus unterstreicht den Sprachfluß und erleichtert ebenfalls die Speicherung im Gedächtnis. Zugleich belebt und entspannt er das Kind, so daß seine Aufnahmebereitschaft wächst.

Die kommunikative Funktion der Sprache, also den sachgemäßen, situations- und personengerechten Einsatz der Sprache, erwerben alle Kinder im Rahmen ihrer Sozialentwicklung. Dabei hängt es wieder von ihren Interaktionserfahrungen ab, inwieweit sie lernen, die gängigen Kommunikationsregeln zu befolgen, also sprachlich aufeinander Rücksicht zu nehmen, den Partner ausreden zu lassen, sich an einem Thema sachbezogen zu beteiligen, auf andere Gesprächsbeiträge einzugehen, Höflichkeitsformen zu beachten und dergleichen mehr. Wenn ihre Bezugspersonen zu Hause und im Kindergarten sich selbst entsprechend verhalten, dann werden auch Kinder im Vorschulalter schon die Grundlagen für eine gute kommunikative Kompetenz ausbilden.

Bei einer derart vielfältigen Förderung der Sprache innerhalb des normalen Kindergartenalltags erübrigt sich die Verwendung eines gesonderten Sprachprogramms zur Sprachförderung.

4. Das Spiel und das bildnerische Gestalten

Alle Formen der kindlichen Weltaneignung finden ihren Niederschlag in den Spielen und bildnerischen Gestaltungen der Kinder, also in ihrer zweckfreien Aktivität und schöpferischen Produktivität, die beide auch als eigene Antwort auf das Erleben der Welt begriffen werden können.

Das Wesen des Spiels

Wenden wir uns zuerst dem Spiel zu. Alle Menschen zu allen Zeiten in allen Kulturen spielen. Worin besteht eigentlich das Wesen des Spiels? Was macht das Besondere des Spiels aus? Eine Antwort läßt sich in der gebotenen Kürze nur andeutungsweise geben. Charakteristisch ist zunächst eine spezifische Freiheit: Der Mensch spielt, wenn er frei ist von Notwendigkeiten oder existentiellen Bedrohungen; wenn er z. B. gerade nicht seinen Hunger stillen oder seinen Lebensunterhalt verdienen muß, kann er sich ohne Angst einer frei gewählten Tätigkeit hingeben. Diese freiwillige Tätigkeit, das Spiel, ist seinerseits zweckfrei in dem Sinne, als es nicht der Lebenssicherung oder einem Lernziel dient oder einen sonstigen Nutzen erfüllt. Es ist frei von Zwang, Verantwortung und Konsequenz. Mag der Mensch innerhalb seines Spiels auch ein Ziel verfolgen, z. B. einen schönen, stabilen, hohen Turm zu bauen, mag sich das Spiel auch als sehr nützlich erweisen, indem sich ein spielerisch entstandenes Produkt später «sinnvoll» verwenden läßt oder spielend wichtige Lebenseinsichten gewonnen werden – diese «Ergebnisse» bestimmen nicht den Sinn des Spielens. Das Spiel ordnet sich diesen Zwecken nicht unter, sondern es bleibt wesentlich frei und wird zerstört, wenn man versucht, es zu funktionalisieren. Diese Freiheit empfinden zu können, ist eine Frage des Bewußtseins und zugleich die Voraussetzung, um spielen zu können. Im Spiel lernt der Mensch, eben diese Freiheit zu gebrauchen (und sie gegebenenfalls zurückzugewinnen, falls sie gehemmt wurde).

Im Spiel finden vitale und schöpferische Kräfte des Menschen ihren lustvollen Ausdruck. Gerade das zweckfreie Tätigsein erfüllt den Menschen mit Spannung und Freude. Er verläßt mit dem Beginn des Spieles das «gewöhnliche», ihn vielfältig beanspruchende Leben und tritt für eine gewisse, immer begrenzte Zeit in eine auch räumlich lokalisierbare oder zumindest durch Symbole, z. B. ein Spielbrett, gekennzeichnete

Sphäre der Scheinhaftigkeit, in der er «so tut als ob», das aber mit vollem Ernst. Die Hingabe an den erfüllenden Schein läßt aus den erinnerten Erfahrungen innere Bilder auftauchen, die emotionale Bedeutung gewinnen und als Grundlage vielfältiger Gestaltungen (in Spiel und Kunst) dienen. Das bedeutet: Der zweckfrei spielende Mensch ist empfänglich für die Gestaltungsmöglichkeiten, die das Material und die eigene sowie die vorgefundene Situation eröffnen. Er zwingt ihnen keinen äußeren Zweck auf, sondern überläßt sich einem dialoghaften Prozeß, aus dem etwas Neues erwachsen kann. Darin liegen die Spannung und das Geheimnis, die wirkliche Spiele in sich bergen. Äußere Momente der Spannung können sich zusätzlich ergeben durch die Polarität des den Spielen innewohnenden Zufallsprinzips und ihrer geordneten Struktur. Denn das Spiel folgt in aller Freiheit durchaus einer inneren Ordnung oder auch klar formulierten Regeln. Den äußeren Rahmen des Spiels bilden die Grenzen von Raum und Zeit, einschließlich des klaren Beginns und Endes. Sie verleihen dem Spiel seine geschlossene Gestalt und heben es aus dem «gewöhnlichen» Leben hervor. Die innere Ordnung besteht bei Regelspielen in eindeutigen Anweisungen, wie sich die Mitspieler zu verhalten haben. Aber auch alle anderen Spielformen besitzen eine innere Struktur, einen eigentümlichen Charakter, den es im Spiel zu respektieren gilt, will man es nicht zerstören.

Das Spiel erfüllt den ganzen Menschen, gleichgültig ob Kind oder Erwachsener. Ihm dient, solange es währt, sein ganzes Fühlen, Denken, Wollen und Handeln, die gesamte Aufmerksamkeit und der volle Ernst. Der Spielende setzt alle seine Kräfte ein, die körperlichen wie die geistigen, die selbstbezogenen wie die gemeinschaftsbezogenen, das Realitätsdenken wie die Phantasie. So fördert es, obwohl absichtslos, die Entwicklung der gesamten Persönlichkeit.

Exkurs: Das instrumentalisierte Spiel

Da Kinder gerne spielen, das Spiel generell als die kindgemäße Form der Beschäftigung gilt und Kinder ohne Zweifel in ihrem freien Spiel wesentliche Erfahrungen sammeln und Lernprozesse durchlaufen, tendieren Pädagogen dazu, das Spiel zu instrumentalisieren. Schon für Kinder im Kindergartenalter wird es bewußt eingesetzt, um als wertvoll erachtete Bildungs- und Erziehungsinhalte zu vermitteln. Didaktische Spiele sollen zielorientiert bestimmte Lernprozesse – kognitiver und sozialer Art – in den Kindern initiieren, und diese spielen nicht mehr, weil sie wollen, sondern weil sie sollen. Ihr Wollen wird für ein unausgesprochenes Sollen mißbraucht. Dieses Vorgehen mißachtet die Freiheit des Spiels und zerstört es damit in seinem innersten Kern. Ihm liegt ein Mißverständnis zugrunde. Dieses besteht in der Annahme, daß jedes kindgerechte Lernen ein Spiel sein müsse, das nur das spielerische Lernen «Spaß» mache und Kinder die «Lust» am Lernen verlören, wenn es nicht im Gewand des Spiels aufträte. Diese Sichtweise reduziert Kinder auf Wesen, die sich einseitig in der zweckfreien Welt des «Scheins» aufhalten, einem «So-tun-als-ob» hingegeben. Doch Kinder nehmen von Anfang an auch teil an der Welt der zweckbestimmten «Notwendigkeit», lernen in ihr – weil sie immer und überall lernen, wenn keine psychischen Hemmnisse vorliegen – und wollen sich handelnd in ihr bewähren.

Wenn das Kind etwas Bestimmtes lernen soll, dann ist es ehrlicher, diese Erwartung deutlich zu benennen und sie nicht als scheinbar freiwilliges Spielangebot zu tarnen, weil durch die verborgene Absicht die Prinzipien der Freiheit, Selbstbestimmung und Gleichberechtigung der Spielteilnehmer verletzt werden und dadurch Mißtrauen entsteht. Gelingt es allerdings, mit dem attraktiv gestalteten, klaren Lernangebot auf kindliche Fragen an die Welt adäquat einzugehen oder diese zu wecken, so wird das Kind sich bereitwillig darauf einlassen. In diesem Zusammenhang können auch didaktische Spiele (z. B. Übungen zur Farbwahrnehmung), sofern sie als Arbeits- oder Übungsangebot deklariert werden, sinnvoll eingesetzt werden. Denn selbst drei- bis vierjährige Kinder fühlen sich ernstgenommen, wenn sie wie die «Großen arbeiten» dürfen.

Die Spielentwicklung

Die Entwicklung der Spielfähigkeit setzt schon im Säuglingsalter ein und differenziert sich während der gesamten Kindheit aus. Die Spiele der Kinder werden dabei immer komplexer und vielfältiger, so daß es, um eine Übersicht zu gewinnen, sinnvoll erscheint, die verschiedenen Spielweisen anhand gemeinsamer Grundzüge zu klassifizieren. Da solch eine Einteilung aber immer künstlich bleibt, darf man sich nicht wundern, wenn einzelne konkrete Spiele zugleich mehreren Kategorien angehören.

Das Funktionsspiel: Die erste und einfachste Weise zu spielen, ist das Funktionsspiel. Als Funktionsspiel gilt das lustvolle Erproben der eigenen körperlichen Fähigkeiten, die um ihrer selbst willen durchgeführte Bewegung sowie das Erforschen von Materialien und Gegenständen hinsichtlich ihrer Eigenschaften und Verwendungsmöglichkeiten. Den gemeinsamen Nenner dieser Spielvorgänge bilden die Freude, zu erleben, wie etwas «funktioniert», die zweckfrei-spielerische Aneignung dieser Funktion sowie die Lust, Verursacher einer Wirkung zu sein.

Wenn Kinder mit drei Jahren in den Kindergarten eintreten, haben sie sich schon ein breites Repertoire an Bewegungsmöglichkeiten und ein beträchtliches Wissen um materielle und gegenständliche Funktionen «erspielt». Doch die Lust an dieser Art Spiel ist, obgleich sie sich inzwischen auch andere Spielformen erobert haben, ungebrochen. Das Funktionsspiel erscheint beispielsweise als durch keinerlei Regeln eingeschränktes Bewegungsspiel, wenn die Kinder schaukeln, wippen, balancieren, hüpfen, Purzelbäume schlagen, mit dem Dreirad oder dem Roller fahren, klettern etc. Es tritt aber zudem weiterhin als zweckfrei-experimenteller Umgang mit Materialien auf, z. B. beim Matschen im Sand, bei dem etwa die Wirkung unterschiedlicher Mengen von Wasser auf trockenen Sand untersucht wird: Wenig Wasser erhöht die Formbarkeit, mehr Wasser führt zu einer schlammigen Konsistenz. Oder es zeigt sich in der Lust, in Pfützen zu springen und das Spritzen der Wassertropfen zu beobachten, oder in der Freude, das Laub im Herbst mit den Füßen vor sich her zu schieben, den dabei entstehenden Geräuschen zu lauschen und die «Haufenbildung» zu beobachten. Wie hoch kann solch ein «Haufen» anwachsen? Auf feinmotorischer Ebene sind es z. B. vorstellungsfreie Kritzeleien mit einem Stift, die ersten Versuche, mit einer Schere oder einem Messer zu schneiden sowie der anfängliche, rein experimentelle Umgang mit Knetmaterialien.

Der Reiz des Funktionsspiels liegt darin, daß es die eigene Körperlichkeit und Sinnlichkeit auf ganz elementare Weise anspricht und dabei ein sehr ursprüngliches Wohlbefinden und geistige Offenheit erzeugt. Daß Kinder darüber hinaus durch das Funktionsspiel ihre Beziehung zum eigenen Körper vertiefen, ihre motorische Geschicklichkeit und Wahrnehmungsfähigkeit schulen sowie Erkenntnisse über elementare Gesetzmäßigkeiten gewinnen, ist ein erfreulicher Nebeneffekt, nicht aber sein Zweck. Dennoch sollten Kinder auch aus diesen Gründen reichlich Gelegenheit zu Funktionsspielen finden oder zu ihnen angeregt werden, falls sie nicht von selbst damit beginnen.

Das Konstruktionsspiel: Gegen Ende des zweiten Lebensjahres genügt es Kindern nicht mehr, lediglich funktionell Wirkungen zu erzielen (Sand aufhäufen, Klötze stapeln). Durch das wachsende Vorstellungsvermögen und Symbolverständnis nun befähigt zu planen, möchten sie etwas Bestimmtes herstellen: einen Turm, eine Sandburg. Damit ist die Stufe des Konstruktionsspiels erreicht. Zu dieser Spielform gehört, daß ein Kind vor dem Spiel äußern kann, was es herstellen möchte, sein Vorgehen plant, entsprechend durchführt und ein Produkt anfertigt, das dem vorgestellten Modell ähnelt, indem es einige der wesentlichen Merkmale aufweist. Je einfacher das Spielmaterial, desto eher erfüllen die Produkte alle Bedingungen des Konstruktionsspiels.

Im dritten Lebensjahr backt das Kind Sandkuchen und baut schlichte Türme aus wenigen Elementen. Dabei stellen diese anfänglichen «Erzeugnisse» eine Übergangsstufe zwischen dem Funktions- und dem Konstruktionsspiel dar. Aus reiner Funktionslust übt das Kind den Umgang mit den Materialien. So gelingt es ihm, dem Sand eine bestimmte Form zu verleihen und mehrere Bauklötze aufeinanderzulegen. Im Nachhinein – etwa auf die Frage der Eltern hin oder in Nachahmung ihrer Deutung – bezeichnet es dann sein Produkt als «Kuchen» oder «Turm». Oder die Eltern fordern es auf: «Bau doch einen Turm», und das Kind schichtet einige Steine übereinander. Auf diese Weise lernt es allmählich, seine Handlungen auf Vorstellungen zu beziehen und zu planen.

Im vierten Lebensjahr baut das Kind umfangreichere Gebilde und beginnt mit Knetmasse einfache, geplante Objekte zu formen. Im fünften Lebensjahr entstehen die ersten erkennbaren Zeichnungen (meist Menschen oder Häuser), die Plastilinprodukte nehmen an Vielfalt zu, die Schere tritt in Aktion, die Bauvorhaben werden komplizierter. Im Sand gestaltet es großzügige Landschaften mit Bergen, Höhlen und Flüssen. Mit umfunktionierten Möbeln, Polstern, Tüchern oder Ästen und Zweigen baut es große Gebilde – Hütten oder Schiffe –, in die es selbst hineinpaßt. Es nimmt sich Projekte vor, die mehrere Tage beanspruchen. Es beginnt auch, mit Gleichaltrigen gemeinsam an einem Vorhaben zu arbeiten. Im sechsten und siebten Lebensjahr differenziert das Kind alle Konstruktionsspielformen weiter aus. Im Freien baut es mit Vorliebe Hütten, es verwendet Konstruktionsspielsachen, die mehr technisches Verständnis erfordern, und oftmals kombiniert es Bauvorhaben mit Rollenspielen.

Im Konstruktionsspiel gestaltet das Kind seine eigene Welt und erlebt die Freude an der Urheberschaft. Sein Wert für die kindliche Entwicklung liegt zudem im Zuwachs an Handgeschicklichkeit, Materialerfahrung und der Fähigkeit, Werkzeuge differenziert einzusetzen. Es vertieft sein Verständnis für kausale Zusammenhänge und erwirbt ein physikalisches Erfahrungswissen, z. B. auf den Gebieten der Mechanik und Statik. Des weiteren erweitert es seine Vorstellungskraft, lernt planvoll und produktorientiert zu handeln, seine Konzentrationsfähigkeit und Ausdauer nehmen zu. Wenn das Kind bereit ist, eine selbstgestellte Aufgabe über längere Zeit hinweg durchzuführen, dann hat es die notwendige Arbeitshaltung erworben, die zur Schulreife gehört.

Das Rollenspiel: Eine dritte Art zu spielen ist das Rollenspiel. Es ist charakterisiert durch ein «So-tun-als-ob». Dabei werden Gegenstände willkürlich umfunktioniert, Unbelebtes als lebendig behandelt, Personen schlüpfen in neue Rollen und Situationen des täglichen Lebens oder fiktive Inhalte werden spielerisch dargestellt. Die wachsende Vorstellungskraft, die sich auch in der Fähigkeit zur aufgeschobenen Nachahmung zeigt, ermöglicht dem knapp zweijährigen Kind, die Haltung des «So-tun-als-ob» einzunehmen. Es legt sich auf das Sofa und «tut, als ob es schlafe», oder es sitzt am Tisch und «spielt Essen». Im Sandkasten rührt es den Sand im Eimer mit einem Stöckchen um wie die Mutter das Essen im Kochtopf. In dieser Übergangsform, Symbolspiel bzw. Nachahmungsspiel genannt, schlüpft es noch nicht in eine fremde Rolle, es «ist» beim «Kochen» noch nicht die Mutter, sondern erfährt lediglich sich selbst als «kochend». Doch schon wenig später nimmt es seinen Teddy und «füttert» ihn, wobei ihm kleine Bausteine als «Nahrung» dienen. Dabei fühlt es sich als Mutter, betrachtet den Teddy als sein Kind. Es spricht mit ihm, während es die einfachen, ihm bekannten Handlungen des täglichen Lebens nachahmt (einfaches Rollenspiel).

Mit drei bis vier Jahren erreicht das Rollenspiel einen ersten Höhepunkt. Das Kind setzt nun alles, was ihm in den Sinn kommt, in Rollenspiele um. Dabei löst es sich mehr und mehr aus der direkten Nachahmung der Alltagssituationen. Diese benutzt es, um die phantastischsten Geschichten zu entwickeln. Obwohl das Kind ganz in den Rollen aufzugehen scheint, weiß es zumindest im Nachhinein zwischen Vorstellungswelt und Realität zu unterscheiden. Allerdings spielen mehrere dreijährige Kinder nur scheinbar gemeinsam in einer Gruppe. Bei genauerer Beobachtung nimmt man wahr, daß sie nebeneinanderher spielen, dabei laut denken oder mit ihrem Spielzeug sprechen und sich mit ihren Geräuschen und Bewegungen wechselseitig anpassen (paralleles Rollenspiel). Spielt ein Dreijähriges in der Gruppe größerer Kinder mit, so erfüllt es die ihm zugewiesene Rolle, beispielsweise die des Babys oder Hundes. Vierjährige vermögen sich schon besser auf ein Gruppenspiel einzustellen.

Bei fünf-, sechs- und siebenjährigen Kindern stehen gemeinschaftliche Rollenspiele mit traditionellen sozialen Inhalten – wie Familie, Schule, Kaufladen und Friseur – sowie die Nachahmung aufregender, abenteuerlicher Ereignisse im Vordergrund (soziales Rollenspiel). Die Vorlage für letztere bilden gehörte und z. B. im Fernsehen gesehene Geschichten, die in der Phantasie beliebig weiterentwickelt werden. Den krönenden Abschluß des Rollenspiels im Vorschulalter bildet die Theatervorführung. Der äußere Rahmen (Eintrittskarten, Verkleidung, Zuschauer) spielt für die Darbietung der Märchen oder Zirkuskünste eine bedeutsame Rolle.

Bereits im einfachen, deutlicher aber im komplexen Rollenspiel drückt das Kind seine Erlebnisse und Erwartungen, Wünsche und Ängste aus. Es hilft ihm, seine Erfahrungen zu verarbeiten und sich anzueignen, wenn es Geschehenes spielend wiederholt. Emotionale Spannungen können sich lösen, Ängste durch die Übernahme der überlegenen Position gemildert werden. Indem das Kind in fremde Rollen schlüpft, erlebt es auf dem Wege der Identifikation die mit ihnen verbundenen Gefühle. Es lernt, sich in sie hineinzuversetzen, und überwindet so allmählich seine egozentrische Perspektive. Mit der Übernahme verschiedener Rollen übt es zugleich sein Sozialverhalten, im Probehandeln erfährt es sich z. B. als Schulkind und Lehrer, als Verkäufer, Busfahrer, Mutter oder Vater. Damit leistet das Rollenspiel auch einen wichtigen Beitrag zur Gemeinschaftsfähigkeit des Kindes.

Das Regelspiel: Mit der Entwicklung des anschaulichen Denkens und der beginnenden Gruppenfähigkeit erwirbt das Kind die Voraussetzungen für die vierte Grundform des Spiels, das sogenannte Regelspiel. Hierbei ist die Struktur bestimmt durch selbst erdachte oder vorgegebene Regeln, denen sich um des Spielens willen freiwillig unterordnet. Die Regeln begrenzen den Handlungsspielraum; sie legen fest, welches Verhalten in welcher Reihenfolge unter welcher Bedingung erfolgen soll. Sie definieren ein von den Spielteilnehmern zu erreichendes Ziel und ernennen häufig den erfolgreichsten Spieler zum Sieger. Das Regelspiel wird zumeist als Gemeinschaftsspiel durchgeführt und enthält normalerweise Wettbewerbselemente. Werden die Spielregeln gebrochen, so ist der Spielverlauf gestört. Die Aufgabe der Spielregeln besteht nicht in erster Linie darin, das Spielverhalten zu strukturieren. Denn auch schon das Funktionsspiel, erst recht aber das Rollen- und das Konstruktionsspiel weisen eine charakteristische Struktur auf und folgen inneren «Regeln», die eingehalten und gegebenenfalls auch eingefordert werden. Im Hinblick auf die Rollenerfüllung (z. B. beim Schulespielen) und das Konstruktionsspiel (z. B. ein Haus bauen) gibt es ein «richtiges», den Spielerfordernissen entsprechendes und ein «verkehrtes», dem Spiel nicht dienliches Verhalten. Im Gegensatz zu dieser immanenten Spielordnung werden die Regeln des Regelspiels klar formuliert. Sie untersagen geradezu die für die anderen Spielarten so typische Spontaneität und schränken das Verhalten auf wenige Handlungselemente ein. Damit ermöglichen sie ein Erleben von Gemeinsamkeit und Gleichheit, das jedoch durch den Wettbewerbscharakter zugleich wieder aufgehoben wird, denn nun gibt es auch Sieger und Verlierer.

Im dritten Lebensjahr erfindet das Kind für sich beim Spielen eigene Regeln, die es für eine gewisse Zeit befolgt. So sucht es etwa beim Spielen kleine Steinchen und legt sie fein säuberlich auf den Sandkastenrand. Dabei spielen weder der Gemeinschaftsaspekt noch der Leistungsaspekt eine Rolle. Mit ungefähr dreieinhalb Jahren erwacht seine Leistungsmotivation. Das Kind erkennt etwa beim Bilderlotto oder Memory-Spiel den Wettbewerbscharakter und möchte gut abschneiden. Mißerfolge verkraftet es nicht. Um sie zu vermeiden, bricht es gegebenenfalls das Spiel ab, leugnet sein Versagen oder schiebt die Schuld dafür auf äußere Umstände. Eventuell weist es auf andere, «ausgleichende» Fähigkeiten hin. Im fünften Lebensjahr spielt es gern in kleinen Gruppen und beginnt, sich vorgegebenen Spielregeln unterzuordnen. Nun rechnet es beim Spiel zwar mit der Möglichkeit zu verlieren, aber nach wie vor bedeutet dies eine große emotionale Belastung. Im sechsten Lebensjahr gewinnt das Regelspiel eine größere Bedeutung, und übertrifft im Schulalter schließlich alle anderen Spielarten an Beliebtheit.

Zu den einfachsten Regelspielen gehören die organisierten Bewegungsspiele – z. B. Verstecken, einfache Kreisspiele – und leichte Gesellschaftsspiele wie Memory, das Dominospiel, «Schwarzer Peter», Quartett-Spiele und erste Brettspiele. Sie werden schon von Vorschulkindern beherrscht.

Eine besondere Variante der Regelspiele stellen die Computerspiele dar. Sie gehören zu dieser Kategorie, weil das Programm die Regeln vorschreibt, denen sich die Spieler anzupassen haben. Ebenso regeln sie den Zufall, auf den die Spieler reagieren müssen.

Die einfachen Regelspiele lassen, z. B. aufgrund der Tatsache, daß oftmals ihr Ausgang weitgehend vom Glück abhängt, der individuellen Initiative wenig Spielraum. Die komplexen Formen hingegen ermöglichen dem Kind, innerhalb des gegebenen Rahmens seine körperlichen (Fußball) und geistigen (Mühle) Fähigkeiten vielfältig zu schulen und gegebenenfalls in den Dienst einer Mannschaft zu stellen. Insgesamt übt das Kind im Regelspiel seine soziale Anpassungsfähigkeit. Es stellt eigene Impulse zugunsten des gemeinsamen Spiels zurück und erreicht mit Hilfe der erwünschten Fähigkeiten einen guten Rangplatz, etwa durch seine Konzentrations-, Kombinations- und Entscheidungsfähigkeit. Dabei entwickelt es Sachbezogenheit und Methodenbewußtsein. Es übt Rücksicht und Loyalität und lernt schließlich auch zu verlieren.

Selbstverständlich vermischen sich im realen Spielvollzug häufig die dargestellten Spielformen. So werden im Konstruktionsspiel oftmals noch die Funktionen des Materials spielerisch erprobt (etwa beim Bauen im Sand) oder mit dem Konstruktionsergebnis (dem Sandkuchen, der Sandburg, dem Lego-Auto) wird anschließend ein Rollenspiel gespielt. Das Funktionsspiel ebenso wie das Konstruktionsspiel können auch die Basis eines Regelspiels bilden, und sogar das Rollenspiel kann als Element des Regelspiels dienen.

Die Entwicklung des bildnerischen Gestaltens

Das bildnerische Gestalten fällt in den Grenzbereich des Spiels, weil es viele von dessen wesentlichen Kennzeichen aufweist. So widmet sich auch das bildnerisch tätige Kind – wenn es also zeichnet, malt, knetet, modelliert, bastelt oder eine Collage anfertigt – mit Hingabe und allem Ernst seinem Vorhaben, alle seine Gefühle und Gedanken beziehen sich auf das Gestalten, es entfaltet seine Phantasie und erlebt die Freude der Produktivität.

Ähnlich wie im Spiel folgt das Kind beim bildnerischen Gestalten einem inneren Drang, sich mit der Welt auseinanderzusetzen, Erlebtes auszudrücken und darzustellen, und zwar zunächst durchaus zweck-frei. Das Kind kritzelt, malt und matscht im zweiten und dritten Lebensjahr ausschließlich, um zu kritzeln, zu malen und zu matschen. Daß es für seine Produkte Anerkennung und Bewunderung erntet, sie verschenken kann und mit ihnen Freude bereitet, sind erst sekundäre Motive, die allmählich an Bedeutung gewinnen und verstärkend hin-zukommen.

Weil die Bedeutung des bildnerischen Gestaltens für das Kind darin liegt – ähnlich wie im Konstruktions- und Rollenspiel –, seiner Welt-sicht, seinem Erleben und Fühlen eine Form zu verleihen, sie dadurch aus sich herauszusetzen, mitzuteilen und zu verarbeiten, eröffnen eben diese Gestaltungen dem Betrachter einen Zugang zur inneren Welt und Befindlichkeit des Kindes. Interessiertes Fragen, was es mit seiner Dar-stellung meint, behutsames Verstehen sowie einfühlsame Widerspiege-lung des Wahrgenommenen schenken ihm das Gefühl der Bedeutsam-keit seiner Schöpfungen und verhelfen ihm zu wachsender Bewußtheit über sich selbst. Natürlich birgt das bildnerische Gestalten – wie das Spiel – einige pädagogisch erwünschte «Nebenwirkungen» in sich. So erwirbt das Kind auch bei dieser Beschäftigung Materialerfahrung und durch den Umgang mit verschiedenen Werkzeugen feinmotorische Ge-schicklichkeit. Es schult seine Wahrnehmung und sein ästhetisches Empfinden, übt Konzentration, Sorgfalt und Ausdauer, entfaltet seine Kreativität und gewinnt durch die Erfahrung schöpferischer Kompe-tenz an Selbstsicherheit, die sich in Freude und Stolz äußert.

Das bildnerische Gestalten erwächst – wie alle anderen Arten des Spiels – aus dem Funktionsspiel. Wenn das Kind im zweiten Lebens-jahr beginnt, mit Stiften zu kritzeln und im feuchten Sand zu matschen, vollzieht es diese Handlungen zunächst aus reiner Bewegungslust. Doch dann entdeckt es eines Tages, daß es durch seine Aktivitäten Spuren am Material hinterläßt: Spuren seiner Hände und Füße im Sand, Spuren des Stiftes auf dem Papier. Diese Spuren faszinieren es und bilden den Ausgang für die Entwicklung der zeichnerischen Ge-staltungsfähigkeit, auf deren Darstellung ich mich im folgenden be-schränken möchte. Denn die Entwicklung des Bastelns wird durch An-leitungsprozesse stark überformt, und die des Modellierens (z. B. mit Knete) stellt eine Zwischenform dar, die zudem der Entwicklung des Konstruktionsspiels ähnelt.

Das einjährige Kind spielt und kritzelt zunächst mit allen erreich-baren Materialien, nicht nur mit dem Stift auf dem Papier, sondern auch mit Brei auf der Tischplatte. Das Schmieren und Kritzeln bleibt über ein Jahr lang ein reines Funktionsspiel, mit dem das Kind seine Freude am Dasein und der Selbstwirksamkeit zum Ausdruck bringt. Etwa mit zweieinhalb Jahren – also deutlich später als beim Konstruktionsspiel – beginnen Kinder, zumeist auf Befragen, ihre Kritzelgebilde nachträglich mit einer Bedeutung bzw. einem Sinn zu unterlegen. Zwar unterscheiden sich die Kritzeleien äußerlich nicht oder kaum von den vorhergehenden, aber nun stellen sie plötzlich etwas Bestimmtes dar (etwa die «Mama» oder das «Auto»), wobei keinerlei Ähnlichkeit mit dem Gemeinten zu erkennen ist und auch die Bezeichnung jederzeit wechseln kann.

Zu Beginn des Kindergartenalters, also mit drei Jahren, wandelt sich die Darstellungsweise. Mit zunehmender Übung verfeinert sich die Koordination von Auge und Hand, das Kind vermag nun kreisartige und geschlossene Linien zu ziehen. Jetzt tritt die Bewegungslust hinter die Darstellungsabsicht zurück, die es nun klar formuliert. Dabei überraschen die produzierten Formen. Häufig sind es Kritzelformen, aus denen eine große Anzahl von Strahlen, «Fühlern» oder «Tastern» erwachsen. Es wirkt so, als ob das Kind mit diesen Gebilden, die aufgrund ihrer Gestalt «Tastkörper» oder «Strahlenfiguren» heißen, seine Wendung nach außen symbolisiert: Es wagt sich jetzt weiter in die Welt hinaus, fühlt, tastet, sendet, nimmt Kontakt auf.

Im Laufe des vierten Lebensjahres reduziert es allmählich die Anzahl der Strahlen auf vier bis zwei. So geht aus dem Tastkörper der Kopffüßler hervor, wobei der Kopf den Bauch einschließt, also eine Kopf-Bauch-Einheit bildet. Damit hat sich das Kind das erste zeichnerische Schema («Sinnzeichen») für ein Lebewesen erarbeitet, das es mit leichten Variationen auch für Tiere verwendet. Gleichzeitig präzisiert es die graphischen Urformen, so daß es bis zum Alter von vier Jahren fähig ist, Punkte, Linien und Zickzacklinien, Kreise, Spiralen, Kreuze und Kästen deutlich voneinander unterschieden zu zeichnen.

Ausgehend von diesem Repertoire entwickelt das vier- bis fünfjährige Kind eine Fülle von Bildzeichen, die sich jeweils auf die wichtigsten charakteristischen Merkmale beschränken, (deshalb auch «Sinnzeichen» oder «Zeichenschema» genannt) und gestaltet mit ihnen ausdrucksstarke Bilder. Dabei beginnt es, sich beim Zeichnen an den Blattrichtungen (oben/unten, rechts/links) zu orientieren und sie beizubehalten. Es dreht das Blatt beim Malen nicht mehr beliebig oft, sondern besitzt nun eine gerichtete und stabile Raumorganisation.

170

Inhaltlich spiegeln die Bilder seinen Erlebnisbereich. Es zeichnet Menschen und Tiere, Bäume und Blumen, Häuser, Autos und Schiffe, Sonne, Wolken, Mond und Sterne und dergleichen mehr. Um seine Absicht zu verdeutlichen, hebt es besonders markante Einzelheiten klar hervor («Prägnanztendenz» – entspricht der Orientierung an einem Merkmal beim anschaulichen Denken), etwa den Schwanz und die langen Ohren bei Tieren. Bei Tieren neigt es außerdem dazu, sie zu vermenschlichen, indem es ihnen z. B. menschliche Gesichter malt und sogar dem Fisch Arme verleiht (entspricht dem anthropomorphen Denken). Wichtige Inhalte stellt es besonders groß dar. So mag es sein, daß ein Schmetterling oder eine Blume genauso groß erscheinen wie ein Baum oder ein Haus («Bedeutungsgröße» oder «Ausdrucksproportion» – entspricht dem egozentrischen Denken). Was ihm wichtig ist, zeichnet es auch dann, wenn man es eigentlich nicht sehen kann, z. B. die Inneneinrichtung eines Hauses («Transparenz» oder «Röntgenbild»). Allmählich beginnen die Sinnzeichen zu agieren: Sie stehen nicht mehr unverbunden nebeneinander, sondern treten zueinander in Beziehung und erzählen eine Geschichte.

Bei der Wahl der Farben für die einzelnen Bildinhalte richtet sich das Kindergartenkind nicht nach der Realität, sondern nimmt diejenigen, die es als schön empfindet («Dekorativfarben») und die seiner augenblicklichen Stimmung entsprechen. So mag es die Sonne lila und den Hund rot zeichnen. Erst zu Beginn des Schulalters wählt es überwiegend Typenfarben, zeichnet also zumeist den Himmel blau, Baumstämme braun und das Sommerlaub grün.

Mit fünf bis sechs Jahren steigert sich die Ausdruckskraft der Bilder, weil das Kind immer besser lernt, Gegenstände und Bildzusammenhänge zu verändern, um seine Gefühle auszudrücken. Nun erklärt es dem Erwachsenen begeistert und ernsthaft, was es dargestellt hat. Es ist dies die Phase, in der die Kinderbilder den Betrachter durch ihre Unmittelbarkeit, Spontaneität und Kreativität besonders stark berühren. Diese beeindruckende Kreativität erwächst aus dem spielerischen Erproben, Experimentieren und miteinander Kombinieren. Sie realisiert sich im Erkennen oder Stiften von Beziehungen zwischen vorher unbezogenen Erfahrungen, wodurch sich neue Einsichten, Denkformen und Handlungsmöglichkeiten ergeben. Unbewußt setzt das Kind beim Zeichnen diese neuen Einsichten ins Bild.

Problematisches Spiel- und Gestaltungsverhalten

Das Spiel – in allen seinen Ausprägungen – gilt als Hauptbetätigungsart des Kindes. Im Spiel und kreativen Gestalten eignet es sich die Welt an, setzt sich mit seinen Erfahrungen auseinander, drückt sein Wissen, seine Gefühle, seine Sehnsüchte, Ängste und Bedürfnisse aus und setzt dabei alle seine Fähigkeiten ein, die kognitiven ebenso wie die emotionalen und sozialen. Weil das so ist, erkennt der sorgfältige Beobachter in allen spielerischen und gestaltenden Aktivitäten des Kindes eine Mitteilung seiner psychischen Befindlichkeit, die es zu verstehen gilt. Besonders Störungen im Spiel- und Gestaltungsverhalten weisen ihn deutlich auf kognitive, emotionale und soziale Probleme hin. Natürlich sind derartige Schwierigkeiten auch am generellen Beziehungsverhalten ablesbar, doch treten sie im schöpferischen Tun und beim Spiel besonders klar zutage. Aus diesem Grunde seien im Folgenden einige typische Formen problematischen Spielverhaltens kurz angerissen. Dabei beschränke ich mich auf die Klassifikation der äußeren Struktur des kindlichen Verhaltens, beachte nur einige wenige grundlegende Aspekte, *wie* das Kind sich bei schöpferischen Betätigungen und Spielen verhält, nicht aber *was* es spielt oder gestaltet. Die wenigen Hinweise sollen nur den Blick für mögliche psychische Hemmnisse und Störungen schärfen, auf keinen Fall aber zu deren Diagnostik dienen. Dazu bedarf es differenzierter, in diesem Rahmen nicht vermittelbarer Fachkenntnisse, die auch die inhaltliche Ausdrucksebene berücksichtigen.

Eine der wunderbaren Wirkungen des freien Spiels und der kreativen Gestaltung besteht darin, daß es die «Selbstheilungskräfte» des psychisch hinlänglich stabilen Kindes aktiviert, und ihm dazu verhilft, «durchschnittlich erwartbare» Konflikte zu verarbeiten. Dies geschieht, indem das Kind die Problemsituationen symbolisch so oft wiederholt und sie dadurch strukturiert und verobjektiviert, bis es sie einordnen und sich von ihnen distanzieren kann. Oftmals schafft es sich in der spielerischen und gestaltenden symbolischen Darstellung auch einen Ausgleich für einen empfundenen Mangel, holt etwas nach oder auf und gewinnt dadurch an psychischer Stärke.

Gelingt dem Kind die Bewältigung traumatischer Erfahrungen nicht, so kann sich dies in dem Zwang äußern, die immer gleichen Bilder zu malen oder Spielabläufe über einen langen Zeitraum hinweg (fast) unverändert zu wiederholen. Es bleibt spürbar in seiner Problematik stecken. In diesem Fall benötigt es ein Gegenüber – möglicherweise im Rahmen einer heilpädagogischen Behandlung oder psychologischen Spieltherapie –, das einfühlsam mit ihm gemeinsam die Bedeutung seiner Aktionen versteht.

Ein anderer Weg des Kindes, nicht zu bewältigende Konflikte auszudrücken, ist die Flucht ins Spiel, insbesondere in regressive Formen, bei denen es hinter seinen bereits erreichten Entwicklungsstand zurückfällt. Es spielt dann Baby, spricht wie ein Kleinkind, möchte entsprechend versorgt werden. Oder es beschäftigt sich stundenlang allein, entwirft im Rollenspiel mit Puppen oder Figuren und in ausgiebigen Konstruktionsspielen oder beim Basteln eine eigene Welt. Solche Kinder besitzen eine reiche Innenwelt, die sie auf vielfältige Weise darstellen, doch ziehen sie sich aus der äußeren Realität zurück, weil sie sich überfordert fühlen, zu starkem Realitätsdruck ausgesetzt sind, Angst vor Verletzungen sie hemmt. Einfühlsames Verständnis und Entlastung von überzogenen Erwartungen wirken bei dieser Problematik hilfreich.

Eine Steigerung der Flucht in die Vorstellungswelt bildet das exzessive Spielen, bei dem das Kind jegliche Selbstkontrolle über sein Spielverhalten und seine emotionale Beteiligung verliert. Es beeinträchtigt andere Beteiligte, indem es deren Spiel- oder Gestaltungsimpulse durch sein dominantes und expansives Verhalten blockiert. Es reagiert auf jedes Ding, jeden Gegenstand, Form, Farbe und bezieht alles in seine Aktion mit ein. Die Überfülle seiner Ideen entfernen sich dabei mehr und mehr von der Realität. Solche Kinder benötigen klare äußere Grenzen, die sie vor Strukturverlust bewahren und ihnen helfen, ihre Phantasie, Reaktions- und Erlebnisfähigkeit in konstruktive Bahnen zu lenken sowie Vorstellung und Realität voneinander trennen zu lernen. Darüber hinaus empfiehlt sich, durch Verhaltensbeobachtung und Diagnostik die Gründe für diese Flucht in die Scheinwelt zu erkunden.

Sprunghafte Weisen der Beschäftigung wirken auf den ersten Blick ähnlich wie das exzessive Spiel. Denn Kinder mit dieser Störung lassen sich ebenfalls von jedem etwas auffallenden Reiz ablenken, wodurch ihr Spiel plan- und ziellos wird. Allerdings sind ihr Spiel und ihr Bastel- oder Materialverhalten oberflächlich und lassen eigene Vorstellungen ebenso vermissen wie die Identifikation mit der Situation. So wirken sowohl das Spiel als auch die Gestaltungen beliebig. Sie entbehren eines tragenden Inhaltes und einer inneren Sinnhaftigkeit. Die Ursachen für ein solches Spielverhalten können in der Grundkonstitution des Kindes liegen, wobei manchmal eine hirnorganische Komponente eine Rolle spielt. Häufiger bedingen Erziehungsfaktoren diese Schwierigkeit, sich auf ein Spiel wirklich einzulassen und eine eigene innere Spielwelt zu erwerben. Besonders ungünstig wirkt sich aus, wenn die Kinder wenig Verständnis für ihre Zuwendungs- und Spielbedürfnisse erfuhren, sich statt dessen an die Bedürfnisse und Hektik der Erwachsenen anpassen mußten und als «Entschädigung» dafür mit Spielzeugen überhäuft wurden. (Das Kind hat doch «alles»!). Für diese Kinder ist – ähnlich wie für die «Exzessiven» – eine ruhige, freundliche Atmosphäre sowie die Reduktion des Spielzeugs auf wenige, vielseitig verwendbare Grundmaterialien besonders notwendig, damit sie zu sich selbst finden können.

Den Gegensatz zum exzessiven Spiel bildet die Spiel- und Gestaltungshemmung. Solchen Kindern fällt es schwer, entsprechende Angebote anzunehmen, sich an Gemeinschaftsspielen zu beteiligen und ihre Ideen einzubringen. Sie akzeptieren entweder ihnen angetragene untergeordnete Rollen («Ich bin der Hund.») oder erfinden Gründe für ihre Ablehnung (Malen ist doof, das Spiel ist zu blöd, die Mitspieler zu klein etc.), wirken lustlos und gelangweilt, ergreifen dargebotene Spielsachen zögernd und stellen sie schnell wieder beiseite. Für Alternativen zu Spiel, Basteln und Malen – z. B. beim Aufräumen oder Zubereiten des Frühstücks zu helfen – zeigen sie sich eher aufgeschlossen. Überläßt man sie sich selbst, so greifen sie im Alleinspiel oftmals die zuvor angebotenen Themen und Ideen auf und variieren sie. Dieses bei vielen Kindern zu beobachtende Nachspiel zeigt die durchaus vorhandene innere Beteiligung, die vorhandene innere Bilderwelt und Spielfähigkeit. Doch besteht eine Hemmung, sie offen darzustellen, die zumeist in Beziehungskonflikten gründet. Mangelnde Beziehungssicherheit, Verwöhnung oder zu große Abhängigkeit, die Angst vor emotionalen Verletzungen, Entwertungen und zu hohen Ansprüchen führen zu Selbstunsicherheit und veranlassen die Kinder dazu, ihre Spiel- und Gestaltungsimpulse zurückzunehmen. Oftmals haben sie ihre Bewertungserfahrungen schon so verinnerlicht, daß sie ihre eigenen Produkte abwerten. Sie finden ihre Bilder langweilig, ihre Basteleien und Bauwerke blöd und ziehen im Selbstvergleich mit anderen immer den kürzeren. Solche Verhaltensformen sprechen oftmals für eine kindliche Form der Depression. Im pädagogischen Umgang mit diesen Kindern empfiehlt sich eine freundliche, annehmende Grundhaltung, die Respekt vor der freien Entscheidung des Kindes zeigt. Es geht darum, ihnen immer wieder Kontakt-, Mal- und Spielangebote zu machen, aber sie nicht zur Beteiligung zu drängen; vielmehr ist auf Appelle an die Einsicht, auf Kritik, Vorwürfe, Tadel und Lob – überhaupt auf jede Art der Bewertung – gleichermaßen zu verzichten, damit das Kind Vertrauen fassen und seinen eigenen Weg finden kann.

In mancher Hinsicht ähnlich wirken die Probleme der Kinder, die unter einem Sozialisationsdefizit leiden. Sie stammen zumeist aus Familien der Unterschicht und weisen Entwicklungsdefizite auf, die den emotionalen und sozialen, teilweise auch den kognitiven und motorischen Bereich betreffen. Solche Kinder spielen insgesamt sehr wenig, entwickeln kaum Kreativität, und die meisten von ihnen beteiligen sich nicht am sozialen Rollenspiel. Ihnen sind zunächst verschiedene Spiele, in denen sie sich selbst erfahren können, anzubieten. Angezeigt ist natürlich auch eine gezielte Förderung der Phantasie- und sozialen Rollenspiele. Ihnen ist in gemeinschaftlich frei entwickelten Rollenspielen (keine vorgefertigten Rollenspielübungen, d. h. keine Instrumentalisierung des Spiels zum Zwecke des sozialen Lernens) die Möglichkeit zum Probehandeln und zum Ausprobieren von Handlungsalternativen zu eröffnen, so daß sie die Folgen verschiedener Verhaltensweisen, also Erfolg und Mißerfolg, Distanz oder Integration in die Gemeinschaft, erleben können. Solche Unterstützung steigert, wenn keine kognitiven Ausfälle bestehen, das kindliche Spielniveau, das sprachliche Artikulationsvermögen, den Einfallsreichtum und die Konzentrationsfähigkeit.

Eine besondere Herausforderung für das pädagogische Geschick bildet das aggressive Spielverhalten. Wenn nicht eine hirnorganische Störung, welche die Kontrolle aggressiver Impulse verhindert, als Ursache vorliegt, so ist der Grund in einer Beziehungsstörung zu suchen. Oftmals sind es emotional deprivierte Kinder, die, wenn sie nicht den resignativen Rückzug oder die phantasiearme Überanpassung als Überlebensstrategie wählen, unfähig sind, Frustrationen zu ertragen, und daher impulsiv und aggressiv reagieren. Ihnen fehlen soziale Kompetenzen, um sich Freunde zu schaffen; ihr Zuwendungsbedürfnis ist aber so hoch, ihre Verletzlichkeit so ausgeprägt, daß sie schon bei der kleinsten Zurückweisung die Selbstkontrolle verlieren. Sie schreien, toben, drohen, schlagen, zerstören Spielsachen, wenn sie sich mißachtet oder hintangestellt fühlen.

Auch weniger vernachlässigte, aber dennoch bindungsgestörte Kinder – besonders solche mit unsicher-ambivalentem Bindungsmuster (vgl. Kap. III, 2) – neigen zu aggressiver Spielweise. Nicht immer äußern sie ihre Aggressionen direkt, teilweise erscheinen diese auch in verdeckter Form, beispielsweise als «versehentliches» Zerstören lieb-gewordener Dinge, als «unbeabsichtigtes Anstoßen», wobei sie einem anderen Kind Schmerzen zufügen, und ähnliches mehr. Sie tendieren dazu, mit ihrem Verhalten Konflikte zu provozieren, für die sie dann andere verantwortlich machen. So wiederholen sie in symbolischer Form die emotionalen Verletzungen, die sie selbst erlitten haben.

Die beste Hilfe für die beziehungsgestörten Kinder – zu denen durchaus auch gehemmte, sprunghafte oder in Gestaltung und Spiel flüchtende Kinder gehören – ist die einfühlsame und unterstützende Begleitung ihrer (Selbst-) Darstellungen in Spiel und bildnerischer Ge-staltung sowie die korrigierende Erfahrung einer sicheren, sie wert-schätzenden Beziehung, durch die ihre Persönlichkeitskräfte nach-reifen können. Darüber hinaus benötigen alle Kinder – also auch die ohne Gestaltungs- und Spielprobleme – eine zum Spielen und Darstel-len anregende Umwelt (s. Kap. IV, 1), die den Bedürfnissen des erreich-ten Entwicklungsniveaus Rechnung trägt.

VII. Bereiche der Bildungsangebote

Der kindliche Drang, sich die Welt anzueignen, verlangt natürlich nach angemessenenen Herausforderungen. Vielfältige Bereiche bieten sich hierfür an. Einige für die elementare Bildung besonders zentrale und sich wechselseitig ergänzende möchte ich in diesem Kapitel umreißen. Alle dienen dem Grundziel, nämlich der Erweiterung der Selbst-, Sozial- und Sachkompetenz des Kindes oder anders ausgedrückt: Sie möchten ihm dazu verhelfen, sich als interessiertes, autonomes und zugleich sozial eingebundenes Wesen zweckmäßig handelnd in der Welt zurechtzufinden und an ihr gestaltend teilzunehmen.

1.Alltagsbewältigung

Hauswirtschaftliche Arbeiten

Wenn Kinder sich handelnd die Welt aneignen, indem sie die Erwachsenen nachahmen, ausprobieren und spielen, so wollen sie es letztlich ihren Bezugspersonen gleichtun und lernen, das Leben und alles, was dazugehört, selbständig zu meistern. Deshalb schauen sie auch gern den Erwachsenen bei ihren Tätigkeiten zu, wollen mitmachen, helfen und nützlich sein. Sie freuen sich, wenn sie zu einem sinnvollen Ergebnis beitragen, das man gebrauchen kann und über das sich auch andere Menschen freuen. Sie wollen arbeiten, d. h. sich zielgerichtet und zweckgebunden betätigen in den Bereichen, die sie sinnlich und gedanklich erfassen können. Das sind die Bereiche des elementaren praktischen Lebens, die hauptsächlich Haus und Garten umfassen, sich jedoch mitvollziehend auf einige Betätigungen im Wohnort ausweiten. Das heißt konkret, das Kind möchte beim Kochen helfen, beim Decken des Tisches, Abwaschen des Geschirrs, beim Waschen und Aufhängen der Wäsche, beim Fegen und Staubsaugen und so fort. Auch im Garten hilft es gern zu pflanzen, die Blumen zu gießen, die Beeren zu pflücken; es möchte sich bei Einkäufen beteiligen, die Dinge aus dem Regal nehmen, in den Einkaufswagen legen, der Kassiererin das Geld geben, die bei der Post besorgten Briefmarken auf den Brief kleben. Und es möchte die Handlungsabläufe zunehmend selbständig durchführen. Alle diese hilfreichen Tätigkeiten erfüllen es mit Stolz, führen zu einer Steigerung der Selbst- und Sachkompetenz: «Ich kann das!» und bestätigen oder festigen sein Gefühl der sozialen Verbundenheit. Denn – und das gilt es zu berücksichtigen – ein Kind im Kindergartenalter führt solche «Arbeiten» nicht alleine durch (es sei denn, es will zu einer besonderen Gelegenheit seine Bezugsperson überraschen – etwa mit einem gedeckten Tisch), sondern gemeinsam mit einem Erwachsenen. Diese Gemeinsamkeit sucht es. Das bedeutet folglich: Man darf von einem Kindergartenkind nicht erwarten, daß es, dazu aufgefordert oder aus eigenem Antrieb, regelmäßig eine bestimmte Aufgabe allein erfüllt, auch dann nicht, wenn es sie selbständig beherrscht und anschließend dafür ein Lob erhält. Solch eine Erwartung nimmt ihm gleichsam den Boden der Freude.

Für das kindliche Erleben unterscheiden sich Spiel und Arbeit zunächst nur durch die Nützlichkeit ihres Ergebnisses. Alle anderen Merkmale, die häufig der Differenzierung der beiden Tätigkeiten dienen, gelten für die Perspektive des Kindes nicht. Das Kind arbeitet ebenso freiwillig, wie es spielt (auch der Erwachsene kann freiwillig die Pflicht der Arbeit erfüllen), beides bereitet dieselbe Freude. Auch beim Spiel setzt es ernsthaft und konzentriert alle Fähigkeiten ein, um ein dem Spiel innewohnendes Ziel zu erreichen, etwa die Konstruktion eines Schlosses oder die Beruhigung einer weinenden Puppe. Deshalb will es das Spiel nicht einfach unvollendet abbrechen, sondern «muß» es zu Ende führen. Im Spiel experimentiert es, entdeckt und erprobt neue Handlungsstrategien. Das alles gilt aus seiner Sicht für die Arbeit ebenfalls; und es erlebt, daß diese Tätigkeiten für den Lebensvollzug notwendig sind, einen äußeren Zweck erfüllen und daher anerkannt werden.

Das Kind will also keineswegs nur spielen, sondern auch – in dem erläuterten Sinn – arbeiten. Daß Eltern und Erzieher ihm dazu hinlänglich Gelegenheit bieten, ist eine wichtige erzieherische Aufgabe. Allerdings sollten sie sich, um die kindliche Arbeitsbereitschaft und -freude nicht zu zerstören, auf die kindliche Perspektive einstellen. Das heißt zunächst: Sie sollten den kindlichen Wunsch, sich freiwillig an einer Arbeit zu beteiligen, nutzen. Zudem gilt es, das Kind sowohl zu genauer Beobachtung und Nachahmung herauszufordern als auch

– wo verantwortbar – ihm den Spielraum zuzugestehen, etwas selbst auszuprobieren und zu experimentieren. Verliert es die Lust, so ist sorgfältig abzuschätzen, ob die Aufgabe die Geduld des Kindes tatsächlich überfordert – etwa weil der sichtbare Erfolg zu lange auf sich warten läßt – und es sich deshalb getrost zurückziehen darf oder ob durch Motivationsversuche sein Durchhaltevermögen zu stärken wäre. Auf jeden Fall müssen die Erwachsenen akzeptieren, daß sie gemeinsam mit dem Kind deutlich langsamer arbeiten als alleine, und sich deshalb Zeit und Ruhe gönnen. Desgleichen ist es erforderlich, die eigenen Ansprüche an die Perfektion der Ausführung zu senken. Ein Kind arbeitet nicht so schnell, so sauber und so exakt wie ein Erwachsener und darf deshalb nicht mit dessen Maßstäben bewertet werden, weil das seinen Stolz, sein Selbstbewußtsein und seine Arbeitslust gefährden würde. Das Kriterium zur Beurteilung der kindlichen Leistung liegt vielmehr in dessen eigenen, bereits erworbenen Kompetenzen. Es sollte ermutigt werden, sie so sorgsam wie möglich einzusetzen.

Der Lohn für die Bereitschaft, sich auf das Kind einzustellen, liegt in der Freude, die die Gemeinsamkeit Eltern und Erzieherinnen schenken kann, in der belebenden Teilhabe an der kindlichen Begeisterung und der spielerischen Art zu arbeiten sowie in der Faszination über die sichtbaren Entwicklungsschritte. Zudem gewinnen Erwachsene die beruhigende Gewißheit, daß das Kind wesentliche, für die Lebenstüchtigkeit notwendige Kenntnisse und Fähigkeiten erwirbt und sich auf die zielgerichtete, vorgegebene Arbeit in der Schule vorbereitet.

Kleine Kinder an der «Arbeit» zu beteiligen, steht in unserer Gesellschaft nicht hoch im Kurs. Zu stolz sind wir darauf, daß unsere Kinder nicht arbeiten müssen. Wir denken dabei an die zu Recht verpönte Kinderarbeit, die kleine Kinder als Arbeitskräfte ausbeutet, um die Erwachsenen zu entlasten oder zum Familienerwerb beizutragen. Diesen Zielen darf – wie die Erläuterungen hoffentlich verdeutlicht haben – das Helfen der Vorschulkinder nicht dienen. Es geht vielmehr um ihre Entwicklungschancen und nicht um die Bedürfnisse der Erwachsenen. Das bedeutet, die Erwachsenen investieren Zeit und Energie, wenn sie mit Kindern im Kindergartenalter gemeinsam arbeiten.

In unserer Gesellschaft, in der viele häusliche Aufgaben von Maschinen übernommen oder gar nicht mehr ausgeführt werden, weil man gleich fertige Produkte kauft, entsteht zudem insbesondere für Eltern die Herausforderung, manche Arbeiten, die sie normalerweise nicht selbst erledigen, um der Welterfahrung ihrer Kinder willen zusammen mit ihnen zu verrichten. Das mag damit beginnen, daß sie gemeinsam das Geschirr mit der Hand spülen und nicht mit der Spülmaschine, sich fortsetzen, indem sie Marmelade selber kochen und den Teig für Kuchen, Brot oder Kartoffelknödel selbst herstellen sowie das Gemüse frisch kochen und nicht der Tiefkühltruhe entnehmen. Bei allen Tätigkeiten können sich die Kinder beteiligen: beim Rühren und Sahneschlagen, beim Auspulen von Erbsen, beim Pellen der Kartoffeln, beim Abzupfen von Johannisbeeren, beim Abtrocknen. Sie lernen nebenbei, mit Geräten umzugehen, verfeinern ihre motorische Koordination, gewinnen Einblicke in Handlungs- und Wirkungszusammenhänge. Und stolz werden sie «ihre» Produkte verspeisen. Das heißt also: Die Erwachsenen sind aufgefordert, sich arbeitend mit den Kindern zu beschäftigen. Das macht mehr Mühe als den Grundsatz zu vertreten, der zugespitzt formuliert lautet: «Die Welt des Kindes ist das Spiel und nur das Spiel, und deshalb sollen Kinder spielen und erst an der Welt der Erwachsenen teilnehmen, wenn sie groß genug sind, um effektiv zu helfen.» Das gelingt ihnen erst mit erworbener Schulreife. Denn diese besteht ja gerade in der Fähigkeit, gewisse Pflichten (Schulpflicht!) zu übernehmen, sich regelmäßigen Anforderungen zu stellen und sie zudem sachgemäß sowie ansatzweise selbständig zu erfüllen. Das Grundschulkind vermag also selbstständig das Geschirr abzutrocknen oder die Spülmaschine auszuräumen, den Abfalleimer zu leeren, die Petersilie zu schneiden und dergleichen mehr. Doch wird es der Erfüllung solcher für seine Autonomie und das Gemeinschaftsleben wichtigen Aufgaben nur dann ohne allzu große Widerstände zustimmen, wenn es im Kindergartenalter die Freude am gemeinsamen, noch spielerisch ausgerichteten Arbeiten erlebt hat und auch jetzt seine Pflichten zwar «arbeitsteilig», aber überwiegend im kommunikativen Miteinander erledigen darf.

Der eigene Körper

In den gleichen Voraussetzungen wie die hauswirtschaftlichen Kompetenzen, die sich das Kind durch das Helfen aneignet, gründen das elementare Bewußtsein für die Belange des eigenen Körpers und die Fähigkeit, diese zu berücksichtigen. Beides vermag das Kind im Alter von drei bis sechs Jahren zu entwickeln, wodurch sein Selbstgefühl und seine Autonomie eine entscheidende Prägung erfahren. Beispielsweise bildet es, wenn seine Bezugspersonen hinlänglich einfühlsam auf seine körperlichen Bedürfnisse reagieren, eine Empfindung für Hunger und Sättigung, Müdigkeit und Munterkeit aus und lernt, Hunger nicht mit Ärger oder Müdigkeit mit Traurigkeit zu verwechseln. Es erwirbt ein Gespür dafür, was seinem Körper guttut: z. B. Bewegung, draußen herumzutoben, wenn es «rappelig» ist; sich auszuruhen, wenn es müde ist; sich anzukuscheln, wenn es traurig ist. Es besitzt Erfahrungen mit Schmerzen und leichten Verletzungen – etwa einer Schürfwunde – und erinnert sich, wie man solch eine Verletzung versorgt. Wichtig ist, daß es verschiedene körperliche Zustände erlebt und erkennt, wodurch diese ausgelöst werden, etwa: Wenn man sehr dick angezogen ist und es draußen heiß ist, oder wenn man sich sehr anstrengt oder herumtobt, dann beginnt man zu schwitzen. Oder umgekehrt: Wenn man dünn angezogen ist und es draußen kalt ist, oder wenn es draußen kühl ist und man sich nicht bewegt, dann beginnt man zu frieren. Oder: wenn man ohne Regenzeug draußen ist, kann man bis auf die Haut naß werden, aber das macht nichts, wenn man dabei nicht friert und hinterher trockene Sachen anzieht. Durch solche Erfahrungen erlangt das Kind allmählich ein Bewußtsein für witterungsgemäße Kleidung.

Zu dem Umgang mit dem eigenen Körper gehört weiterhin die Körperpflege sowie ein elementares Wissen, weshalb sie nötig ist, etwa das Händewaschen nach dem Toilettengang oder vor dem Essen oder das Zähneputzen nach einer Mahlzeit. Da solche Zusammenhänge sich eigentlich der kindlichen Einsicht entziehen, weil diese auf sichtbare Merkmale angewiesen ist, Viren und Bakterien jedoch für das menschliche Auge unsichtbar bleiben, sollte man bei der Hygiene nicht mit der Vernunft des Kindes rechnen. Vielmehr muß das angemessene Verhalten vorgelebt, eingefordert, belohnt und durch konsequente Wiederholung eingeschliffen werden.

Die Erfahrung von Krankheiten – von Fieber, Schmerz, Schlappheit und Appetitlosigkeit –, verbunden mit dem Erlebnis besonderer Fürsorge, bereichert das kindliche Körpererleben ebenfalls. Sie verhilft zu der Erkenntnis, daß Krankheiten zum Leben dazugehören und überwunden werden können, daß aber auch Sorgfalt und Pflege wichtig sind (Vgl. Kap. VII, 3).

Bestimmt wird der Bezug des Kindes zu seinem Körper und der Umgang mit ihm aber letztlich von dem überdauernden Erleben, daß es sich in seinem Körper wohlfühlt, daß es sich auf seine körperlichen Fähigkeiten verlassen kann, weil es motorisch geschickt ist, und daß es für seine körperliche Erscheinung Anerkennung findet, die sich auch in wertschätzender Zuwendung ausdrückt. Solche Stärkung des körperlichen Selbstbewußtseins wird dazu beitragen, daß das Kind selbst ebenfalls wertschätzend und achtsam mit seinem Körper umzugehen lernt.

Verkehrserziehung

Ein weiterer bedeutsamer Aspekt der Alltagsbewältigung besteht im Erwerb der Verkehrssicherheit. Denn das Kind strebt ja aus der elterlichen Wohnung heraus, will sich im Kindergartenalter zunehmend die nähere Umgebung erschließen und sich selbständig in ihr bewegen, und dazu bedarf es der Verkehrssicherheit. Kognitiv ist seine Entwicklung durch das mit drei Jahren erwachende Regelverständnis weit genug vorangeschritten, um im Laufe der Kindergartenzeit alle für es bedeutsamen Regeln des Verkehrsverhaltens erlernen und auf einfachem Niveau begreifen zu können.

Das heißt, wenn Erwachsene es entsprechend unterweisen, dann weiß ein vier- bis fünfjähriges Kind, daß es nicht auf der Straße, sondern nur auf dem Bürgersteig gehen darf, daß es vor dem Überqueren der Straße am Bordstein zunächst stehenbleiben und nach beiden Seiten schauen muß, daß es dazu – wenn vorhanden – einen Zebrastreifen benutzen und keinesfalls rennen, sondern stets langsam gehen soll. Es kennt auch die Funktion der Ampel, weiß, daß die Autos bei Rot halten müssen und bei Grün fahren dürfen, weiß, daß es selbst nur die Straße überqueren darf, wenn das grüne Männchen der Fußgängerampel leuchtet. Gleichfalls kennt es die Funktion, vielleicht sogar schon die Bedeutung des einen oder anderen Verkehrszeichens.

Vom Vierjährigen ist allerdings nicht zu erwarten, daß es sein Wissen selbständig angemessen umsetzt. Denn noch ist sein Verhalten zu wenig vom Verstand gesteuert, noch dominieren ihn zu sehr seine emotionalen Impulse, orientieren sich sein Empfinden und Denken, selbst die Beurteilung seiner Wahrnehmungen zu wenig an der äußeren Realität. Doch mit fünf Jahren hat das Kind genügend Realitätsbewußtsein und Selbstkontrolle erworben, daß es – keine attraktiven Ablenkungen vorausgesetzt – sich alleine als Fußgänger bewegen kann. Das gelingt ihm jedoch nur, wenn es sich bis dahin häufig und regelmäßig an der Hand eines Erwachsenen als Verkehrsteilnehmer erlebt hat, wenn dieser zudem ein gutes Vorbild bot und sich selbst stets «richtig» benahm und wenn er mit ihm konsequent das regelhafte Verhalten einübte. Denn erst eine fest eingeschliffene Gewohnheit verhilft dem Kind dazu, die Regeln einzuhalten und seine Aufmerksamkeit in erforderlichem Maße auf den Verkehr zu richten.

Nützlich ist darüber hinaus, wenn sich das Vorschulkind auf verschiedene Art und Weise aktiv als Verkehrsteilnehmer erlebt, also wenn es nicht nur zu Fuß geht, sondern auch mit dem Roller oder Fahrrad fährt. Zwar darf es das auch nur auf dafür vorgesehenen Wegen und nur in Begleitung einer Bezugsperson, doch es lernt auf diese Weise das Einhalten derselben Verkehrsregeln aus leicht veränderter Perspektive, was deren Festigung fördert. Daß neben den Eltern auch die Erzieherinnen im Kindergarten eine wichtige Rolle in der Erziehung zur Verkehrssicherheit spielen, liegt auf der Hand. Ihre Aufgabe erschwert sich insofern, als sie Kindergruppen betreuen und diese zur Einhaltung von Regeln anhalten müssen. Kinder in Gruppen neigen jedoch dazu, sich in der gemeinsamen Interaktion zu verlieren, und lenken sich darum erfahrungsgemäß sehr leicht gegenseitig ab.

2. Naturerleben

Ein anderer für die Entwicklung bedeutsamer Bereich ist die Natur. Im Erleben der Natur und im Umgang mit ihr erwirbt das Kind grundlegendes Wissen über Lebenszusammenhänge, eignet sich elementare Kompetenzen an – so auch im Umgang mit seinem Körper –, es schult seine Wahrnehmungsfähigkeit und sammelt vielfältige Erfahrungen, die seine Gefühlswelt bereichern und seine Einstellungen gegenüber allem Lebendigen prägen.

Die Bedeutung des Waldes als Bildungsraum habe ich schon an anderer Stelle (vgl. Kap. IV, 1) umfassend erläutert. Hier möchte ich noch einige weitere Aspekte in die Betrachtung einbeziehen.

Wünschenswert für Kinder im Kindergartenalter ist, daß sie die Natur ihrer nächsten Umgebung erleben, daß sie mit Wäldern, Wiesen und Feldern in ihrer Nähe vertraut werden, und das zu allen Tages- und Jahreszeiten sowie bei jedem Wetter. Erleben heißt dabei nicht, an der Hand von Bezugspersonen langweilige Spaziergänge zu absolvieren, bei denen man brav auf dem Weg bleibt. Erleben heißt, den Weg zu verlassen, über die Wiesen zu laufen, im duftenden Gras zu liegen, durchs Unterholz zu kriechen, am See zu spielen, im Bach zu waten und vieles andere mehr. Erleben heißt, die Natur mit allen Sinnen wahrzunehmen und sich vielfältig in ihr zu betätigen. Erleben heißt:

Wie riecht die Luft, wenn sie nach Schnee oder nach Frühling riecht? Wie duftet eine frisch gemähte Wiese, wie die heiße Augustluft? Wie riechen Laubwälder, wie Nadelwälder? Wie riecht es im Herbst, wenn das abgefallene Laub im Wald zuhauf auf dem Boden liegt? Und wie verändern sich die Farben der Blätter an den Laubbäumen im Laufe des Jahres? Welche Farbtöne durchlaufen die Buchenblätter im Herbst, bis sie trocken und braun von den Bäumen fallen? Und am Himmel: was ereignet sich da alles? Dort wandern Wolken, die wie dicke Haufen aussehen, und solche, die Assoziationen an Schäfchen wecken oder die wie große, weiße Federn wirken. Es gibt weiße, graue und rosarote Wolken, leuchtende und bleiern stumpfe, niedrig hängende und die eintönig graue Wolkendecke. Wolken bilden sich bei heißem und bei kaltem Wetter. Manche bringen Regen oder Schnee, andere ziehen vorüber, wieder andere halten sich eine lange Zeit scheinbar unverändert. Und der Regen? Manchmal fällt er sacht und gleichmäßig über lange Zeit, manchmal schüttet es «wie aus Kübeln» – doch zumeist nicht sehr lange. Manchmal fällt er in feinen, dann in dicken Tropfen. Manchmal hört man gar nicht, wie er fällt, manchmal rauscht er, manchmal trommelt er regelrecht aufs Dach. Und dann noch der Wind dazu ... oder die Sonne ... der Mond und die Sterne ... Es geht darum, daß das Kind alle diese feinen Variationen wahrnimmt, daß die Bezugspersonen sie sich mit ihm gemeinsam bewußt machen und ihm helfen, die Unterschiede einzuordnen: Durch die hellgrünen Blätter scheint das Licht im Frühling hindurch, weil sie noch so dünn sind («Fühl mal, wie weich sie sind.»). Im Herbst riecht es, weil das Laub allmählich zu modern beginnt. Die untergehende Sonne beleuchtet die Wolken, darum scheinen sie golden oder rosarot. Aber auch morgens, wenn sie aufgeht, färbt sie sie rötlich. So erwerben Kinder auf der Grundlage ihrer eigenen Erfahrungen und Wahrnehmungen ein differenziertes Wissen um Naturzusammenhänge. Sie empfinden am eigenen Leib die Wirkungsweise der wahrgenommenen Einzelheiten, spüren die unterschiedlichen Regenqualitäten im Gesicht, verbinden die verschiedenen Gerüche mit den dazugehörigen Witterungsverhältnissen, Jahreszeiten, Pflanzen und Stimmungen. Ein solcherart erworbenes und vernetztes Wissen prägt sich tief ein und haftet. Es verleiht das Gefühl, lebendig zu sein und vermittelt über das sinnliche Erleben Sinn.

Zu den jahreszeitlichen und witterungsbezogenen Beobachtungen treten die an Pflanzen und Tieren hinzu. Wie erkennt man eine Buche?

Wie eine Eiche? Welche Blumen wachsen in der Nähe? Welche blühen im Frühling zuerst – und welche etwas später? Welche blühen gelb, welche weiß, welche rot, welche blau? Welche blühen im Sommer oder gar erst im Herbst? Welche Büsche und Sträucher findet man in der Umgebung? Was für Früchte tragen sie? Beeren? Nüsse? Kann man sie essen, oder sind sie giftig? Was kann man überhaupt alles essen? Wildkräuter als Salat? Wie heißen alle diese Pflanzen? Denn durch den Namen wächst die Vertrautheit, sie werden hervorgehoben aus der «anonymen Menge» und gleichsam ansprechbar. Wenn die Erwachsenen die unerschöpflichen Fragen nicht beantworten können, so bietet dies eine gute Gelegenheit, sich den Lebensraum Natur gemeinsam mit dem Kind zu erschließen. Es erfährt, daß die «Großen» auch nicht alles wissen, daß man auch als Erwachsener noch Neues hinzulernt; und es erlebt, wie man das macht, beispielsweise indem man gezielt in Büchern nachschaut. Es gibt auch genügend gute kindgemäße Bilder- und Sachbücher, die sich für diesen Zweck eignen.

Vergleichbares gilt für die Tierwelt. Sie bietet ebenfalls Stoff zu vielfältigen Beobachtungen, die zu differenzierten Fragen anregen, gleichgültig ob es sich um das Leben von Vögeln, Schmetterlingen, Hasen und Rehen, Bienen, Käfern oder Ameisen handelt. Es gibt Singvögel, Wasservögel und Raubvögel. Manche überwintern hier, manche ziehen in den Süden. Sie singen vorwiegend im Frühling. Man kann beobachten, wie sie sich im September zum Flug nach Afrika sammeln ... Schmetterlinge entwickeln sich aus Raupen, die sich verpuppen. Wer hat schon einmal eine Raupe gesehen? Manche Raupen fressen alle Blätter von den Bäumen ... Und wie leben Bienen? ... Und Ameisen? Welch faszinierendes Erlebnis, den Ameisen auf einer Ameisenstraße zuzuschauen. Manche schleppen nicht nur Tannennadeln, sondern auch winzig kleine Zweigstückchen. Die Aufzählung der Tierarten und Beobachtungsmöglichkeiten ließe sich beliebig lange fortsetzen. Der Sinn solcher Beobachtungen liegt sowohl darin, daß sie die Wahrnehmungsfähigkeit schulen und zum Wissenserwerb anregen, als auch daß sie Staunen hervorrufen, faszinieren, Begeisterung wecken und eine Ahnung vermitteln von dem komplexen und geheimnisvollen Gesamtzusammenhang des Lebens. Die emotionalen Erfahrungen verhelfen dem Kind dazu, sich nicht nur in der heimatlichen Natur zu verwurzeln, sondern im Leben überhaupt. Denn es selbst wird spüren, daß es auch ein Teil dieser Natur ist, daß es dazugehört. Und so wird es Achtung vor der Natur erwerben, sie wird ihm lieb und wert werden, besonders dann, wenn seine Bezugspersonen diese Empfindungen teilen, sich achtsam verhalten und mit ihm den pfleglichen Umgang mit allem Lebendigen einüben. Das heißt, ihre Vorbildfunktion ist auch hier gefragt: der Abfall, selbst das Bonbonpapier, ist wieder mit nach Hause zu nehmen; Blumen, Blätter und Kräuter dürfen nur dann gepflückt werden, wenn man sie wirklich braucht, beispielsweise für einen Kräutertee; geschützte Pflanzen darf man nicht abrupfen; man soll nicht unnötig lärmen, um die Tiere nicht zu stören; sich Zeit nehmen, um genau zu beobachten, beispielsweise wie die Wolken ziehen, wie die Bienen von Blüte zu Blüte fliegen und den Nektar einsammeln.

Neben den vielen Beobachtungsmöglichkeiten eröffnet die Natur aber auch einen unermeßlichen Raum zum Experimentieren und zum Spielen. Durch experimentelle Spiele (Wie baut man am besten einen Damm? Welche Materialien schwimmen – Blätter, Zweige, Tannenzapfen, Beeren, Steine, Gräser? Wie muß man sich bewegen, um möglichst lautlos zu schleichen?) vertiefen Kinder ihr naturgesetzliches Erfahrungswissen, welches ihnen dazu verhilft, allmählich das magische Denken zu überwinden. Ihre Experimente vollziehen sie in Gestalt von Konstruktions- und Funktionsspielen, aber auch im Rahmen von Rollen- und Bewegungsspielen. Überhaupt bietet die Natur die besten Voraussetzungen, um die Motorik zu üben. Alle motorischen Kompetenzen, die ein Grundschulkind besitzen sollte, kann es sich spielend in der Natur aneignen, indem es rennt, springt, klettert, balanciert oder beim Pflücken von Beeren und Kräutern seine Fingerfertigkeit übt.

Schließlich – und dieser Aspekt ist nicht zu vernachlässigen – befriedigt die Natur die menschliche Sehnsucht nach Schönheit auf vielfältige Weise. Jeder Sinn – und nicht nur Auge und Ohr – ist einbezogen in die große Schönheitserfahrung, die einer der Hauptgründe ist, weshalb viele Menschen in der Natur so glücklich sind. Die Empfänglichkeit der Kinder für Schönheitserlebnisse zu bestärken, indem man sie auf die ziehenden Wolken am Himmel, auf die bunte Blumenwiese, auf eine seltsam geformte Baumwurzel, die Feinheit des Zittergrases, das Rauschen des Windes in den Blättern, das Zwitschern der Vögel oder die Gestalt von Schneeflocken hinweist und sich mit ihnen gemeinsam darüber freut, ist eine weitere wichtige Aufgabe von Eltern und Erzieherinnen.

Zusammenfassend bleibt also festzuhalten, daß die Natur sich als Erfahrungsraum eignet, um den ganzen Menschen zu bilden, weil sie den ganzen Menschen anspricht – seine Wahrnehmung, sein Denken und Fühlen, seine Phantasie, sein moralisches und ästhetisches Bewußtsein ebenso wie sein Körperempfinden, seine Bewegungslust und sein Bedürfnis nach Aktivität.

3. Existentielle Fragen

Der Alltag und die Natur – in diesen beiden Bereichen sammeln Kinder elementare Lebenserfahrungen und eignet sich grundlegende Fähigkeiten zur Lebensbewältigung an. In beiden Bereichen geraten sie aber auch in Situationen, erleben sie Dinge, die grundsätzliche Fragen in ihnen aufwerfen, Fragen, die an die Wurzeln ihres Seins, des menschlichen Seins überhaupt rühren. Solche existentiellen Fragen, manchmal direkt geäußert, manchmal nur symbolisch im Spiel oder Bild dargestellt, betreffen vielfältige Themen, solche, die staunende und glückliche Gefühle wecken, öfter noch solche, die belastende, problematische Empfindungen hervorrufen. Sie knüpfen sich beispielsweise an die Erfahrung von Freundschaft, Liebe, Geburt, Krankheit, Tod, Gewalt und Krieg, oder von Glück, Angst, Scheitern, Schuld und Trauer und betreffen auch die Frage nach Gott, nach dem unbegreiflichen Vorher und dem unausdenklichen Nachher, nach der Unendlichkeit. Gerade solch letzte Fragen weisen schon kleine Kinder als Philosophen aus und belegen das zum Menschsein gehörende Bedürfnis nach geistiger Orientierung und Sinngebung. So fragte beispielsweise der fünfjährige Tilman seine Mutter: «Mutti, der liebe Gott hat doch alles gemacht?» – «Ja.» – «Dann hat er doch auch die Krankheit gemacht?» – «Ja (?)» – «Aber Krankheit tut doch weh und ist doch schlimm.» – «Ja.» – «Warum macht der liebe Gott solche Dinge, wenn er doch lieb ist? Ich darf doch auch keinem wehtun.»

Wie ist mit Kindern, die solche Themen beschäftigen, umzugehen? Nun, zuerst einmal sind sie ernstzunehmen. Es empfiehlt sich, auf ihre Fragen einzugehen, ihnen ihrem Entwicklungsstand angepaßt inhaltlich sinnvoll zu antworten, also so, daß sie ihr Menschen- und Lebensverständnis wirklich erweitern. Auf keinen Fall sollte man ausweichen, ablenken oder gar mit der Bemerkung: «Dafür bist du noch zu klein.» reagieren. Denn dererlei Strategien demütigen und lassen die Kinder mit ihren Fragen und der damit verbundenen inneren Unruhe allein. Zudem vermitteln sie die Botschaft, nicht fragen, vielleicht sogar nicht einmal nachdenken zu dürfen. Jedenfalls wird ihnen signalisiert, daß sie mit ihren Anliegen unerwünscht sind und in ihren Bezugspersonen keine Partner besitzen, die mit ihnen gemeinsam über solch schwerwiegende Themen nachdenken wollen.

Viele Kinder fürchten «instinktiv» eine derartige Zurückweisung und scheuen sich schon sehr früh, Fragen zu existentiellen Themen zu stellen. Sie empfinden ein Tabu und richten sich danach. Sie äußern ihre Gedanken und Fragen nicht mehr, entwickeln aber dennoch aus den wenigen erhaltenen Informationen ihre Vorstellungen, die natürlich häufig kaum der Realität entsprechen. Oder sie verbannen sogar die ein unausgesprochenes Verbot implizierenden Themen aus ihrem Bewußtsein. In diesem Fall erkennt nur noch ein geübtes Auge an dem Symbolgehalt der Rollenspiele oder Zeichnungen, daß sie sich – mehr oder weniger bewußt – mit ihnen befassen.

Aus all diesen Gründen erscheint es ratsam, daß Eltern und Erzieherinnen an ihrer Offenheit arbeiten und den Kindern in der geistigemotionalen Auseinandersetzung mit diesen Bereichen beistehen. Am leichtesten gelingt dies, wenn sie jeweils die aktuelle Situation nutzen, welche die Beschäftigung mit existentiellen Fragen nahelegt. Das kann ein konkretes Ereignis sein wie die Geburt eines Geschwisterchens, die Krankheit der Großmutter, der Tod des Kätzchens, belastende Fernsehsendungen – beispielsweise solche, die Krieg, Terror oder Katastrophen darstellen – Freundschaften und Konflikte mit anderen Kindern. Scheinbar alltägliche Erlebnisse, die starke Empfindungen wecken, wie ein Gewitter, ein schöner Sonnenuntergang, die Begegnung mit einem Bettler etc. eignen sich ebenfalls als Einstieg in ein existentiell bedeutsames Gespräch. Doch auch der Jahreskreis mit seinen Naturrhythmen und religiösen Festen eröffnet vielfältige Möglichkeiten, diese Themen anzusprechen, sich handelnd zu ihnen in Beziehung zu setzen sowie eine Form des Umgangs mit ihnen zu erwerben: Frühling und Herbst – Wachsen und Vergehen – Zeit und Ewigkeit; Weihnachten und Ostern – und schließlich Gott als die das gesamte Sein umfassende Dimension.

Diese Zusammenhänge bieten sich an, Kinder zum Nachdenken anzuregen bzw. ihre spontanen Gedanken und Gefühle aufzugreifen sowie ihre Fragen zu beantworten. Wichtig ist, mit ihnen so lange zu sprechen, bis man merkt, daß die Antwort oder Erklärung für den Augenblick beruhigt und befriedigt. Falls es notwendig erscheint, kann die Bezugsperson das Thema zu einem späteren Zeitpunkt behutsam wieder aufgreifen und weiterführen, eventuell auch dazu passende Geschichten oder Bilderbücher anbieten. Haben Kinder das Fragen bereits eingestellt, so bleibt die genaue Beobachtung. Spürt man in einer existentiell aufgeladenen Situation die stumme Betroffenheit des Kindes oder nimmt man die innere Auseinandersetzung in Spiel und Gestaltung wahr, so helfen ihm einfühlsame Bemerkungen, Mut zu fassen und sich im Laufe der Zeit doch mitzuteilen. Allerdings darf es dazu nicht gedrängt werden. Ob das Kind nun schweigt oder fragt, in beiden Fällen sollten sich die Bezugspersonen bewußt sein, daß alle erwähnten Zusammenhänge Lebensfragen beinhalten, die sich niemals – auch im Erwachsenenalter nicht – erschöpfend und abschließend klären lassen.

Nun seien einige der existentiellen Themen kurz beleuchtet:

Geburt, Tod, Krankheit

Durch seine wachsende Denkfähigkeit erweitert sich das Vorstellungsvermögen des Kindergartenkindes um die Dimensionen Zukunft und Vergangenheit. Ihm ist klar: «Wenn ich einmal groß bin, werde ich heiraten und Kinder bekommen.» Ebenso denkt es rückwärts: «Als ich klein war...» Beide Vorstellungen führen zu der Frage: «Woher kommen die kleinen Babys eigentlich?» – «Aus dem Bauch.» – Und vielleicht auch: «Und wie kommen sie da raus?» Auch die Geburt eines Kindes beispielsweise in der Nachbarschaft mag solche Fragen auslösen.

Das Kind beginnt also, sich mit dem Ursprung, der Herkunft des Lebens auseinanderzusetzen und beschäftigt sich mit dem unbegreiflichen Phänomen, daß es selbst, daß alle Lebewesen einmal nicht existierten und auch einmal nicht existieren werden. Dies betrifft nicht nur die eigene Herkunft, sondern letztlich die Herkunft des Lebens überhaupt. Es ist also der Frage auf der Spur: «Was war, bevor ich, die Eltern, die Großeltern waren? Wo war ich?» Die Fragen lassen sich teilweise rein pragmatisch beantworten, verlangen aber schließlich – wie auch bei der Auseinandersetzung mit dem Tod – eine weltanschaulich begründete Stellungnahme, die nur in der eigenen Überzeugung wurzeln kann. Konkret: Gleichgültig, ob die Anwort beispielsweise lautet: «es gab dich nicht» oder: «deine Seele war beim lieben Gott», immer ist sie Ausdruck einer philosophischen bzw. religiösen Grundhaltung.

Ein weiterer Aspekt der Auseinandersetzung mit der Geburt besteht in der Faszination vom Wachsen alles Lebendigen: Als kleines, schutzloses, «niedliches» Wesen zur Welt kommend, entwickelt sich jedes Lebewesen in nahezu atemberaubender Geschwindigkeit zu einem mehr oder weniger selbständigen Individuum. Die einzelnen Schritte zu beobachten, erfüllt Kinder – aber auch Erwachsene – mit Staunen, Freude und Ehrfurcht. Die Kinder bei diesem Erleben zu begleiten, ist eine wesentliche Aufgabe der Eltern und Erzieherinnen im Rahmen der Bildung. Das bedeutet, Ehrfurcht und Staunen vorzuleben und zu lehren, Fragen zu beantworten, zur Beobachtung anzuregen und zur Pflege des jungen Lebens anzuleiten.

Vergleichbares gilt für Fragen, die in den Bereich der Aufklärung fallen. Hier ist ratsam, daß sich die Bezugspersonen unbefangen auf die Fragen einlassen, die das Kind aus reinem Sachinteresse – da die sexuellen Gefühle erst mit der Pubertät ausreifen – stellt. Sie sollten alters- und sachgerecht zugleich antworten. Der traditionelle Klapperstorch darf weder durch das «Krankenhaus» ersetzt werden noch durch eine zwar biologisch korrekte, aber so theoretische und komplexe Erklärung der Fakten, daß die kindliche Vorstellungskraft versagt. Statt dessen gilt die Maxime: Die Erklärungen der Erwachsenen orientieren sich ausschließlich an den kindlichen Fragen, sie weichen nicht aus, arten aber auch nicht aus in einen Vortrag über noch gar nicht erfragte Zusammenhänge. Dabei hilft es dem Kind, die Antworten zu verstehen und einzuordnen, wenn die Erwachsenen eine klare und einfache Sprache wählen und ihnen verdeutlichen, daß die biologische Funktion der Sexualität ihren sinnvollen Platz in einer Liebespartnerschaft zwischen Mann und Frau findet. Die erhaltenen Antworten, verbunden mit seinen Phantasien, nutzt das Kind bei der Beobachtung und Erklärung von Naturvorgängen ebenso wie es sie in Bildern und Rollenspielen gestaltet. Es beobachtet fasziniert Tiere mit ihren Jungen, liebt Kälber, Welpen, junge Kätzchen etc. Es interessiert sich brennend dafür, wie die Vögel ihre Eier ausbrüten, in denen die kleinen Vögelchen heranwachsen, um dann eines Tages herauszuschlüpfen. Es liebt Bilderbücher, die das Thema (Tier-)Geburt und (Tier-)Babydasein aufgreifen. Es läßt selbst seine Kuscheltiere Junge bekommen, spielt mit anderen Kindern gemeinsam «Schwanger-Sein» und «Geburt».

Über die Aufklärung hinaus ist es erforderlich, daß Erwachsene mit Kindern zusammen über das Wunder des Lebens – gleichgültig, ob es Pflanzen, Tiere oder Menschen betrifft – staunen, daß sie sich gemeinsam freuen. Aus dem Staunen und der Freude heraus kann die Ehrfurcht vor dem Leben erwachen: Alles Lebendige will leben, und es bedarf dazu unseres Respektes und Schutzes.

Ebenso wie der Anfang des Lebens in das Blickfeld des vierjährigen Kindes rückt, erwirbt es allmählich auch die Vorstellung von der Gebrechlichkeit des Lebens und von seiner Begrenztheit. Der Tod als Ende des Lebens erscheint am Horizont. Das Bewußtsein der Endlichkeit bildet sich schrittweise als Konsequenz vielfältiger Beobachtungen und Erfahrungen heraus, die um die Themenbereiche Verletzung, Krankheit und Sterben kreisen. Sie alle reduzieren das kleinkindhafte Omnipotenzgefühl. Das Kind erfährt, daß nicht alles möglich ist, daß aber vor allem auch die Erwachsenen nicht alles zu erreichen vermögen.

Wenn das Kind krank ist, spürt es eine Veränderung an sich und seinem Körper, die nicht seinem Willen unterworfen ist, die auch Eltern und Ärzte nicht so schnell und einfach beseitigen können. Bereiche seines Körpers, die ihm sonst zu Diensten stehen, die es sonst gar nicht deutlich oder eher positiv wahrnimmt, treten plötzlich unangenehm in sein Bewußtsein. Der Bauch, der Kopf oder der Hals schmerzen, das Schlucken tut weh. Es mag nicht essen, fühlt sich benommen, müde und schlapp. In eine heftige Krankheit fügen sich kleine Kinder zumeist widerstandslos. Sie geben zwar ihrer körperlichen Pein Ausdruck, aber sie begehren nicht gegen die Krankheit als solche auf, sondern überlassen sich ihrer Schwäche und Ohnmacht. Dieses Gefühl des Ausgeliefertseins mildert sich durch die Erfahrung, auch schwere Krankheiten überwunden zu haben, woraus das Vertrauen auf ein letztlich eintretendes «gutes Ende» (Urvertrauen) ebenso erwächst wie die Gewißheit, durch Eigeninitiative an dem Erscheinen des guten Endes mitwirken zu können. Alle drei Aspekte – das Gefühl des Ausgeliefertseins, das Vertrauen und die Eigeninitiative – immer wieder gegenseitig auszubalancieren, bleibt eine lebenslange Aufgabe.

Etwas leichtere Krankheiten lassen dem Kind mehr Kraft und damit einen größeren Spielraum für seine Reaktionen. Es empfindet zwar eine gewisse Schwäche, fühlt sich aber durchaus noch imstande, etwas zu wollen, Wünsche zu äußern, zu spielen. Um so deutlicher werden ihm die Einschränkungen durch die Krankheit bewußt: Seine Mutter erlaubt ihm vielleicht zu spielen, aber nur im Zimmer, nicht draußen mit anderen Kindern. Oder es muß sogar das Bett hüten und darf sich nur mit einigen kleinen Spielsachen oder Bilderbüchern beschäftigen.

Die Spielangebote gefallen ihm nur kurzfristig, ihm ist langweilig, es will die Zuwendung seiner Mutter, erhält sie, manchmal sogar in beträchtlichem Maß, doch oft reicht alles nicht, um es zu befriedigen. Es bekommt vielleicht sein Lieblingsgericht, aber es muß auch Kamillentee trinken oder mit Salbeitee gurgeln, was es gar nicht mag. Und es muß Dinge mit sich geschehen lassen, die es ängstigen. Der Arzt schaut ihm in den Hals und verabreicht ihm möglicherweise eine Spritze. All diese Erfahrungen verunsichern das Kind. Es kann sich seinen Zustand nicht erklären, wird unzufrieden und quengelig, vielleicht auch still und zurückgezogen. Es empfindet womöglich diffus die Zerbrechlichkeit des Lebens.

Deutlicher tritt dem Kind die Fragilität durch direkte Wunden und Verletzungen vor Augen. Wenn Blut fließt und es seinen körperlichen Schmerz einer sichtbaren Beschädigung seines Körpers zuordnen kann, dann muß das Kind die Verletzung und Verletzbarkeit seines Körperschemas verarbeiten. Daß ihm das Mühe bereitet, zeigt die Wehleidigkeit und Ängstlichkeit, die viele Kindergartenkinder entwickeln. Während sie als Einjährige Beulen und Schrammen in dem Augenblick vergaßen, in dem sie nicht mehr schmerzten, beschäftigen sich die Vierjährigen oft über längere Zeit auch mit kleinen Wunden. Sie wollen ein Pflaster, kratzen den Schorf ab, benötigen wiederholt die Bestätigung, daß die Verletzung nicht schlimm ist und wieder heilt.

Indem das Kind auch Verletzungen und Krankheit bei anderen Kindern und erwachsenen Bezugspersonen erlebt, bereichert sich sein Erfahrungsschatz nochmals. Es erkennt die Grundsätzlichkeit des Problems: Allen Menschen geht es so; die Gefährdung gehört wirklich zum Leben. Die eigene Erfahrung erlaubt ihm, Mitgefühl zu zeigen. Es äußert Bedauern, tröstet vielleicht das Geschwisterchen oder auch den Elternteil, nimmt Rücksicht und will helfen, damit der andere möglichst schnell gesundet. Doch auch weniger soziale Gefühle treten auf, beispielsweise Ärger, daß der andere – sei es der Spielkamerad oder ein Elternteil – für die eigenen Wünsche nicht zur Verfügung steht. Eine kranke Mutter «funktioniert» nicht wie gewohnt, da gilt es zu verzichten, und das fällt manchmal schwer. Außerdem verunsichert es. Denn irgendwie empfindet es Erwachsene nach wie vor als nahezu allmächtig – dazu paßt eine Krankheit einfach nicht. Die Verunsicherung drückt sich als Ärger und Protest aus, teilweise auch als Ungeduld: Die Krankheit soll verschwinden, die Gesundheit zurückkehren, damit die gewohnten Zustände sich wieder einstellen. Manche Kinder, besonders solche, die bereits früher schmerzliche Trennungen oder gar Verluste erlitten, reagieren mit Angst: Die Krankheit könnte ja bleiben, sogar schlimmer werden und vielleicht zum Tode führen.

Kindergartenkinder gestalten und verarbeiten ihre Erfahrungen und Gefühle in Bildern und Spielen. Sie malen oder spielen «Krankenhaus» und «Arzt», verabreichen sich gegenseitig Spritzen, legen sich Verbände an, verordnen Bettruhe. Dabei steht diesmal nicht die körperliche Exploration im Vordergrund, sondern die Auseinandersetzung mit einem körperlichen «Defekt». Darüber hinaus benötigen sie zur Klärung Gespräche mit den Eltern und Erzieherinnen oder anderen erwachsenen Bezugspersonen. Diese sollen ihnen helfen, die Erfahrung der Gefährdung des Lebens richtig einzuordnen und eine Balance der drei Erlebnisdimensionen – Ausgeliefertsein, Vertrauen und Eigeninitiative – zu erreichen. Das bedeutet einerseits, das Zutrauen zum eigenen Körper und zu natürlichen Lebensprozessen, denen sich das Kind getrost überlassen kann, zu stärken. Andererseits gehört dazu, das Kind einen verantwortungsvollen Umgang mit seinem Körper zu lehren bzw. selbst mit ihm so umzugehen, daß es spüren kann, was ihm körperlich guttut und sein Wohlbefinden steigert. Das beginnt mit witterungsgerechter Kleidung, schließt eine gesunde Ernährungsform ebenso ein wie viel Bewegung an der frischen Luft und endet bei genügend Schlaf.

Die Erkenntnis der Verletzlichkeit des Lebens mündet in die Einsicht seiner Endlichkeit. Diesen Zusammenhang erfaßt das Kind zunächst rein kognitiv, ohne seine gefühlsmäßige Tragweite zu begreifen, und deshalb weitgehend emotionsfrei. Daß Tod mit Trennung und Verlust, die es ja beide schmerzlich kennt und fürchtet, einhergeht und Endgültigkeit bedeutet, begreift das Kindergartenkind nicht. Deshalb verbindet es auch noch nicht das wohlbekannte Gefühl der Trauer mit dem Faktum des Todes. Die Begriffe «nie mehr» und «für immer fort» übersteigen sein Vorstellungsvermögen ebenso wie die Vorstellung, daß etwas, was bisher fraglos da war, plötzlich verschwunden, nicht mehr existent sein soll. Gleichwohl ringt es um ein Verständnis dieser Tatsache, wenn auch manchmal auf eine für Erwachsene fast befremdliche Art. So will etwa der fünfjährige Matthias seinen Vater, über den er sich wiederholt heftig geärgert hat, «für immer» fort haben. In einem Gespräch äußerte er den Wunsch, daß jener «ins Grab» solle. Oder der Vater der fünfjährigen Corinna mußte zu einer Operation ins Krankenhaus. Nach etwa einer Woche telefoniert er mit seinem Töchterchen, und sie fragt ihn: «Papa, wo bist du?» – «Im Krankenhaus.» – «Bist du jetzt tot?» In der Vorstellung der Kleinen war der Aufenthalt im Krankenhaus verbunden mit dem Faktum der Trennung offensichtlich mit Tod assoziiert, und so fragt sie, ob dieser Zustand als «tot» zu bezeichnen sei. Oder bei der Beerdigung des Wellensittichs war es der kleinen Beate sehr wichtig, ihn in ein weiches Nest zu legen, damit er es «schön weich und warm hat, wenn er jetzt so lange in der Erde liegen muß».

Normalerweise sammelt das Kindergartenkind Erfahrungen mit dem Tod in Zusammenhang mit Tieren. Der Käfer, die Biene, der Vogel, die Katze bewegen sich nicht mehr, auch nicht, wenn man sie anfaßt. Sie sind tot. Diese Erfahrung ist zunächst einmal interessant. Wie ein kleiner Forscher setzt sich das Kind mit ihr auseinander, spielt mit ihr, tötet Käfer, reißt ihnen die Flügel oder Beine aus, um zu überprüfen, was geschieht. Es untersucht regelrecht die Wirkung seiner Handlung: Jetzt kann der Käfer nicht mehr fortkrabbeln oder wegfliegen. Neugier und Faszination begleiten seine Beschäftigung mit dem Phänomen des Todes, wenn es seine persönliche emotionale Sphäre nicht berührt.

Anders ist es, wenn ein geliebtes Haustier stirbt. Hier besteht eine Beziehung. Das Haustier war ein Spielgefährte, spendete Trost, diente oft genug als Projektionsfläche für eigene Gefühle und als Identifikationsobjekt, kurz: Es gehörte zum Lebenskreis. Wenn es sich nicht mehr rührt, dann empfindet das Kind Betroffenheit und Angst; Verlustgefühle und Trauer stellen sich ein, die allmählich mit der Tatsache des Todes in Verbindung gebracht werden. Es vermißt sein Kätzchen, und es vermißt es stets aufs Neue, wenn es mit ihm spielen möchte. Die Dauer des Verlustes läßt es allmählich ahnen, was «endgültig» bedeutet, nicht aber das Wesen des Todes.

Wenn das Kind als Beobachter (und nicht als «Forscher») das Sterben eines Tieres miterlebt, reagiert es eher empathisch. Es sieht eventuelle Fluchtversuche oder bizarre Bewegungen und fühlt sich ein: «Es hat Angst, es tut ihm weh.» Empathie und eigene Betroffenheit verbinden sich allmählich mit dem «Sachinteresse» am Tod und führen mit der Zeit zu einer gefühlshaften Haltung ihm gegenüber.

Welche Gefühle jedoch die Haltung des Kindes bestimmen, das hängt zum größten Teil davon ab, welche Empfindungen es diesbezüglich bei seinen Bezugspersonen wahrnimmt. Diese prägen durch ihre Reaktionen auf das Phänomen des Todes seine Einstellung. Tabuisieren sie den Tod, insofern er sie selbst und ihren eigenen Lebenszusammenhang betrifft, so wird es vermutlich lernen, seine eigene Betroffenheit zu unterdrücken und zu schweigen. Reagieren sie mit Gleichgültigkeit auf das Sterben beispielsweise von Tieren oder mit Schuldzuweisungen – etwa dergestalt: Der Motorradfahrer ist an seinem tödlichen Unfall selber schuld, warum muß er Motorrad fahren? –, so erhält es kein Vorbild für eine konstruktive Auseinandersetzung mit der Tatsache der Endlichkeit und wird nur schwer eine angemessene Einstellung zu ihr finden. Gleiches gilt für den Fall, daß die Erwachsenen nur entsetzt und verstört mit Todesnachrichten umgehen, seien diese durch die Medien vermittelt, im Gespräch erfahren, unbekannte Personen oder den eigenen Bekannten- bzw. Familienkreis betreffend. Das Kind spürt das Entsetzen, die Hilflosigkeit und die dahinterstehende Angst und übernimmt sie besonders leicht dann, wenn Menschen fehlen, die es trösten und eine andere Haltung verkörpern.

Besonders prägend ist es schließlich für das Kindergartenkind, wenn tatsächlich ein Mensch aus seinem engen Familienkreis, also ein Elternteil, Großelternteil oder Geschwisterkind, stirbt. Dann empfindet es selbst unmittelbar den Verlust und erlebt zudem die Trauerreaktionen seiner Bezugspersonen sowie die oftmals schwerwiegenden Veränderungen, die sich durch den Tod im gesamten Familien- und Lebensgefüge ergeben. So mag der Tod des Vaters beispielsweise lange Zeit hinweg die Grundstimmung der Mutter beeinträchtigen, so daß das Kind nicht nur seinen Verlust bewältigen, sondern auch ein Gefühl der Fremdheit ihr gegenüber aushalten muß. Möglicherweise entscheidet sie sich wenig später, wieder arbeiten zu gehen, so daß das Kind nochmals Zuwendung verliert. Solch eine Erfahrung kann traumatisch wirken und die gesamte weitere Persönlichkeitsentwicklung beeinflussen.

Von zentraler Bedeutung für die kindliche Einstellung ist darüber hinaus die Frage, als was seine Bezugspersonen den Tod begreifen. Ist der Tod für sie das endgültige Erlöschen dieses Wesens, das absolute Ende des Individuums? Oder bezeichnet er eher einen Übergang in eine andere, uns unbekannte Seinsform, vielleicht sogar verbunden mit einer Hoffnung auf eine jenseitige Wiederbegegnung oder auch eine bleibende, in diesem Leben weiterbestehende innere Verbundenheit? Solche Vorstellungen sind gleichermaßen Glaubensinhalte und ihrem Wesen nach philosophisch-religiöser Natur. Die erste macht es dem Menschen schwerer, die zweite leichter, eine vertrauensvoll-offene

Haltung dem Tod gegenüber zu erwerben. Denn die erste bedeutet eine radikale Trennung, einen endgültigen Abschied, während bei der zweiten die Absolutheit der Trennung durch das innere Band einer guten emotionalen Konstanz etwas abgemildert wird.

Die Vorstellung von der Gefährdung und Begrenztheit des Lebens erwirbt das Kind nicht nur durch eigene Erfahrungen oder gehörte Geschichten, sondern auch vermittelt durch die Bilder des Fernsehens. Und zwar konfrontiert es dieses Medium mit vielfältigen, extrem bedrohlichen Varianten dieses Themas, die es sich in seiner Phantasie niemals ausmalen würde: Auf dem Bildschirm erscheinen Berichte über Naturkatastrophen, Terror, Verbrechen und Krieg. In Filmen werden Not und Leiden, Gewalt und Mord detailliert dargestellt. Derartige Sendungen bestätigen und verstärken eigene Empfindungen der Schutzlosigkeit, der Verletzlichkeit, des Ausgeliefertseins, der Unberechenbarkeit und Unbegreiflichkeit sowie der Bedrohtheit. Sie tragen deshalb wesentlich dazu bei, vorhandene Ängste zu intensivieren und die Vorstellungswelt zu dämonisieren. Gleichzeitig zeigen die Fernsehbilder nur einen Ausschnitt des Geschehens. Es fehlen das «Vorher» und das «Nachher», das «Wie-geht-es-weiter». Ebenso sprechen sie nur das Auge und das Ohr an. Die anderen Sinne, mit denen wir die Wirklichkeit erfassen, besonders der Tastsinn, sind nicht einbezogen. So ist das Kind zwar einerseits von den Ereignissen auf dem Bildschirm gebannt, befindet sich andererseits aber doch außerhalb, weshalb sie irgendwie unwirklich und unfaßbar bleiben. Um sie sich begreiflich zu machen, zu spüren, wie sie sich anfühlen, und sie zu verarbeiten, neigen Kinder dazu, die medial vermittelten Ereignisse zu reinszenieren: Sie spielen «Erdbeben» und «Krieg», nehmen sich gegenseitig gefangen und schießen sich tot. Trotz dieser der Bewältigung dienenden Nachahmung finden sie oftmals nur schwer die Klarheit, was von dem Gesehenen «echt» ist, was nur «ausgedacht», nur «so-getan-als-ob», nur dargestellt. Sind die im Fernsehen gezeigten Menschen hinterher wirklich tot? Oder haben auch sie nur gespielt? Und wie geht es weiter? Welche Konsequenzen haben die gesehenen Ereignisse, Mord und Totschlag?

Hier benötigt das Kind unbedingt den Schutz und die klärende Hilfe der Erwachsenen. Einerseits sollten sie dafür sorgen, daß es möglichst wenig derartiger Schrecknisse im Fernsehen miterlebt. Andererseits empfiehlt sich, daß sie im Gespräch etwaige Irritationen auffangen, den fehlenden Kontext in groben Zügen vermitteln und die Situation eindeutig, aber human und nicht affektbetont bewerten. Wichtig ist, daß sie mit ihrer Haltung einen Mittelweg finden zwischen der Anerkennung des Bedrohlichen und Schlimmen einerseits und der Beruhigung, die aber nicht zur Bagatellisierung führen soll, andererseits. Auch hier hilft es dem Kind, wenn es bei seinen Bezugspersonen eine vertrauensvolle, ethisch gefestigte, das Leben achtende Grundhaltung spürt.

Trennung, Trauer, Verlust

Erfahrungen von Trennung, Trauer, Verlust macht jeder Mensch im Laufe seines Lebens. Sie werden ausgelöst, wenn ein bedeutsamer Gegenstand, ein geliebtes Lebewesen – sei es ein Tier oder ein Mensch –, eine vertraute Lebensform, gegen den eigenen Willen kurzfristig oder gar auf Dauer verschwindet. Besonders schmerzhaft ist es dann, wenn man das Gefühl hat, nichts tun zu können, um das Verschwinden, die Trennung zu beheben. Dies führt zu den Gefühlen der Verlassenheit, Angst und Trauer. Die Trauer setzt sich wiederum aus einem ganzen Bündel von Verhaltensweisen und Empfindungen zusammen. Dazu gehören: ein Nicht-Verstehen und ein Nicht-Anerkennen-Wollen des Verlustes, die Wut oder der Zorn auf und die Verzweiflung über den Verlust, die (bei Säuglingen und Kleinkindern diffuse) Angst, wie das Leben ohne das geliebte Objekt (Mensch, Tier, Ding) weitergehen soll, der Wunsch, es zurückzuerhalten, die Suche nach ihm, die Traurigkeit, die Sehnsucht und schließlich das Aufkeimen der inneren Kraft und neuen Freude am Leben. Dieses letzte Gefühl bildet den Abschluß der Trauerphase.

Ihren Grund haben die Gefühle der Trauer bereits in frühkindlichen Erfahrungen der Trennung. Der Säugling erlebt selbst das kurzfristige Alleingelassenwerden von der Mutter als vollständigen Verlust ihrer Person und damit von allem, was sie repräsentiert: Verlust der Sicherheit, Geborgenheit, Fürsorge, Zuwendung, Unterstützung, Liebe etc. Je älter ein Kind wird, um so besser kann es längere Zeiten der Trennung ertragen. Durch die Erfahrung, daß die Bezugsperson wiederkehrt, wächst allmählich die Gewißheit, daß ein Alleingelassen-Sein in der Regel nicht dauerhaft, sondern zeitlich begrenzt ist. Mit etwa drei Jahren haben Kinder diesen Zusammenhang fest verinnerlicht. Die erworbene Sicherheit bildet einen Teil der sicheren Bindung und der emotionalen Konstanz. Übersteigen die Verlusterfahrungen jedoch die emotionale Tragfähigkeit des Kindes, d. h. sind sie zu häufig, zu lang oder zu uneinschätzbar, so erlebt es insbesondere bei instabiler Bindung alle Gefühle, die zu einer Trauerreaktion gehören.

Der Intensität eines Trauerprozesses sind Säuglinge und Kleinkinder nicht gewachsen, weshalb man ihnen möglichst wenig unfreiwillige Trennungen zumuten sollte. Denn gehäufte schmerzhafte Erfahrungen des Alleingelassenwerdens gefährden die emotionale Konstanz und führen zu einer generellen Trennungs- und Verlassenheitsangst oder einer Bindungsschwäche, durch die sich das Kind vor neuerlichen Verlusterfahrungen und Trauerprozessen schützt.

Die Realität nimmt aber häufig wenig Rücksicht auf die emotionalen Bedürfnisse kleiner Kinder, so daß sie nicht selten vielfältige Verluste erleiden. Die dramatischsten bestehen sicherlich in dem Verlust wichtiger Bezugspersonen. Zumeist besteht dieser nicht in deren Tod, sondern in einer dauerhaften Trennung von ihnen, die sich beispielsweise durch die Scheidung der Eltern ergibt. Da in diesem Fall die emotionale Verletzung des Verlassenwerdens gewöhnlicherweise einhergeht mit dem ebenfalls schmerzhaften Erleben nicht zu bewältigender Konflikte, heftiger Auseinandersetzungen, ungelöster Spannungen und negativer Affekte bei allen Beteiligten, ist es nur zu verständlich, daß das gesamte Geschehen das Kind in eine tiefe emotionale Verwirrung stürzt. Es begreift nicht, was vor sich geht, fühlt sich verlassen und möglicherweise sogar schuldig. Die Trauer in all ihren Facetten ergreift Besitz von ihm und verändert sein Verhalten. Dabei benötigt das Kind verständnisvolle Hilfe, um sein inneres Gleichgewicht zurückzugewinnen.

Nicht nur der zeitlich begrenzte oder gar endgültige Verlust der Bezugsperson ruft im Kind Verlassenheits- und Trauergefühle hervor, sondern auch die erzwungene Trennung von wichtigen Spielsachen oder geliebten Tieren. Alle Eltern und Erzieherinnen wissen, wie schlimm es auch noch für ein Kindergartenkind ist, wenn es sein geliebtes Kuscheltier verliert, wenn die Lieblingspuppe kaputtgeht, wenn das Schmusetuch verschwindet. Diese Dinge (Übergangsobjekte, s. Kap. II, 2) gehören zur emotionalen Innenwelt des Kindes, sie verleihen ihm Sicherheit, mit ihnen teilt es seine Gefühle und wichtige Erlebnisse, mit ihnen kann es tun, was ihm beliebt, sie begleiten es überallhin und ersetzen ihm bei Verlassenheit überdies noch die Bezugsperson. So nimmt es nicht wunder, daß sich diese heiligen Besitztümer kaum ersetzen lassen und daß ihr Verschwinden heftige Trauerreaktionen auslöst.

Vergleichbare seelische Schmerzen – aber für den Erwachsenen leichter einfühlbar – verursacht der Verlust eines Haustieres. Es bewohnt ebenfalls den Seelenraum des Kindes, denn auch mit ihm teilt es schöne Erfahrungen, intensive Gefühle der Bezogenheit. So fühlt es sich nach einer Trennung von ihm emotional verlassen und trauert.

Des weiteren kann eine Veränderung der Lebenssituation Trennungs- und Verlusterfahrungen auslösen, wenn beispielsweise die Mutter in ihren Beruf zurückkehrt und deshalb weniger Zeit mit ihrem Kind gemeinsam verbringen kann. Es empfindet die Einbuße an Zuwendung und trauert zunächst einmal, bevor es die Umstellung schließlich meistert.

Ein Umzug in ein anderes Wohngebiet bedeutet gleichfalls einen Verlust und verlangt die Fähigkeit, sich zu trennen – nicht nur von der vertrauten Umgebung, sondern auch von liebgewordenen Menschen: Spielkameraden, Freunden, vielleicht auch Nachbarn. Trauer und Heimweh als natürliche Antwort auf den Abschied werden anhalten und immer wieder aufbrechen, bis das Kind im neuen Lebensraum Wurzeln geschlagen hat.

Das Kind zeigt seine mit so verschiedenen Gefühlen verbundene Trauer – je nachdem, welches Gefühl gerade vorherrscht – auf sehr unterschiedliche Weise. So zieht es sich eventuell aus dem Kontakt zurück, wirkt verträumt oder lustlos, mag nicht spielen, weil es sich verlassen fühlt und innerlich eigentlich «gar nicht da» ist. (vgl. Kap. VI, 4, Problematisches Spiel- und Gestaltungsverhalten). Oder es leidet an Konzentrationsstörungen, verhält sich sowohl beim Spielen als auch bei anderen Tätigkeiten unruhig und sprunghaft. Möglicherweise gebärdet es sich aggressiv, zerstört Gegenstände, wird bockig und «ungehorsam», ärgert andere Kinder, sucht Streit mit ihnen, um seinem Zorn über die Trennung und Verlassenheit Luft zu machen. Ebenso kommt es häufig vor, daß es auf eine kleinkindhafte Stufe in seinem Verhalten zurückfällt, die bereits erworbene Selbständigkeit (etwa beim Ankleiden) wieder verliert, erneut einnäßt oder am Daumen lutscht und ständig die Nähe einer Bezugsperson sucht. Schließlich können auch psychosomatische Symptome, wie Bauchschmerzen oder Schlafstörungen, als Trauerreaktionen auftreten.

Wie können Eltern und Erzieherinnen einem trauernden Kind helfen? Wichtig ist zunächst, daß sie seine Befindlichkeit ernst nehmen und ihren Grund nicht bagatellisieren. Auch ein leichtfertiger Trost nützt nicht. Statt dessen sollten sie es in seinem Erleben begleiten. Sie dürfen aber nicht erwarten, daß es seine Trauer verbal äußert. Ein derartiges Ansinnen überfordert es in den allermeisten Fällen, denn es ist sich des Grundes seiner Gefühle und seines Verhaltens höchstens ansatzweise bewußt. Sodann gilt es, ihm eine unaufdringliche Nähe zu vermitteln sowie Akzeptanz und Verstehen zu signalisieren. Als günstig erweist sich hierfür das aktive Zuhören und die spiegelnde Rückmeldung. Diese beiden Kommunikationsformen verhelfen dem Kind außerdem dazu, ein wenig Klarheit über sein Erleben zu gewinnen. Auch das stellvertretende Verbalisieren vermuteter Empfindungen wirkt in diese Richtung. Indem ein anderer Mensch sein Erleben für es formuliert, erfährt es zudem eine Objektivierung seiner bedrängenden Erfahrungen, wodurch es etwas emotionale Distanz gewinnen kann. Darüber hinaus vermitteln ihm die emotionale Präsenz und das Verstandenwerden von einem Halt bietenden Erwachsenen ein gewisses Gefühl der Geborgenheit, durch das allmählich sein Zutrauen wieder wächst und eigene Kräfte erwachen. Allmählich überwindet es seine innere Not und spürt, daß Trennung, Verlust und Trauer ebenso zum Leben gehören wie verstehender Trost und die Rückkehr von Initiative und Freude.

Streit, Scheitern, Schuld

Die Erfahrung von Trennung und Verlust gründet häufig, aber keineswegs immer, im realen Verschwinden bedeutsamer Personen und Dinge. Möglicherweise noch öfter ereignet sie sich unsichtbar auf der innerpsychischen Beziehungsebene. Der andere Mensch bleibt körperlich anwesend, aber das Kind fühlt sich innerlich von ihm getrennt; es hat die emotionale Übereinstimmung mit ihm, seine Zuwendung, eventuell sogar zeitweilig seine Liebe verloren. Das Kind fühlt sich verlassen, zeigt vielleicht Trauerreaktionen.

Der Verlust der emotionalen Einheit, die Erfahrung, daß das Zusammenleben nicht immer harmonisch verläuft, ergibt sich aus der Verschiedenheit der nach Autonomie strebenden Menschen. Das Kind spürt: Jeder besitzt unterschiedliche Vorstellungen und Wünsche, die er verwirklichen will. Die verschiedenen Bedürfnisse reiben sich aneinander, führen zu Auseinandersetzungen, können in Streit enden. Aus diesem geht einerseits derjenige, der seinen Willen durchsetzt, als Sieger hervor, der andere aber, der sich unterwirft, als Verlierer. Doch selbst wenn das Kind gewinnt: insofern es die emotionale Übereinstimmung mit seinem Gegenspieler einbüßt, empfindet es sich andererseits zugleich als Verlierer. Auf diese Weise erlebt es das unvermeidlich zum Leben gehörende Scheitern. Denn: die Verwirklichung von Vorstellungen, Wünschen und Vorhaben scheitert. Die Welt, das Leben, die Menschen funktionieren nicht wie erwartet. Und die eigene Macht, die eigene Möglichkeit der Einflußnahme sind begrenzt. Die Erfahrung und Anerkennung dieser Grenze bedeutet die Erfahrung und Anerkennung der Unvollkommenheit, die zum Scheitern führt.

Nun möchte der Mensch – und auch schon das Kindergartenkind – den Grund des schmerzlichen Scheiterns verstehen. Deshalb sucht es gefühlsmäßig nach der Ursache, nach dem Schuldigen, der das Scheitern bewirkte. Diesen findet es zunächst in seinem Gegenüber. Der andere ist schuld, weil er eigene Bedürfnisse und Interessen besitzt und dadurch das Zerbrechen der emotionalen Einheit herbeiführt. Der Vater, die Erzieherin, der Spielkamerad sind schuld, weil sie Widerstand leisten, eine Grenze setzen. Auch Dinge können schuld sein, weil sie nicht so funktionieren wie erwartet, sich also gleichsam widersetzen, so das «blöde» Haus aus Bauklötzen, das einfach einstürzt, der «böse» Ball, der einfach das angepeilte Ziel verfehlt etc. In einem zweiten Schritt – mit erwachender Selbstbewußtheit und Selbstreflektion – erlebt das Kind das Scheitern als eigenes Versagen. Jetzt liegt der Grund in der eigenen Unvollkommenheit. Das heißt, die eigene Unfähigkeit wird nun als Ursache des Scheiterns erkannt, und zwar in zweierlei Hinsicht: zum einen als das Unvermögen in Sinne einer mangelnden Fertigkeit, z. B. das Haus stürzt ein, weil es selbst zu ungeschickt war, es nicht stabil genug konstruiert hat; der Ball trifft das Ziel nicht, weil es nicht genau genug geworfen hat; zum anderen als moralische Unzulänglichkeit. Diese liegt beispielsweise vor, wenn das Kind einsieht, daß es selbst den Streit mit seinem Freund provoziert hat, weil es ihm das Spielzeugauto, das dieser gerade parkte, für ein eigenes Spiel ungefragt wegnahm und trotz des Protestes nicht zurückgab.

Schuld erweist sich wie das Scheitern also als Folge der eigenen Unvollkommenheit. Sie besteht in dem Unvermögen, der gegebenen Situation gerecht zu werden. Das Kind erfaßt diesen Zusammenhang natürlich nicht kognitiv, aber es spürt ihn intuitiv. Es empfindet ihn auch aufgrund seiner Erfahrungen mit anderen Menschen. Denn es beobachtet ja Erwachsene und seine Spielgefährten, wodurch es merkt, daß sie sich alle irgendwann streiten, sie scheitern. Es erlebt sie auch als schuldig – z. B. wenn die Milch alle ist und keine neue im Kühlschrank steht, oder wenn es sich ungerecht behandelt fühlt –, wiewohl es kaum wagt, derartig kritische Gefühle seinen Bezugspersonen gegenüber lange Zeit aufrechtzuerhalten. Denn solche «bösen» Gefühle erlebt es häufig wiederum als eigene Schuld.

Das Kindergartenkind empfindet den Zusammenhang von Streit, Scheitern und Schuld nicht nur, es leidet auch unter ihm, und zwar in doppelter Hinsicht: Es leidet unter seiner Unfähigkeit, seiner mangelnden Kompetenz, die zum Scheitern an sach- und kompetenzbezogenen Aufgaben führt. Und es leidet unter seiner moralischen Unzulänglichkeit, die es als Scheitern an Normen und Werten erlebt. Beide Erfahrungen paaren sich mit Angst, und zwar die erste mit der Angst vor Leistungsversagen und die zweite, bei welcher der Beziehungsaspekt im Vordergrund steht, mit der Angst vor Abwertung und Liebesverlust, eventuell auch der Angst vor Gewissensnöten.

Daß Kinder in dieser Hinsicht leiden, erkennt der aufmerksame Beobachter an verschiedenen Anzeichen: Wie jedes belastende Thema spiegelt es sich in den Rollenspielen. Zu erwarten sind also Rollenspiele, in denen Leistungsversagen oder das Mißachten von Geboten und Verboten sowie Auseinandersetzungen und Streit gehäuft vorkommen, oft verbunden mit harter Bestrafung der «Bösewichter». Die innere Belastung des Kindes findet darüber hinaus häufig ihren Niederschlag in nächtlichen Angstträumen und in ängstlichem Verhalten tagsüber. Wenn sich das Gefühl der Unzulänglichkeit vornehmlich auf den Leistungssektor richtet, so wird das Kind mit Versagensängsten zu kämpfen haben. Um sich selbst zu schützen, wird es dazu tendieren, sich neuen oder anspruchsvollen Aufgaben zu entziehen. Sein Standardsatz mag lauten: «Das kann ich nicht.» Oder: «Ich trau mich nicht.» Empfinden sich Kinder jedoch primär gegenüber den moralischen Anforderungen als «Versager», so werden bei ihnen Ängste vor Strafe und Liebesverlust vorherrschen, möglicherweise gekoppelt mit starken Schuldgefühlen schon bei geringfügigem Fehlverhalten. Sie neigen dazu, jeglichen Konflikt zu scheuen, geben ihren eigenen Willen auf, passen sich übermäßig an. Viele von ihnen versichern sich ständig des Wohlwollens ihrer Bezugspersonen. Wieder andere reagieren gerade auf diese Erfahrung mit innerer Auflehnung und Abwehr. Ihre Enttäuschung über die Bezugspersonen, ihre Wut über die eigene Unvollkommenheit und das Scheitern an erlebten Grenzen, ihren Unwillen, daß sie sich unterwerfen und sich von Strafen beeindrucken lassen, äußern sie in aggressivem Trotz. Ihre Befindlichkeit ließe sich in dem Satz zusammenfassen: «Wenn ihr schon alle so unfähig und schlecht seid, ich selbst auch so bin, dann ist eh alles verloren, und ich mache, was mir paßt.»

Wie ist Kindern, die unter der existentiellen Erfahrung des Konfliktes, des Scheiterns und der Schuld leiden, beizustehen? Zunächst gilt wiederum: Ihre inneren Nöte müssen wahrgenommen, ernstgenommen, einfühlsam gespiegelt werden, um ihnen Raum zu geben und Verstehen zu signalisieren. Sodann bringt zumeist eine kindgemäße Klärung des Zusammenhangs eine gewisse Erleichterung, weil sie den Kindern hilft zu verstehen, was in ihnen vorgeht. Am wichtigsten ist jedoch, ihnen zu vermitteln, daß Unvollkommenheit, Streit und Versagen zum Leben in jeder Beziehung gehören, daß sie trotz ihres Scheiterns und Schuldigwerdens von ihren Eltern und anderen Menschen geliebt und angenommen werden und die grundsätzliche Anerkennung und Verbundenheit nicht infrage steht. Sie ermöglicht das wechselseitige Verzeihen und schenkt den Mut, immer wieder neu anzufangen. Diese tröstliche Gewißheit gehört als wesentlicher Bestandteil zur emotionalen Konstanz. Sie zu festigen und auf die Beziehung zu allen emotional bedeutsamen Menschen auszuweiten – also z. B. auf Erzieherinnen und Freunde –, ist eine wesentliche Aufgabe des Kindergartenalters, die häufig der Unterstützung bedarf. Hilfreich wirken kann dabei auch der Einsatz von Geschichten, die genau diesen Zusammenhang thematisieren und einen positiven Ausgang formulieren. Sie bieten den Kindern einen symbolischen Lösungsweg sowie ein Modell, dem die Integration so schmerzlicher Erfahrungen gelingt.

Angst

Angst gehört zum Leben. Alle bedrohlichen Erfahrungen lösen Angst aus, und sie ist als autonome Reaktion fest in unserem Körper verankert. Der Organismus antwortet auf eine als Gefahr erlebte Situation mit Angstsymptomen – also beispielsweise mit Herzklopfen, Schweißausbrüchen, Erbleichen, geweiteten Augen, zittrigen Knien sowie Harn- oder Stuhldrang – und veranlaßt eine Schutzreaktion. Diese besteht normalerweise in Vermeidung bzw. Flucht, in Drohgebärden und Angriff oder in der Lähmung der Handlungsunfähigkeit, verbunden mit körperlichem oder psychischem Erstarren.

Die Fähigkeit, gefährliche Situationen als solche wahrzunehmen und angemessen zu beantworten, d. h. sie zu vermeiden oder in der aktiven Auseinandersetzung zu meistern, dient dem Überleben. Deshalb sind die Angstbereitschaft und grundlegende Reaktionsmuster angeboren. Könnte der Mensch nicht manche Gefahr «instinktiv» erfassen, lernte er nicht, sich ihre Anzeichen zu merken und bei erneutem Erscheinen angemessen zu befolgen, so wäre die Gattung sicherlich bereits ausgestorben. Natürlich muß er im Laufe seines Lebens immer wieder überprüfen, ob die angstauslösenden Situationen und Objekte wirklich (noch) so gefährlich sind wie befürchtet, ob die erworbenen Reaktionsstrategien (noch) passen und eine erfolgreiche Bewältigung der Gefahr tatsächlich ermöglichen. Das bedeutet, der Mensch muß sich im Umgang mit seiner Angst ständig weiter entwickeln, wobei sich auch seine Ängste im Laufe seines Lebens wandeln.

Im folgenden gehe ich deshalb zunächst auf die Angstentwicklung ein. Grundsätzlich schwingt die Angst um die großen Lebensthemen, d. h. sie bezieht sich vornehmlich auf die Gefährdung der eigenen Person und die für die eigene Existenz bedeutsamen Beziehungen. Als ursprünglichste Angst gilt eine unspezifische Angst vor Unbekanntem, das aufgrund seiner Nichteinschätzbarkeit als existentielle Bedrohung empfunden wird. Da das Fremde aber auch fasziniert, steht ihr eine ebenso unspezifische Neugier gegenüber. Wichtig ist es deshalb, die Konfrontation mit neuen Dingen und Situationen so zu dosieren, daß die Neugier und die Bereitschaft, sich auf neue Erfahrungen einzulassen, überwiegen.

Hat der Säugling gelernt, daß sein psychisches Wohlbefinden eng verknüpft ist mit der bedürfnisbefriedigenden Anwesenheit der Mutter (oder einer entsprechenden Ersatzperson), so entwickelt er etwa im fünften oder sechsten Monat die schon vielfach thematisierte Angst vor dem Verlust der Bezugsperson und vor Verlassenheit, die sich im achten Monat, mit dem Beginn der Vorstellungskraft, zur Angst vor Trennungssituationen (Trennungsangst) steigert (s. Kap. II, 2). Zur gleichen Zeit beginnt er den Verlust seiner «psychischen Ganzheit», d. h. seiner Funktionsfähigkeit in für ihn emotional nicht zu bewältigenden Situationen, zu fürchten (Angst vor dem «Zerbrechen» des Ichs). Im zweiten Lebensjahr erwirbt das Kind viele neue Kompetenzen und ist stolz auf seine Autonomie; das Erleben von Angst steht in dieser Zeit eher im Hintergrund. Mit dem einsetzenden Symbiose-Autonomie-Konflikt der Trotzphase treten nun die Ängste vor dem Verlust der Autonomie und vor Verlassenheit in einen schmerzlichen Widerstreit. Durch sein wachsendes Denkvermögen erkennt das Kind allmählich den Zusammenhang zwischen seinen grenzüberschreitenden

Autonomie- und Durchsetzungswünschen einerseits und der elterlichen Mißbilligung andererseits, die emotionale Trennung bedeutet und sich häufig in Strafen oder Liebesentzug konkretisiert. So wandelt sich im dritten Lebensjahr die Verlassenheitsangst nach und nach in die Angst vor Strafe und Liebesverlust (s. Kap. II, 3).

Mit dem sich erweiternden Vorstellungsvermögen entwickelt das nun dreijährige Kind (s. Kap. II, 4) zusätzlich zu den bisherigen Ängsten solche, die sich auf die äußere Realität beziehen, beispielsweise die vor Dunkelheit und Gewitter. Aber viele Ängste gründen auch in phantastischen Vorstellungen – etwa vor dem «Monster» –, die es noch nicht als unrealistisch einzuordnen vermag. Mit vier Jahren, wenn der Vorstellungsraum auch die Vergangenheit und Zukunft umfaßt und es die Begrenztheit des Lebens erahnt, kommen Ängste vor der Verletzung, vor dem Krieg etc. hinzu. Zur gleichen Zeit setzt es sich mit seiner Geschlechtsrolle auseinander, probiert seine Wirkung auf andere Menschen aus und bildet Ängste, als Mädchen (oder Junge) nicht akzeptiert zu werden, nichts zu gelten. Gleichzeitig kämpft es um einen anerkannten Platz in der Gruppe. Deshalb ist es eifersüchtig, rivalisiert, prahlt, trickst, schmeichelt, kokettiert, versucht andere auszustechen, um die Anerkennung zu erzwingen und möglichst den besten Rangplatz zu erobern. Weil es aber inzwischen verinnerlicht hat, daß derartige Verhaltensweisen als «böse» gelten, verstärken sich seine Angst vor Strafe und Liebesverlust, und es entwickelt Schuldgefühle, die mit Gewissensängsten einhergehen. Die zusätzlich beginnenden Ansprüche an seine Fähigkeit zur Selbstkontrolle lassen allmählich auch die Angst vor Kontrollverlust entstehen, die allerdings erst in der Pubertät eine bedeutende Rolle spielt. Und schließlich erwächst noch aus der in diesem Zeitraum sich ebenfalls herausbildenden Leistungsmotivation die Angst vor Leistungsversagen und Minderwertigkeit. Diese beiden Ängste treten dann im Grundschulalter in den Vordergrund.

Die meisten der im Kindergartenalter vorherrschenden Ängste habe ich bereits an anderen Stellen in ihrer Bedeutung und im Hinblick auf hilfreiche pädagogische Konsequenzen dargestellt. Deshalb möchte ich hier nur noch einmal zusammenfassend darauf hinweisen, daß auch im Umgang mit der Angst des Kindes dieselben Prinzipien gelten wie etwa im Umgang mit seiner Trauer: ernst nehmen, annehmen, einfühlend spiegeln, um Verstehen zu signalisieren und dem Kind zu größerer Bewußtheit zu verhelfen. Es ist nicht sinnvoll, ihm seine Ängste auszureden, es wird sich nur unverstanden fühlen. Allerdings erweisen sich bei manchen Realängsten sachbezogene, für das Kind verständliche Informationen, die ihm verdeutlichen, daß es keine Angst zu haben braucht, als nützlich. Als Beispiel sei der Blitzableiter aufgeführt, der die Einschlagsgefahr bannt. Begründen jedoch magische Vorstellungen und Erlebensweisen die Angst (z. B. die Angst vor Ungeheuern), helfen rationale Ausführungen (wie etwa: Ungeheuer gibt es nicht) zumeist wenig. Wirksamer ist es, in die kindliche Vorstellungswelt einzutauchen und mit ihm gemeinsam in seinem eigenen Gedankengebäude die Lösung zu suchen. Diese kann in einer hilfreichen magischen Gegenvorstellung (beispielsweise ein schützendes, helfendes Wesen anrufen, etwa einen Schutzengel) liegen.

Leidet das Kind so intensiv an Ängsten, daß es in seiner Persönlichkeitsentfaltung gehemmt erscheint, so liegt eine nicht bewältigte psychische Problematik vor – in diesem Fall sollte man fachlichen Rat hinzuziehen.

Staunen, Freude, Glück

Existentiell bedeutsame, zum Zentrum des Lebens gehörende und die Persönlichkeit formende Erfahrungen müssen nicht immer schmerzhaft erschüttern, belasten und ängstigen. Oftmals befreien, erheben, bereichern und beglücken sie uns auch. Einige Aspekte des Erlebens, die diesem Pol angehören, seien im folgenden angesprochen. Es sind alle die Bereiche, die uns das Leben wunderbar, leicht und schön erscheinen lassen.

Das Wunderbare berührt und ergreift uns und läßt uns staunen. Wenn wir staunen, öffnen wir uns, werden wir innerlich weit und aufnahmebereit. Kleine Kinder staunen häufig. Das liegt daran, daß sie die Welt noch mit «neuen Augen» anschauen, daß sie die Phänomene noch nicht sofort mit ihrem Verstand ergreifen, als hinlänglich bekannt in eine bereits vorgefertigte «Schablone» einsortieren und dort auf sich beruhen lassen. Vielmehr lassen sie sich selbst von bekannten Dingen und Erscheinungen immer wieder neu berühren. Sie widmen sich ihnen mit Interesse, sehen genau hin, entdecken neue Details und – staunen. Es mögen äußerlich unbedeutende Dinge sein, die das Staunen auslösen. Beispielsweise findet ein Kindergartenkind auf einem Spaziergang viele Schneckenhäuser. Es betrachtet sie und entdeckt, daß zwar alle einander ähneln, aber keines dem anderen gleicht – und staunt. Oder es sieht Staubteilchen im Sonnenschein tanzen – und staunt. Oder es erlebt, wie im dunklen Zimmer die letzte Kerze erlischt, wundert sich, wieviel dunkler es plötzlich ist, staunt, wie viel Licht eine einzige Kerze verbreitet. Und über solche Wahrnehmungen staunt es nicht nur beim ersten Mal. Das Staunen weckt Neugier, Interesse, führt zu Ehrfurcht, Achtung, Freude und Begeisterung und erhöht die Lust, sich auch erkennend und lernend mit den Phänomenen zu beschäftigen. So eröffnet das Staunen auch den Zugang zum Forschen; es bildet den Boden für eine gelingende Bildung.

Eng verbunden mit dem Staunen ist die Freude. Oftmals kann eines als Schlüssel für das andere gelten. So mag die Freude über den ersten Schnee zum Beobachten führen, wie die Schneeflocken fallen, und ein Staunen über ihre schönen Formen hervorrufen. Oder das Staunen über die großartigen Farben des Sonnenuntergangs löst eine tief im Inneren empfundene Freude aus. Freude, weniger den Geist weckend als das Staunen, sondern eher als «reines Gefühl» vom Menschen Besitz ergreifend, kann sich in stürmischen Bewegungen, lachend und überschwenglich gebärden, sich aber auch still, verhalten, innerlich ereignen. Immer jedoch führt sie zu der Empfindung, weit, offen, empfänglich und verbunden zu sein.

Ebenso wie das Staunen benötigt die Freude keine außerordentlichen Anlässe. Sie kann sich durch die Hingabe an eine Tätigkeit – ein Spiel, eine Arbeit – einstellen, durch eine gelingende Leistung hervorgerufen werden oder im eigenen Körpergefühl wurzeln – verbunden mit dem Erleben der eigenen Stärke bei körperlichen Anstrengungen, dem Stolz auf die eigene Geschicklichkeit, dem Genuß harmonisch fließender Bewegungen. Es ist leicht zu beobachten, wie Kinder ihre körperlichen Fähigkeiten genießen und sich in einem geschickten Körper wohl und «zu Hause» fühlen. Freude ergreift den Menschen, wie oben erwähnt, bei der Begegnung mit dem Schönen, gleichgültig ob es sich um die Schönheit der Natur handelt oder um die Schönheit kultureller Erzeugnisse. Zu den ersteren gehören der bereits erwähnte Sonnenuntergang, die Gestalt eines Baumes, der anrührende Gesang eines Vogels oder die Großartigkeit eines Wasserfalls. Im kulturellen Bereich erleben wir das Schöne beispielsweise in Form einer ästhetisch eingerichteten Wohnung, eines liebevoll gedeckten Tisches, beim Hören «guter» Musik, beim Betrachten von Kunstwerken. Alle diese Ereignisse und Dinge vermögen Freude zu wecken, wenn man sie bewußt wahrnimmt. Darüber hinaus eröffnet der Bereich der Beziehung eine unerschöpfliche Möglichkeit zur Freude. Immer dort, wo Beziehung gelingt, wo sich eine «schöne» Gemeinsamkeit ereignet, stellt sich Freude ein, sei es nun im Spiel oder bei der Arbeit, in der Hinwendung zu einem Menschen oder zu einem Tier.

Überhöht oder vertieft wird die Erfahrung der Freude durch die des Glücks. Die Bereiche, die Freude auslösen, vermögen auch Glücksempfindungen hervorzurufen. Welches Gefühl uns erfaßt, liegt jedoch nicht primär an den äußeren Gegebenheiten, sondern vielmehr an der augenblicklichen Gestimmtheit oder Empfänglichkeit der Psyche. Das Glück führt den Menschen noch intensiver als das Staunen oder die Freude zugleich in das Zentrum seines Wesens und weit über sich selbst hinaus. Es öffnet, weitet, trägt, begeistert ihn und schenkt ihm die Empfindung, mit allem Seienden verbunden zu sein. Deshalb vermag ein glücklicher Mensch zu äußern: «Seid umschlungen, Millionen.» Zugleich bringt das Glück den Menschen in Kontakt mit seiner eigenen Tiefe, weshalb sich auch Gefühle wie Dankbarkeit und Ruhe einstellen können. Gleichgültig, ob ein Mensch staunt, sich freut oder glücklich ist, jedes Mal spürt er seine Übereinstimmung mit dem Leben. Er fühlt sich in es eingebettet, dazugehörig, an ihm teilnehmend und beteiligt, und das verleiht ihm die Empfindung von Erfüllung und Sinn.

Staunen, Freude und Glück spiegeln sich unzweideutig in der Mimik und Haltung, ja im gesamten Ausdrucksgebaren von Kindern. Sie wirken offen, präsent, der Situation oder Tätigkeit hingegeben, vielleicht auch strahlend. Was brauchen sie von ihren Eltern und Erzieherinnen? Wenn sie schon staunen, sich freuen oder glücklich sind, dann benötigen sie Partner, die ihr Erleben mit ihnen teilen, es spiegeln, dadurch bestätigen und intensivieren. Denn: geteilte Freude ist doppelte Freude! Sie brauchen also Bezugspersonen, die die gleichen Gefühle in sich zulassen, die bereit sind zu staunen, sich zu freuen und Glück zu empfinden. Dazu müssen sie sich die Fähigkeit bewahrt haben, innezuhalten, sich aus eingefahrenen Wahrnehmungs- und Beurteilungsmustern zu lösen sowie sich von den «kleinen Wundern des alltäglichen Lebens» berühren und ansprechen zu lassen. Präsenz, Offenheit und Hingabefähigkeit wären dafür wichtige Grundhaltungen.

Darüber hinaus benötigen manche Kinder Bezugspersonen, die ihnen immer wieder den Weg zum Staunen und zur Freude weisen oder erleichtern. Dazu bedarf es keiner besonderen oder großartigen Aktivitäten, sondern der Aufmerksamkeit, Zeit und der Fähigkeit, sich in die kindliche Wahrnehmungsweise einzufühlen. Von letzterer ausgehend,

gilt es die Welt zu betrachten und dann die eigenen Eindrücke mitzuteilen: «Hör mal den Wind in den Baumwipfeln: Gerade säuselte er nur
ganz leise, und jetzt rauscht er gewaltig. Und wie er die Tannenspitzen
beugt! Ist es nicht toll, was er für eine Kraft besitzt?» Oder beim Schlagen der flüssigen Sahne mit dem Rührgerät: «Schau mal, jetzt wird sie
schon dicker, und jetzt bleibt der Löffel in ihr stehen – bloß weil Luft
hineingeschlagen wurde.» Oder beim Betrachten eines barocken Land-
schaftsbildes: «Ist das nicht toll, wie fein der Maler die Blätter und Blumen gezeichnet hat? Was man auf dem Bild alles entdecken kann!»

Das gemeinsame Erleben bildet den Königsweg zum Staunen, aber
auch zu Freude und Glück. Dabei kann sich die Gemeinsamkeit genau
so gut in Arbeit oder nützlicher Tätigkeit äußern wie im Spiel oder
einer anderen Freizeitbeschäftigung. Alle diese Bereiche führen zu
emotionaler Verbundenheit, Harmonie und der Empfindung sowohl
«ganz bei der Sache» und «dem anderen» zu sein, also die eigenen
Ich-Grenzen zu erweitern. Damit sind wesentliche Merkmale der
Freude und des Glücks verwirklicht.

Neben dem Alltag bieten natürlich auch die herausragenden Ereignisse vielfältige Gelegenheit zum Staunen, zur Freude und zum Glück-
lichsein. Als solche seien hier nur die allgemeinen Feste genannt: der
Geburtstag, Weihnachten und Ostern. Diese Feste sind bei Kindern mit
großen Erwartungen belegt, sie fiebern ihnen entgegen, bereit zu staunen, sich zu freuen und sich beglücken zu lassen. Geschenke sind wichtige Mittel, um diese Gefühle hervorzurufen. Doch wichtiger als die
Geschenke ist die Gestaltung des Festes durch charakteristische Handlungen und einen feierlichen, ästhetisch ansprechenden äußeren Rahmen. Beide dienen dazu, den Sinn des Festes hervorzuheben. Was wäre
beispielsweise ein Geburtstag ohne Geburtstagslied oder ohne einen
schön gedeckten Tisch mit Lebenslicht und Geburtstagstorte? Was
wäre Weihnachten ohne Weihnachtsbaum, Weihnachtslieder und ohne
den Bezug zu dem Kind in der Krippe? Ostern ohne Osterstrauß, ohne
Ostereier, Symbol des sich erneuernden Lebens, eine säkularisierte Ver-
sinnbildlichung der Auferstehung? Einen Sinnbezug, der alle Wahr-
nehmungsorgane – die Sinne – anspricht, ganzheitlich zu erleben, ruft
Freude und Glücksempfindungen hervor. Sich das zu verdeutlichen
und Feste, aber auch alltägliche Situationen wie das abendliche Ein-
schlafritual, das sonntägliche Mittagessen oder die Märchenstunde im
Kindergarten entsprechend zu gestalten, ist die Aufgabe von Eltern
und Erzieherinnen.

Den meisten Kindern fällt es nicht schwer zu staunen, sich zu freuen oder glücklich zu sein. Doch gibt es auch solche, an denen man derartige Empfindungen kaum beobachten kann. Sie wirken verschlossen, matt, gleichgültig, sogar gelangweilt. Geschenke rufen wenig gefühlsmäßige Reaktionen in ihnen hervor, sie begeistern sich nicht beim Spielen, hören beim Vorlesen lustiger oder spannender Geschichten mit kaum bewegter Miene zu, ihre Augen strahlen nicht beim Anblick des geschmückten Weihnachtsbaumes. Bei solchen Kindern ist nach dem Grund der mangelnden emotionalen Ansprechbarkeit, die auf das Vorliegen einer emotionalen Störung verweist, zu suchen.

Es mag sein, daß ein Kind, das weder staunt noch sich freut, Bezugspersonen hat, die ebenfalls kaum emotionale Regungen zeigen, so daß seine ursprünglich vorhandenen nicht gespiegelt und gestärkt wurden, sondern wegen der fehlenden Resonanz allmählich einschliefen. Statt dessen verschloß sich das Kind mehr und mehr in sich selbst. Es mag aber auch sein, daß das Kind so sehr mit Spielsachen und «großartigen» Erlebnissen überhäuft wurde, daß nun seine Fähigkeit, sich über alltägliche Dinge und Ereignisse zu erstaunen oder zu freuen, regelrecht «verschüttet» ist. Möglicherweise wurden ihm zugleich die «gewöhnlichen», kindgerechten Erfahrungen, die es begeistert hätten, vorenthalten. Solche wären beispielsweise: Holz für ein Lagerfeuer sammeln und es anzünden, auf Bäume klettern, sich verkleiden und einen Zaubertrick erlernen und dergleichen mehr. Schließlich können auch traumatische Erfahrungen (z. B. Gewalterfahrungen, Verlust einer Bezugsperson) die emotionale Empfänglichkeit eingeschränkt haben. In diesem Fall würde man von einer kindlichen Depression sprechen.

Im Umgang mit diesen Kindern ist auf jeden Fall auf eine Vorwurfshaltung («Sei nicht so undankbar, freu dich doch.») zu verzichten. Ansonsten bieten sich je nach Ursachen unterschiedliche Vorgehensweisen an: Das «resonanzlose» Kind benötigt vor allen Dingen spiegelnde Resonanz und Vorbilder, die staunen, sich freuen und sich begeistern. Das «zugeschüttete» Kind muß vom Überfluß befreit und zu elementaren Erfahrungen hingeführt werden. Und das depressive Kind bedarf vermutlich professioneller Hilfe.

Grund und Sinn: Das Weltbild
Berührt durch existentiell bedeutsame Ereignisse, stellt das Kind vielfältige Fragen, die an die Grundfeste des Lebens rühren. Es sind dies

die Fragen nach dem «Woher» und «Wohin», dem «Warum» und «Wozu». Diese beginnen oftmals sehr harmlos: «Warum ist der Opa krank? Warum ist der Herr Schmidt gestorben? Er war doch noch gar nicht so alt. Warum begräbt man tote Menschen in der Erde? Warum gibt es Krieg? Warum hungern so viele Kinder in Afrika? Warum gibt ihnen niemand etwas zu essen? Warum kann der Peter nicht lesen, obwohl er doch schon so alt ist?» Derartige Fragen kann man sehr unterschiedlich beantworten – kurz und ausführlich, rational und auf die geläufigen, leicht nachvollziehbaren Gesichtspunkte begrenzt oder auch religiöse Vorstellungen einbeziehend. Wie immer man sich entscheidet: Man vermittelt dem Kind mit der Antwort unwillkürlich das Weltbild, dem sie entspringt. Und mit dem Weltbild eröffnet man dem Kind einen Vorstellungsraum, innerhalb dessen Grenzen es die Antworten auf seine Fragen nach dem Grund und dem Sinn existentieller Gegebenheiten suchen wird. Dieser Raum kann sehr eng ausfallen und ebenso sehr weit. Ein Beispiel möge das Gemeinte zeigen:

Martina fragt: «Warum ist der Herr Schmidt gestorben? Er war doch noch gar nicht so alt.» Die naheliegende Antwort lautet: «Weil er sehr krank war.» Die implizit vermittelte Weltanschauung besagt: Wenn man sehr krank ist, stirbt man. «Aber hat er denn sterben wollen?» – «Nein, ich glaube nicht.» – «Aber die Oma sagt manchmal, sie will nicht mehr leben, sie will sterben. Warum lebt sie noch?» – «Weil sie gesund ist?» – (Implizites Weltbild: s. o.) – «Und warum will sie dann sterben?» – «Weil sie alt ist und sich nach dem Opa sehnt, der voriges Jahr gestorben ist.» (Implizite Vorstellung: Alte Menschen wollen sterben; Trauer weckt Todeswünsche.) «Ja, wenn sie stirbt, geht sie dann zum Opa?» – «Das weiß ich nicht.» (Areligiöses Weltbild) – «Was macht sie dann, wenn sie tot ist?» – «Dann macht sie gar nichts mehr. Wenn man tot ist, kann man nichts mehr machen.» (Implizites Weltbild: areligiös) – «Aber warum will sie dann tot sein, wenn sie dann nichts mehr machen kann?» – «Weil sie alt ist und ihr alle Arbeit so schwerfällt. Sie sieht nicht mehr gut und kann kaum noch laufen. Das Laufen tut ihr weh.» (Implizites Weltbild: s. o., zusätzlich: körperliches Leiden weckt Todeswünsche.) – «Aber sie kann sich doch wünschen, daß sie wieder gut sehen und laufen kann.» – «Wünschen kann sie sich das schon, aber wenn man alt ist, gehen solche Wünsche nicht mehr in Erfüllung.» – «Warum?» – «Weil der alte Körper nicht mehr so viel Kraft hat, alles in sich neu zu machen. Schau mal, wenn du hinfällst und dein Knie aufschlägst oder krank bist, dann schafft es dein

Körper ganz schnell, sich zu heilen. Ein alter Körper kann das nicht mehr.» (Biologisches Weltbild) – «Oh…Und darum will Oma nicht mehr leben? Arme Oma… Und wenn sie tot ist, macht sie dann gar, gar, gar nie mehr etwas?» – «Ja.» – «Aber das ist doch furchtbar langweilig.» – «Nein, das ist wie schlafen; wenn du schläfst, tust du ja auch nichts und langweilst dich nicht.» – «Hmm.» – «Und der Herr Schmidt liegt jetzt auch da und schläft immerzu?» – «Ja.» – «Und er wacht gar nie mehr auf?» – «Gar nie wieder.» (Areligiöses Weltbild) – «Und warum läßt man ihn dann nicht in seinem Bett schlafen? Warum begräbt man ihn unter der Erde?» – «Weil ein toter Körper allmählich verwest. Weißt du, er verdirbt, so wie Fleisch allmählich verdirbt, wenn man es wochenlang nicht ißt, oder die Äpfel, die von Baum gefallen sind und liegenbleiben, allmählich verfaulen. Die tut man auch auf den Komposthaufen, und da werden sie langsam zu Erde. Mit den Menschen ist es genau so. Man begräbt sie, und dann werden sie langsam zu Erde.» (Biologisches Weltbild) – «Oh, das ist ja schrecklich. Der Herr Schmidt wird langsam zu Erde?» – «Ja.» – «Und alle Menschen auf dem Friedhof werden langsam zu Erde?» – «Ja.» – Und ich, wenn ich einmal tot bin, werde ich dann auch zu Erde? Das will ich nicht. Ich will nicht zu Erde werden. Warum ist das so? Ich will leben.» – «Du lebst ja auch, und du lebst auch wahrscheinlich noch ganz lange, wenn wir gut auf dich aufpassen, damit du gesund bleibst. Du bist ja noch jung.» – «Aber ich will gar nie zu Erde werden, überhaupt nie!» – «Weißt du, wenn man tot ist, merkt man nichts mehr davon, dann ist das wirklich nicht schlimm. Aber jetzt, wo du lebst, ist es schön, und das wollen wir doch recht genießen, nicht wahr?»

Der Gesprächspartner vermittelt hier der kleinen Martina, indem er geduldig, ihrem Vorstellungsvermögen angepaßt, getreu seiner Weltsicht auf ihre Fragen antwortet, ein Weltbild, das rein auf das Diesseits ausgerichtet ist. Es gibt nichts jenseits der mit unseren Sinnen wahrnehmbaren Welt. Der gedankliche Hintergrund, aus dem er seine Antworten auf Martinas Fragen bezieht, sind die materialistisch ausgerichteten Naturwissenschaften, wie sie im 19. Jahrhundert entstanden, hier primär die Biologie. Er vertritt also ein materialistisches Weltbild, in dem für uns außerhalb der Spanne zwischen Leben und Tod nichts Bedeutsames existiert, kein über unser individuelles oder vielleicht auch gesellschaftliches Leben hinausweisender Sinn, kein den ganzen Kosmos umfangender und das Geschehen in ihm lenkender Geist, kein Gott. Solch eine Welt- und Lebenssicht wirft den Menschen auf sich selbst zurück, die in ihr mögliche Geborgenheit und der in ihr mögliche Trost müssen von den heute lebenden Menschen gespendet werden. Eine transzendente Geborgenheit, einen transzendenten Trost, einen aus einer transzendenten Perspektive abgeleiteten Sinn gibt es nicht.

Wenn Martinas Gesprächspartner ein religiöses, konkreter: ein christliches Weltbild besäße, wie könnte dann der Dialog lauten? Ich stelle ihn mir folgendermaßen vor:

Martina: « Warum ist der Herr Schmidt gestorben? Er war doch noch gar nicht alt.» – «Weil er sehr krank war.» (Implizites Weltbild: s. o.) – «Aber hat er denn sterben wollen?» – «Ich weiß es nicht, vielleicht nicht, aber vielleicht wollte er doch sterben und ist froh, daß er jetzt keine Schmerzen mehr hat.» – «Und was macht er jetzt?» – «Ich glaube, daß er jetzt beim lieben Gott ist.» «Geht man, wenn man stirbt, zum lieben Gott?» – «Ja.» – «Die Oma sagt auch manchmal, sie will sterben. Warum lebt sie noch?» – «Weil der liebe Gott sie noch nicht zu sich holt. Der liebe Gott bestimmt, wann man zu ihm darf. Manchmal ist es sehr früh, da ist man noch jung und will gar nicht, und manchmal dauert es lange, da ist man schon alt und wartet darauf.» – «Und warum will Oma sterben?» – «Weil sie alt ist und sich nach dem Opa sehnt, der voriges Jahr gestorben und auch zum lieben Gott gegangen ist.» – «Trifft sie den Opa dann beim lieben Gott wieder?» – «Ich glaube schon.» – «Und freut sie sich darauf?» – «Ich glaube schon. Und außerdem tut ihr dann nichts mehr weh. Du weißt doch, wie schwer ihr manchmal die Arbeit fällt, sie sieht schlecht und hat Schmerzen beim Laufen.» – «Ja, aber sie kann sich doch wünschen, daß sie wieder gut sehen und laufen kann.» – «Ja, das kann sie schon. Aber wenn man alt ist, erfüllt der liebe Gott solche Wünsche nicht mehr gern. Er hat uns eine Zeit gegeben, in der wir hier auf der Erde leben und arbeiten und uns freuen und möglichst viel Gutes tun sollen, und wenn die Zeit rum ist, dann will der liebe Gott uns wieder bei sich im Himmel haben.» – «Und was macht man im Himmel?» – «Oh, da freut man sich, weil es einem gut geht und man bei Gott ist. Was man sonst noch tut, das weiß ich nicht.» – «Aber der Herr Schmidt, der ist doch gar nicht bei Gott. Der ist doch auf dem Friedhof.» – «Ja, seinen Körper hat man beerdigt, der liegt auf dem Friedhof. Aber seine Seele, die ist zu Gott geflogen. Weißt du, du hast einen Körper, den kann man sehen, der ist gesund oder krank, der wächst und wird alt. Den brauchst du, um dich zu bewegen und zu handeln.

Aber du hast auch eine Seele. Die kann man nicht sehen, die kann man nur fühlen. Die wohnt in deinem Körper und freut sich, wenn es dir gut geht. Oder sie ist traurig, auch mal wütend oder lustig. Es ist deine Seele, die einen Menschen liebhat. Du weißt doch, wie sich das anfühlt?» – «Ja. Und dann fühle ich meine Seele?» – «Ja. Und wenn ein Mensch stirbt, dann verläßt seine Seele den Körper und fliegt zum lieben Gott. Dort lebt sie für immer weiter, und das ist das Wichtigste. Den Körper, ihre Wohnung, braucht sie dann nicht mehr. Deshalb stirbt er. Und weil die Seele nicht mehr in ihm wohnt, verfällt er allmählich wie ein altes Haus, das aus Steinen oder Holz gebaut ist, auch allmählich verfällt, wenn kein Mensch mehr in ihm wohnt.» – «Ach so.» – «Und der liebe Gott hat unsere Körper aus Erde geschaffen, und darum gibt man den toten Körper der Erde zurück, damit er wieder zu Erde werden kann.» – «Oh, das ist ja schrecklich. Der Herr Schmidt wird langsam zu Erde?» – «Ja.» – «Und alle Menschen auf dem Friedhof werden langsam zu Erde?» – «Ja.» – «Und ich, wenn ich mal tot bin, werde ich dann auch zu Erde? Das will ich nicht. Ich will nicht zu Erde werden.» – «Es ist nur der Körper, der zu Erde wird, wenn ihn die Seele nicht mehr braucht. Die Seele ist dann frei, und ihr geht es gut.» – «Aber mein armer Körper, der soll nicht zu Erde werden.» – «Der Körper spürt nichts davon, dem tut es nicht weh. Schau, dem Apfel tut es auch nicht weh, wenn er verfault. Weißt du, vielleicht findet es dein Körper eines Tages, wenn du alt bist, sogar schön, wieder zur Erde zurückzukehren, woher ihn der liebe Gott genommen hat, genauso wie es die Seele schön findet, wieder zu Gott zu fliegen. Das alles wissen wir nicht so genau. Aber es wird bestimmt alles gut sein. Und jetzt bist du noch jung, und da will deine Seele noch in deinem Körper wohnen, und wir müssen gut auf ihn aufpassen, damit er gesund bleibt und deine Seele sich in ihm wohl fühlen kann.»

Auch die christliche Sichtweise nimmt die biologischen Fakten (Bedrohlichkeit der Krankheit, Gebrechen des Alters, Verwesung des Leichnams) wahr und ernst. Doch sie ergänzt und relativiert ihre Bedeutung durch die Annahme einer geistigen Welt und die Vorstellung von einem liebenden Gott, der allem irdischen Geschehen seine Ordnung und sein Ziel verleiht. Dieses Weltbild führt über das Diesseits hinaus und begreift das ganze Leben in einem tröstlichen, wenn auch nicht klar verständlichen, göttlichen Plan. Es verläßt den Bereich des rational Erfaßbaren, vermittelt einen Sinn, der nicht mit dem Tod endet und nicht auf die Welt beschränkt ist und ermöglicht dem Denken und Fühlen des Menschen, sich auf diesen transzendenten Bereich zu beziehen.

Neben dem atheistisch-materialistischen und dem christlich-religiösen Weltbild gibt es auch eines, das eine Art Mittelstellung einnimmt und sich wachsender Beliebtheit erfreut. Es lehnt die Vorstellung eines persönlichen Gottes und eines himmlischen Jenseits ab, sieht aber einen tiefen Sinn im Naturgeschehen und verleiht diesem eine gleichsam religiöse Bedeutung. Unter dieser Perspektive könnte das Gespräch mit Martina etwa folgendermaßen lauten:

«Warum ist der Herr Schmidt gestorben? Er war doch noch gar nicht so alt.» – «Weil er sehr krank war.» – «Aber hat er denn sterben wollen?» – «Ich weiß es nicht, vielleicht nicht, vielleicht aber doch, weil er nun keine Schmerzen mehr hat.» – «Aber die Oma sagt manchmal, daß sie sterben will. Warum lebt sie noch?» – «Weil sie gesund ist.» – «Und warum will sie sterben?» – «Weil sie alt ist und sich nach dem Opa sehnt, der voriges Jahr gestorben ist.» – «Wenn sie stirbt, geht sie dann zum Opa?» – «Das weiß ich nicht.» «Und was macht Opa jetzt?» – «Der Opa ist, als er gestorben ist, wieder zur Natur und in die Erde zurückgegangen, und das tut die Oma auch, wenn sie einmal stirbt.» – «Wieso geht man dann zur Natur und in die Erde zurück?» – «Ja, weißt du, letzten Endes kommen wir alle von der Erde und kehren zur Erde zurück. Die Natur bringt alles Leben aus dem Wasser und der Erde hervor.» – «Aber ich komme doch aus Mamas Bauch!» – «Ja, aber die allerersten Menschen und vor den Menschen die ersten Tiere und Pflanzen, die kommen aus dem Wasser und aus der Erde. Und irgendwo tief drinnen wissen wir das alle noch. Und wenn wir sterben, gehen wir in die Erde zurück.» – «Das ist aber komisch. Und wenn die Oma dann zur Natur und zur Erde zurückgeht, was macht sie dann da?» – «Dann macht sie gar nichts; wenn man tot ist, kann man nichts mehr machen.» – «Warum will sie denn tot sein, wenn sie dann nichts mehr machen kann?» – «Weil sie alt ist und ihr alle Arbeit so schwerfällt. Sie sieht nicht mehr gut und kann kaum noch laufen. Und außerdem tut ihr das Laufen weh.» – «Aber sie kann sich doch wünschen, daß sie wieder gut laufen und sehen kann.» – «Wünschen kann sie sich das schon, aber wenn man alt ist, gehen solche Wünsche nicht mehr in Erfüllung.» – «Warum?» – «Weil der alte Körper nicht mehr so viel Kraft hat, alles in sich neu zu machen.» – «Oh, das ist aber traurig.» – «Schau mal, so ist die Natur eingerichtet: Sie schenkt uns das Leben für eine gewisse Zeit, will, daß wir es auf dieser Erde nutzen, und dann holt sie uns wieder zu sich. Das ist bei allem, was lebt, so: Die Vögel schlüpfen aus dem Ei, leben, suchen Futter, bauen ein Nest, ziehen Junge groß, und nach ein paar Jahren werden sie alt und sterben. Der Apfelbaum wächst, trägt jedes Jahr Früchte und nach vielen Jahren ist er alt und stirbt. Und bei den Menschen ist es genauso. Und immer wieder schafft die Erde neues Leben wie eine große Mutter, von der alles kommt und zu der wir zurückkehren, wenn wir alt sind und das Leben zu mühsam wird.» – «Ach so. Und was macht die Oma dann bei der Erde?» – «Sie macht da gar nichts. Sie ist einfach tot.» – Ist das nicht furchtbar langweilig?» – «Nein, das ist wie schlafen. Wenn du schläfst, langweilst du dich ja auch nicht. Und Oma ist doch immer so müde. Sie sehnt sich danach, immer nur zu schlafen.» – «Hm. Und der Herr Schmidt liegt jetzt auch da und schläft immerzu?» – «Ja.» – «Und wacht er gar nie wieder auf?» – «Gar nie wieder.» – «Und warum läßt man ihn dann nicht in seinem Bett schlafen, warum begräbt man ihn unter der Erde?» – «Weil er doch zur Erde gehört und wieder zu ihr zurückgeht. Wenn man ihn begräbt, wird er langsam wieder zu Erde. Und wenn er zur Erde geworden ist, dann entsteht allmählich auch wieder neues Leben aus ihm.» – «Das ist aber komisch. Wird der Opa auch zu Erde?» – «Ja.» – «Und dann wieder zu Leben?» – «Ja.» – «Was passiert dann? – Kommt er dann neu wieder?» – «Er selbst nicht. Aber die Erde, zu der er geworden ist, die bringt neues Leben hervor. Was das genau wird, wissen wir nicht. Aber das Leben geht immer weiter, das hört nie auf.»

Das hier ausgeführte Weltbild hält sich auch streng an die biologischen Erkenntnisse, orientiert sich folglich an der Naturwissenschaft. Aber es unterlegt der Biologie einen Sinn, der sich im Leben selbst erfüllt, und bettet das individuelle Leben ein in eine große naturgesetzliche Geborgenheit, in einen allgemeinen Kreislauf des Lebendigen; in dem das individuelle Leben zwar vergeht, das Prinzip des Lebens aber fortbesteht. Es begreift das Leben als Geschenk der Natur, das man nutzen kann, ihr aber zu gegebener Zeit zurückgeben muß.

Natürlich spricht man normalerweise nicht so ausführlich mit fünfjährigen Kindern über Leben und Tod. Solche Gespräche bilden die Ausnahme. Aber auch wenn man auf einzelne hier angeschnittene Fragen – oder auch die zuvor behandelten existentiell bedeutsamen Themen – nur kurz eingeht, wird die Antwort immer dem eigenen Welt- und Lebensverständnis entspringen. Und durch die Summe der vielen kurzen Äußerungen wird es sich dem Kind vermitteln. Das heißt: Ob eine Bezugsperson es will oder nicht, sie offenbart ihre Einstellung durch ihre Worte und noch mehr durch ihre Haltung und den in ihr begründeten Handlungen. Es ist eine Illusion zu glauben, man könne ein Kind frei von jeder Weltanschauung aufwachsen lassen, damit es sich später, wenn es einmal groß ist, seine Sichtweise nach eigenen Wünschen bilden kann. Denn von Anfang an, in dem Maße wie sein Denkvermögen wächst, setzt es sich auch gedanklich mit allen seinen Erfahrungen und Bereichen des Lebens auseinander, einschließlich der existentiellen Themen. Und aus allen Antworten, die es auf seine Fragen erhält, aus allen Erlebnissen, Einsichten, die es gewinnt, erwächst mosaikartig sein Weltbild. Bis zur Pubertät, wenn der Jugendliche beginnt, sich bewußt mit verschiedenen Weltanschauungen auseinanderzusetzen, um sich für die «seine» zu entscheiden, hat sie sich in ihm schon längst verfestigt. Das Weltbild, das er in sich vorfindet, bildet das Material, mit dem er sich im Erwachsenenalter auseinandersetzt, das er umgestaltet, vielleicht mehr oder weniger zu überwinden und durch ein anderes zu ersetzen sucht, das aber seinen prägenden Einfluß niemals ganz verlieren wird. Deshalb sollten sich die Bezugspersonen über ihre Funktion – beabsichtigt oder unbeabsichtigt – ein Weltbild zu vermitteln, und die Verantwortung, die ihnen dadurch zuwächst, stets bewußt sein.

Das Weltbild, das ein Mensch verinnerlicht hat, markiert das Zentrum seiner Bildung. Wenn Bildung darin besteht, sich so viel Welt wie möglich anzueignen und sie mit dem ganzen Wesen zu durchdringen, dann heißt das nichts anderes, als Wissen zu erwerben, Kompetenzen auszubilden, Erfahrungen in vielen Bereichen des Lebens zu sammeln, sie zu verstehen und zu integrieren, also existentiell bedeutsame Einsichten durch sie zu gewinnen, und sie alle zu einem Weltverständnis zu verschmelzen, das wieder zurückwirkt auf die Lebensweise, die Einstellungen, Handlungen und emotionale Befindlichkeit. Kindern eine weite und differenzierte Sicht der Welt und des Lebens zu eröffnen, ist deshalb eine Hauptaufgabe für einen gelingenden Bildungsprozeß.

4. Künstlerische Ausdrucksformen

Zur Entfaltung der Gesamtpersönlichkeit, wie sie das Bildungsgeschehen anstrebt, gehört – neben dem Erwerb kognitiver Fähigkeiten, praktischer Fertigkeiten, moralischer Einstellungen und sozialer Kompetenzen – als wesentlicher Bestandteil auch die Pflege der Empfänglichkeit für das Schöne, die Geschmacksbildung sowie die Schulung der musisch-kreativen Ausdrucksformen. Alle gemeinsam verschmelzen schließlich zu einer Weltanschauung und Lebensweise. Natürlich entwickeln sich das ästhetische Empfinden und der kreative Selbstausdruck, weil sie zum Wesen des Menschen gehören, immer schon «nebenbei» im alltäglichen Leben. Jeder benutzt den «Stoff» seiner alltäglichen Wahrnehmungen und Erfahrungen gleichermaßen, um an ihm sein Denken zu schulen, seine Einstellungen und Erwartungen zu erwerben, seine Fertigkeiten zu üben und seinen Drang nach ästhetischen Eindrücken und gestaltendem Ausdruck zu befriedigen. Doch die bewußte Bildung benötigt in jeder Hinsicht mehr als die zufällige Beiläufigkeit. Indem sie gezielt die aktive und rezeptive Auseinandersetzung mit Formen und bedeutsamen Werken aus unterschiedlichen Kunstgattungen anregt, verhilft sie dem Individuum zum Erwerb einer kulturellen Identität, die sein Selbstverständnis um eine geistig-soziale Dimension bereichert.

Die aktive und rezeptive Beschäftigung mit dem bildnerischen Element, der Musik, dem Tanz und der Sprache durchdringt und belebt alle geistigen und emotionalen Kräfte des Menschen: Sie stärkt oder erhöht die geistige Flexibilität, sie unterstützt die Differenzierung der sinnlichen Wahrnehmungs- und Genußfähigkeit, sie erweitert den Empfindungs- und Erlebnishorizont, indem sie einerseits die psychische Empfänglichkeit und Offenheit erhöht und andererseits zu den Quellen des eigenen Selbstausdrucks führt. Zugleich weckt sie – wie sonst nur noch das Spiel und das Experiment – seine schöpferischen Fähigkeiten. Kreativität gilt jedoch ebenfalls als eine der wesentlichen Schlüsselqualifikationen. Diese hier nur knapp zusammengefaßten Gründe sprechen dafür, der musisch-sprachlichen Bildung trotz ihrer vordergründig geringen Nützlichkeit zeitlebens dieselbe Sorgfalt zu widmen wie den «praktisch verwertbaren» Bereichen des Wissens, des angewandten Könnens und des zwischenmenschlichen Umgangs.

Bildnerisches Gestalten

Wie bereits in Kapitel VI, 4 ausgeführt, gehört es zu den Urimpulsen des Menschen, «Spuren» zu hinterlassen und mittels dieser «Spuren» dem eigenen Leben Gestalt zu verleihen. Deshalb zeichnet fast jedes Kind (mindestens bis ins Grundschulalter hinein) liebend gern. Im Schmieren, Zeichnen, Malen folgt es seinen inneren Impulsen und verleiht seiner emotionalen Befindlichkeit Ausdruck. Dies kann in der Art eines entlastenden oder befreienden Umgangs mit der Farbe geschehen, bei dem das Kind mit nur wenig gesteuerten Bewegungen seinen Affekt abreagiert, ihn gleichsam aus sich heraussetzt und anschaubar werden läßt. Meist jedoch dominieren die formenden Kräfte des Kindergartenkindes. Es zeichnet oder malt etwas Bestimmtes: ein Erlebnis, eine innere Vorstellung – beispielsweise eine Szene aus einer gehörten Geschichte –, ein Muster. Damit aktiviert es – neben der Feinmotorik – seine geistigen Fähigkeiten. Es ist «ganz bei sich», selbst wenn es in einer Gruppe malt, setzt sich mit seinen Wahrnehmungen auseinander, verarbeitet und integriert seine Erfahrungen und beantwortet sie gestaltend. Dabei entwickelt es seine ureigene Formensprache, deren Individualität viel deutlicher zutage tritt als beim gesprochenen Wort, dessen Bedeutung und Verwendung im Rahmen der grammatischen Struktur kulturell weitgehend vorgegeben ist. Häufig benötigt der Betrachter deshalb verbale Erläuterungen des Kindes, um ein angemessenes Verständnis der Bilder zu erlangen.

Seinen bildnerischen Ausdrucksschatz erwirbt das Kind auch, indem es Collagen anfertigt oder Materialien wie Sand oder Plastilin formt. Für seinen Umgang mit den verschiedenen Materialien bedarf es häufiger Gelegenheit und mancher Anregung, um herauszufinden, wie man angemessen mit ihnen umgeht, welche Ausdrucks- und Gestaltungsmöglichkeiten sich in ihnen verbergen und wo die eigenen Vorlieben liegen.

Zum Zeichnen verwendet das Kind Kreiden und unterschiedliche Arten von Stiften (Buntstift, Bleistift, Filzstift etc.). Es beginnt zunächst zu kritzeln, mit rhythmisch hin- und herschwingenden Bewegungen Linien zu produzieren, durch verschieden geformte Linien das Blatt zu strukturieren, Ornamente zu entwerfen und konkrete Inhalte darzustellen. Dabei entdeckt es die Elemente Punkt, Linie, Umriß und Fläche und entwickelt sinnhafte Zeichen. Es erfährt, daß es mit dem Stift Konturen festhalten kann, die man je nach Stiftführung nur schwach andeuten oder durch Druck und Wiederholung betonen kann. Natürlich entwickelt es auch ein Gespür für die Anordnung der Formen bzw. Gestalten auf dem Blatt, für Größenverhältnisse und Farben, wobei sich sein Gestaltungswille nicht primär an der optisch-realistischen Perspektive orientiert, sondern das persönlich Bedeutsame betont.

Beim Malen mit Wasser-, Dispersions-, Finger- und Kleisterfarben steht das Farberleben im Vordergrund. Das Kind erfährt die Wirkungen der Einzelfarben und der Farbbeziehungen untereinander. Es experimentiert mit ihnen, indem es die verschiedenen Farben neben-, über- und durcheinander aufträgt; es nimmt wahr, daß dasselbe Gelb neben Rot ganz anders wirkt als neben Grün oder Blau (gleiches gilt auch für die Komposition anderer Farben); es erfährt den Reiz von Hell-Dunkel-Variationen und entdeckt, wie Farbmischungen entstehen. Es erlebt die Großzügigkeit des Malens gegenüber dem Zeichnen, sammelt Erfahrungen mit der großen Form, der ausschweifenden Malbewegung, besonders wenn es statt des Pinsels seine Finger und Hände benutzt. Es entdeckt zudem viele verschiedene Weisen, die Farbe einzusetzen: Es verdünnt sie mit viel oder wenig Wasser, läßt sie vom Pinsel tropfen und über das Blatt fließen oder verstreicht sie sorgfältig; es kann sie, mit dem Schwamm tupfend, auftragen oder verwischen, es benutzt seine Finger wie «Stifte» oder malt mit den Händen.

Bei einem weiteren Gestaltungsverfahren, dem Drucken, bestreicht das Kind eine Form mit Farbe und setzt sie wiederholt als «Stempel» ein. Neben den Händen eignen sich die Füße, Korken, andere eingefärbte Gegenstände (z. B. Blätter oder aus einer Kartoffel herausgeschnittene kleine Würfel). Druckend sammelt das Kind Erfahrungen mit dem Reihen, Ordnen und Gruppieren von einzelnen Formelementen. Es gestaltet freie Kompositionen oder regelmäßige Muster, nimmt wahr, wie sich bei verschiedenen Abdrücken desselben Stempels leichte Unterschiede in der Umrißschärfe oder Farbintensität ergeben, je nachdem, wie dick es die Farbe auftrug und wie kräftig und gezielt es den Stempel aufsetzte. Es erlebt bewußt, wie aus der gewählten Anordnung immer gleicher Basiselemente unterschiedliche Formen und Gestalten erwachsen können. Damit richtet sich sein Bewußtsein auf den synthetischen und konstruktiven Aspekt des bildhaften Gestaltens.

Das konstruktive und kompositorische Element tritt ebenfalls in den Vordergrund, wenn das Kind Collagen anfertigt. Hierzu kann es gerissene oder zugeschnittene farbige Papiere, Pappe, Naturmaterialien wie Blüten und Blätter, aber auch leicht aufklebbare kleine Gegenstände wie Perlen verwenden. Bei der Collage findet das Kind seinen eigenen künstlerischen Ausdruck kaum durch den direkten Farbauftrag oder die aus seinem Körper hervorgehende Linienführung. Vielmehr benutzt es bereits vorhandene Farbtöne und teilweise auch vorgegebene Formelemente (z. B. bei der Herstellung einer

Komposition aus Blättern), um mit ihrer Hilfe sein Empfinden darzustellen. Es übt sich im Reißen, Schneiden, Neben- und Aneinanderkleben, befriedigt dadurch seinen Tastsinn und entfaltet seine konstruktive Phantasie. Diese erhält, wenn es Transparente und Laternen bastelt, noch einen zusätzlichen Anreiz durch die Freude an dem farbigen Lichtspiel.

Die plastische Gestaltung schließlich löst sich aus der Gebundenheit an die Fläche. Die dreidimensionale Figur, an deren Entstehung der optische und der taktile Sinn sich gleichermaßen beteiligen, dominiert das Geschehen, während die Farbgebung zumeist an Bedeutung verliert. Zum plastischen Gestalten eignen sich einerseits weiche Materialien wie Sand, Schnee, Ton, Knete, Bienenwachs, Salz- und Kuchenteig, andererseits harte Grundelemente wie Holzabfälle, Verpackungsmaterialien (z. B. Eierbehälter, Kartons), Naturdinge wie Steine oder Tannenzapfen und Bausteine oder anderes Konstruktionsspielzeug. Im ersten Fall entsteht das Produkt aus der Verformung der Substanz (beim Bauen einer Sandburg). Häufig fertigt das Kind auch einzelne grundlegende Elemente an, die es anschließend additiv zusammensetzt. Beispielsweise rollt es drei große Kugeln und setzt sie zum Schneemann übereinander. Entsprechend bildet es Menschen aus Plastilin, indem es eine Walze als Körper formt, ihm eine Kugel als Kopf und zwei dünne Wülste als Arme anfügt. Das Formen erübrigt sich bei festen Grundelementen. Dafür fordern diese – sofern es sich nicht wie beim Konstruktionsspielzeug um gleichartige, funktionale «Bausteine» handelt – die Phantasie auf, in ihnen «Gestalten» zu entdecken und sie eventuell durch den Gestaltungsprozeß zu verdeutlichen. Eine Astgabel sieht beispielsweise fast wie ein Zwerg aus: Man muß nur noch ein Seitenzweiglein abschneiden, das eine Zweigende als Zipfelmütze zuspitzen und das ganze Männlein anmalen.

Beim plastischen Gestalten ergänzt das Kind sein Wissen von der Beschaffenheit verschiedener Materialien um die Erfahrung, wie unterschiedlich sie sich bei der Bearbeitung verhalten, welche Gesetzmäßigkeiten zu berücksichtigen sind, welche Vorstellung man mit welchem Material verwirklichen kann und wo die Grenzen liegen.

Das Gestalten führt mithin – und das gilt auf subtilere Weise auch für die anderen Arten bildnerischer Tätigkeit – in einen Dialog mit dem Material, in eine Auseinandersetzung, die ihrerseits den Schöpfer beeinflußt, somit bildend zurückwirkt und den Selbstausdruck des Kindes fördert.

Die aktiv tätige Selbstverwirklichung im bildhaften Gestalten findet ihre Ergänzung in der aktiv aufnehmenden Haltung der Betrachtung. Denn Kinder bilden ihren ästhetischen Sinn und die eigene Ausdrucksweise nicht ausschließlich anhand von Alltagswahrnehmungen, Erlebnissen und eigenen Gestaltungen, sondern sie verarbeiten und integrieren auch ästhetische Eindrücke. Deshalb empfiehlt es sich, die Empfänglichkeit für das «optisch Schöne» zu nutzen und ihnen verschiedenartige Erfahrungen mit der bildenden Kunst zu vermitteln. Besonders eignen sich dafür das Anschauen von Bilderbüchern und – gemeinsam mit Erwachsenen – von Kunstwerken aus verschiedenen Epochen und Gattungen. Dazu gehören Gemälde und Skulpturen, schöne Möbelstücke, Schmuckgegenstände oder Bauwerke, beispielsweise Kirchen.

Die Auswahl von Bilderbüchern verlangt das kompetente Urteil der Erwachsenen. Denn viele genügen ästhetischen Ansprüchen in keiner Weise und erscheinen deswegen in dieser Hinsicht nicht empfehlenswert. Die folgenden Gesichtspunkte sollen helfen, die Qualität zu beurteilen:

– Ist die bildliche Darstellung dem Inhalt und der Stimmung des Textes angemessen? Illustrationen dienen dem Zweck, den sprachlich vermittelten Inhalt zu verdeutlichen. Erfüllt das Bild diese Aufgabe? Ruft es beispielsweise wie der Text eine geheimnisvolle Stimmung hervor oder das Gefühl eines lichten Sommertages? Gleichen sich Bild und Text in ihrem Umgang mit der Phantasie? Gute Gestaltungen der Phantasie, ob sprachliche oder bildliche, folgen durchaus immanenten Regeln und besitzen eine innere Stringenz, die den Eindruck der «Stimmigkeit» erwecken.

– Unterstützt das Bild durch die Art seiner ganzen Komposition den sprachlichen Inhalt? Wirkt die Zusammenstellung der Bildelemente klar, harmonisch und lebendig, vielleicht sogar spannend? Oder erscheint sie eher chaotisch beziehungsweise langweilig, möglicherweise steril? Befindet sich die wichtigste Aussage des Bildes auf einem Platz, der ihrer Bedeutung zukommt? Überzeugen die Größenverhältnisse der Einzelheiten, weil sie die Realität oder das inhaltliche beziehungsweise psychologische Gewicht angemessen widerspiegeln?

– Wie sind die Figuren ausgeführt? Sind sie sorgfältig und liebevoll dargestellt, so, daß sie wiederum dem Text gerecht werden? Das bedeutet nicht, daß sie detailgetreu die Realität abbilden sollen. Sie dürfen durchaus eigene Schwerpunkte setzen und einen hohen Abstraktionsgrad aufweisen. Aber ihre «innere Logik» sollte stimmen. Je nach der Wirkung, die das Bild erzielen soll, bieten sich die unterschiedlichsten Darstellungsweisen und Techniken an: Eine mag sich auf klare, detailarme, nur das Wesentliche hervorhebende Konturen beschränken, eine andere Einzelheiten mit liebevoller Genauigkeit abbilden, die dritte wählt phantasievolle, vielleicht auch ornamenthafte Ausschmückungen, die letzte schließlich zeigt verwaschene Umrisse und verschwommene Übergänge von einer Form in die nächste. Alle diese Stilrichtungen besitzen ihre Berechtigung, und keine kann den Vorrang für sich beanspruchen. Ob ein Bild jedoch tatsächlich die qualitativen Erwartungen befriedigt, läßt sich nur anhand der Zusammenschau aller Kriterien bestimmen. Entscheidend ist, daß Bildgestaltung und Aussage zusammenpassen.

– Sind die Farben sinnvoll gewählt, indem sie dem Inhalt und der Komposition dienen? Bei den «bunten» Bilderbüchern spielt die Farbwahl eine wichtige Rolle. Sie sollte dem Thema und der literarischen Ausdrucksform entsprechen. Das bedeutet nicht, daß eine realistische Farbgebung etwa expressiven Lösungen vorzuziehen sei. Jedoch muß die freie, expressive Farbwahl der Intention des Textes folgen und dabei die dem Gesamtzusammenhang entsprechende Wirkung erreichen, um als künstlerisch sinnvoll zu gelten.

Ein Kind erlebt Bilderbücher mit seinem ganzen Wesen und schaut sie sich immer wieder an, weshalb sie einen starken Einfluß auf seine Vorstellungskraft ausüben. Betrachtet ein Erwachsener mit ihm zusammen ein Buch, so liegt nahe, mit ihm über die Bilder zu sprechen und gemeinsam mit ihm auf Entdeckungsreise zu gehen, die Freude an den schönen Darstellungen zu teilen und weiterführende Geschichten zu erfinden. Denn Kinder neigen dazu, sehr affektiv auf Bilder zu reagieren und ihr eigenes Erleben auf sie zu projizieren. Daher kann das Gespräch über Bilder zur Klärung oder Bewältigung von Konflikten beitragen.

Die Reproduktionen berühmter Gemälde bieten sich ebenfalls zur gemeinsamen Betrachtung an. In allen Epochen lassen sich leicht etliche Bilder finden, die Kindergartenkinder ansprechen und ihnen eine Ahnung des kulturellen Reichtums vermitteln. Welches Erstaunen erwecken goldgrundige Bilder der Gotik, beispielsweise Stephan Lochners «Madonna im Rosenhag». Bei den Renaissance-Malern ist Raffael besonders hervorzuheben, etwa mit der «Sixtinischen Madonna», einem der bekanntesten Kunstwerke überhaupt. Aus der Barockzeit eignen sich vornehmlich niederländische Genrebilder, auf denen sich so viele spannende Einzelheiten finden lassen – etwa ein Winterbild von Pieter Brueghel oder ein Blumenbild von Jan Brueghel. Auch ein tiefgründiges Bild von Rembrandt vermag Vorschulkinder zu berühren. Aus der romantischen Malerei mögen Landschaftsbilder von Caspar David Friedrich ansprechen, aus dem Impressionismus die bezaubernden Gemälde von Renoir. Van Gogh, ferner die expressionistische Malerei eines Franz Marc oder Emil Nolde, auch die abstrakte Kunst, etwa Kandinski oder Paul Klee, erreichen Vorschulkinder ebenso wie Bilder von Marc Chagall.

Bei der ruhigen Betrachtung solcher Kunstwerke üben Kinder sich in konzentrierter aktiver Wahrnehmung. Damit erwerben sie eine wesentliche Kompetenz für ihren Bildungserfolg. Durch das Fernsehen ist sie dagegen kaum zu entwickeln, weil dort die schnelle Bildfolge leicht zu visueller Überforderung und einer passiven Rezeption des Geschehenen führt. Ruhig betrachtete Bilder dagegen nehmen die Kinder mit ihrem ganzen Wesen auf. So schulen sie nicht nur ihre Sensibilität für das Schöne und ihren Geschmack, sondern sie erhalten zugleich inhaltlich neue geistige Nahrung für die kognitive Auseinandersetzung. Und nicht zuletzt finden sie hier, wie schon angedeutet, Zugang zu den Kunstschätzen vergangener Epochen und der Gegenwart. Sie erleben, wie die Kraft kultureller Ausdrucksformen Grenzen des Raumes und der Zeit überschreitet und erschließen sich einen Baustein der eigenen kulturellen Identität.

Literatur

Die bildnerische Betätigung verhilft dem Kind zum gestaltenden Selbstausdruck. Mit der Literatur verhält es sich ähnlich. Die intensive Beschäftigung mit qualitativ überzeugenden literarischen Texten fördert die sprachliche Differenzierung, schult das Empfinden für die sprachliche Schönheit und stärkt die Ausdrucksfähigkeit, weil solche Texte ihm helfen, den Wortschatz und das Verständnis für grammatische Strukturen zu erweitern. Die sprachliche Bildung, um die es hier geht, vollzieht sich als geistige Aktivität des Zuhörens, wenn Erwachsene Geschichten vorlesen, Märchen erzählen oder Gedichte vorsprechen. Für diesen inneren Sprachbildungsprozeß, der die kommunikative Funktion der Sprache zwar einschließt, zugleich aber weit übersteigt und die geistige und ästhetische Welt der Sprache erschließt, benötigt das Kind den Erwachsenen, der literarisch geformte Sprache anbietet und als Gesprächspartner zur Verfügung steht. Der Vergleich mit dem bildhaften Gestalten mag den Unterschied hervorheben: Kinder brauchen zur Entfaltung der Gestaltungsfähigkeit im Malen ermutigende Aufforderung, interessierte Betrachter und bewunderndes Lob. Sind diese Bedingungen erfüllt, malen sie oft über einen längeren Zeitraum still für sich. Anders, wenn sie sich mit der Sprache beschäftigen. Soll sich das Kindergartenkind sprachliche Ausdrucksmöglichkeiten wirklich aneignen, so muß es sie im Kontakt mit einem lebendigen Gegenüber erleben. Die mediale Vermittlung, etwa durch Kassetten oder den Fernseher, unterstützt die sprachliche Bildung im Vorschulalter nur sehr begrenzt. Denn Sprache ist, wenn auch nicht ausschließlich, ihrem Wesen nach dialogisch. Erst bei älteren Kindern kann ein Medium als innerer Dialogpartner dienen.

Die Beschäftigung mit Literatur erfüllt noch eine weitere bedeutsame Funktion: Sie ergänzt das eigene Erleben des Kindes, bietet ihm Alternativen, bereichert seine Vorstellungen und erlaubt ihm eine distanziertere gedankliche Auseinandersetzung mit der Welt.

Die literarische Bildung beginnt mit dem Betrachten von Bilderbüchern. In ihnen begegnen dem Kind, von Bildern unterstützt, unterschiedliche Vorstellungswelten. Eine spiegelt seine realistischen Alltagserfahrungen, die es mit den «Helden» der Geschichte teilt: den Tagesablauf, den Einkauf im Supermarkt, den Arztbesuch. Es findet sich gleichsam im Geschehen wieder. Eine andere Vorstellungswelt präsentiert sich genauso lebensecht, übersteigt aber möglicherweise die tatsächlichen Erfahrungen des Kindes und erweitert deshalb seinen Horizont: der Besuch auf dem Bauernhof, der Urlaub an der See oder in den Bergen, die drolligen Erlebnisse mit dem Rehkitz, das im Försterhaus aufgezogen wird, das Alltagsleben eines Kindes in Indien.

Der realistischen Bilderbuchliteratur steht die phantastische gegenüber, in der Tiere sprechen und mit menschlichen Bedürfnissen und Problemen ringen. Ebenso treten Phantasiegestalten auf wie Riesen, Zwerge, Hexen und der Weihnachtsmann; zudem ereignen sich unglaubliche Dinge. Solche Bücher verstärken, wenn sie qualitativ gut sind, die Empfindungswelt und regen die Phantasie an.

Die Sprachgestalt, in der das inhaltliche Geschehen erscheint, beeinflußt die Entwicklung der kindlichen Einbildungskraft ebenfalls. Sprachlich lassen sich zwei große Richtungen unterscheiden: die Prosa und die in Versform gebundene Sprache. Beide Arten, gleichermaßen reizvoll, erreichen, wenn sie ästhetischen Ansprüchen genügen, im Hörer oder innerlich «hörenden» Leser wichtige Wirkungen. Die Prosa wirkt bescheidener, indem sie dem Inhalt dient und ihm den Vortritt läßt; sie besitzt aber bei guter Qualität einen dem Gegenstand angemessenen Sprachfluß und eine zu ihm passende Lautgestalt. Bei Versen tritt die Form der Sprache in den Vordergrund, und zwar durch den prägnanten Rhythmus, durch lautliche Effekte – wie die Häufung gleicher Konsonanten und Vokale in nahe beieinanderstehenden Worten – und durch den häufig anzutreffenden Endreim. Zudem neigt die Versform stärker als die Prosa zu sprachlichen Bildern. Entspricht diesen formalen Mitteln der Inhalt, so berührt die Sprachgestalt das Gefühl und den Geist gleichermaßen intensiv.

Ob Bilderbücher tatsächlich das Gemüt des Kindes bereichern und geistig nährende Eindrücke hervorrufen, hängt von ihrer inhaltlichen und sprachlichen Qualität ab. Zur Beurteilung mögen folgende Gesichtspunkte dienen:

– Der Text des Buches muß ein angemessenes Maß guter «geistiger Nahrung» bieten. Das erfordert einerseits einen niveauvollen Inhalt, andererseits eine nützliche Mischung von bekannten und neuen Informationen. Das Bilderbuch sollte zwar auf vertrauten Vorstellungen aufbauen, dann aber neue Perspektiven eröffnen, neue Informationen enthalten, einen erweiternden Blickwinkel einnehmen. Es muß Spannung erzeugen durch die Art und Weise, wie es Bekanntes und Unbekanntes zueinander ins Verhältnis setzt. Für kleine Kinder kann der Spannungsbogen schon darin bestehen, daß in einer fortlaufenden Geschichte nach jedem Abschnitt derselbe Vers vorkommt, denn sie werden ihn voller Vorfreude erwarten.

– Gute geistige Nahrung zeichnet sich dadurch aus, daß der Inhalt der Geschichte insofern «wahr» ist, als ihr innerer Gehalt der äußeren oder psychischen Wirklichkeit entspricht und sie adäquat symbolisiert. Auf den ersten Blick scheinen realistische Erzählungen dieses Kriterium durchweg zu erfüllen. Doch oft reduzieren sie ihre Personen, deren Handlungen und Erlebnisweisen zum Klischee. Die Reaktionen der handelnden Personen wirken einseitig oder überzogen, Vorurteile werden erzeugt oder bestätigt, das Geschehen dramatisch übersteigert oder unnatürlich abgeflacht, so daß sich im Leser – besonders bei wiederholter Lektüre – ein unangenehmes, unbefriedigtes Gefühl einstellt. Die guten realistischen Geschichten – selbst im einfachen Gewand kindgerechter Bilderbücher – erliegen der Gefahr der Trivialisierung jedoch nicht. Sie würdigen das Geheimnis der psychischen Komplexität, d. h. sie schildern ihre Gestalten und deren Erlebnisse einfühlsam, behutsam und lebensnah, so daß die zuhörenden Kinder sich in ihnen wiederfinden und sich verstanden fühlen.

Dasselbe Kriterium läßt sich auch zur Beurteilung von Phantasiegeschichten anwenden. Der Riese und die Maus, die beide keine Freunde finden, weil sie «anders» sind als andere Mäuse und Riesen, und die schließlich miteinander Freundschaft schließen, entstammen zwar der Einbildungskraft, aber sie erleben und überwinden auf psychisch angemessene Weise ein vielen Kindern vertrautes reales Problem. Phantasiegeschichten sind dann gut, wenn sie sich einer «inneren» psychischen Wahrheit verpflichten, einer immanenten Logik folgen und wenn ihre Symbole den gemeinten Sinn einleuchtend verkörpern. Solche Geschichten fördern die Phantasie der Kinder und helfen ihnen, ihr kreatives Potential auf die Wirklichkeit zu richten. Erzählungen dagegen, die einer bindungslosen, in sich nicht mehr geordneten Phantasie entspringen, werden als «sinnlos» empfunden oder verleiten zur Flucht in eine Traumwelt.

- Die gesamte Komposition der Geschichte, gleichgültig ob «realistisch» oder «phantastisch», sollte in sich ausgewogen und dem Inhalt angemessen sein, der Handlungsverlauf klar nachvollziehbar, die Handlungsweise der Personen zu ihrem Charakter passend und die Ereignisse stimmig. Der Raum, den die einzelnen Elemente im Gesamtgeschehen einnehmen, sollte ihrer Bedeutung entsprechen.

- Die Geschichte «lebt» in dem Medium der Sprache; diese, als ihr «Körper», muß deshalb gleichfalls zu ihr passen. Dabei ist zu beachten: Der Satzbau, der Sprachrhythmus und die Wortwahl im Hinblick auf Bedeutung und Klang bestimmen die Eindrücke, die im zuhörenden Kind entstehen. Und je konkreter und zugleich variantenreicher die verwendeten Begriffe sind, um so differenziertere Vorstellungen kann der Geist ausbilden.

- Schließlich sollte die Sprache auch dem geistigen und sprachlichen Auffassungsvermögen der Kinder gerecht werden, und zwar in der Form, daß sie ihr bereits erworbenes Sprachniveau ein wenig übersteigt und ihnen damit eine sprachlich weitere Welt eröffnet. Dazu muß die Sprache den Kindern jedoch reizvoll erscheinen. Je «schöner» sie wirkt, je besser sie also das ästhetische Bedürfnis befriedigt, desto nachhaltiger wirkt sie. Solche Sprache mit «Tiefenwirkung» berührt das Kind emotional, auch wenn es sie rational nicht in allen Einzelheiten versteht. Über die wiederholte Beschäftigung prägt sie sich ein und entfaltet allmählich ihr Bedeutungsspektrum. Deswegen ist es bereits im Kindergartenalter wichtig, Texte auswendig zu lernen.

Das Interesse von Vorschulkindern beschränkt sich jedoch nicht nur auf Bilderbücher. Sie hören auch gern längeren (Fortsetzungs-)Geschichten zu. Die Maßstäbe, die ich hier für die Beurteilung von Bilderbuchtexten dargelegt habe, gelten gleichfalls für Kinderliteratur ohne Bilder. Wenn man die «klassische» beliebte Kinderliteratur daraufhin untersucht – etwa von Astrid Lindgren, Ursula Wölfel, Ottfried Preußler oder Michael Ende –, wird man die Erfüllung der Kriterien bestätigt finden.

Kinder erfreuen sich nicht nur an Geschichten, sondern auch an Gedichten. Die rhythmische, lautmalerische und gereimte Sprache zieht sie in Verbindung mit Fingerspielen schon im zweiten Lebensjahr in den Bann. Im Kindergartenalter erwacht dann die Freude am «reinen» Gedicht. Jetzt lieben sie sowohl das lyrische Stimmungs- oder Naturgedicht («Die Weidenkätzchen» oder «Die drei Spatzen») als auch das dramatischere Erzählgedicht («Vom schlafenden Apfel» – Reinick oder «Sankt Niklas' Auszug» – Paula Dehmel) und das lustige oder komische Nonsensgedicht («Ottos Mops» – Jandl)

Worauf beruht eigentlich die Wirkung des Gedichtes? Mehrere Faktoren scheinen sich gegenseitig zu unterstützen: Zum einen weckt der lautmalerische Klang die Freude über die Übereinstimmung von Wort und Ereignis (z. B. «Hopp, hopp, hopp, Pferdchen lauf Galopp» – die Lautfolge von «hopp» und «Galopp» ahmt genau die kurze, stoßende Bewegung nach. Oder im Vers: «Der Mond ist rund, der Mond ist rund, er hat zwei Augen, Nas und Mund» unterstreichen die «runden» Vokale und die weichen Konsonanten den Eindruck des Runden). Auf der Entsprechung von Lautgestalt und Inhalt beruht die Magie der Worte, die selbst bei geringem Wortverständnis ihre Wirkung ausübt.

Ergänzt und verstärkt wird die Sprachkraft des Gedichtes durch seinen vom Atem getragenen Rhythmus. Er gliedert den Sprachfluß in wiederkehrende Sequenzen und schafft dadurch eine erkennbare Ordnung, in die sich das Kind mit seiner Erwartung einfügt. Sich dem Rhythmus überlassend knüpft es an vertraute Urerfahrungen an: an die Wahrnehmung des rhythmischen Herzschlages, an den wiegenden Rhythmus, wenn es am Körper getragen wurde. Es findet zurück zum

«Maß des Körpers» und spürt dadurch dessen harmonisierende Kraft. Bei einem guten Gedicht unterstreicht zudem der Rhythmus die inhaltliche Aussage und verstärkt ihre Wirkung.

Der Rhythmus bekommt seinen Akzent durch den Reim am Versende. Dieser setzt gleichsam den Schlußpunkt, er erhöht die Vorausschaubarkeit und befriedigt die gespannte Erwartung: «Mond ... ist rund ... Nas ... und Mund.» Mit dem «Mund» findet die Sequenz also ihren Abschluß. Durch den Reim wird der rhythmisch schon eingeteilte Fluß der Zeit unterbrochen und die Zeitspanne zwischen den Versen meßbar, für die Kinder gleichsam «kontrollierbar», was ihr Vergnügen am Gedicht noch erhöht. Solch ein Gedicht ist eine kleine in sich abgeschlossene Welt. So erleben Kinder im Gedicht viel eher als in anderen sprachlichen Kunstformen die Kraft der Sprache, eine Welt zu erschaffen, und den Menschen als möglichen Schöpfer von Sprachwelten.

Durch die Verbindung von Lautgestalt, Rhythmus und Reim rückt das Gedicht in die Nähe der Musik. Deshalb spricht es in gleichem Maße zum Gefühl wie zum Verstand und regt den Bewegungssinn an. Durch diese ganzheitliche Wirkung prägt es sich dem kindlichen Gedächtnis leicht ein, so daß es ihm zur Verfügung steht und in ihm weiterschwingen kann. Gedichte befriedigen daher nicht nur das ästhetische Bedürfnis und verfeinern nicht nur das Sprachempfinden, sondern sie leisten darüber hinaus einen wertvollen Beitrag zur Schulung der Merkfähigkeit. Deshalb sollten sie im Rahmen der Sprachbildung einen bedeutsamen Raum erhalten. Alles in frühen Jahren auswendig Gelernte verankert sich zudem tief in der Person und bildet einen bleibenden geistigen Nährboden. Daher empfiehlt es sich, Kindern qualitativ gute Gedichte anzubieten, die literarisch wertvoll sind, dem Kulturschatz angehören, ihre Gefühlswelt bereichern und ein Erleben von «Sinn» vermitteln, weil sie «stimmig» und emotional nachvollziehbar sind.

Eine weitere literarische Gattung, der ein fester Platz gebührt, ist das Volksmärchen. Das Märchen, fest in der Erzählkultur eines Volkes verankert, gehört der äußeren Form nach zu den Phantasiegeschichten. Doch es erfüllt die Forderung nach «innerer Wahrheit» in ausgezeichnetem Maß. Ja, der Wert des echten Volksmärchens besteht gerade darin, daß es Entwicklungs- und Lebensaufgaben thematisiert und in symbolischer Form exemplarische Lösungswege anbietet. Die symbolische Sprache ermöglicht dabei, den Gehalt des Märchens auf verschiedenen Ebenen immer wieder neu zu verstehen, so daß sich von Entwicklungsstufe zu Entwicklungsstufe und von Fragestellung zu Fragestellung dem Verständnis immer neue Aspekte erschließen. Darum gehören Märchen zur «großen Literatur», die in ihren Aussagen nie platt und trivial ist, sondern Kinder und Erwachsene gleichermaßen anspricht.

Märchen haben eine typische Struktur, die Kindergartenkindern sehr entgegenkommt. Sie beginnen zumeist mit einer schwierigen Ausgangslage, die von der Geburt bis zum Tod alle elementaren Bereiche des Lebens betreffen kann. Dadurch ergibt sich eine Aufgabe, die am Schluß gemeistert wird. Das gute Ende befriedigt die Kinder und stärkt ihr Vertrauen, daß sie selbst – die sich vornehmlich mit dem Helden identifizieren – ihre Schwierigkeiten ebenfalls bewältigen werden. Der Held der Handlung eignet sich gut als Identifikationsfigur, denn er ist immer gutmütig, sympathisch, oftmals das jüngste Kind und im Sinne der Leistungsgesellschaft nicht erfolgreich. Ihm treten Kontrastfiguren zur Seite: Gegner oder Helfer, die häufig der außermenschlichen Welt angehören, z. B. Hexen, Teufel, Feen und Zwerge. Eine wichtige Funktion kommt auch Tieren oder Gegenständen zu, die oft mit übernatürlichen Kräften ausgestattet sind. Zur Lösung der Märchenaufgabe bedarf es durchaus wunderbarer Fähigkeiten. Das Wunderbare aber ereignet sich so selbstverständlich wie das Gewöhnliche. So erschafft das Märchen die Einheit von natürlicher und übernatürlicher Welt, die Kindergartenkinder als «normal» empfinden, weil sie noch im animistisch-magischen Denken verhaftet sind.

Die Personen im Märchen werden nicht als ausdifferenzierte Charaktere geschildert, sondern als eindimensionale Figuren, die eine bestimmte Funktion erfüllen und nur wenige eindeutige und klare Merkmale besitzen. Aschenputtel ist schön, liebenswert und fleißig, die Stiefschwestern gehässig und faul, der Riese stark und dumm, das tapfere Schneiderlein klein und pfiffig. Genauso eindeutig und auf das Wesentliche reduziert sind die Gegenstände und Orte des Märchens: das goldene Kleid, die arme Hütte, der gläserne Berg, der dunkle Wald. So einfach gekennzeichnet, wird dem Kind ein weiter Horizont eröffnet. Denn im Märchen erscheint die gesamte Wirklichkeit: arme und reiche Menschen, Alte und Junge, alle landläufigen Berufsstände, Feld und Wald, Meer und Gebirge, Sonne und Mond, Himmel und Hölle. Diese Akzentuierung entspricht dem anschaulichen Denken des Kindes und seiner Orientierung an den Polaritäten. Zugleich bleibt es dem Kind überlassen, sich die Einzelheiten seinen Bedürfnissen gemäß auszumalen. Damit wird seine Phantasie unaufdringlich angeregt.

Die Handlung des Märchens verläuft in der Regel gradlinig und schreitet schnell voran, denn erzählt werden nur die handlungsrelevanten Elemente. Innere Prozesse kommen kaum zur Sprache, sondern sie werden als Geschehen dargestellt. Auch Gefühlszustände – Freude, Trauer, Neid – werden nur knapp benannt und sofort in Tätigkeiten umgesetzt, beispielsweise in Feiern, Weinen und den Versuch, dem Rivalen zu schaden. Dies entspricht dem kindlichen Wesen: Auch in ihm dominieren die Empfindung und die Aktivität. Es denkt häufig handlungsgebunden und sein Reflexionsvermögen bildet sich erst langsam heraus.

Das Handeln der Märchenfiguren wird moralisch bewertet, und zwar gemäß der Vorliebe für die Polaritäten als gut oder böse. Entsprechend hart fallen die Strafen aus (verbrennen) und großzügig die Belohnungen (halbes Königreich). Diese Urteilsweise trug dazu bei, Märchen als «grausam» abzulehnen, aber sie entspricht dem Stand der kindlichen Gewissensentwicklung und befriedigt daher den Gerechtigkeitssinn der Kinder.

Als wichtiges Strukturelement der klar gegliederten Handlung dient die Wiederholung von entscheidenden inhaltlichen Aussagen, und zwar meist wörtlich, oft sogar in Reimform: «Die guten ins Töpfchen, die schlechten ins Kröpfchen» oder «Spieglein, Spieglein, an der Wand, wer ist die Schönste im ganzen Land?» Sogar ganze Handlungssequenzen werden wiederholt, gewöhnlich dreimal, bis endlich die Aufgabe gemeistert wird. Die Wiederholung erscheint als vertrautes Element und dient zugleich der Steigerung, sie erhöht die Spannung, bis diese sich im guten Ende auflöst. Zudem signalisiert sie den Kindern auf der Symbolebene, daß die Bewältigung schwieriger Aufgaben Zeit und Geduld erfordert, daß sich oft Fehlschläge auf dem Weg, der letztlich doch zum Erfolg führt, einstellen.

«Kinder brauchen Märchen», stellte *Bruno Bettelheim* fest. Denn sie erleichtern dem Kind durch ihre Struktur und die angebotenen Lösungsmuster, Entwicklungsschwierigkeiten zu meistern. Sie helfen ihm, seine Gefühle zu klären, seine Verstandeskräfte zu schulen und produktive Phantasien zu entwickeln. Sie stärken also die kindliche Bereitschaft, sich den «übermächtigen Lebensgewalten» zu stellen, vermitteln aber dabei gleichzeitig die Hoffnung, daß die unterstützenden Kräfte des Lebens gegenüber der Realität der Grausamkeit überwiegen. So bereiten sie die Kinder auf das unvermeidlich Böse vor und schenken ihnen zugleich eine sinnvolle Perspektive.

Kinder werden die hilfreiche Kraft des Märchens erst erleben, wenn sie sich mit ihm über längere Zeit beschäftigen. (Das gilt im übrigen für jegliche gehaltvolle Literatur und für den Umgang mit jedweder Kunst.) Sie spüren die Kraft des Märchens, lieben es (zumindest, wenn man es sorgfältig, ihre emotionale Befindlichkeit beachtend, auswählt und angemessen anbietet) und wollen es mehrfach hören. Dazu sollten sie auch so oft Gelegenheit bekommen, bis sie von selbst ein neues einfordern. Denn erst durch Wiederholung prägen sich Märchen so ein, daß sie ihre segensreiche Kraft entfalten können. Erst in der Wiederholung gewinnt die Identifikation mit dem Helden Stärke, dann erst entwirren sich Gefühlskonflikte und klärt sich die Einstellung so, daß der Weg frei ist für neue Entwicklungsschritte. Aus diesem Grunde sollte man die Kinder dazu anregen, sich auf verschiedene Weise mit dem Märchen zu beschäftigen. Sie könnten beispielsweise ihre Lieblingsszene malen oder im Rollenspiel nachvollziehen.

Wie anfänglich schon erwähnt, gründen Märchen in der narrativen Kultur, weshalb ihre Struktur auf das Erzählen ausgerichtet ist. In orientalischen Ländern gibt es noch heute Märchenerzähler, denen Jung und Alt fasziniert lauschen. So genießen es auch Kindergartenkinder viel mehr, wenn man ihnen Märchen erzählt, als wenn man sie ihnen vorliest. Denn im Erzählen ist der Erwachsene viel stärker spürbar, seine Sprache und Stimme klingen lebhafter, es gibt Augenkontakt, die Zuwendung wird nicht durch das Buch behindert. Der Erzähler kann sich mit seiner Sprechgeschwindigkeit nach dem Auffassungsvermögen der Kinder richten. Diese wiederum erhalten durch Mimik und Gestik zusätzliche Informationen, die ihnen das Verständnis und die Konzentration erleichtern. Wenn immer möglich, sollten also Eltern, Großeltern und Erzieherinnen frei erzählen. Das gilt im übrigen auch für andere Geschichten. Dabei ist es jedoch nicht nötig, wie manche Märchenliebhaber meinen, die Sprache der Brüder Grimm Wort für Wort auswendig zu lernen. Deren Sprache erfüllt zwar höchste ästhetische Ansprüche, so daß viele Volksmärchen in ihrer Fassung in den Rang kleiner ästhetischer Kunstwerke aufsteigen, doch erlaubt eine lebendige Erzähltradition durchaus gewisse Variationen im sprachlichen Ausdruck, die es auch schon zu Zeiten der Gebrüder Grimm gab. Wichtig ist allerdings, daß man den Handlungsablauf in seiner Folge beibehält und die typische Märchenstruktur respektiert. Das heißt, man sollte eine konkrete und bildhafte Sprache wählen, sich auf die Nennung von Kernmerkmalen beschränken und auf zusätzliche Ausschmückungen (besonders der grausamen Szenen) verzichten. Typische, wiederkehrende Sprüche sollten allerdings wortgetreu wiederholt werden.

Besonders intensiv erleben Kinder die Märchen, wenn auch die äußere Atmosphäre so beschaffen ist, daß sie die Konzentration und das Eintauchen in die Empfindungswelt erleichtert. Dazu hilft eine Kuschelecke oder das Sitzen in einem Kreis, dessen Mitte beispielsweise durch ein Tuch, durch grüne Zweige oder eine brennende Kerze hervorgehoben ist und den Blick fängt, ohne ihn allzusehr zu beschäftigen. Indem die Bezugspersonen die kindlichen Gemütskräfte so ansprechen, bereiten sie den Boden, daß das Märchen wirken kann.

Musik und Rhythmik

Die poetische Sprache ähnelt der Musik – und die Kindergartenkinder erleben sie auch vornehmlich wie Musik, indem sie sie empfindungsmäßig ganzheitlich aufnehmen. Der rationale, nach der Bedeutung fragende und auf das begriffliche Verstehen ausgerichtete Aspekt tritt dabei zurück. Musik als die Kombination von Klängen spricht primär und unmittelbar das Gefühl an, berührt beziehungsweise bewegt die Seele. Denn Klang ist seinem Wesen nach Schwingung, d. h. Bewegung, und unauflöslich mit einem die Schwingung strukturierenden Rhythmus verbunden. Das rhythmische Prinzip durchzieht alle Lebensprozesse (vgl. Kap. IV, 2), erscheint aber im Zusammenhang mit Musik besonders klar und eindrucksvoll. Weil im kindlichen Erleben Musik mit Bewegung einhergeht, seien beide Bereiche hier in ihrer wechselseitigen Verflechtung betrachtet.

Musik übt, genau wie Sprache und Bild, einen zwingenden Reiz aus. So sucht der Mensch auch in diesem Medium nach einem ihm entsprechenden Selbstausdruck, und zwar sowohl nach einem stimmlichen, einem instrumentalen und einem rhythmisch-tänzerischen. Schon Kleinkinder bemühen sich, gehörte Melodien nachzusingen, bewegen sich tänzerisch im Rhythmus und bedienen sich der verschiedensten Dinge, um mit ihnen zu klopfen und Klänge zu erzeugen. Dieser natürliche Drang läßt erkennen: Unmusikalische Kinder gibt es nicht. Allerdings erhalten etliche von ihnen für ihre ersten musikalischen Versuche wenig Resonanz von ihren Bezugspersonen, so daß manche Kindergartenkinder die unbefangene Freude, sich singend und tanzend auszuprobieren, schon eingebüßt haben. Doch finden sie diese im gemeinsamen musikalischen Gruppenerleben bei Singspielen und Bewegungsliedern schnell zurück und entfalten ihre stimmliche Kontaktbereitschaft, die sich häufig auch auf die Sprechfreudigkeit auswirkt.

Während das bildnerische Gestalten sich hervorragend als Einzelbeschäftigung eignet, das Erzählen und Hören von Geschichten und Gedichten – selbst wenn es in der Gruppe stattfindet – den Charakter des Dialogs aufweist, vollzieht sich die musikalische Aktivität primär in der Gruppe. Das Gemeinschaftserleben steigert sowohl den Genuß beim Singen und instrumentellen Musizieren als auch beim Tanzen. Durch seinen starken sozialen Bezug fördert die musikalische Bildung die sozialen Fähigkeiten, beispielsweise die Bereitschaft, sich in eine Gruppe zu integrieren, an einer gemeinsamen Aufgabe mitzuwirken und sein Verhalten den Erfordernissen anzupassen. Damit festigt es die soziale Gebundenheit. Zugleich stärkt sie überall da auch die Autonomie, wo sich individuelle Aufgaben ergeben – beispielsweise die eigene Rolle beim Tanzen oder den individuellen Einsatz mit einem Instrument bei der Liedbegleitung.

Des weiteren unterstützt die musikalisch-rhythmische Erziehung die kognitive Entwicklung und die emotionale Ausgeglichenheit. Hörend, singend und mit Instrumenten experimentierend lernen Kinder, Klänge zu unterscheiden und Klangordnungen zu erkennen. Sie üben ihr Gedächtnis für Tonfolgen, Rhythmen und Texte – eignen sich einen Schatz von Liedern an. Sie entwickeln ein Bewußtsein für Strukturen, das ihnen beim Erwerb mathematischer Vorstellungen hilft. Tanzend setzen sie Klänge und Klangverläufe in Bewegung um, schulen dadurch das Körperempfinden und -bewußtsein ebenso wie die Koordinationsfähigkeit und die Körperbeherrschung. Sie steigern damit ihr körperliches Ausdrucksvermögen. Die eigene differenzierte Klang- und Bewegungssprache bildet die Basis für die musikalische Kreativität, sie ist gleichsam das Repertoire, das für den kreativen Selbstausdruck zur Verfügung steht. Die rhythmische Bewegung wirkt sich zudem ausgleichend auf die emotionale Befindlichkeit aus. Sie löst körperliche Verkrampfungen und psychische Blockaden, verhindert die Erlahmung der körperlichen und geistigen Bewegungskräfte und erlaubt es dem Kind, seine innere Balance zu finden. Damit führt sie zu gelöster Aufmerksamkeit und steigert die geistige Aufnahmebereitschaft (vgl. Kap. III, 1). Aus diesem Grunde bietet es sich an, mit Kindern, die sich nicht mehr auf eine gestellte Aufgabe konzentrieren können, zwischendurch einige Lieder zu singen und sich dazu zu bewegen.

Insgesamt vermittelt die musikalisch-rhythmische Aktivität dem Kind Erfahrungen mit den Dimensionen Raum, Klang, Zeit, Ordnung, Kraft und Dynamik. Das ganzheitliche Selbsterleben in der Gemeinschaft schenkt Freude, stärkt das Selbstbewußtsein und verleiht Selbstsicherheit – Qualitäten, die sich förderlich auf eine kreative, Denken und Emotionen gleichermaßen beteiligende Auseinandersetzung mit der Umwelt auswirken.

Beim gemeinschaftlichen Singen steht im Kindergartenalter das Ziel im Vordergrund, daß jedes Kind seine eigene Stimme entdeckt und Freude an dieser Form der Selbstäußerung entwickelt. Es sollte daher in seiner Singlust bestätigt werden und sich selbst gerne singen hören. Jedes Lied besitzt zudem eine eigene Stimmung, die sich durch die Tonart, die Melodieführung und den Rhythmus vermittelt. Kinder öffnen sich singend dieser Stimmung und übernehmen sie oftmals für die Zeit des Singens. Indem sie Lieder auswendig lernen, speichern sie auch den dazu gehörenden emotionalen Ausdruck. Nun kann es sein, daß eine bestimmte Stimmung im Kind ein ihr entsprechendes Lied hervorruft. Das Kind beginnt daraufhin, mehr oder weniger bewußt vor sich hinzusingen und so sein Gefühl auszudrücken.

Indem Kinder sich eine Vielzahl verschiedenartiger Lieder aneignen, erweitern sie zugleich ihr Empfindungsspektrum und ihr emotionales Gestaltungsrepertoire. Deswegen sollten die Lieder von guter Qualität sein und die Texte den emotionalen Gehalt angemessen unterstreichen. Da Lieder zudem als wichtiges identitäts- und gemeinschaftsförderndes Mittel wirken, ist es wichtig, daß die Erwachsenen dem Kindergartenkind nicht ausschließlich Kleinkindlieder und schnell vergängliche Modelieder anbieten. Vielmehr wäre der Schatz der klassischen Volkslieder verschiedener Kulturen zu sichten und fröhliches oder ernstes Liedgut zu den unterschiedlichsten Anlässen und Themen – Tageszeiten, Jahreszeiten, Feste, Tätigkeiten, Beziehungen etc. – auszuwählen. Ein neues Lied pro Woche in das Stammrepertoire zu übernehmen, erscheint dabei als ein dem kindlichen Auffassungsvermögen durchaus entsprechendes Ziel.

Im Vorschulalter beginnen nur wenige Kinder damit, zielstrebig ein Instrument zu erlernen. Mit diversen Gegenständen und einfachen Instrumenten Klänge und Rhythmen zu erzeugen, fasziniert jedoch alle. Die Kinder befriedigen dabei ihre Lust zu experimentieren und sammeln wichtige Erfahrungen beispielsweise darüber, welche Materialien und Instrumente wie klingen (Blas-, Zupf- und Schlaginstrumente aus Holz oder Metall) oder wie Klang, Dauer und Dosierung des Krafteinsatzes (beim Atmen oder Schlagen) untereinander zusammenhängen. Sie setzen gehörte oder ausgedachte Rhythmen in die Motorik der Hände um, was ihrer Fähigkeit, Reize intermodal zu verarbeiten, und damit der Leistungsfähigkeit des Gehirns zugutekommt.

Aus diesen Gründen sollten Kinder im Kindergarten genügend Gelegenheit erhalten, mit Instrumenten zu experimentieren. Dazu bietet sich das Orffsche Instrumentarium an, das einen festen Platz in der musikalischen Früherziehung einnimmt. Man kann aber auch einfache Instrumente – wie Trommeln, Rasseln, Glocken – selbst herstellen. Mit ihnen lassen sich Geräuschspiele improvisieren, durch die Kinder ein Gefühl für laut/leise, hoch/tief, lang/kurz, schnell/langsam, zusammen/allein, Pause und Einsatz, Anfang und Ende entwickeln. Diese Qualitäten treten zwar auch im Lied in Erscheinung, doch in der freien Improvisation unterliegen sie dem eigenen Ermessen: Jedes an diesem Spiel beteiligte Kind erlebt sich mithin als Schöpfer und entfaltet seine eigene Ausdruckssprache.

Neben der Improvisation, die als freier Gruppendialog entsteht, eignet sich die improvisierte Liedbegleitung als instrumentelles Spiel. Hierbei lernen die Kinder, sich auf den vorgegebenen Liederrhythmus und die Art und Stimmung des Liedes einzustellen. Ihr Beitrag hat hier untermalenden und interpretierenden Charakter. Damit fördert dieses Spiel zusätzlich die bewußte Empfänglichkeit für Stimmungen, das Einfühlungsvermögen und die Fähigkeit, das Wahrgenommene in ein anderes Medium (Instrument) zu übersetzen.

Musik drängt zum Ausdruck in der Bewegung. Schon beim instrumentellen Spiel ist die Bewegung deutlich sichtbar beteiligt, mehr aber noch im Bewegungslied und im Tanz. Lieder, die mit Bewegungen untermalt werden, gibt es in allen Variationen: solche, die nur die Finger und Hände einbeziehen, solche, die den Schwerpunkt auf die Gestik der Arme legen («Mein Hut, der hat drei Ecken»), und solche, die den gesamten Körper aktivieren. Derartige Lieder machen musikalisch sprachliche Sachverhalte leiblich erfahrbar; sie betonen das ganzheitliche Erleben, weshalb sie bei den Kindern besonders beliebt sind. Sie befriedigen ihren Bewegungsdrang und fördern dadurch die emotionale Ausgeglichenheit – ebenso wie das instrumentelle Spiel –, die motorische Koordination und die sensorische Integration in besondererem Maße.

Eine Übergangsform zum Tanz stellen tänzerische Kreisspiele und Reigen dar, bei denen der Raum und oftmals auch ein Partner ein eigenes Gewicht erhalten und deshalb Beachtung erfordern. Im einfachen Volkstanz schließlich setzen die Tänzer nicht nur einzelne Partien der Musik in Bewegung um, sondern das gesamte Stück von Anfang bis Ende. Der Schwerpunkt liegt hierbei auf den Füßen, die nach einem vorgegeben Schrittmuster dem Rhythmus folgen. Doch auch die Körperhaltung und Armbewegungen gehorchen einer bestimmten Ordnung, die von allen Beteiligten zu erfüllen ist. So verlangt der Tanz ein hohes Maß an Konzentration und Disziplin. Jedoch vermittelt er auch ein hohes Maß an Freude und Stolz. Einerseits genießen die Kinder im gebundenen Tanz ihre Körperbeherrschung und Bewegungsgeschicklichkeit und spüren andererseits die emotionale Steigerung, die sich durch ein rhythmisches Gemeinschaftserlebnis ergibt, wenn alle Beteiligten ihre Gefühle gleichzeitig auf dieselbe Art und Weise gestalten. Es ist sicherlich dieses Erleben, auf dem die vitalisierende Kraft der Volkstänze beruht.

Schließlich gehört zum Musikerleben auch das Hören von Musik. In dieser Hinsicht sind heutige Kinder zumeist einem Überangebot an akustischen Reizen ausgesetzt. Von allen Seiten dringt Musik an ihre Ohren, der sie sich nicht entziehen können. Diese Tatsache kommt der musikalischen Entfaltung nicht zugute, sondern sie beeinträchtigt sie. Denn die Kinder lernen nicht, genau hinzuhören und differenziert wahrzunehmen, vielmehr tritt gerade das Gegenteil ein: Sie sind mit den Ohren überall und nirgends, büßen an Konzentrationsfähigkeit ein, etliche werden emotional unausgeglichen und manche möglicherweise aggressiv, um sich gegen die diffus empfundene Reizüberflutung zu wehren. Deshalb ist es wichtig, die Kinder einerseits vor «zuviel Musik» und sonstigen Geräuschen zu schützen, indem man die Geräuschkulisse der Hintergrundmusik abschaltet (Vgl. Kap. IV, 1). Andererseits brauchen sie gezielt Musik zum Zuhören. Dabei sollte sich das Angebot nicht auf Kinderlieder und Popmusik beschränken. Denn Kinder mögen durchaus unterschiedliche Musikarten aus unterschiedlichen Epochen. Wenn man ihnen eine entsprechende Auswahl präsentiert, lieben sie auch Jazz, Folklore verschiedenster Kulturen und klassische Musik von der Renaissance bis zur Moderne. Die Vorliebe von kleinen Kindern für Barockmusik (Vivaldi, Bach) und Mozart ist inzwischen hinlänglich untersucht; doch sie zeigen sich auch für romantische Programmmusik empfänglich, beispielsweise Saint-Saëns

«Karneval der Tiere», für Smetanas «Moldau», Griegs «Peer-Gynt-Suite» oder Mussorgskis «Bilder einer Aussstellung». So wachsen auch die Kindergartenkinder schon hörend, tanzend und singend in die musikalischen Traditionen verschiedener Kulturen hinein. Sie ergreifen die musikalische Welt und bilden sich durch sie.

VIII. Die Förderung des Bildungsgeschehens

Die Welt ist reizvoll und spannend für das Kind. Es möchte sie sich erschließen, möchte lernen und sein Leben meistern. Die Art und Weise, wie es sich mit der Welt – der personalen, belebten, unbelebten und geistigen – auseinandersetzt, wirkt auf es zurück und formt seine Persönlichkeit. Das Ergebnis dieser Auseinandersetzung, die Erfahrungen, Kenntnisse und Einsichten, prägen es. Dieser Prozeß der Persönlichkeitsformung durch die Weltaneignung ist der Vorgang der Bildung, sein Ergebnis, der gebildete Mensch, das von ihm erworbene, in seinen Einstellungen und Handlungen sich äußernde Weltwissen seine Bildung. Wie können nun Erwachsene dem Kind bei diesem komplexen Bildungsgeschehen beistehen?

Antworten auf diese Frage finden sich an vielen Stellen in diesem Buch. Der Übersichtlichkeit halber seien sie hier noch einmal zusammenfassend dargestellt.

I. Die personale Bezogenheit

Das Kindergartenkind, das sich die Welt erobern, das also das Wagnis eingehen will, sich mit Neuem auseinanderzusetzen, muß sich geborgen fühlen. Es braucht als Ausgangsbasis einen sicheren emotionalen Rückhalt, den es nur in einem vertrauten Menschen – sei es nun ein Eltern- oder Großelternteil oder eine Erzieherin – findet, der ihm Geborgenheit schenkt und mit seiner Gegenwart das Bedürfnis nach Nähe befriedigt. Das Kind spürt, es ist nicht allein. Zugleich erlebt es die Sicherheit des Bekannten, z. B. durch die Beständigkeit in der Art und Weise, wie sich die Bezugsperson ihm zuwendet und mit ihm umgeht. Und schließlich ist sie emotional verfügbar, wenn es ihrer bedarf. Das bedeutet nicht, daß sie sich ständig mit ihm beschäftigt. Sie darf durchaus eigenen Aufgaben nachgehen. Nur müssen sich diese jederzeit unterbrechen lassen, um dem Kind die notwendige Aufmerksamkeit zu schenken, wenn es das Bedürfnis danach anmeldet. Die Sorge, daß Kinder dann wie die Kletten an ihren Bezugpersonen hängen und diese völlig vereinnahmen, ist unbegründet. Zwar unterscheidet sich das Ausmaß des Nähebedürfnisses von Kind zu Kind, doch schlummert in jedem ein ebenso großer Drang zur Eigenständigkeit und Unabhängigkeit. Dieser läßt es von der Bezugsperson fortstreben, wenn der Hunger nach Nähe gesättigt und die Gewißheit, jederzeit zurückkehren zu dürfen, erworben ist. Dabei versuchen Kinder, sich die Geborgenheit und Nähe auf unterschiedliche Art und Weise zu beschaffen. Manche benötigen Körperkontakt, sitzen gerne auf dem Schoß, lassen sich streicheln, schmusen. Anderen genügt ein freundlicher, bestätigender Blick aus der Ferne. Diese Wünsche nach verschiedenartiger Kontaktgestaltung sensibel wahrzunehmen – sie gleichsam an den Verhaltenssignalen der Kinder abzulesen – und jeweils angemessen zu erfüllen, gehört zu den zentralen Anforderungen an die Bezugspersonen.

Nicht nur durch vertraute Nähe und emotionale Verfügbarkeit vermittelte Geborgenheit benötigt das Kind, das sich aktiv mit der Welt auseinandersetzen soll, sondern auch Zuwendung und Akzeptanz. Es möchte eine Gemeinsamkeit erfahren, durch die es sich in seiner Eigenart bestätigt fühlt. Zuwendung ereignet sich immer da, wo ein Kind und seine Bezugsperson direkt interagieren. Das kann im Dialog geschehen, im gemeinsamen Spiel, in dem Eltern oder Erzieherinnen an seiner Welt teilnehmen. Besonders genießt es die gemeinsame Tätigkeit, durch die es an der Erwachsenenwelt teilhat. Hier bieten sich die den Alltag gestaltenden und bewältigenden Handlungen an. Neben der Möglichkeit zur Zuwendung enthalten solche Situationen vielfältige Anreize zum Lernen – und zwar zum Lernen durch Nachahmung, durch Anweisung oder selbständiges Ausprobieren. Welche der drei Arten zu lernen der Erwachsene in einer konkreten Situation eröffnet, immer dient er als Vorbild: entweder durch seine Kompetenz, eine Aufgabe zu meistern, oder durch seine Art, sie zu strukturieren und dem Kind das Vorgehen transparent zu machen oder durch seine wohlwollende, ermutigende Haltung, mit der er dessen selbständige Lösungsversuche begleitet (vgl. Kap. IV, 4).

Insgesamt ist es wichtig, sich darüber im klaren zu sein, daß ein großer Teil des Bildungsgeschehens durch Nachahmung erfolgt, denn das Kind ist biologisch so «programmiert», daß es sein Verhalten an

Vorbildern orientiert. Es lebt und lernt im personalen Bezug. Gemeinsam mit dem Menschen und vom Menschen ausgehend, erforscht es die Welt; zum Menschen zurückkehrend und sich ihm mitteilend eignet es sich seine Erfahrungen an. Im Dialog mit ihm erfährt es dessen Weltdeutung, die es zunächst übernimmt und die seine Erlebnisse in einen umfassenden Sinnzusammenhang stellen. Das heißt, die Bezugsperson interpretiert zunächst für das Kind die Welt und ermöglicht ihm so in praktischer sowie in geistiger Hinsicht die Orientierung in ihr. Damit schützt sie es vor dem Überwältigtwerden durch die Vielfalt und Fremdheit der Eindrücke und Ereignisse, nimmt der Welt gleichsam ihre Bedrohlichkeit, so daß sie überhaupt erst für das Kind interessant wird und es den Mut faßt, sich selbständig mit ihr auseinanderzusetzen. Durch die Bezogenheit auf den Menschen wird und bleibt die Welt für Kinder also menschlich.

2. Selbstbestimmung und Selbständigkeit

Es widerspricht der personalen Bezogenheit von Kindern nicht, daß sie zugleich selbstbestimmt handeln und sich selbständig die Welt erschließen und in ihr wirken wollen. Um dieses Leben zu meistern, brauchen sie die Fähigkeit, Wünsche zu spüren, sich für eine Handlung – notfalls auch gegen den Willen eines anderen Menschen – zu entscheiden, Aufgaben selbständig zu meistern, eigene Erfahrungen zu sammeln und aus ihnen zu lernen. Diese Fähigkeit erwirbt das Kind am leichtesten mit dem wohlwollenden Rückhalt seiner Bezugspersonen, die ihm einen eigenen Handlungs- und Erfahrungsspielraum zubilligen und ihm in seinen Autonomiebestrebungen wertschätzend begegnen. Mit seinem Bedürfnis nach Selbstbestimmung und Selbständigkeit möchte es nicht nur sich selbst als abgegrenztes eigenständiges Ich erleben, sondern es folgt dem instinktiven Wissen, daß es die Welt selbst handelnd am leichtesten und genauesten «begreift». Handelnd spürt es die Wirklichkeit – d. h. die Dinge und die Auswirkungen seines Verhaltens – am eigenen Leibe. So gewinnt es leibhaftige Erkenntnisse, die sich ihm einprägen. Es lernt körperlich viel schneller, differenzierter und nachhaltiger als durch die Beobachtung oder durch die Vorstellung. Vor allen Dingen erwirbt es durch das handelnde Erleben von Wirkungszusammenhängen die Unterscheidung zwischen Realität und Fiktion: Real ist das, was spürbare Konsequenzen nach sich zieht; Fiktion bzw. Vorstellung ist das, was nur in der Phantasie geschieht, wo die angenommenen Folgen ausbleiben. Um also ein gutes Realitätsbewußtsein und nachhaltige Lernprozesse zu gewährleisten, ist dem Kind möglichst viel Spielraum für eigene Tätigkeit zu eröffnen (und «Leben aus zweiter Hand», wie das Fernsehen es vermittelt, möglichst einzuschränken).

Als Grundregel für das Maß zugestandener Autonomie gilt: Alle Entscheidungen und Tätigkeiten, die ein Kind ohne bedeutsame Selbst- oder Fremdgefährdung vollziehen kann, darf es selbstbestimmt ausüben. Alle Fähigkeiten, die es besitzt, darf es einsetzen, um sich seine Bedürfnisse selbst zu befriedigen und eigene Erfahrungen zu sammeln. Dabei darf es Umwege einschlagen, an Grenzen der Machbarkeit oder seiner Fähigkeiten stoßen, Mißerfolge verbuchen, erleben, daß es sich irrt und seine Vorstellungen nicht zum Ziel führen. Die selbsterworbenen und verarbeiteten negativen Erfahrungen – hierbei benötigt es eventuell Hilfe – stärken seine Konfliktfähigkeit und regen es an, effektivere Lernstrategien zu entwickeln. Auch die Erfahrung der Langeweile sollte ihm nicht durch vorschnelle Angebote erspart bleiben. Denn sie dient als Ansporn herauszufinden – gegebenenfalls durch ein gemeinsames Gespräch –, was es wirklich will.

Selbstbestimmung in den Bereichen, in denen das Kind über hinlängliche Kompetenzen verfügt, stärkt sein emotionales Wohlbefinden und sein Selbstwertgefühl. Überall dort, wo angemessene Fähigkeiten fehlen, bedeutet Selbstbestimmung eine Überforderung. Hier ist es die Aufgabe der Eltern oder Erzieherinnen, Entscheidungen zu treffen, das Geschehen zu regeln, das Kind vor den negativen Folgen seines Tuns zu bewahren und ihm so Sicherheit zu vermitteln. Ein Kind, das im Rahmen seiner Kompetenzen bestimmen und selbständig handeln darf, erlebt notwendige Grenzsetzungen zumeist nicht als Fremdbestimmung, sondern als Schutz und fügt sich vertrauensvoll. Es hat die Botschaft seiner Bezugspersonen verinnerlicht: «Erprobe dich und deine Fähigkeiten in der Welt. Ich bin da, wenn du mich brauchst, dränge mich aber nicht auf. Wo du überfordert bist, schütze ich dich, indem ich die Regie übernehme.» Eine solche Botschaft gründet in dem Vertrauen, daß sich das Kind entwickeln will und wird, dabei zwar der Unterstützung bedarf, nicht aber der Bevormundung. Es wird seine Stärken entfalten und einsetzen und dort, wo notwendig, gehorchen, weil es sich geborgen und angenommen weiß.

3. Die kindgerechte Umwelt

Für seinen Selbstbestimmungs- und Entfaltungsdrang benötigt das Kindergartenkind, das sich in stabilen Beziehungen geborgen und akzeptiert weiß, natürlich auch ein angemessenes Erfahrungsfeld. Es braucht eine Umwelt, in der es seinen entwicklungsspezifischen Interessen selbständig forschend und sich betätigend folgen kann (vgl. Kap. IV, 1).

Solch eine Umwelt sollte weder langweilig und steril noch überfüllt durch Gegenstände und optische, akustische oder taktile Reize sein, sondern ein «mittleres Anregungsniveau» und eine «lebendige Ordnung» aufweisen. Anregend ist die Gelegenheit zur Beschäftigung mit funktionell nicht festgelegten Materialien, weil diese die Phantasie und Kreativität unterstützen. Die Natur (Park, Wald, Bach) erfüllt alle wesentlichen Kriterien und stellt deshalb einen hervorragenden Bildungsraum dar.

Zur kindgerechten Umwelt gehört auch, daß sie neben seinem Bedürfnis nach Bewegung und Expansion sowie dem nach Behaglichkeit und ruhiger Betätigung auch seine Empfänglichkeit für Schönheit und ästhetische Formen berücksichtigt. Deshalb ist es wichtig, daß die Räume, in denen sich Kinder aufhalten, und die Gegenstände, mit denen sie umgehen, eine den ästhetischen Sinn befriedigende Gestalt besitzen. Denn erst das Erleben von Schönem – sowohl in der häuslichen Umwelt als auch in der Natur – und das Vorbild der Erwachsenen, die schöne Dinge schätzen und achten, wird im Kind das angelegte Schönheitsempfinden zu einer achtsamen Haltung werden lassen, die seine Empfindungs- und Genußfähigkeit erhöht und ein wesentliches Merkmal eines gebildeten Menschen darstellt.

4. Ganzheitliches Lernen

Viele Bildungsinhalte eignen sich die Kinder völlig unauffällig im alltäglichen Leben spielend an, indem sie experimentieren, beobachten und handelnd am Leben der Erwachsenen teilnehmen. Dabei setzen sie alle Sinne, Kräfte und Fähigkeiten ein, geleitet von einem Hauptinteresse: dem Wunsch, ihre Lebenswelt als einen sinnvoll strukturierten Gesamtzusammenhang zu erfassen und sich in ihm wirkungsvoll zu betätigen. Dieser kindliche Lern- und Bildungseifer läßt sich auch durch gezielte

Angebote unterstützen. Voraussetzung hierfür ist jedoch, daß diese tatsächlich «kindgemäß» sind, also an den kindlichen Interessen ansetzen, auf ein ganzheitliches Welt-, Lebens- und Kindverständnis abgestimmt sind und sich an dem Entwicklungsniveau orientieren. Ob letzteres der Fall ist, läßt sich leicht herausfinden: Die Reaktionen eines Kindes in Mimik und Körperhaltung zeigen deutlich Zustimmung oder Gleichgültigkeit bzw. Ablehnung. Auf solche Signale eingehend, vermittelt man dem Kind die Gewißheit, daß seine Selbstbestimmung respektiert wird, und es fühlt sich nicht genötigt, Beschäftigungs- und Lernangebote abzulehnen, bloß um sich durchzusetzen. Negative Signale weisen die Eltern oder Erzieherinnen ferner darauf hin, daß die Kinder entweder noch nicht das für dieses Thema notwendige Entwicklungsniveau erreicht haben oder daß die Art und Weise der Darbietung nicht paßt. Letzteres wäre durch eine geeignetere Form zu beheben. Im ersten Fall gilt es abzuwarten und gleichzeitig anknüpfend an die kindlichen Interessen die erwünschten Voraussetzungen zu schaffen. Interessiert sich ein Vorschulkind z. B. noch nicht für Zahlen und Mengen, so lohnt sich ein Versuch, ob es sich für rhythmische Klatsch- und Tanzspiele begeistern läßt, die auf körperlichem Wege ein Gefühl für elementare Zahlenverhältnisse vermitteln. Oder zeigt es noch keinerlei Gefallen an Buchstaben, so läßt sich durch das Erzählen spannender Geschichten der Sinn für und die Liebe zur Sprache fördern.

Im Hinblick auf das kindliche Bedürfnis, die Welt zu verstehen, sind folgende Gesichtspunkte zu beachten: Die egozentrische Denkweise des Kindergartenkindes bedingt, daß es sich primär für Zusammenhänge seiner unmittelbaren Lebenswelt, seines eigenen Erfahrungsraumes und Gesichtsfeldes interessiert. Die «Lebensnähe» der Bildungsangebote ist also zu gewährleisten. Denn das Kind erobert sich die Welt schrittweise, in sich stetig erweiternden Kreisen. Und es erobert sie sich gründlich, d. h. es beschäftigt sich mit einem Erfahrungszusammenhang so lange, bis er ausgeschöpft ist. Diesem Entwicklungsgrundsatz wird man gerecht, indem man dem Kind die Beschäftigung mit Inhalten ermöglicht, die es wirklich betreffen, und dabei versucht, die Zusammenhänge transparent zu machen, und zwar so, daß es sie möglichst ganzheitlich erfassen kann.

Die «Ganzheitlichkeit» betrifft wiederum mehrere Ebenen: Erstens möchte das Kind sich ganzheitlich, d. h. unter Beteiligung seines ganzen Körpers, aller Kräfte, Fähigkeiten und Gefühle, einem Thema widmen. Es möchte aktiv handelnd in ein Geschehen einbezogen sein, schauend, fühlend, hörend die Dinge erleben, fühlend und wertend darauf reagieren dürfen. Verlangt sind also: «Aktivität», «Konkretheit» und «sinnliche Erfahrbarkeit» im Rahmen von Beobachtung, Experiment, Spiel oder gemeinsamem Tun. Zweitens möchte es zu einem ganzheitlichen Verständnis von Sachverhalten, Vorgängen und Zusammenhängen kommen, weshalb es wichtig ist, ein Geschehen, beispielsweise Entwicklungs- und Entstehungsprozesse, von Anfang bis Ende – durchaus auch über einen langen Zeitraum – zu verfolgen. Und drittens bereichert es schließlich sein ganzheitliches Verständnis, wenn ein Thema in vielen Facetten und unterschiedlichen Erlebnisqualitäten erscheint.

Ein Beispiel mag das Gemeinte konkretisieren: Zur alltäglichen Erfahrung eines Kindes gehört, daß es sich bekleiden muß, um nicht zu frieren, denn es besitzt kein Fell. Kleidung aber wird aus Stoff hergestellt, und dieser entsteht, indem man ihn aus Fäden webt oder strickt, eventuell auch häkelt. Wenn man mit Vorschulkindern aus dicken Fäden einen Stoff webt, erleben sie diesen Zusammenhang leibhaftig. Sie schulen nicht nur ihre Feinmotorik, Wahrnehmung und Geduld, sondern sie erleben am eigenen Leibe die Mühe, aber auch den Stolz, wenn das Gewebe wächst. Sie können nachempfinden, daß man zu einer Zeit, da jedes Tuch mit der Hand gewebt wurde, viel achtsamer mit der Kleidung umging als heute. Aus dem selbstgewebten Stoff kann sich das Kind anschließend noch etwas nähen, etwa eine Tasche oder ein Puppenkissen. So erhält sein eigenes Produkt einen zusätzlichen Sinn, und sein Zusammenhangswissen vergrößert sich – in diesem Fall im Hinblick auf die Verarbeitungsweise von Stoffen. Gleichzeitig schult es wiederum seine feinmotorische Koordination, seine Fähigkeit zur Handlungsplanung, seine Zielstrebigkeit, Sachbezogenheit und Ausdauer, eventuell auch seinen Sinn für Genauigkeit und Qualität. Auf der dritten Ebene läßt sich das Thema «Stoff und Weben» ausweiten, indem es in neuen Zusammenhängen auftritt, die das Kind auf vielerlei Weise ansprechen: Geschichten über die Berufe des Webers und Schneiders, die auch kulturgeschichtliches Wissen vermitteln, dazu passende Bilderbücher, vielleicht auch Lieder. Weiterführend ergeben sich die Fragen: Aus welchem Material besteht der Faden eigentlich, der zu dem Stoff verarbeitet wurde? Aus Wolle, Baumwolle, Seide, Synthetik...? Und woher kommt die Wolle? Von den Schafen. Wolle kann man färben. Dazu bieten sich Pflanzenfarben an. Stoff läßt sich mit bunten Mustern bedrucken, beispielsweise mit Kartoffeldruck. So zieht allmählich ein Thema weitere Kreise. Es scheint sinnvoll, es so weit zu verfolgen, wie es den tatsächlichen Erfahrungshorizont von Kindergartenkindern betrifft.

Manchmal bietet es sich auch an, ein Thema über einen langen Zeitraum hinweg immer wieder aufzugreifen, und zwar besonders dann, wenn es sich um Wachstumsprozesse oder jahreszeitlich bedingte Veränderungen handelt. Beispielsweise lohnt es sich, ein Beet anzulegen und die gepflanzten Blumen zu pflegen, einen Apfelbaum während eines ganzen Jahres immer wieder zu betrachten, seine Blüten, Blätter, Früchte ... und schließlich die Äpfel zu ernten und Apfelmus zu kochen oder einen Apfelkuchen zu backen. Wiederum eignet sich das Thema zur mannigfaltigen Ausgestaltung anhand von Bilderbüchern, Geschichten, Liedern oder Mal- und Bastelaufgaben.

Damit Kinder ihre Erfahrungen festigen und erworbene Einsichten vertiefen können, ist es zudem sinnvoll, ihnen mehrere ähnliche Erfahrungsinhalte, die in dieselbe Richtung wirken, anzubieten (das pädagogische Prinzip der «Variation») und ihnen Gelegenheit zur «Übung» zu geben. So läge es nahe, nicht nur einen Apfelbaum zu beobachten, sondern auch einen Birnbaum oder Obst tragende Sträucher und deren Früchte ebenfalls zu verarbeiten. Die unterschiedlichen Früchte regen zu vielfältigen Vergleichen an: Geschmack, Größe, Reifungszeitpunkt usw. Schließlich wäre es auch noch möglich, mit Wachstumsbedingungen zu «experimentieren», indem die Kinder die gleichen Samen (z. B. Weizen oder Kresse) in mehreren Blumentöpfen aussäen, anschließend aber unterschiedlich behandeln: Ein Topf wird gut gegossen und steht am hellen Fenster, der andere, ebenfalls gegossen, in einer dunklen Ecke des Raumes, der dritte, kaum gegossen daneben und der vierte, auch kaum gegossen, wiederum am Fenster. Wie entwickeln sich die Pflanzen in den einzelnen Töpfen? So schult das Kind seine Wahrnehmungs- und Differenzierungsfähigkeit und erwirbt Beurteilungs- und Ordnungskriterien. Dafür benötigt es jedoch nicht nur die wahrnehmend handelnde Erfahrung, sondern auch das Gespräch mit einem Erwachsenen, der ihm hilft, seine Beobachtungen und Empfindungen zu strukturieren.

Bei allen Angeboten bleibt es die Aufgabe von Eltern und Erzieherinnen, die Neugier des Kindes aufzugreifen, seine Freude, Kreativität und Anstrengungsbereitschaft zu wecken – Haltungen, die ihm erlauben, daß es die Widerständigkeit der Welt als reizvolle Herausforderung begreift, die es veranlaßt, sachimmanente Grenzen zwar zu akzeptieren, seine eigenen jedoch zu erweitern, d. h. sich zu bilden.

IX. Fazit: Die Bildung des sechsjährigen Kindes

Mit sechs Jahren gelten die meisten Kinder als «schulreif», d. h. sie besitzen die sozio-emotionale Reife und die kognitiven Voraussetzungen, sich mit Freude auf die Anforderungen der ersten Klasse von deutschen Grundschulen einlassen zu können. Sie sind also bereit, neue soziale Beziehungen einzugehen, sich einer rationaleren Lernweise und in gewissem Umfang fremdbestimmten Lerninhalten zu stellen, weil sie in die Welt der Erwachsenen eindringen und an ihr teilhaben wollen. Um diese Aufgaben erfolgreich zu meistern und das Bildungsangebot als spannende Horizonterweiterung annehmen zu können, haben sie – wie dargestellt – in den unterschiedlichsten Persönlichkeitsbereichen vielfältige Kompetenzen erworben. Diese seien nachfolgend noch einmal in Form von Entwicklungsskalen, welche die normale kindliche Entwicklung darstellen, und einem «Kompetenzinventar», das entwicklungstypische Fähigkeiten eines sechsjährigen Kindes beschreibt, zusammengefaßt.

1. Entwicklungsskalen

Das Entwicklungsalter eines Kindes läßt sich nicht anders bestimmen als über die Beobachtung seiner Verhaltensweisen, also erworbener Kompetenzen, und deren Vergleich mit der entsprechenden Altersgruppe. Auf diese Weise wird deutlich, «wo» ein Kind in seiner Entwicklung im Vergleich mit seinen Altersgenossen anzusiedeln ist. Entwicklungsskalen, die das Ergebnis zusammenfassen, erwecken jedoch leicht den Eindruck einer dem Individuum nicht gerecht werdenden Normierung. Deswegen stoßen sie häufig auf Vorbehalte. Für die folgenden Entwicklungsskalen möchte ich darauf hinweisen, daß sie im Rahmen eines rhythmisch-organismischen Wachstumsprozesses zu verstehen sind. Sie bilden mithin kein starres Raster und keine zeitlich genau festgelegte «Meßlatte». Vielmehr stellen sie Markierungspunkte innerhalb variabler Zeitintervalle dar, in denen durchschnittliche Kinder – entsprechende Gelegenheit vorausgesetzt – die fraglichen Kompetenzen erreichen. Somit sollen sie den verantwortlichen Bezugspersonen einen ungefähren Anhaltspunkt für die Einschätzung des Kindes bieten. Die angegebenen Altersnormen zeigen Durchschnittswerte, denen die tatsächliche Entwicklung eines konkreten Kindes nur annähernd entspricht; Verzögerungen gegenüber den genannten Altersstufen um etwa ein halbes Jahr können in der Regel als unbedenklich angesehen werden. Erst wenn sie dieses kritische Intervall überschreiten, sollte eine genauere Überprüfung des Kindes stattfinden, um eventuell vorhandene entwicklungsbehindernde Faktoren zu erkennen und – falls nötig – unterstützende Maßnahmen einzuleiten.

Die Persönlichkeitsentwicklung des Kindes erfolgt als ein ganzheitlicher Prozeß, in dem das Kind laufend mit dem ganzen Körper und allen Sinnen Erfahrungen sammelt, diese mit den ihm zur Verfügung stehenden geistigen Fähigkeiten auswertet und integriert, so daß sie seine Gesamtpersönlichkeit prägen. Alle psychischen Bereiche besitzen nur eine partielle Unabhängigkeit voneinander und wirken beim Aufbau der Persönlichkeit zusammen, sie befruchten und beeinflussen sich gegenseitig. Diese Tatsache im Auge zu behalten ist wichtig, wenn im folgenden die verschiedenen Funktionen voneinander getrennt aufgeführt erscheinen. Die optische Isolierung und didaktische Aufteilung sowie die Erfahrung, daß man bis zu einem gewissen Grade jeden Funktionsbereich gesondert unterstützen kann, darf nicht dazu verleiten, den ganzheitlichen Blick für das Kind zu verlieren. Daher sollte man sich, wenn man überprüft, wie weit sich das Kind in den einzelnen Dimensionen entwickelt hat, deren Zusammenspiel vergegenwärtigen. Wie gleicht es mögliche Schwächen oder Stärken eines Bereiches in einem anderen aus? Dabei gilt als Faustregel, daß Mängel in der Ich- und Beziehungsentwicklung das gesamte Persönlichkeitsgefüge stärker beeinträchtigen als solche im kognitiven oder motorischen Bereich. Aus diesem Grund sollte man der sozio-emotionalen Stabilität und Differenzierung des Kindes besondere Beachtung schenken. Denn letztlich entscheiden diese weitgehend über die Art und Weise, wie das Bildungsangebot von dem Kind psychisch genutzt wird, d. h. wie es dem Bildungsangebot begegnet, es in seine psychische Struktur aufnimmt und dann handelnd der Welt gegenübertritt.

Die Altersangaben in den folgenden Skalen beziehen sich jeweils auf das erste Auftreten einer Fähigkeit oder Verhaltensweise.

Ich- und Beziehungsentwicklung

0–1 Jahr
- Urvertrauen
- Sichere Bindung
- Übergangsobjekt
- Basales Körperschema

1–3 Jahre
- Grundlagen des kompetenzbedingten Anteils des Selbstwertgefühls
- Symbiose-Autonomie-Konflikt
- entwickelt Gefühl für Eigentum
- differenziert sein Körperschema aus
- entwickelt Kreativität (Kritzeln, Sandspiel, Rollenspiel)

gegen Ende dieser Phase:
- entwickelt Kompromißbereitschaft aufgrund der wiederkehrenden Erfahrung, daß seine Selbständigkeitswünsche und Anlehnungsbedürfnisse anerkannt werden
- lernt schrittweise Gebote und Verbote einzuhalten, um sich die Liebe der Bezugspersonen zu erhalten
- entwickelt emotionale Objektkonstanz, d. h. kann verschiedene, auch unangenehme Gefühle und Verhaltensweisen an den Bezugspersonen ertragen, ohne die Beziehung gefährdet zu sehen
- verinnerlicht das Bild der/des «guten Mutter/guten Vaters» (kann sich z. B. bei geringfügigem Kummer nach dem erlebten Vorbild der Mutter selbst trösten)
- weiß sich auch mit Fehlern und Schwächen angenommen
- entwickelt Ansätze zur Empathie
- verhält sich Fremden gegenüber eher zurückhaltend
- will behalten und lernt herzugeben
- besteht auf der Einhaltung von Ritualen oder Gewohnheiten
- äußert klare Geschmacksvorstellungen (z. B. Lieblingsgericht, bestimmte Kleidung)

3–6 Jahre
- erwirbt ein Gefühl für seine geschlechtliche Identität
- «übt» im Rollenspiel geschlechtsspezifisches Verhalten

- wirbt um die Gunst der gegengeschlechtlichen Bezugsperson, «flirtet» und will sie «heiraten»
- rivalisiert mit dem gleichgeschlechtlichen Elternteil
- kämpft um seinen Platz in der Familie/Gruppe
- lernt sich zu behaupten und zurückzustehen
- das Gewissen bildet sich
- erwirbt erste Vorstellungen von Geburt und Tod
- lernt Dreierbeziehungen einzugehen, d. h. wird gruppenfähig (ödipale Triangulierung)
- verhält sich angepaßt, wenn es in eine andere Umgebung (Kaufhaus, Restaurant) mitgenommen wird
- verkraftet stundenweise Trennungen von den Eltern (Kindergarten)
- erste wichtige Kinderfreundschaften
- festigt die höheren Ich-Funktionen: Selbstkontrolle, Fähigkeit zum Bedürfnisaufschub, Realitätsprüfung, Urteilsbildung, Abschätzen von Handlungsfolgen, soziale Einfühlung
- entwickelt Ansätze zur Leistungsmotivation

  gegen Ende:
- gibt «Heiratswünsche» auf und löst sich damit einen weiteren Schritt von den Eltern

Angstentwicklung

0–1 Jahr
- unspezifische Angst vor Neuem
- Angst vor Reizüberflutung (unangenehmen Sinneseindrücken und Gefühlen)
- Angst vor dem Verlust der Bezugsperson und vor Trennung
- Angst vor dem Zerbrechen des Ichs

1–3 Jahre
- Angst vor Verlassenheit
- Angst vor Autonomieverlust
- Angst vor Strafe und Liebesverlust

3–4 Jahre
- Angst vor Naturkräften (Dunkelheit, Gewitter)
- Angst vor Phantasiegestalten (Monster)

4–6 Jahre
- Angst, (als Junge oder Mädchen) nichts zu gelten
- Angst, in der Gruppe nichts zu gelten
- Angst vor Rache und Vergeltung
- verstärkte Angst vor Liebesverlust und Bestrafung
- Gewissensängste (Schuldgefühle)
- Angst vor körperlichen Verletzungen
- beginnende Angst vor dem Verlust der Selbstkontrolle
- beginnende Angst vor Leistungsversagen

Entwicklung der Aggression und der Aggressionssteuerung

0–1 Jahr
- drückt mit Schreien und Strampeln Aggressionen als Reaktion auf eine Bedrohung aus (angstmotivierte Aggression)

gegen Ende:
- reagiert ärgerlich auf die Behinderung von Bemächtigungswünschen (egozentrische Durchsetzungsstrategie)

1–2 Jahre
- zunächst relativ aggressionsarm (s.o.)
- mit einsetzendem Symbiose-Autonomie-Konflikt («Trotzphase») unkontrollierte Wutausbrüche

2–3 Jahre
- Trotzphase (s.o.)

3–6 Jahre
- Gründe für aggressives Verhalten: Angst, Bemächtigungs- und Durchsetzungswünsche sowie nicht überwundene Kränkung (Racheimpulse)
- allmählicher Beginn der Kontrolle aggressiver Regungen als Reaktion auf die Erwartungen der Bezugspersonen (Angst vor Strafe und Liebesverlust)
- beginnt mit der Bezugsperson über sein aggressives Verhalten nachzudenken
- übt angemessene Formen der Aggressionssteuerung im Spiel

- erwirbt schrittweise sozial akzeptable Durchsetzungsstrategien, wie
  - verbale Aggression anstelle von körperlicher Gewalt
  - faires Kampfverhalten (auch körperlich)
  - argumentierende Selbstbehauptung

Selbstkontrolle erwirbt das Kind durch:
- Urvertrauen und sichere Bindung
- ausgewogenes Selbstwertgefühl
- Fähigkeit zur Entspannung
- sozial kompetente Vorbilder
- Normbewußtsein
- gut ausgebildete Ich-Funktionen: Frustrationstoleranz, Affekt- und Impulskontrolle; Fähigkeit zu Bedürfnisaufschub, angemessene soziale Wahrnehmung, Realitätsprüfung, Antizipation, Einfühlungsfähigkeit

Entwicklung des Norm- und Wertbewußtseins

1–1,5 Jahre
- versteht «Nein», reagiert darauf aber nur nach unmittelbarer Aufforderung und in Gegenwart der Bezugsperson

1,5–2 Jahre
- empfindet Verbote und Einschränkungen als Niederlage und wehrt sich heftig («Trotz»)
- versteht die inhaltliche Bedeutung von Verboten nicht

2–3 Jahre
- probiert die Gültigkeit von Regeln und Verboten systematisch aus («provoziert»)
- ringt um die Einhaltung von Verboten (zögerndes Verhalten, Selbstgespräche), unterliegt aber meist seinen Impulsen
- entwickelt Angst vor Strafe und Liebesentzug
- teilt die Welt dichotomisch ein (z. B. in gut/schlecht; lieb/böse)

3–5 Jahre
- hat viele Ge- und Verbote verinnerlicht, hält sie oft alleine ein
- braucht viel Anerkennung für die Einhaltung von Ge- und Verboten

- Normverständnis wächst durch soziale Einfühlung
- fragt nach Normbegründungen
- entwickelt ein moralisches Urteil (Gewissensentwicklung im engeren Sinn), Gewissensängste und Schuldgefühle

5–7 Jahre
- hält sich sklavisch an Gebote und erwartet dies von anderen Kindern und Erwachsenen
- sein Gewissen «schläft» zeitweise (Selbstschutz)
- besitzt ein rigoroses Normverständnis, das strenge Strafen fordert
- unterscheidet nicht zwischen wichtigen und nachrangigen Normen und Werten
- entwickelt ein «Ich-Ideal» (was möchte ich gerne werden/nicht werden)

Leistungsmotivation

0–1 Jahr
- Wurzel: Freude an der Selbstwirksamkeit
- Freude am Effekt

1–2 Jahre
- Entdeckerfreude
- Stolz, Omnipotenzgefühle

2–3 Jahre
- schreibt Erfolg und Mißerfolg seinem eigenen Handeln zu

3–4 Jahre
- sieht seine eigene Tüchtigkeit (=Vorstellung von den eigenen Fähigkeiten) als Ursache für Erfolg und Mißerfolg
- eigene bisherige Leistung dient als Bezugsnorm für seine Leistungserwartung
- hat bei Regelspielen keinen Sinn für Gewinnen und Verlieren

4–5 Jahre
- versteht den Wettbewerbscharakter, kann aber nicht verlieren
- rivalisiert mit Kameraden

- versucht, das Verlieren durch Abbruch des Spiels oder (gegen Ende) durch erhöhte Anstrengung zu vermeiden

5–6 Jahre
- schätzt sein Leistungsvermögen ungefähr realistisch ein
- wählt, wenn es erfolgsorientiert ist, neue Aufgaben im oberen Bereich seines Leistungsvermögens
- hält es teilweise aus zu verlieren
- übt ausdauernd, bis ein selbstgestecktes Ziel erreicht ist (Anspruchsniveau)
- vergleicht zur Selbsteinschätzung seine Leistung mit denen seiner Kameraden (soziale Bezugsnorm)

Entwicklung der Wahrnehmung und Handlungsplanung

0–1,5 Jahre
- intermodale Verknüpfungen
- Aufbau sensomotorischer Handlungspläne

1,5–3 Jahre
- handelt aufgrund eines innerlich durch Sprache oder bildhafte Vorstellungen repräsentierten Plans, der sich hauptsächlich an den Funktionen der Dinge orientiert; bezieht dabei mehrere Dinge in seine Handlung ein (erkennbar durch Sprachverständnis, handlungsbegleitendes Sprechen, Symbolspiel, Konstruktionsspiel)
- kann einfache Formen in ein Formbrett einsetzen

3–4 Jahre
- plant Ereignisse schrittweise während des Handelns (z. B. spielt «Kochen» und holt sich Topf, Rührlöffel und weitere «Zutaten» nach und nach)
- erfaßt einfache zeitliche und räumliche Bezüge und kann sie sprachlich zuordnen (z. B. auf, unter, neben, hinter, oben, unten, innen, außen; jetzt, später, heute, gestern, morgen)
- erfaßt einfache relationale Begriffe (z. B. kürzer/länger), kann Figuren aus zwei bis vier Stäbchen nachlegen
- beginnt Gegenstände zu ordnen, indem es ein Merkmal berücksichtigt (z. B. Größe oder Farbe)

- ordnet Bild und Gegenstand zu
- differenziert Formwahrnehmung aus, erkennt Kreis, Quadrat, Dreieck
- sortiert drei Gegenstände nach der Größe
- ordnet Grundfarben zu, benennt eine Farbe
- imitiert beim Zeichnen waagerechte, senkrechte und kreisförmige Striche

4 – 6 Jahre
- kann eine mehrgliedrige bekannte Handlung in vertrauter Umgebung selbständig planen und durchführen (z. B. deckt den Tisch mit täglich benutztem Geschirr)
- lernt neue Handlungsfolgen, wobei die einzelnen Schritte bekannt sind, durch verbale Anweisung (z. B. rührt eine Quarkspeise an)
- kann einfache, bildlich dargestellte Handlungsabfolgen umsetzen (z. B. Bastelanleitung)
- kann verschiedene Reizqualitäten deutlich unterscheiden, zuordnen und gegebenenfalls nachahmen

ab 6 Jahre
- kann einen bekannten Handlungsablauf in der Vorstellung planen (allmählich auch ungewöhnliche Aspekte berücksichtigen) und fehlende Informationen erfragen (z. B. einen Tisch mit nicht täglich benutztem Geschirr decken)
- erarbeitet sich neue Handlungsabläufe nach vorgelegtem Plan (z. B. baut Legoauto nach Plan)
- unterscheidet rechts und links, zunächst nur an sich selbst
- berücksichtigt bei der Zuordnung von Gegenständen zwei und mehr Merkmale (z. B. Höhe, Umfang und Farbe der Bauklötze)
- lernt Verkehrszeichen, Buchstaben und Zahlsymbole

Denkentwicklung

0 – 1,5 / 2 Jahre
- Aufbau sensomotorischer Handlungspläne: praktischer, handlungs- und situationsgebundener Beginn intelligenten Verhaltens

1,5–2 Jahre: Übergang zum prälogischen Denken
– erwirbt den Symbolbegriff, d. h.
  – weiß, daß Wörter Dinge bezeichnen; kann Wörter miteinander
    kombinieren (Zwei-Wort-Sätze)
  – erkennt Dinge auf Abbildungen
  – beginnt mit dem Symbolspiel («so-tun-als-ob»)
  – ist fähig zur aufgeschobenen Nachahmung, d. h. wiederholt Wör-
    ter oder Handlungen zu einem späteren Zeitpunkt und in einer
    anderen Situation
– sucht einen Gegenstand, dessen Verschwinden es nicht beobachtet
  hat
– sucht nach einem Weg, um ein Aufziehspielzeug in Gang zu setzen

2–3 Jahre
– hat nur einfache Strukturen, um die Welt zu ordnen (z. B. groß/
  klein, viel/wenig, lieb/böse, gestern für Vergangenheit, heute für
  Gegenwart, morgen für Zukunft)
– Stück-zu-Stück-Zuordnung (z. B. Gegenstände, Grundfarben, Bilder)
– erkennt bekannte Örtlichkeiten außerhalb der Wohnung wieder
– gegen Ende: erkennt bekannte Personen auch bei stärkerer äußerer
  Veränderung (z. B. Verkleidung) wieder

3–4 Jahre
– erfaßt einfache relationale Begriffe (länger/kürzer)
– kann einfache Wenn-dann-Probleme sprachlich lösen (z. B. «Was
  machst du, wenn du Hunger hast?»)
– beginnt, eine Menge (bis zu drei Gegenständen) simultan zu erfassen
  (z. B. «gib mir drei Perlen»)
– beherrscht einfachste Sortieraufgaben mit Berücksichtigung eines
  Merkmals (z. B. weiße und rote Perlen)
– gegen Ende: erfaßt das Prinzip der digitalen Reihenbildung (z. B.
  legt abwechselnd Gabeln und Löffel in eine Reihe)

4–5 Jahre
– Vorstufe zur Klassifikation: kann Gegensatzanalogien bilden (z. B.
  am Tag scheint die Sonne, in der Nacht scheint …; der Bruder ist ein
  Junge, die Schwester ist ein …)
– kann Wenn-dann-Probleme, die zwei Bedingungen enthalten, lösen
  (z. B.: «Was machst du wenn dir ein Ball unter den Schrank rollt, du

ihn mit der Hand nicht holen und den Schrank nicht wegrücken kannst?»)
- kann den Zweck von Alltagsgegenständen benennen (z. B. Funktion von einem Schlüssel)

5–6 Jahre
- kann eine Kette nach einfachem vorgegebenem Muster auffädeln
- kann bis zu zehn Elemente abzählen
- kennt Wochentage und Jahreszeiten sicher
- entwickelt ein differenziertes zeitliches Vorstellungsvermögen: vorgestern, übermorgen

6–7 Jahre
- einfachste Klassifikationen: bei vertrauten Gegenstandspaaren können die wesentlichen unterscheidenden Merkmale benannt werden (z. B. Holz/Glas, Schiff/Auto)
- kann eine Bildgeschichte aus vier Elementen in logisch richtiger Reihenfolge legen und erzählen
- kann im Zahlenbereich bis zehn addieren und subtrahieren
- Anbahnung des reversiblen Denkens: (z. B. kann eine Zahlenreihe von drei Zahlen rückwärts wiederholen)

3–6/7 Jahre: Denkformen
- alle folgenden Denkformen treten mit zunehmenden Erfahrungen und Kenntnissen in den Hintergrund, d. h. die Urteile werden allmählich realitätsgerechter
- denkt in Analogieschlüssen, d. h. überträgt Begründungszusammenhänge auf scheinbar Ähnliches (z. B. Blumen schlafen im Winter unter dem Schnee wie der Mensch in der Nacht unter der Bettdecke)
- denkt animistisch/anthropomorph, d. h. tote Gegenstände werden verlebendigt/vermenschlicht (z. B. es tut dem Schokoladenhasen weh, wenn man ihm die Ohren abbeißt)
- denkt magisch, d. h. erklärt Zusammenhänge auf unrealistische Weise, indem es Dingen, Personen oder sich selbst übernatürliche Fähigkeiten zuschreibt (z. B. Eltern können alles, auch den geliebten toten Vogel lebendig machen)
- vermischt Wunsch und Wirklichkeit (z. B. ist überzeugt, daß es Besuch bekommt, obwohl dies nicht den Tatsachen entspricht)

- denkt egozentrisch, d. h. geht beim Denken von sich aus und kann sich räumlich, gedanklich und gefühlsmäßig nicht in einen anderen Menschen hineinversetzen (z. B. nimmt an, daß ein anderer Mensch, der nicht dieselbe Perspektive einnimmt, trotzdem dasselbe sieht wie es selbst; geht davon aus, daß die eigene Lieblingsmusik allen gefällt; ist überzeugt, daß ein anderer Mensch seine Gedanken lesen kann und versteht nicht, daß er anders denkt und fühlt)
- verhält sich im Gespräch egozentrisch, d. h.
  - für zwei bis vier Jahre: kann sich nicht auf vorgegebenen Inhalt einstellen, sondern erzählt, was ihm einfällt
  - für vier bis sechs Jahre: bezieht sich auf ein Thema, geht aber nicht auf bereits geäußerte Argumente ein
- denkt handlungsgebunden, d. h. es konkretisiert seine Vorstellungen mit Hilfe von Handlungen («Der Geburtstag ist der Tag, an dem man Geschenke bekommt, bis dahin muß man noch dreimal schlafen»)
- denkt finalistisch, d. h. es unterstellt zufälligen oder naturgesetzlichen Ereignissen einen Zweck (z. B. «Es regnet, damit die Blumen nicht verdursten»)
- denkt anschauungsgebunden, d. h. die Anschauung dient als Beurteilungsmaßstab (z. B. zwei dünne Scheiben Brot scheinen ihm mehr als eine doppelt so dicke Scheibe gleichen Umfangs)
- denkt zentriert, d. h. berücksichtigt bei seinen Urteilen nur das Merkmal, das am stärksten ins Auge fällt (z. B. die Anzahl der Brotschnitten, nicht aber ihre Dicke oder das Gewicht)
- denkt irreversibel, d. h. Denkvorgänge sind unumkehrbar, weil sie reale innere Handlungen sind (z. B. kann Ereignisfolgen nur entsprechend ihres zeitlichen Verlaufs wiedergeben und nicht in gegenläufiger Richtung vom Ende zum Anfang)

Sprachentwicklung

Sprachproduktion
0–1 Jahr
- lautiert und lallt

1–1,5 Jahre
- beherrscht Ein-Wort-Sätze
- spricht vertraute Wörter nach

1,5–2 Jahre
- bildet Zwei-Wort-Sätze, flexionsloser Wortgebrauch (z. B. «Ball haben»)
- erstes Fragealter: Was-Fragen, d. h. erfaßt die Bezeichnungsfunktion von Wörtern
- erweitert seinen Wortschatz erheblich
- gebraucht einfache Substantive, Verben und Adjektive
- gebraucht seinen Vornamen
- gebraucht «ja» und «mein»
- verbindet sein Spiel zunehmend mit Sprache

2–2,5 Jahre
- bildet Drei- bis Vier-Wort-Sätze
- Wo-Fragen
- gebraucht «ich», spricht von sich jedoch auch noch in der dritten Person
- benutzt die Zeitform Partizip (z. B. geweint)
- Wortschöpfungen

2,5–3 Jahre
- bildet Fünf-Wort-Sätze mit starken grammatischen Fehlern (Analogiebildungen)
- Wann-Fragen
- berichtet spontan von Erlebnissen, spricht über Abwesendes
- gebraucht die Zeitform Futur durch adverbiale Zusätze (z. B. «Papa kommt morgen.»)
- grammatisch korrekte Echolalie von einfachen Sätzen (Fünf-Wort-Sätze)

3–4 Jahre
- bildet einfache Satzgefüge (Haupt- und Nebensatz)
- zweites Fragealter: Warum-Fragen, d. h. erfragt unsichtbare Zusammenhänge
- gibt Gegensätze an (groß/klein)
- verwendet die Vergangenheitsform und den Plural
- gebraucht sämtliche Wortarten
- kann eine kleine Geschichte nacherzählen
- physiologisches Stottern, kann Gedanken nicht so schnell ordnen, wie es spricht
- beherrscht die meisten Laute der Muttersprache

4-5 Jahre
- macht nur noch leichte grammatische Fehler
- benutzt den Konjunktiv
- hat evtl. noch Probleme mit einzelnen Lauten der Muttersprache

5-6 Jahre
- gebraucht die Umgangssprache korrekt: richtiger Satzbau, richtige Wortendungen, richtige Aussprache, ungestörter Redefluß
- kann längere Erlebnisse berichten, hält die Reihenfolge ein

6-7 Jahre
- gebraucht das Passiv
- setzt abstrakte Begriffe auf kindgerechtem Niveau korrekt ein
- drückt sich sprachlich differenziert aus

Sprachverständnis
0-1 Jahr – gegen Ende:
- beginnendes Wortverständnis: achtet auf bekannte Wörter
- versteht einige Wörter im Situationszusammenhang
- befolgt eine einfache Aufforderung (z. B. «Gib den Ball») und Verbote («nein»)

1-1,5 Jahre
- sucht oder zeigt auf Befragen bekannte Gegenstände (seine Flasche, Spielzeug, Bauch)
- erkennt einfache Abbildungen und versteht die dazugehörige Bezeichnung
- freut sich an Reimen oder Liedern

1,5-2 Jahre
- befolgt einen einfachen Doppelauftrag, der sich auf eingeschliffene Handlungen der Alltagsroutine bezieht
- hört zu beim Erzählen einfacher Geschichten
- zeigt auf Befragen einfache Körperteile

2-3 Jahre
- versteht viele einfache sprachliche Inhalte, die sich auf das vertraute Alltagsleben beziehen
- versteht einfache Verhältniswörter (auf, unter, daneben, hinter)

- versteht einfache Fragen (z. B. «Was machst du mit.../wenn ...?»)
- hört gerne einfache Geschichten und versteht sie
- versteht Aussagen über nicht gegenwärtige Situationen, die seiner konkreten Erfahrungswelt angehören

3-4 Jahre
- versteht und befolgt Aufforderungen, auch wenn die Handlungen nicht gewohnheitsmäßig eingeschliffen sind
- versteht Erklärungen, die aus der eigenen Erfahrung nachvollziehbar sind
- versteht die meisten Zusammenhänge des gewohnten täglichen Lebens
- versteht längere Geschichten mit Anschauungsmaterial

4-5 Jahre
- versteht verbale Anweisungen für einfache, unbekannte Handlungsabläufe
- versteht längere Geschichten ohne Anschauungsmaterial (z. B. Märchen)

5-6 Jahre
- befolgt drei einfache, gleichzeitig gegebene Aufforderungen

Sprachbezogene Beschäftigung
1-2 Jahre
- freut sich über Fingerspiele mit Reimen
- betrachtet mit einer Bezugsperson einfache Bilderbücher

2-3 Jahre
- sucht in Bilderbüchern gern bekannte Dinge und benennt sie
- liebt einfache Bilderbücher über seinen Lebensbereich und über Tiere, hört erzählten Kommentaren zu
- hat Freude an Reimen und Versen in Bilderbüchern

3-4 Jahre
- wünscht ständige Wiederholung von erzählten Geschichten (wortgetreu) und Spielen
- interessiert sich für komplexere Bilderbücher über seinen Lebensbereich, Tiere und symbolhafte Darstellungen emotionaler Grunderfahrungen

- liebt erläuternde Erzählungen zu den Bildern
- liebt Verse, gebunden an rhythmische Spiele (auch Fingerspiele) und Lieder
- kennt oft gehörte Verse auswendig

4–5 Jahre
- mag Bilderbücher mit längeren Geschichten
- hört gern Märchen
- hat Freude an schöner Sprache (z. B. Gedichte)
- hat Freude an Flüsterspielen, variierender Sprechhöhe und Lautstärke, variierendem Sprechtempo

5–6 Jahre
- Bilderbücher (s. o.), zusätzlich Sachbilderbücher
- läßt sich längere Geschichten vorlesen, auch ohne Bilder
- hat Spaß an Sprachspielen (Nonsensgedichte, Abzählverse, verschiedenartige Sprechweisen)
- sucht gern Reimwörter

ab 6 Jahren:
- Bilderbücher, Märchen, Geschichten und Gedichte (s. o).
- hat Freude an Zungenbrechern

Spielentwicklung

0–1 Jahr
- Funktionsspiel mit dem eigenen Körper und erreichbaren Dingen
- freut sich an selbst erzeugten Effekten

1–2 Jahre
- spielerische Freude an den eigenen Fortbewegungsmöglichkeiten
- experimentierendes Funktionsspiel mit Wasser und Sand (auch Suppe und Brei)
- untersucht räumliche Verhältnisse, indem es Kisten aus- und einräumt und Gegenstände aufeinander- bzw. ineinandersetzt (z. B. zwei bis vier Klötze, Ring auf Steckpyramide, Stift in Steckbrett, Deckel auf Dose)
- entdeckt die Werkzeugfunktion von Gegenständen (z. B. trägt Klötze im Eimer; übt Kritzelbewegungen mit Stiften, probiert den Ball aus)

- benutzt Materialien beim Funktionsspiel zunehmend funktionsgerecht
- «Destruktionsspiel», z. B. zerlegt Dinge, wirft gebauten Turm um

Symbolverständnis führt zu:
- Beginn des Konstruktionsspiels, d. h. baut funktionsspielartig ein Gebilde und benennt es auf Befragen
- wachsendes Interesse an Bilderbüchern, d. h. läßt sich gern Bilder erklären, benennt einzelne Bilder, hört gern kurze Geschichten, Reime etc.
- Beginn des Symbolspiels, d. h. ahmt eine vertraute Tätigkeit nach, ohne in eine andere Rolle zu schlüpfen (z. B. so tun als ob es ißt oder schläft)

Parallelspiel: d. h. spielt neben einem anderen Kind, ohne daß ein gemeinsames Spiel entsteht (z. B. im Sandkasten, mit Bauklötzen)

2–3 Jahre
Funktionsspiel:
- fährt Dreirad
- klettert gern
- hat Spaß am «Fangen»-Spiel
- gemeinsames Funktionsspiel mit einer Bezugperson (z. B. Ballspiel)

Konstruktionsspiel:
- einfachste Puzzles
- baut einfache Gebilde und benennt sie, Bezeichnung kann wechseln

Rollenspiel:
- spielt einfache Rollenspiele allein, d. h. übernimmt eine Rolle (z. B. «Mutter und Kind» mit der Puppe) oder mit einer Bezugsperson, die auf es eingeht
- funktioniert im Spiel Gegenstände um
- spielt Alltagserfahrungen nach

Vorläufer des Regelspiels:
- kann im sozialen Spiel die Regel: «einmal ich – einmal du» einhalten

3–4 Jahre
Funktionsspiel:
- benützt vermehrt Spielgeräte für Funktionsspiele (z. B. Schaukel, Wippe)

Konstruktionsspiel:
- baut erkennbare Gebilde und bleibt bei Benennung
- verwendet gebaute Gebilde für seine Spiele

Rollenspiel:
- spielt allein ausführliche Rollenspiele, teilweise parallel zu anderen Kindern
- übernimmt nach Anweisung – auch von anderen Kindern – einfache Rollen im gemeinsamen Spiel (z. B. Patient, Baby, Hund)
- Beginn des *Regelspiels:* (z. B. Memory, Lotto, Bilderdomino, einfache Würfelspiele mit Farbwürfeln)
- Bewegungsspiele mit Regelcharakter (z. B. «der Plumpssack geht um»)
- verändert Regeln nach Belieben
- hat keinen Sinn für Gewinnen und Verlieren
- hört auf, wenn es keine Lust mehr hat

4–5 Jahre

Funktionsspiel:
- liebt körperliche Geschicklichkeitsspiele (z. B. balancieren, Ballspiele)

Konstruktionsspiel:
- vielteilige Puzzles
- baut differenzierte Konstruktionen aus Lego
- kann längere Zeit an einer Sache bauen
- bezieht das Gebaute in komplexe Rollenspiele ein

Rollenspiel:
- spielt allein und mit anderen Kindern differenzierte Rollenspiele (soziale Rollenspiele)
- spielt Erfahrungen aus dem täglichen Leben (z. B. Kaufladen, Arzt etc.), Inhalte aus gesehenen oder gehörten Geschichten, eigene Phantasiegeschichten

Regelspiel:
- spielt einfache Kartenspiele (z. B. «Schwarzer Peter», einfache Brettspiele)
- entwickelt Regelverständnis, d. h. versteht die Regeln, hält sie aber nur kurz ein
- versteht die Bedeutung des Gewinnens, kann nicht verlieren

5-6 Jahre
Funktionsspiel:
- lernt Rollschuh fahren, Seilhüpfen, Fahrrad fahren etc.

Konstruktionsspiel:
- baut über mehrere Stunden zusammen mit anderen Kindern

Rollenspiel:
- soziale Rollenspiele mit komplexer Handlung und langen verbalen Dialogen

Regelspiel:
- gutes Regelverständnis vorhanden
- will gut spielen und gewinnen
- achtet auf Regeleinhaltung bei anderen
- schummelt, weil es nur schwer verlieren kann

6-7 Jahre
Funktionsspiel:
- reine Funktionsspiele nehmen ab, Bewegungsspiele bleiben

Konstruktionsspiel:
- erhält einen technischen Aspekt, Vorhaben werden teils über Tage hinweg fortgesetzt
- baut nach Plan

Rollenspiel:
- differenzierte Abbildung des Alltags, Phantasie verliert an Bedeutung

Regelspiel:
- sportliche Gruppenspiele gewinnen an Bedeutung
- einfache strategische Spiele (z. B. Halma, Malefiz)
- lernt verlieren
- spielt Computerspiele

Bildnerischer Ausdruck

1-2 Jahre
- unregelmäßige Spurengebilde
- gegen Ende: erkennt den Zusammenhang von Bewegung und Spur

2-3 Jahre
- kritzelt im Sinne des Funktionsspiels in verschiedenen (schwingenden, kreisenden, zackigen) Bewegungen
- benennt die Kritzeleien auf Befragen, Benennung kann wechseln

3–4 Jahre
- Basiszeichen – Kreise, Vierecke, Gitter, Striche, Punkte
- zeichnet Strahlenfiguren
- erste Kopffüßler
- Benennung bleibt stabil
- malt Klecks-Strich-Bilder (Fortsetzung des Kritzelns)

4–5 Jahre
- zeichnet differenzierte Kopffüßler (mit Armen, Augen, Nase, Mund, Ansätzen von Haaren, Händen, Füßen)
- entwickelt viele bedeutungsträchtige Zeichen: Häuser, Bäume, Blumen, Vögel, Landtiere, Fische, Sonne, Mond …
- wählt die typische Perspektive für die Darstellung eines Objektes (Haus von vorn)
- zeichnet auch das Unsichtbare (das Innere von Häusern, Autos …)
- betont inhaltlich Wichtiges durch überproportionale Größe (Blume fast so groß wie der Baum)
- malt musterartige Farbkompositionen

5–6 Jahre
- Figuren treten in Beziehung zu einander, d. h. das Bild erzählt eine Geschichte
- betont markante, charakteristische Details (z. B. Pfeife für den Mann)
- malt Menschen mit plastischem Körper und Kleidung
- malt ornamentale Muster

6–7 Jahre
- bemüht sich um realitätsgerechte Darstellung der ihm wesentlichen Merkmale (z. B. die Tür berührt die Basis des Hauses)

Entwicklung der Grob- und Feinmotorik

1–2 Jahre
- motorische Verselbständigung

2–2,5 Jahre
- lernt Dreirad zu fahren

- steht zwei Sekunden auf einem Bein, ohne sich festzuhalten
- hält beim Rennen prompt an und kann die Richtung wechseln
- dreht sich im Kreis
- fängt den Ball mit beiden Armen
- gutes Zusammenspiel von Auge-Hand-Koordination und taktiler Kontrolle (z. B. fädelt einige große Perlen auf)
- schneidet zweimal mit der Schere
- baut einen Turm aus acht Würfeln

2,5–3 Jahre
- geht die Treppe im Wechselschritt hinauf und hinunter
- reißt Papier mit einer Gegenbewegung der Hände auseinander
- fängt einen großen Ball mit beiden Armen
- wirft den Ball gezielt
- imitiert Schreibbewegungen
- formt eine Walze aus Knetmasse
- zeichnet waagerechte Striche
- zeichnet geschlossene Rundformen

3–4 Jahre
- schwingt die Arme beim Gehen mit, kein breitbeiniges Gehen mehr
- geht auf einer Bordsteinkante oder schmalen Mauer
- hüpft auf einem Bein
- klettert auf Klettergerüste und Bäume
- fängt einen großen Ball mit beiden Händen
- dreht einen Schlüssel im Schlüsselloch
- trägt ein volles Gefäß ca. 3 m weit
- Pinselgriff, d. h. hält den Stift korrekt
- schneidet mit der Schere

4–5 Jahre
- steht zehn Sekunden auf einem Bein
- lernt Rollschuh laufen und Seilhüpfen
- fängt einen kleinen Ball mit beiden Händen
- lernt einen Knoten zu machen

5–6 Jahre
- fängt einen aufgeprallten Ball

- lernt Fahrrad zu fahren
- malt Buchstaben nach

6–7 Jahre
- Hopserlauf
- bei entsprechender Gelegenheit: lernt schwimmen, skilaufen, Schlittschuh fahren, tanzen
- grobmotorische Entwicklung ist abgeschlossen, differenziert sich aus
- lernt schreiben
- lernt gegebenenfalls ein Musikinstrument zu spielen
- lernt nähen

Entwicklung der lebenspraktischen Fertigkeiten

2,5–3 Jahre
- ist tagsüber überwiegend trocken und sauber, meldet sich meist rechtzeitig
- gießt sich ein Getränk ein
- zieht sich die Hose selbst an
- hilft beim Tischdecken
- benutzt zum Essen die Gabel

3–4 Jahre
- ist in der Regel nachts trocken
- kann die meisten Kleidungsstücke allein anziehen
- unterscheidet teilweise beim Anziehen vorn und hinten
- schließt große Knöpfe
- geht allein zur Toilette, braucht aber noch Hilfe
- wäscht sich die Hände und trocknet sie ab
- steht bei den Mahlzeiten noch manchmal auf
- lernt mit dem Messer umzugehen
- kann einen Kassettenrecorder bedienen

4–5 Jahre
- putzt sich selbständig die Nase
- wäscht sich mit Hilfestellung
- kann sich selbständig anziehen, tut es meist nicht

- putzt sich nach der Toilette ab
- öffnet und schließt kleine Knöpfe
- streicht sich ein Butterbrot
- geht ans Telefon
- bewegt sich frei in der unmittelbaren Umgebung, ist jedoch nicht verkehrssicher

5–6 Jahre
- putzt sich die Zähne, allerdings nicht sachgerecht
- wäscht sich unter Aufsicht
- bedient die Ampel
- beginnt, auf den Straßenverkehr zu achten
- kennt die Funktion des Geldes
- wendet Namen von Wochentagen und Monaten korrekt an

6–7 Jahre
- lernt eine Schleife zu binden
- kann sich allein waschen
- wird verkehrssicher, wenn es nicht durch andere Kinder o. ä. abgelenkt wird
- kann kleine Einkäufe erledigen
- übernimmt kleinere Pflichten, muß aber motiviert werden
- hilft beim Kochen und Backen
- kennt die verschiedenen Münzen und deren Wert
- stellt Kleidung nach eigenen Geschmacksvorstellungen farblich zusammen

2. «Kompetenzinventar»

Ist das Kind in seinen verschiedenen psychischen Funktionen ungefähr altersgemäß entwickelt, so besitzt es bereits sehr viele Kompetenzen. Wenn die Funktionsbereiche zudem auf der Basis stabiler Ich-Kräfte und einer klaren sozialen Bezogenheit gut integriert, also untereinander vernetzt sind, so begünstigen sie die Entwicklung weiterer, für die Persönlichkeitsentfaltung und das gesamte Bildungsgeschehen bedeutsamer Kompetenzen, Einstellungen und Haltungen. Es sind dies die bereits im ersten Kapitel aufgeführten Qualitäten und Schlüsselqualifikationen, wie die emotionale und geistige Aufge-

schlossenheit, das Bewußtsein der Selbstwirksamkeit, die Fragehaltung, Wißbegier, Lernfreude, Anstrengungsbereitschaft, kreative
Gestaltungslust, Achtsamkeit, Kooperationsfähigkeit, Norm- und
Verantwortungsbewußtsein sowie die Liebesfähigkeit, die sich im
Umgang mit Menschen, der belebten Umwelt, den Dingen und geistigen Gehalten gleichermaßen zeigt. Die den einzelnen Entwicklungs-
strängen zuzuordnenden Kompetenzen sowie die erwähnten Einstellungen und Haltungen verschmelzen in der Person zu einer Einheit
und bestimmen die Art und Weise ihres Könnens und des gesamten
Verhaltens, mithin ihre Bildung. Um eine Orientierungshilfe zu geben,
wie sich eine ausgewogene, dem dargelegten Bildungsverständnis entsprechende elementare Bildung angemessen im Verhalten des sechsjährigen Kindes äußern könnte, habe ich eine Liste von fünfzig Kompetenzen erstellt. Sie repräsentieren zwar keinen «vollständigen
Bildungskanon», enthalten jedoch für jeden psychischen Funktionsbereich einige konkrete Verhaltens- und Wissensbeispiele und verbinden sie mit den bedeutsamen Einstellungen und Haltungen. Wie beispielsweise ein Kind sich mit einem Konstruktionsspiel beschäftigt,
sagt nicht nur etwas über seine feinmotorischen Fähigkeiten aus, sondern enthält auch Hinweise auf sein Denkvermögen, seine Kreativität,
sein Konzentrations- und Durchhaltevermögen, seine Frustrationstoleranz und Leistungsmotivation. Die aufgelisteten Kompetenzen
können daher als ein «repräsentatives Kompetenzinventar» gelten.
Denn Kinder müssen mit sechs Jahren zwar weder lesen noch schreiben oder rechnen können, aber sie sollten – als Voraussetzung für
einen erfolgreichen schulischen Bildungsprozeß – die beschriebenen
konstruktiven Grundeinstellungen sowie Fähigkeiten und Kenntnisse
besitzen.

Kompetenzen eines sechsjährigen Kindes

Grobmotorische Geschicklichkeit:
- klettert auf Bäume, fährt Fahrrad, läuft Rollschuh, hüpft Seil,
  schlägt Purzelbaum
- geht mit geschlossenen Augen rückwärts, balanciert über einen lie-
  genden Baumstamm (5 cm breiten Balken)
- verbindet Bewegung und Sprache (wirft einen Ball 50 x, ohne ihn
  fallen zu lassen und sagt Wörter dazu)

Feinmotorische Geschicklichkeit:
- zeichnet und schneidet Konturen aus
- knöpft kleine Knöpfe zu, bindet Schleife
- webt mit dicken Fäden, näht in großen Stichen (z. B. eine Tasche)
- benutzt Werkzeuge (Hammer, Zange etc.) funktionsgerecht

Zeichnen:
- zeichnet erkennbare, Einzelheiten enthaltende Formen, z. B. Mensch, Baum, Blume, Haus
- zeichnet Menschen mit sechs Teilen: Kopf mit Gesicht, Rumpf, Arme, Beine, Hände, Füße

Spiel:
- baut differenziert aus Bauklötzen (z B. Legosteinen) große architektonische Gebilde aus einfachen Materialien, z. B. Möbel aus Stöcken, Tüchern, Zweigen
- spielt mindestens eine Stunde konzentriert ein Konstruktions- oder Rollenspiel (für sich oder mit einem anderen Kind), d. h. kann sich sinnvoll allein und in Gemeinschaft beschäftigen
- spielt eine gehörte, gesehene oder selbst ausgedachte Geschichte im Rollenspiel nach
- beherrscht Regelspiele in Form von Bewegungsspielen, Brettspielen, Kartenspielen z. B. «Mensch ärgere dich nicht» oder «Uno»

Wahrnehmung und Handlungsplanung:
- unterscheidet verschiedene Reizqualitäten deutlich, ordnet sie zu bzw. ahmt sie nach
  akustisch: Lautgestalt, Sprechrhythmus, Tonhöhe, Melodie
  taktil: Form, Oberflächenbeschaffenheit, Materialqualität
  visuell: Form, Farbe, Gegenstandsanordnung, Raumtiefe
  Figur – Grund – Differenzierung
- hat Spaß daran, neue Dinge selbständig zu erforschen und auszuprobieren
- plant eine mehrgliedrige, vertraute Handlung in vertrauter Umgebung selbständig und führt sie durch (z. B. deckt den Tisch mit alltäglich benutztem Geschirr)
- lernt eine selbst gewählte neue Handlungsfolge, deren einzelne Schritte bekannt sind, durch verbale Anweisungen (z. B. eine Blume einpflanzen)

- befolgt drei einfache, gleichzeitig erteilte Aufforderungen (z. B. «Geh in die Küche, hole eine Vase und fülle sie mit Wasser.»)
- hat Freude an Liedern (Singen), rhythmischer Bewegung (Tanz und Klatschspiele) und Sprache (Verse)

Leistungsmotivation:
- zeigt den Willen, ein «gutes» oder «schönes» Ergebnis zu erzielen (z. B. beim Malen, Basteln oder Bauen), bei Regelspielen zu gewinnen (verlieren fällt oft noch schwer)
- will sein Wissen oder seine Fähigkeiten in der Gruppe, der Familie oder beim Helfen darstellen

Sprache:
- versteht die Umgangssprache (auch komplexere Satzgefüge) und wendet sie (bis auf das Passiv) korrekt an (einschließlich differenzierter räumlicher und zeitlicher Angaben, z. B. «vorgestern»)
- hört 15 – 20 Minuten konzentriert beim Vorlesen einer spannenden Geschichte zu, bleibt dabei ruhig sitzen
- besitzt einen «Schatz» durch Wiederholung auswendig gelernter Sprüche, Gedichte, Lieder und Fingerspielgeschichten

Denken:
- vollzieht erlebte Zusammenhänge (mit Hilfestellung) gedanklich nach und drückt sie sprachlich aus, d. h. kann im Rahmen seiner Erlebnisse «über sich nachdenken»; (z. B. «Peter hat mir den Bär weggenommen, da habe ich mich geärgert und ihn geschubst.»). Basis: Warum-Fragen
- interessiert sich für soziale und existentielle Fragen (z. B. «Warum gibt es arme Menschen?»)
- interessiert sich für naturgesetzliche Phänomene (z. B. «Warum schwimmt Holz auf dem Wasser/geht ein Stein unter?»)

Emotionale und soziale Kompetenzen:
- äußert seine Befindlichkeit/Bedürfnisse verbal (z. B. Bauchweh, wenn etwas kaputt gegangen ist …)
- äußert Wünsche, auch auf die Gefahr hin, daß sie abgelehnt werden (d. h. es bittet und «tut nicht einfach»)
- steuert seine inneren Impulse, kann also «warten», unterliegt nicht dem Drang sofort zu schreien, wegzurennen, zuzuschlagen …(z. B.

es wartet bei der Mahlzeit, bis alle etwas auf dem Teller haben, bis ein Spruch gesprochen wurde)
– hält sich an alltägliche Regeln und Vereinbarungen (z. B. es meldet sich ab, bevor es nach draußen zum Spielen geht.)
– behauptet sich gegenüber anderen Kindern angemessen, wehrt sich, gibt nach, akzeptiert Kompromisse (oft ist dabei die Hilfestellung von Erwachsenen notwendig)
– erfüllt eine soziale Aufgabe, benötigt dabei aber die Anwesenheit oder Mithilfe eines Erwachsenen (z. B. aufräumen, den Tisch decken und abräumen, jüngeren Kindern helfen)
– teilt auch begehrte Dinge mit anderen (z. B. jeder bekommt ein Stück Kuchen); ist fähig, Geschenke zu machen und zu empfangen
– unterhält eine Freundschaft mit mindestens einem Kind
– akzeptiert seine Geschlechtszugehörigkeit und besitzt eine Vorstellung von seiner Geschlechtsrolle
– zeigt sich empfänglich für das «Wahre, Schöne und Gute», d. h. besitzt ein Gerechtigkeitsempfinden, spricht auf eine schöne Umgebung, schöne Bilder und andere ästhetische Angebote an, läßt sich durch ideelle Werte berühren
– ist fähig, in feinen Gefühlsnuancen zu empfinden und entsprechend zu reagieren, zeigt also Erstaunen, Faszination, Begeisterung, Betroffenheit, Mitgefühl, Achtsamkeit, Behutsamkeit und Sorgfalt

Umweltwissen:
– kennt wichtige Sitten, Gebräuche und Feste der eigenen Kultur und besitzt eine gewisse Vorstellung von deren Sinn
– besitzt Interesse und ein gewisses Verständnis für verschiedenartige Lebensbereiche
– kennt verschiedene Berufe und hat eine Vorstellung von deren Tätigkeit
– besitzt eine grobe Vorstellung vom Wert des Geldes
– besitzt eine Vorstellung von der örtlichen Gegebenheit, in der es lebt (Ortschaft oder Stadtteil, Landschaft), kennt bedeutsame Orte: Schule, Kirche, Läden (Bäcker, Supermarkt), Friseur, Arztpraxis, Friedhof
– kennt wichtige Eckpfeiler der zeitlichen Struktur (Stunden, Tag, Wochentag, Monat, Jahreszeiten)

- kennt die wichtigsten Verkehrsregeln und beachtet sie, sofern es nicht durch andere Kinder, Spiele oder andere Dinge abgelenkt wird
- ist vertraut mit verschiedenen Witterungsverhältnissen, hat eine Vorstellung von witterungsgerechter Kleidung
- kennt etliche Pflanzen (Blumen, Büsche, Bäume), die in der vertrauten Umgebung wachsen, mit Namen
- beobachtet verschiedene Tiere, kennt sie mit Namen, kann etwas über sie und ihre Lebensweise erzählen (z. B. Bienen, Ameisen, Schnecke, Katze, Hund)
- besitzt eine Vorstellung von elementaren Lebenszyklen bei Pflanzen und Tieren, z. B. Samen – neue Pflanze – Blüte – Frucht, die den neuen Samen enthält; oder Huhn – Ei – brüten – Küken – Huhn
- besitzt eine Vorstellung von der Herkunft und Zubereitung wichtiger Nahrungsmittel, z. B. Korn – Mehl – Brot; oder Kuh – Milch – Joghurt, Quark, Käse

Die aufgelisteten Wissens- und Verhaltensbeispiele verdeutlichen, daß die Bildung eines sechsjährigen Kindes sich weder einseitig als Vermittlung von Spezialwissen in einzelnen Wissensbereichen versteht noch ausschließlich die Unterstützung der Fähigkeiten bezweckt, die für den Erwerb kognitiver Kompetenzen und den späteren Schulerfolg maßgeblich sind. Vielmehr erstrebt sie die ganzheitliche Persönlichkeitsentfaltung, die elementare Einstellungen, Fähigkeiten, Fertigkeiten und Grundlagenwissen in den Bereichen, die das kindliche Leben direkt betreffen, umfaßt. Die meisten Sechsjährigen erfüllen diesen Bildungsanspruch nicht. Viele Kinder weisen schon in dem elementarsten Bereich der Motorik deutliche Rückstände auf. Die sprachlichen Kompetenzen, die einen nützlichen Hinweis auf den Stand der kognitiven Entwicklung geben, lassen bei etwa der Hälfte der Kinder zu wünschen übrig. Im sozio-emotionalen Bereich schließlich, der solche Kompetenzen wie die Konzentrationsfähigkeit, Frustrationstoleranz, Sachorientierung, Kreativität, Selbstkontrolle, sozial akzeptable Durchsetzungsstrategien etc. enthält, haben die meisten Kinder spürbare Schwierigkeiten. Es ist die Aufgabe von Elternhaus und Kindergarten, Grundlagen zu schaffen, daß solche Defizite, die den schulischen Bildungserfolg, zumindest aber die Freude am Bildungsgeschehen verringern, gar nicht erst entstehen. Deshalb ist der Schwerpunkt darauf zu legen, daß das Kind ein stabiles sozio-emotionales Fundament erwirbt, so daß ihm alle Kräfte zur Verfügung stehen, um sich den kognitiven

Anforderungen der Schule zu stellen. Dazu benötigt es im Kindergartenalter ein intaktes soziales Umfeld. Im Idealfall ergänzen sich Elternhaus und Kindergarten in ihren Angeboten und wirken die Eltern und
Erzieherinnen konstruktiv zusammen.

Literatur

Bettelheim, Bruno: Kinder brauchen Märchen. München 1980

Elschenbroich, Donata: Weltwissen der Siebenjährigen. Wie Kinder die Welt entdecken können. München 2002

Erikson, Erik H.: Identität und Lebenszyklus. Frankfurt/M. 1976

Fraiberg, Selma: Die magischen Jahre in der Peresönlichkeitsentwicklung des Vorschulkindes. Reinbek bei Hamburg 1972

Gebauer, Karl; Hüther, Gerald (Hg.): Kinder brauchen Wurzeln. Neue Perspektiven für eine gelingende Entwicklung. 2. Aufl. Düsseldorf 2002

Götte, Rose: Sprache und Spiel im Kindergarten. Sprach- und Spielförderung in Kindergarten und Schule. Sonderausg. Weinheim, Basel 1994

Grimm, Jacob und Wilhelm: Kinder- und Hausmärchen. 19. Aufl. München 1999

Herzka, Heinz Stefan: Dein Kind von der Geburt bis zur Schule. 6. Aufl. Basel 1984

Jacoby, Edmund: Dunkel wars, der Mond schien helle. Verse, Reime und Gedichte. Hildesheim 1999

Kaplan, Louise J.: Die zweite Geburt. Die ersten Lebensjahre des Kindes. 7. Aufl. München 1993

Kläger, Max: Phänomen Kinderzeichnung. Manifestationen bildnerischen Denkens. Baltmannsweiler 1989

Kohlberg, Lewerence: Zur kognitiven Entwicklung des Kindes. Frankfurt/M. 1974

Krenz, Armin: Was Kinderzeichnungen erzählen. Kinder in ihrer Bildsprache verstehen. Freiburg 1996

Kükelhaus, Hugo; Lippe, Rudolf zur: Entfaltung der Sinne. Ein «Erfahrungsfeld» zur Bewegung und Besinnung. Frankfurt/M. 1982

Largo, Remo H.: Die Individualität des Kindes als erzieherische Herausforderung. 7. Aufl. München 2003

Lüthi, Max: Das europäische Volksmärchen. Form und Wesen. 8. Aufl. München 1985

Lebensraum Kindergarten. Pädagogische Anregungen für Ausbildung und Praxis. Hrsg. vom Ministerium für Kultus und Sport Baden-Württemberg. 12. Aufl. Freiburg 1994

Mahler, Margaret M. et al.: Die psychische Geburt des Menschen. Symbiose und Individuation. Frankfurt/M. 1978

Meili-Schneebeli, Erika: Wenn Kinder zeichnen. Bedeutung, Entwicklung und Verlust des bildnerischen Ausdrucks. Zürich 1993
Piaget, Jean: Psychologie der Intelligenz. 3. Aufl. Stuttgart 1992
Piaget, Jean: Sprechen und Denken des Kindes. Düsseldorf 1972
Renner, Michael: Spieltheorie und Spielpraxis. 2. Aufl. Freiburg 1997
Rogers, Carl R.: Therapeut und Klient. Grundlagen der Gesprächspsychotherapie. 21. Aufl. Wien 1991
Schenk-Danzinger, Lotte: Entwicklungspsychologie. 21. Aufl. Wien 1991
Seeger, Horst (Hg.): Die große Liedertruhe. 3. Aufl. Leipzig 1997
Senckel, Barbara: Mit geistig Behinderten leben und arbeiten. Eine entwicklungspsychologische Einführung. 6. Aufl. München 2002
Senckel, Barbara: Du bist ein weiter Baum. Entwicklungschancen für geistig behinderte Menschen durch Beziehung. 2. Aufl. München 2002
Thiesen, Peter: Die gezielte Beschäftigung im Kindergarten. 11. Aufl. Freiburg 2002